KB043991

세계문화유산

신의정원 조선왕릉

세계문화유산

신의정원 조선왕릉

이창환 지음

조선왕릉 분포 현황

구분	왕	왕후	능호	봉분 형식	사적	소재지
제1대	태조		건원릉	단릉	193호	경기도 구리시 동구릉로 197
		신의왕후	제릉	단릉		북한 개성시 판문면 상도리
		신덕왕후	정릉	단릉	208호	서울시 성북구 아리랑로 19길 116
제2대	정종	정안왕후	후릉	쌍릉		북한 개성시 판문면 령정리
제3대	태종	원경왕후	헌릉	쌍릉	194호	서울시 서초구 헌인릉길 42
제4대	세종	소헌왕후	영릉	합장릉	195호	경기도 여주시 능서면 영릉로 269-50
제5대	문종	현덕왕후	현릉	동원이강릉	193호	경기도 구리시 동구릉로 197
제6대	단종		장릉	단릉	196호	강원도 영월군 영월읍 단종로 190
		정순왕후	사릉	단릉	209호	경기도 남양주시 진건읍 사릉로 180
제7대	세조	정희왕후	광릉	동원이강릉	197호	경기도 남양주시 진접읍 광릉수목원로 354
제8대	예종	안순왕후	창릉	동원이강릉	198호	경기도 고양시 덕양구 서오릉로 334-92
		장순왕후	공릉	단릉	205호	경기도 파주시 조리읍 삼릉로 89
추존	덕종	소혜왕후	경릉	동원이강릉	198호	경기도 고양시 덕양구 서오릉로 334-92
제9대	성종	정현왕후	선릉	동원이강릉	199호	서울시 강남구 선릉로 100길 1
		공혜왕후	순릉	단릉	205호	경기도 파주시 조리읍 삼릉로 89
제10대	연산군	부인 신씨	연산군묘	쌍분	362호	서울시 도봉구 방학동 산 77
제11대	중종		정릉	단릉	199호	서울시 강남구 선릉로 100길 1
		단경왕후	온릉	단릉	210호	경기도 양주시 장흥면 호국로 255-41
		장경왕후	희릉	단릉	200호	경기도 고양시 덕양구 서오릉로 334-92
		문정왕후	태릉	단릉	201호	서울시 노원구 화랑로 681
제12대	인종	인성왕후	효릉	쌍릉	200호	경기도 고양시 덕양구 서오릉로 334-92
제13대	명종	인순왕후	강릉	쌍릉	201호	서울시 노원구 화랑로 681
제14대	선조	의인왕후 인목왕후	목릉	동원삼강릉	193호	경기도 구리시 동구릉로 197
제15대	광해군	부인 유씨	광해군묘	쌍분	363호	경기도 남양주시 진건읍 사릉로 180

구분	왕	왕후	능호	봉분 형식	사적	소재지
추존	원종		장릉	쌍릉	202호	경기도 김포시 장릉로 79
		인헌왕후				
제16대	인조		장릉	합장	203호	경기도 파주시 조리읍 삼릉로 89
		인렬왕후				
		장렬왕후	휘릉	단릉	193호	경기도 구리시 동구릉로 197
제17대	효종		영릉	동원상하릉	195호	경기도 여주시 능서면 영릉로 269-50
		인선왕후				
제18대	현종		숭릉	쌍릉	193호	경기도 구리시 동구릉로 197
		명성왕후				
제19대	숙종			동원이강릉		
		인현왕후	명릉	쌍릉	198호	경기도 고양시 덕양구 서오릉로 334-92
		인원왕후		단릉		
		인경왕후	익릉	단릉	198호	경기도 고양시 덕양구 서오릉로 334-92
제20대	경종		의릉	동원상하릉	204호	서울시 성북구 화랑로32길 146-20
		선의왕후				
		단의왕후	혜릉	단릉	193호	경기도 구리시 동구릉로 197
제21대	영조		원릉	쌍릉	193호	경기도 구리시 동구릉로 197
		정순왕후				
		정성왕후	홍릉	단릉	198호	경기도 고양시 덕양구 서오릉로 334-92
추존	진종		영릉	쌍릉	205호	경기도 파주시 조리읍 삼릉로 89
		효순왕후				
추존	장조		융릉	합장릉	206호	경기도 화성시 효행로481번길 21
		헌경왕후				
제22대	정조		건릉	합장릉	206호	경기도 화성시 효행로481번길 21
		효의왕후				
제23대	순조		인릉	합장릉	194호	서울시 서초구 헌인릉길 34
		순원왕후				
추존	문조		수릉	합장릉	193호	경기도 구리시 동구릉로 197
		신정왕후				
제24대	헌종					
		효현왕후	경릉	삼연릉	193호	경기도 구리시 동구릉로 197
		효정왕후				
제25대	철종		예릉	쌍릉	200호	경기도 고양시 덕양구 서삼릉길 233-126
		철인왕후				
제26대	고종황제		홍릉	합장릉	207호	경기도 남양주시 홍유릉로 352-1
		명성황후				
제27대	순종황제					
		순명황후	유릉	합장릉	207호	경기도 남양주시 홍유릉로 352-1
		순정황후				

신의정원
조선왕릉

Contents

차 례

朝 鮮 王 陵

제1장 조선왕릉의 개요

제2장 세계문화유산 조선왕릉 순례

제3장 조선왕릉의 세계문화유산적 가치와 향후 과제

추천사

세계유산이란 지구상에 분포하고 있는 문화 및 자연 유산 중 인류가 보존하고 후세에 물려 주어야 할 탁월한 보편적 가치를 가진 인류의 자산을 유네스코가 지정하여 관리하는 것이다.

2013년 6월 개최된 제 37차 세계유산위원회 회의 결과 문화유산 759건, 자연유산 193건, 복합유산 29건 등 총 981건이 유네스코 세계유산으로 등재되었다. 이 중 우리나라에는 9건의 문화유산과 1건의 자연유산이 등재되어 있어 우리나라 유산의 우수성을 세계에 자랑하고 있다. 더욱이 올해에는 북한의 개성역사유적지구가 세계유산으로 등재되어 북한은 고구려 유산에 이어 두 건의 세계유산을 보유하게 되었다. 우리 민족 문화의 우수성이 더욱 돋보이는 해이다.

지난 2009년 6월에 '조선왕릉'이 스페인의 세비야에서 개최된 제33차 세계유산위원회 회의에서 세계유산으로 등재되었다. 하나의 유산을 세계유산으로 등재하기 위해서는 많은 시간과 노력이 요구된다. 조선왕릉도 세계유산에 등재시키기 위해 주무부서인 문화재청을 비롯하여 많은 사람들의 노력으로 좋은 결과를 가져올 수 있었다.

이번에 조선왕릉에 대하여 수 십 년간 연구하고 조선왕릉 세계유산 등재시 많은 활동을 한 이창환 교수가 그동안 축적된 연구내용과 등재 과정에서 얻은 내용을 정리하여 《세계문화유산 신의 정원 조선왕릉》이라는 제목으로 책자를 발간하게 되어 아낌없는 축하와 격려를 보낸다.

그동안 이창환 교수는 조경사와 역사경관에 관한 연구를 진행해 왔으며, 특히 조선왕릉에 대하여 수 십 년 동안 열정적으로 연구해 온 학자로서 많은 논문과 저서를 집필해 왔다. 이교수는 조선왕릉의 입지와 공간구성에 관한 연구로 박사 학위를 받았고, 2009년 조선왕릉 세계유산 등재 시 잠정목록 신청서 작성, 등재 추진을 위한 종합학술 연구, 등재신청서 작성, ICOMOS 실사 등의 업무에 주도적으로 참여해 왔다.

특히 이창환 교수는 조선왕릉 40기의 실측측량을 기초로 평면적 · 입체적 분석 및 해석을 통하여 조선왕릉의 조영적 특성을 밝혀내고 조선왕릉의 독특하고 보편적 가치를 찾는데 기여해 왔다. 이교수의 이러한 기초 연구는 조선왕릉의 세계유산등재서 작성 및 등재 후 능제복원 등의 기초자료가 되어 많은 도움이 되고 있다.

이창환 교수가 집필한 이번 《세계문화유산 신의 정원 조선왕릉》에는 조선왕릉의 조영적 특성 및 문화유산적 가치, 27대에 걸친 조선의 왕과 왕비에 대한 탄생과 왕실생활 그리고 그들의 정치적 역량 등에 대하여 고증을 통해 서술하고 있다. 특히 능역이 갖고 있는 장소적 · 공간적 특성과 각종 건조물과 석물 등의 특성을 재미있게 풀어내어 518년의 장구한 조선의 역사와 문화 그리고 공간사를 이해하는 데 많은 도움을 주고 있다. 그리고 세계유산에 등재된 조선왕릉을 각 왕릉별로 순례형식으로 서술하여 현장감을 더해 주고 있다. 이는 우리문화의 역사와 기술적 우수성을 아는데 많은 도움이 될 것으로 사료된다.

무엇보다 이교수가 그동안 현장을 다니며 수 십 년간 작성한 생생한 40기 조선왕릉의 도면이 지면에 공개되어 생동감을 더할 것으로 사료된다. 또한 조선왕릉 세계유산 등재 시 주간 사진작가로 활동했으며 그동안 문화재분야의 많은 작품을 남기고 있는 서헌강 사진연구소의 사진과 이교수가 직접 작성한 사진과 그림이 함께 실리어 글과 그림의 생생한 기록을 볼 수 있어 흥미를 더하고 있다.

모쪼록 그동안 이교수가 연구한 자료와 세계유산 등재과정에서 얻은 내용을 담아 글과 사진으로 엮어 세상에 내놓게 된 점에 대해 격려와 축하를 드린다. 조선왕릉이 세계유산으로서 조선의 역사와 우리 문화를 이해하는데 많은 도움이 될 것으로 사료되어 독자들에게 적극 추천하는 바이다.

2014년 5월 이혜은

동국대학교 교수

(사)ICOMOS 한국위원회 위원장

국제기념물유적협의회(ICOMOS) 본부 집행위원

권두언

1408년 음력 5월 24일, 서울에 많은 비가 내렸다. 새벽 파루(야간 통행금지 해제 때 서른세 번 타종하는 것)에 태상왕 이성계는 가래가 심해져 태종이 급히 달려와 청심원을 드렸으나 삼키지 못하고 눈을 들어 두 번 쳐다보고 창덕궁 별궁에서 74세를 일기로 승하했다. 이날을 양력으로 계산하면 6월 27일이다.

601년 후 2009년 6월 27일 새벽(한국 시각), 스페인의 역사도시 세비야에서 조선왕릉 40기가 세계문화유산으로 등재됐다. 6월 21일부터 7월 3일까지 열린 제33차 세계유산위원회(World Heritage Committee) 기간 중 태조가 승하한 바로 그 날 그 시각, 그의 후대 왕과 왕비의 유택이 모두 세계유산이 된 것이다. 동방에서 중요시하는 환갑(육십갑자)을 10번 하고 다음해 그날 그 시각이니 우연치고는 대단한 우연이다. 이런 것을 두고 하늘의 뜻이라고 하는 걸까?

2009년 6월 27일 정오 동구릉 건원릉에서 태조 승하 601주기 기신제(매년 후손들이 치르는 제사)가 황사손 이원(李源) 씨를 초헌관으로 거행됐다. 이날은 601년 전과 달리 쾌청했다.

조선왕릉은 탁월한 보편적 가치(Outstanding Universal Value)를 인정받아, 세계인이 함께 보존하고 향유해야 할 우리 민족의 중요한 문화유산이 됐다. 세계유산에 등재되려면 잠정등록, 등재를 위한 학술연구, 등재신청서 작성, ICOMOS(국제기념물유적협의회)실사, 세계유산위원회 회의 등의 과정을 거친다. 필자는 수 십년간 조선왕릉을 연구해 온 덕에 운좋게 이 모든 과정에 참여할 수 있었다.

1970년대 중반 필자는 한문 서예에 관심을 갖고 동구릉의 건원릉을 찾아 신도비를 탁본을 한 적이 있다. 이 신도비가 조선의 개국 공신들인 정구, 권근, 변계량, 성석린 등의 글과 글씨이며 고종황제의 친필인지도 모르고 그저 소풍 온 기분에 특이한 글씨체(전서체)의 신기함에 먹물 묻힌 솜방망이를 두드린 기억이 난다.

동방예의지국이며 삼천리 금수강산을 자랑했던 우리나라는 일제강점기와 6 · 25 등을 거치면서 아름다운 국토는 심각할 정도로 황폐화되어 있었다. 1970년대 이후 고도의 경제성장과 더불어 황폐했던 국토에 대한 재건의 필요성이 대두되어 조경학이라는 학문이 국내에 도입되었고 대학생활을 시작한 필자도 함께 할 수 있는 기회를 갖을 수 있었다. 덕분에 필자도 크고 작은 프로젝트에 참여할 수 있었다. 그러나 급격한 서구 조경학문의 도입과 녹지의 확대는 정체성 없는 녹지공간으로 평가되기도 했다. 우리의 역사와 우리식 공간과 경관에 관심이 있던 필자는 조경사와 역사경관에 관심을 갖게 되었다.

이런 연유에서인지 필자는 한학에 관심을 갖게 되었고 고문헌을 쉽게 접할 수 있었으며 우리식 녹지공간은 어떤 것인가를 찾게 되었다. 우리의 전통 녹지공간에는 도읍, 궁궐, 관아, 마을, 사찰, 능원 등 많은 곳에서 접할 수 있다. 자연친화사상과 조상숭배사상이 어느 민족 보다 강한 우리민족의 경우 더욱 역사 속에 많은 산과 물 그리고 녹지의 중요성을 가지고 생활함을 알 수 있었다. 그중 대표적인 것이 능원이라 할 수 있다.

동서고금을 막론하고 인류는 온화한 기후와 쾌적한 공간에서 살기 위해 산수가 좋은 자리에 터를 잡아 살아가며, 사후에도 영면하기 위해 길지(吉地)를 찾아 많은 노력을 기울였다. 그리고 그 곳에 건물을 짓고 구조물을 만들곤 한다. 특히, 한 나라의 통치자였던 왕과 왕비 무덤의 경우 더욱 그 제도와 정치 · 사상적 내용을 고려하여 조영되었다. 역사적으로 이집트의 영혼불멸설과 사후의 생활에 대한 믿음사상은 분묘건축과 묘지정원을, 인도의 이슬람문화와 사상은 타지마할(Taj Mahal) 등을 조영한 대표적 예이다. 우리의 경우 풍수사상과 노자 · 장자사상인 도교, 불교 그리고 음양사상의 주체인 음양오행사상은 우리민족의 자연관이며 삶의 철학이었다.

조선의 능원은 우리나라에 현존하는 전통공간 가운데 가장 완전한 형태를 갖추고 있는 우리나라 고유의 문화유산이다. 조선시대 능원은 태조 이성계가 1392년 조선을 개국한 이래 오백년 동안 지속적으로 조영된 무덤 유산이다. 조선시대는 27대에 이르는 왕과 왕비, 추존왕의 무덤인 능(陵)이 44기 있으며, 왕세자와 세자비의 무덤인 원(園)이 13기(基) 있다. 이 중 연산군과 광해군은 폐위된 왕으로 묘로 조성되어서 왕릉의 무덤은 42기이다. 이 가운데 태조의 원비인 신의왕후의 제릉(齊陵)과 2대왕 정종과 정안왕후의 후릉(厚陵)은 북한 개성에 자리잡고 있어 제외되어 남한에 있는 능원 40기만 세계문화유산에 등재되었다. 앞으로 가능하면 북한 개성의 제릉과 후릉 그리고 함흥에 있는 이태조 선대인 목조, 익조, 도조, 환조의 능원이 모두 세계유산에 등재되어야 할 것으로 사료된다. 그래야 조선황실 선원전(璿源殿: 역대 임금과 왕후의 영정을 봉안한 곳)에서 모시던 유택이 모두 세계유산이 되어 진정한 연속유산으로서의 가치를 인정받는 것이다. 물론 폐위된 연산군묘와 광해군묘도 조선의 왕실문화이므로 함께 등재하는 것이 좋을 것 같다.

필자가 이번 작성한 글에는 제1장에 조선왕릉의 조영적 특성으로 제시하였다. 제2장에서는 세계문화유산에 등재된 40기의 능원에 대하여 세계유산가치를 중심으로 왕과 왕비의 출생과 성장, 통치력 그리고 그들의 죽음과 왕릉조영 특성 등을 사실적으로 흥미롭게 서술하였다. 그리고 세계유산 등재과정과 이후 지속적인 보존과 복원의 필요성도 제시하였다. 이어서 조선왕릉의 세계문화유산적 가치를 정리하였다.

또한 필자가 수년간 현장을 다니며 작성한 생생한 40기 조선왕릉의 실측도면을 제시하였다. 이 도면은 세계유산등재시 등재신청서에 제공된 각 능원의 상세한 수치도면으로 각 왕릉의 이해와 조영적 특성을 깊이 있게 이해 할 수 있는 기초자료가 될 것으로 사료된다. 더욱 본 책자에는 조선왕릉 세계문화유산등재시 영상을 담아 현장감을 더 했던 서헌강 사진연구소의 사진을 함께 실어 생동감을 더해 주려 했다.

필자는 30여년간 대학에서 전통조경(조경사, 경관론 등)을 연구해 오고 있으며, 우리의 대표적 전통공간인 「조선시대 능역의 입지와 공간구성에 관한 연구」로 박사학위를 받았으며 중국 등과 교류를 통해 세계의 왕릉과 비교를 하여 조선왕릉의 세계문화유산적 가치를 찾는데 많은 시간을 할애하였다.

그동안 연구를 통해 조선왕릉은 수도권에 많은 녹지공간을 제공하고 있으며, 왕릉이 흉례 공간에서 길례의 공간으로 승화되어 해석되는 점, 다른 나라들의 왕릉들과 비교하여 조선왕릉의 문화적, 경관적 우수성을 찾으려 노력하였다. 이번 글에는 왕릉의 입지, 공간구성(진입-제향-능침, 성과 속의 공간구분), 경관적 특성, 왕릉 식생, 석물의 변화와 특성 등에 대해 조선의 역사와 더불어 일반인이 이해하는데 알기쉽게 하도록 작성하였다.

아울러 조선왕릉의 세계문화유산적 가치에 대해 조선왕릉의 문화적 특성 중심으로 다루고자 하였고, 세계문화유산 등재신청서 작성과 현장 실사시의 경험한 내용을 글과 사진을 중심으로 다루어 생동감을 주려 노력하였다. 또한 필자가 2000년부터 한국정부와 중국정부간에 이루어진 한 · 중과학기술자교류사업에 선발되어 중국의 대학에서 공부한 한 · 중 역사경관 및 왕릉문화의 비교연구를 통해 조선왕릉의 탁월한 보편적 가치를 찾고 문화적 특성을 찾은 내용을 다루었다.

그동안의 한국전통조경학회와 한국조경학회 임원 등을 역임하면서 얻은 지식과 문화유산 관련 유네스코 국제기구인 국제기념물유적협의(ICOMOS) 회원 및 한국위원회 집행위원으로 활동하면서 얻은 조선왕릉의 세계유산적 가치를 이야기 하려 했다.

필자는 2005년부터 문화재청에서 진행한 조선왕릉의 잠정등록을 위한 기초연구 및 세계유산등재신청을 위한 학술연구, 세계유산등재신청서 작성 등에 참여했던 내용과 예비실사와 본실사시 브리핑 및 수행자로 참여하면서 얻은 자료와 사진 등을 게재하고, 등재 후 능제복원 기본계획 연구를 하면서 얻은 자료와 정보를 독자들에게 성실히 전해 향후 국가 및 국민들이 관심을 갖고 보존, 관리, 홍보해야 함을 제시하기도 하였다.

이 기회를 빌어 조선왕릉의 깊이 있는 연구를 할 수 있도록 배려해 주고 등재과정에 참여하게 기회를 준 문화재청과 국제기념물유적협의회 한국위원회 관계자들께 감사드리며, 무엇보다 본 책자의 중요성을 인식하시고 책자발간을 적극 권장해 주시고 흔쾌히 추천사를 써 주신 이혜은 ICOMOS한국위원회 위원장님께 감사드린다.

또한 본인의 삶에 가장 큰 스승이시며 조경학의 가치를 일깨워 주신 우리나라 조경분야의 선구자로 평생을 바치시고 지속적 지도와 격려를 아끼지 않으시는 오휘영 교수님께 진심으로 감사드리고, 도서출판 한숲의 박명권 발행인과 편집 및 책자발간에 도움을 주신 백정희 전무와 임직원들께도 감사 인사를 드린다.

'세계문화유산 신의 정원 조선왕릉'의 내밀한 세계로 독자들을 안내합니다.

2014년 5월 한송 이창환

세계문화유산
신의정원
조선왕릉

제 1 장
조선왕릉의 개요

조선의 왕릉은 고려의 왕릉제도를 계승하면서 시대적 자연관과 유교적 세계관을 볼 수 있는 우리만의 독특한 문화유산이다.

조선시대 능원은 한국의 역사 공간 중 가장 잘 보전된 공간으로 전통 공간 이해에 가장 좋은 곳이다. 조선의 능원은 태조 이성계가 1392년 조선을 건국한 이래 오백년 동안 지속적으로 조영된 왕실 문화유산이다. 27대에 이르는 왕과 왕비의 왕릉은 총 42기 이다. 이들은 서울을 중심으로 분포하고 있다. 이 중 남한에 있는 능원 40기가 2009년 유네스코세계문화유산에 등재되었다.

조선의 능원은 풍수적 이론과 한국인의 전통사상과 자연관을 반영하며 자연의 지형에 조화로운 조영적 특성을 갖고 있다. 능원의 공간구성은 주변을 시계범위로 하는 광역적 능역과 능원의 내부공간을 나타내는 능원공간으로 구분되며 능원은 진입공간–제향공간–능침공간으로 구분된다. 이들 왕릉은 단릉, 쌍릉, 합장릉, 동원이강릉 등 자연의 지형에 따라 다양하게 조영된 것이 특징이다. 또한 조선의 통치철학인 유교의 예법에 따른 공간 구분과 배치 방법이 이전의 왕릉제도와의 차이이다.

1
조선 왕릉의 개요

조선왕릉의 변천

동서고금을 막론하고 인류는 온화한 기후와 쾌적한 공간에서 살기 위해 산수가 좋은 자리에 터를 잡아 살아가며, 사후에도 영면하기 위해 길지(吉地)를 찾아 많은 노력을 기울였다. 그리고 그 곳에 건물을 짓고 구조물을 만들곤 한다. 특히, 한 나라의 통치자였던 왕과 왕비 무덤[1]의 경우 더욱 그 제도와 정치 · 사상적 내용을 고려하여 조영되었다. 역사적으로 이집트의 영혼불멸설과 사후의 생활에 대한 믿음사상은 분묘건축(Mastaba, Piramid, Sphinx)과 묘지정원(Cemetery garden)을, 인도의 이슬람문화와 사상은 타지마할(Taj Mahal) 등을 조영한 것이 대표적 예이다.

조선의 능원은 우리나라에 현존하는 능원 가운데 가장 완전한 형태를 갖추고 있는 우리나라 고유의 문화유산이다. 조선시대 능원은 태조 이성계가 1392년 조선을 개국한 이래 오백년 동안 지속적으로 조영된 무덤

1 고려 · 조선시대는 역대 왕과 왕비 그리고 추존된 왕과 왕비의 무덤을 능(陵)이라 하고, 왕세자나 세자빈의 무덤은 원(園)이라 하며, 대군이나 왕자 · 군 또는 공주 · 옹주와 빈 · 귀인 · 후궁의 무덤을 묘(墓)라 한다.

유산이다. 조선시대는 27대에 이르는 왕과 왕비, 추존왕의 무덤인 능(陵)이 44기 있으며, 왕세자와 세자비의 무덤인 원(園)이 13기(基) 있다. 이 중 연산군과 광해군은 폐위된 왕으로 묘로 조성되어서 왕릉의 무덤은 42기이다. 이 가운데 태조의 원비인 신의왕후의 제릉(齊陵)과 정종과 정안왕후의 후릉(厚陵)은 북한 개성에 자리 잡고 있어, 남한에 있는 능원은 능 40기, 원이 13기가 있어 총 53기가 있다.

능역의 공간구성은 능역을 구성하는 앞산(조산 朝山)과 뒷산(주산 主山, 또는 조산 祖山), 좌우능선(청룡과 백호)의 큰 영역 속에 산과 하천에 의하여 중층성을 이루고 있다. 이는 인위적인 조성보다는 자연의 지형을 활용하는 상징적 입지의 특성을 가지고 있다. 내영역에서는 인위적 조성 기법을 볼 수 있는데, 내영역을 조성하는 주산과 안산, 내청룡(內青龍)과 내백호(內白虎)로 구성된다. 내영역에 속하는 내청룡과 내백호의 끝자락이 만나는 지점에는 비보 차원의 보토를 하거나 숲을 조성하고 또는 연못 등을 조성해 놓고 있다.

즉 능원의 공간구성은 주변지역을 시계 범위로 하는 광역적 영역인 능역과 능원의 내부공간을 나타내는 능원공간으로 나눌 수 있다. 능원공간은 봉분을 중심으로 한 능침공간(陵寢空間), 정자각을 중심으로 한 제향공간(祭香空間), 재실을 중심으로 한 진입공간(進入空間) 등 3공간으로 구분된다.

능원조영의 사상적 배경은 음양사상, 풍수지리설, 불교, 도교 등의 영향을 받고 있으며 특히 조선시대의 정치적 통치이념인 유교 영향을 받아 조영되었다. 조상숭배 사상이 강한 우리민족은 왕릉 조영 시 선왕의 영면을 위해 다른 어느 공간보다 엄격하고 신성하게 조영하고 관리하였다.

조선시대 능원은 한국의 역사 공간 중 가장 잘 보전된 공간으로서 조선시대의 전통공간 이해에 가장 좋은 곳이다.

능원의 역사와 발전

한반도에서 무덤에 대한 유적은 청동기시대 고인돌[2] 에서 찾을 수 있으며, 그것이 제도로 정립된 시기는 삼국시대부터이다. 삼국시대에는 고구려, 백제, 신라가 각기 고유한 장묘 문화를 형성하였다.

고구려의 경우 초기에는 석총, 중기부터는 토총을 조영하였다. 석총의 경우 땅 위에 방형으로 돌을 쌓아 계단식으로 조성했으며, 토총에는 왕궁에 버금가는 지하궁전을 조성하기도 했다.

백제는 고구려와 같은 석총도 있는 반면 일반 봉토분도 등장하였다. 이는 봉토 속에서 석실이나 토축, 벽돌 중에 택하여 조성하였다.

신라에서 비로소 우리의 고유한 무덤 형식이 드러났다. 지하에 무덤광을 파고 상자형 나무 덧널을 넣은 뒤 그 주위와 위를 돌로 덮고 다시 그 바깥은 봉토로 씌운 적석목곽분이라는 거대한 능이 만들어졌다.

통일신라시대는 봉분이 남쪽을 향하고 석물과 석인이 등장하게 되었다. 이 중 석사자(石獅子)를 네 모퉁이에 배치하는 것과 상석이 봉분 앞에 배치되는 것은 중국에서 볼 수 없던 것이며, 석물의 형태 또한 통일신라의 고유한 형식으로 발전하게 되었다.

9세기에 들어서면서 능침제도는 평지에서 산지로 그리고 석물배치 및 조각기술이 한층 더 정교해졌다. 이는 고려를 거쳐 조선조에까지 계승되었다. 즉 이때까지는 왕릉이 평지에 입지하는 것이 선호되었지만, 통일신라 말기부터 풍수개념이 적용되면서 능의 입지가 점차 산으로 향하게 되었다.

고려의 왕릉들은 풍수를 살펴 산줄기가 능 뒤에서부터 좌우로 뻗어 내

---

2 고인돌 중 고창, 화순, 강화에 선사시대 묘지들이 가장 집중적으로 분포하고 있는 측면을 고려한 세계문화유산등재기준 제Ⅲ항(고대 문명 또는 문화적 전통에 관한 독특하고 탁월한 증거가 되는 유산)에 의거 세계유산에 등재 되었다.

리고 명당수가 능의 뒤쪽에서 앞쪽으로 모여 흘러가는 지세를 택하였는데, 이러한 택지 원칙은 조선시대에도 기본적으로 계승되었다. 즉 양지 바르고 토질이 깊고 배수가 잘 되는 지형을 찾아 조성되었다.

또한 고려시대 왕릉제는 기본적으로 신라의 묘제를 근간으로 하고 있지만 석망주, 장명등, 정자각, 비각 등은 이 시기에 처음 등장하였다. 더불어 석사자, 석양, 석호들을 봉분 주위에 배치해 이전보다 훨씬 정교하게 능침을 조영하였다.

여러 왕릉 가운데 특히 개성에 위치한 공민왕릉은 제도가 가장 잘 정비되고 뛰어난 것으로, 왕릉 조영 형식이 조선시대까지 부분적으로 이어지게 되었다.

고려의 공민왕과 노국대장공주의 현릉 · 정릉(사진 문화재청)

고려시대와 조선시대 왕릉이 크게 다른 점은 고려의 왕릉은 단릉의 형식을 주로 택하고 있으나 조선의 왕릉은 지형의 특성을 살려 단릉, 쌍릉, 합장릉, 동원이강릉, 동원상하릉, 삼연릉 등 여러 형태를 볼 수 있다. 또한 고려의 왕릉은 돌을 쌓아 단을 만들고 돌계단을 만들어 그 상단에 봉분을 조성하지만, 조선의 왕릉은 계단을 만들지 않고 둥그스름한 토단 상부에 봉분을 조성한 점을 대표적으로 꼽을 수 있다. 또한 진입공간, 제향공간, 능침공간의 공간구분 형식과 능침공간에서의 상계, 중계, 하계로의 단을 배치하는 개념이 도입되어 유교 등에 의한 제례의식에 중점을 두는 의식적 공간을 조성한 것이 이전의 왕릉제도와의 차이이다. 그 외에도 석물의 배치나 형태의 변화에서도 세부적인 차이가 있다.

역사상 우리나라의 왕릉은 통일신라시대에 왕릉 형식의 기본이 이루어지면서 고려, 조선시대로 이어졌으나 그 독창적인 모습은 조선시대 왕릉에서 극명하게 나타난다.

이상에서 조선시대의 왕릉은 고려를 계승하면서도 능에 진입하는 방식이나 배치방식, 석물의 형태 등이 고려시대와 차이를 보이고 있으며, 「국조오례의(國朝伍禮儀)」에 기초하여 조선왕조 내내 일관성 있게 왕릉의 형태를 유지하여 왔다. 조선시대의 왕릉제도는 원칙적으로 고려 말의 왕릉제도를 계승하고 있으나 시대적 자연관과 유교적 세계관 그리고 풍수사상 등에 의해 보다 특색 있는 모습을 보이고 있다.

한편, 조선시대 능 조영이 특징을 보면 조선의 왕릉은 기본적으로 엄격한 예법에 의거하여 조성되었기 때문에 조성의 법식은 원칙적으로 고정되어 있지만 능역 주변의 자연지형과 잘 조화되도록 하며, 때로는 능주의 유언이나 능주의 생전 삶의 태도를 감안하기도 하고, 때로는 후손들의 의지나 시대적 정황이 개입되어 각 능마다 약간의 변화와 특징이 나타나기도 한다.(표1)

예를 들어 제7대 세조는 능제를 간소화할 것을 명하여 후손들이 이를 따랐으며, 생전에 불심이 깊었던 왕대에는 유교를 바탕으로 한 능제를 원칙으로 하면서도 능역에 별도의 능침 사찰을 두어 왕릉을 수호할 수 있도록 하였다. 대표적인 능침사찰은 건원릉(健元陵)의 개경사(소실), 광릉(光陵)의 봉선사, 영릉(英陵)의 신륵사, 선릉(宣陵)의 봉은사, 융릉(隆陵)의 용주사 등이 있다.

조선의 역대 왕과 왕비의 능은 유실된 바 없이 온전히 남아있어서 518년의 조선시대 왕족의 계보가 지속되었다는 사실을 잘 알 수 있다. 이러한 긴 역사 속에 일부 능제의 변화를 가져왔다. 능의 전반적인 형태를 고려할 때, 그 변화의 과정은 크게 5기로 나누어 볼 수 있다.(표1)

표 1. 조선 왕릉의 발전과 특징

구분	능명	특 징
1기	태조 건원릉	고려시대의 양식을 계승하며, 장명등 · 망주석 · 배위석 등이 변화함
2기	문종 현릉	국가의 가례와 흉례를 다룬 「국조오례의」 제정에 따른 조선시대의 독특한 제례문화 정립, 독립된 양식을 반영함
3기	세조 광릉	세조의 능제 간결정책에 따른 간결화 된 능침공간과 풍수사상의 발달 (봉분의 병풍석을 난간석으로 하고 석실을 회벽실로 간결화)
4기	영조 원릉	실학사상을 근거로 한 「속국조오례의」 등 개편으로 능침의 위계 변화 및 석물의 현실화
5기	고종 홍릉	황제의 능으로 조성되어 능침의 상설체제가 변화, 석물을 배전 앞으로 배치하고 정자각을 정전의 형태로 함

조선왕릉의 기본구성

1) 조선 왕릉의 입지

전통공간의 입지에서 취락이나 도읍은 물가를 찾아 입지하며, 사찰은 명산을 찾아 입지하는 것이 상례인데 반해, 능역의 경우 관리와 참배가 용이한 궁궐 반경 10리(약 4km)밖 100리(약 40km) 이내에서 풍수지리적 지형을 갖춘 적지를 찾아 입지하였다.

구체적으로 조선시대 능원의 선지(選地)는 예기(禮記)와 주례(周禮)의 내용을 바탕으로 국도(國都)인 한양의 경복궁(景福宮)을 중심으로 참배의 거리,

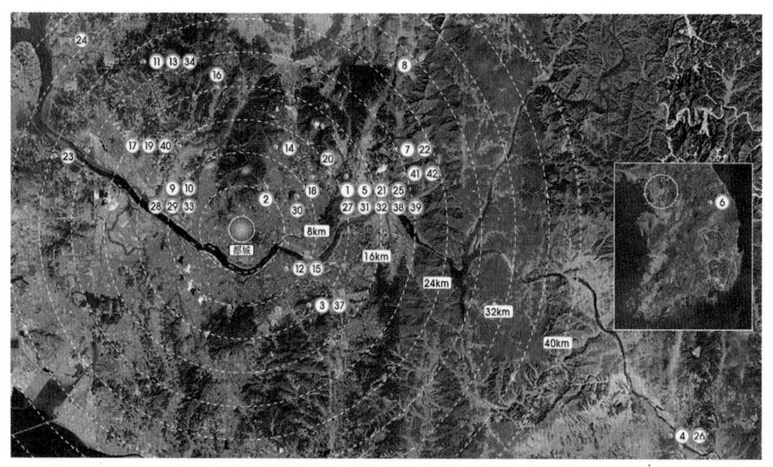

도성에서 10리 밖, 100리 안에 자리 잡은 조선왕릉의 능역 입지도 ①건원릉(健元陵) ②정릉(貞陵) ③헌릉(獻陵) ④영릉(英陵) ⑤현릉(顯陵) ⑥장릉(莊陵) ⑦사릉(思陵) ⑧광릉(光陵) ⑨경릉(敬陵) ⑩창릉(昌陵) ⑪공릉(恭陵) ⑫선릉(宣陵) ⑬순릉(順陵) ⑭연산군묘(燕山君墓) ⑮정릉(靖陵) ⑯온릉(溫陵) ⑰희릉(禧陵) ⑱태릉(泰陵) ⑲효릉(孝陵) ⑳강릉(康陵) ㉑목릉(穆陵) ㉒광해군묘(光海君墓) ㉓장릉(章陵) ㉔장릉(長陵) ㉕휘릉(徽陵) ㉖영릉(寧陵) ㉗숭릉(崇陵) ㉘명릉(明陵) ㉙익릉(翼陵) ㉚의릉(懿陵) ㉛혜릉(惠陵) ㉜원릉(元陵) ㉝홍릉(弘陵) ㉞영릉(永陵) ㉟융릉(隆陵) ㊱건릉(健陵) ㊲인릉(仁陵) ㊳수릉(綏陵) ㊴경릉(景陵) ㊵예릉(睿陵) ㊶홍릉(洪陵) ㊷유릉(裕陵) (배경이미지, google.com 인터넷판)

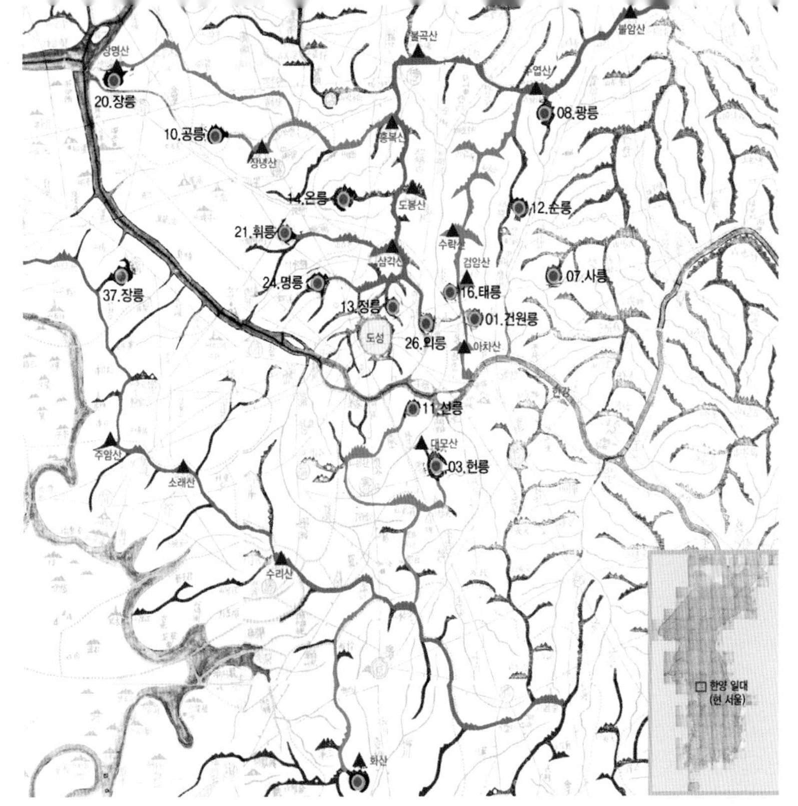

조선시대 작성된 대부분의 지도에는 왕릉이 상세히 표현되어 있다.
(자료 김정호, 19세기, 대동여지도, 2007, 문화재청, 조선왕릉 세계문화유산등재신청서 재인용)

주변 능역과의 거리, 방위, 도로와의 관계, 주변 산세와 국방 경계와의 관계 등을 고려하여 10리 밖 100리 안에 입지하였다. 특히 능역 참배 시 왕이 하루에 돌아올 수 있는 거리 등 관리의 편리성을 고려하고 위의 선지 조건을 충족시키는 지형을 찾아 족릉(族陵)과 단릉(單陵)으로 조영하였다.

조선시대 능역의 입지적 특징은 일정한 왕릉으로서의 권위적 · 정형적 틀을 가지고 있으면서도 자연의 지세를 존중하고 이에 순응하려는 동양의 도교사상과 한국인의 자연관에 의하여 자연과 조화하려는 조영술을 갖고 있다.

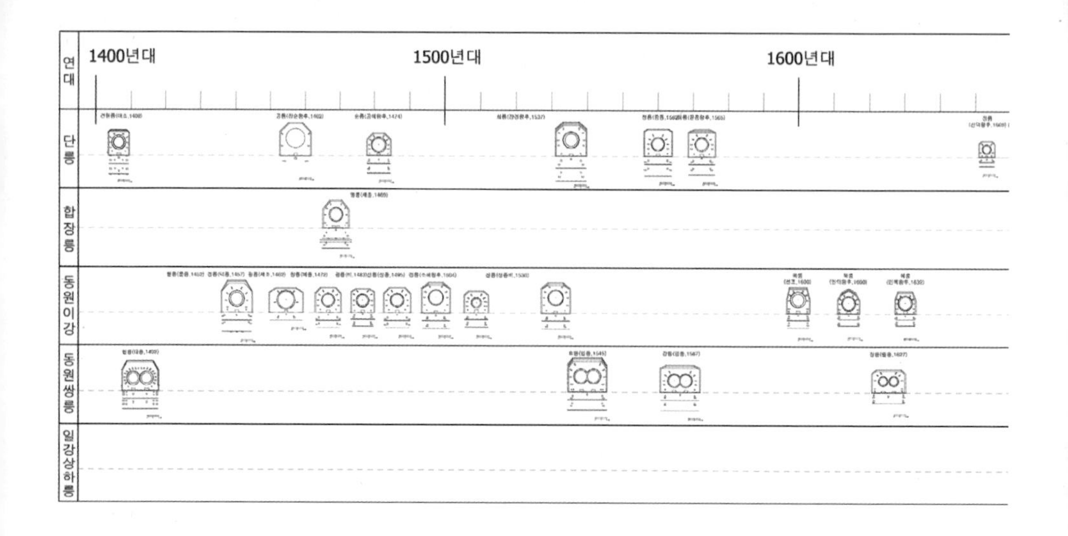

2) 능원의 형식

능원 입지의 선정과 조영물의 축조 방법은 전방 산의 형태와 주위 지형의 합치된 위치와 형식을 갖고 있는데, 이것은 능원이 자연환경의 일부로 여겨지는 풍수사상에 따라 이루어진 것에 기인한다. 이로 인하여 조선의 왕릉은 그 형식이 단릉(單陵), 쌍릉(雙陵), 합장릉(合葬陵), 동원이강릉(同原異岡陵), 동원상하릉(同原上下陵), 삼연릉(三緣陵) 등 여러가지 형식으로 나타나는 것이 특징이다. 왕과 왕비의 무덤을 단독으로 조성한 것을 단릉이라 하며, 한 언덕의 평평하게 조성한 곳에 하나의 곡장으로 둘러 왕과 왕비의 봉분을 우상좌하 · 우왕좌비의 원칙에 의해 쌍분으로 한 것을 쌍릉이라 하며, 합장릉은 왕과 왕비를 하나의 봉분에 석실을 달리하여 합장한 것을 말한다. 하나의 정자각 뒤로 한 줄기의 용맥에서 나누어진 다른 줄기의 언덕에 별도의 봉분과 상설을 배치한 형태를 동원이강릉이라 한다. 또한 왕과 왕비의 능이 같은 언덕에 위아래로 상왕하비(上王下妃)의 형태로 조성한 것은 동원상하릉이며, 한 언덕에 왕과 왕비 그리고 계비의 봉분을 나란히 배치하고 곡장을 두른 형태를 삼연릉이라 한다.

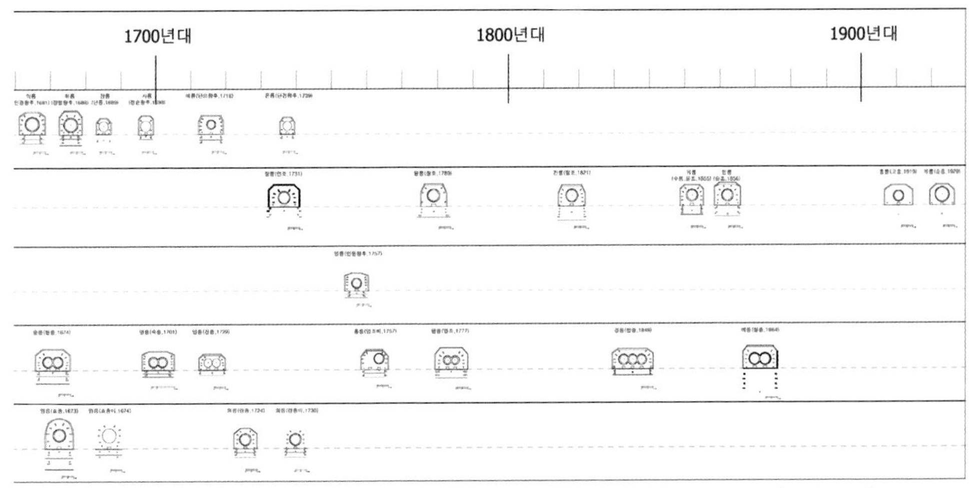

조선시대 시대별 능원의 형식 분포도(이창환, 1998)

이와 같이 조선시대의 능은 자연의 지세와 규모에 따라 봉분의 형태를 달리하고 있다. 이는 우왕좌비(右王左妃), 상왕하비 등 유교의 예제(禮制)에 의한 《국조의》, 《국조오례의》, 《속국조오례의》 등의 제정에 의한 것으로 한국의 자연지형, 풍수사상, 유교사상, 도교사상 등에 의한 대표적 한국의 능제이다.

3) 능원의 경관

조선의 왕릉은 무엇보다 배산임수의 지형을 갖춘 곳으로, 조산(祖山)과 주산(主山)을 뒤로 하고 그 중허리에 봉분을 이루며 좌우로는 청룡과 백호가 산세를 이루고, 왕릉 앞쪽으로 물이 흐르고 가까이 앞에는 안산이, 멀리는 조산(朝山)이 보이는 겹겹이 중첩되고 위요된 경관을 풍수적 길지라 하여 선호하였다.

능역의 경관적 특성은 산세로 겹겹이 둘러 싸여 능역의 중층성을 갖게 하고 있으며, 강한 폐쇄성과 안정성, 중층성을 확보한 위요공간 속에 외부와 유리된 공간에 입지하며 능침만은 능역 앞의 시계 확보가 넓게 확보

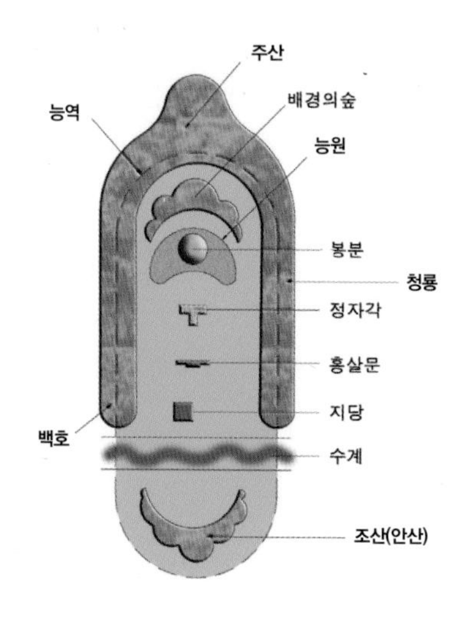

능역의 공간개념도(이창환)

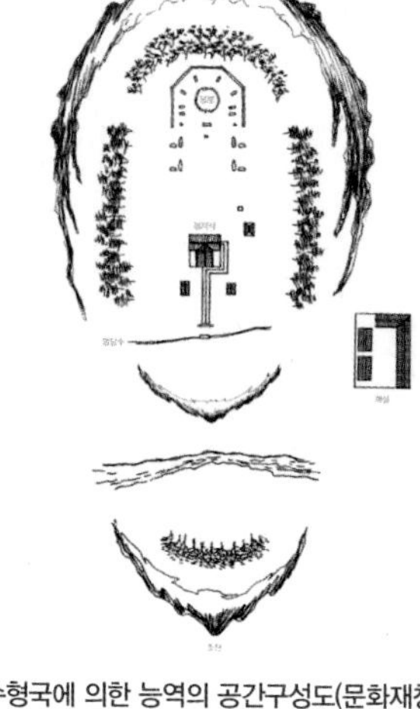
풍수형국에 의한 능역의 공간구성도(문화재청)

될 수 있는 곳에 입지하고 있다. 즉 주종산(主宗山)을 뒤로하고 좌우가 주종산 보다 낮은 산록으로 둘러싸이며 앞이 트인 지형에 입지하고 있다.

능역의 경우 그 혈장이 꽉 짜이게 입구가 좁아야 하는데 조선의 능들은 대부분 입구가 오므라진 산세를 하고 있는 곳이 일반적인 형국이다. 입구가 오므라들지 않은 곳은 비보차원의 보토(補土)를 하거나 비보림(裨補林)과 연못(蓮池)을 조성하기도 하였다.

능역의 혈(穴)인 능침은 주종산 중복(中腹)의 산록 완사면과 급경사 지점인 경사 변환점 능선에 위치하며 자연의 지세를 보아 약간의 요(凸)한 곳에 입지하고 있다.

능역 내에서의 주축은 유교의 위계성에 따라 봉분-장명등-정자각-홍살문을 잇는 직선축을 기본 원형으로 하고 있다. 능역 혈장 부위의 규모가 적합하지 않은 곳은 단릉, 쌍릉, 동원상하, 동원이강 등 혈장 조영

방식을 달리하는데 이 경우 도교의 자연순응 이론에 따라 지형에 적합한 봉분 조영 방식을 택하며, 축의 형태도 구부러진 축(折線軸)을 이루고 있다. 특히 능상의 주요 석물인 장명등과 조산(朝山)의 산정(山頂)과 축(軸)을 이루고 있는 것이 특이하다.

능역의 봉분과 정자각의 표고 차이는 왕릉의 위엄성과 성스러움을 강조하기 위함과 성(聖)과 속(俗)을 구분하기 위한 것이다. 이는 능침에서 원근 산천의 자연경관을 굽어 살피기 위한 관망과 조망하기 위한 상징적 의미와 햇살과 배수를 위한 자연친화적 환경관으로 해석되어 진다.

이렇듯 조선시대 능역 공간 조성의 틀은 주위의 산세로 둘러 싸여진 자연의 지형으로 중층적 위요 경관인 장풍국을 요구하고 있다. 또한 자연순응사상 등의 깊이 있는 이해와 자연친화적인 조선시대의 전통 조영관에 기초하고 있다.

외홍전문-재실-금천교-홍전문을 잇는 능역의 진입공간의 참배로 형태는 능역 내의 명당수가 흐르는 개천을 따라『之』,『玄』자의 지그재그 한 곡선 형태를 이루고 있다. 이는 능원의 진입시 성스러운 공간인 능침공

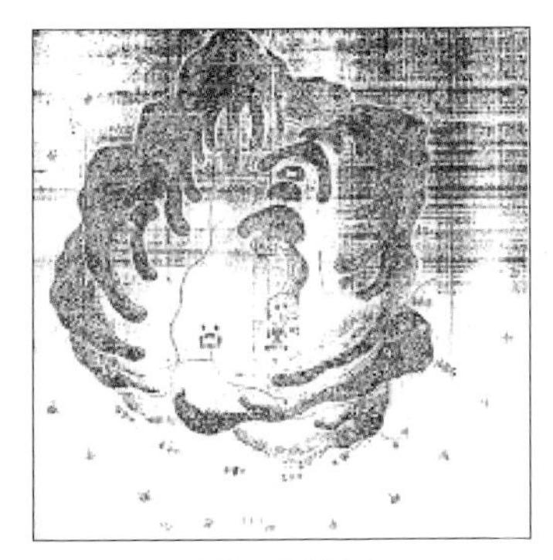

숙종 명릉 산릉도
(한국학중앙연구원 장서각소장본)

장조 융릉과 정조 건릉의 산릉도
(한국학중앙연구원 장서각소장본)

간이 직선적으로 보이지 않게 하며 능원공간의 신성함과 엄숙성을 강조하기 위한 것으로 사료된다.

능원의 좌향에 관한 분석에서는 후한(後漢)대 이후 동양의 군신예의 좌향인 북좌남향이 가장 높으나, 중기 이후에는 여러 방향에서 나타나 절대적으로 북좌남향 할 것이라는 절대적 좌향과는 다르게 자연의 지세에 따라 배치되어 있다.

능원의 물길은 좌우의 산세와 더불어 동간(東澗 : 간은 계류를 말함)과 서간(西澗)하여 흐르고 능역의 진입공간 홍전문 앞에서 합류하여 금천교를 지나 연지로 들어간다. 이것은 풍수사상에 의한 자연순응과 자연합치 사상으로 볼 수 있다.

능원의 시대별 규모는 조선 초기에는 「국조오례의」의 영향으로 사방 100보[3]로 하였으며, 태종 때는 161보, 현종 때는 200보로 점차 늘어가다가 숙종 이후 풍수사상의 영향으로 풍수형국에 의한 좌청룡, 우백호, 주산, 조산 등을 경계로 하는 시계 영역으로 반경 10리(약 4km)에 이르는 최대 규모로 유지되었다. 일제시대에 와서 국력의 약화와 왕실 재산의 국유화를 위해 최소화 시켰으며, 이후 6 · 25와 국가의 혼란기를 거치면서 현재에 이르고 있다. 2007년 현재 문화재청에서 능역으로 관리하는 면적은 수도권을 중심으로 1,933.8ha에 이른다. 이러한 능역의 분포와 시계적(視界的 : 문화재보전지구) 규모는 현재의 수도권 녹지 제공에 크게 기여하고 있다.

능원의 경관적 균형과 조화를 이루지 못할 때에는 풍수적 비보차원에서 경관구조의 균형(balance)을 이루기 위해 보토나 보식, 연못(연지)조성,

3 1步는 약 1.78m(장기인, 1989, 한국고건축사전)

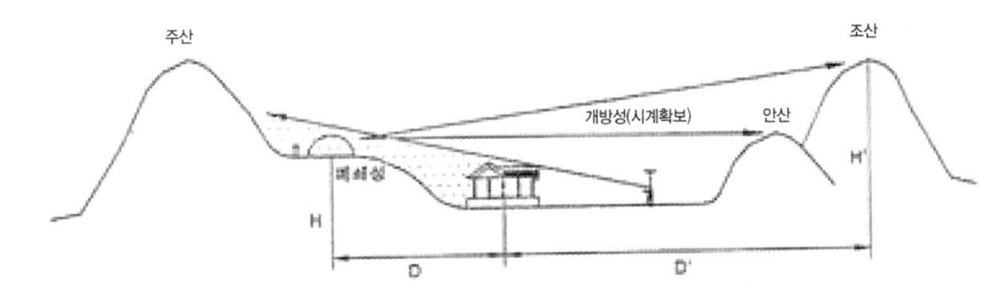

능원의 폐쇄성과 개방성의 시계분석도

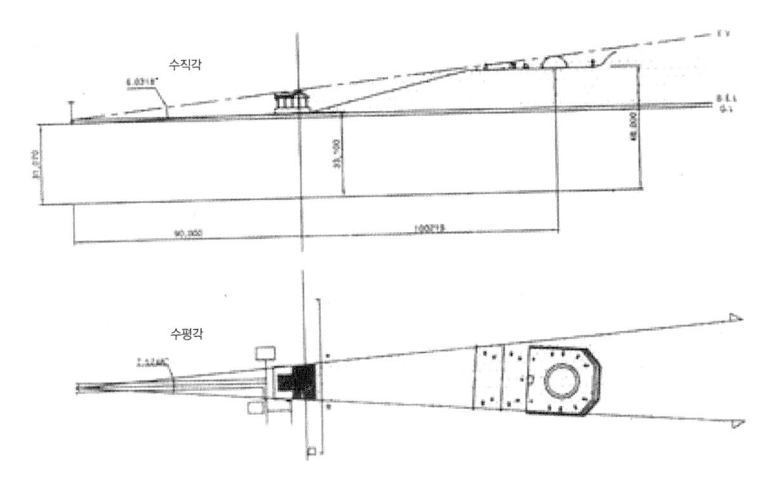

능원 능침공간의 차폐를 위한 정자각의 수직각, 수평각에 의한 시계분석도(元陵)

구조물 등의 경관을 인위적으로 조성하기도 하였다.

능원의 핵심공간인 봉분의 위치는 홍살문에서 정자각으로 가는 동안 정자각의 높이와 폭에 의하여 시선이 들어오지 않도록 성스럽게 조영을 하고 있다. 이것은 외부공간(진입 · 제향공간)과의 계층적 질서를 유지하기 위해서 성스러운 공간인 능침공간이 쉽게 시선에 들어오지 못하도록 정자각을 설치하였고 그 높이와 폭이 설정되었다. 즉 능침공간은 제사를 거행할 때 정자각을 통하여 진입공간과 제향공간에서의 상징적 접근을 허용치 않음으로써, 능 구역은 인간이 접근하지 못하는 공간으로 인식하게 하여 정자각 들보를 중심으로 성과 속의 공간을 구분하였다.

이러한 성과 속을 구분 짓기 위한 시계 차단 방법은 정자각에 의한 시계차단을 기본원형으로 하고 있으나 자연의 지형 · 지세에 따라 수라청이나 비각 등 인위적 건조물에 의하여 시각을 차단하거나 수림에 의한 시각 차단 방법을 채택하기도 하였다. 즉 능침공간의 신성함과 엄숙성을 강조하기 위한 것이었다.

이는 중국의 명(明) 태조(太祖 朱元璋)의 효릉(孝陵)과 청의 묘제에서 용봉문까지의 길에는 시선의 종점마다 건축물을 놓아 능 참배의 분위기에 잠기게 했다는 내용과 같은 맥락으로 해석된다(佐藤昌 1987).

능원의 공간감은 능침공간과 제향공간 지형의 높낮이와 건조물의 크기에 의해 공간의 폐쇄도를 구분하여 성역의 공간과 제향의 공간으로 하고 능상과 능하로 하여 성과 속으로 나누었다. 이는 음양의 논리로 정의되며 이 높낮이의 차이는 능침공간의 시계확보와 신성함을 강조하기 위해 조영되었다.

4) 능원의 공간구성

능의 공간구성은 사후의 왕이나 왕비를 위한 궁전 건축 계획의 개념에서 조선시대의 통치이념인 유교의 영향을 주로 하여 동양의 자연관인 풍수지리와 도교의 영향을 받아 전조후침(前朝後寢), 풍수적 조성 원리에 따라 조성되었다.

조선시대 능원의 공간구성은 제향시 사자(死者)와 생자(生子)의 만남의 공간인 정자각을 중심으로 구체적으로 3단계의 공간으로 구분된다. 외

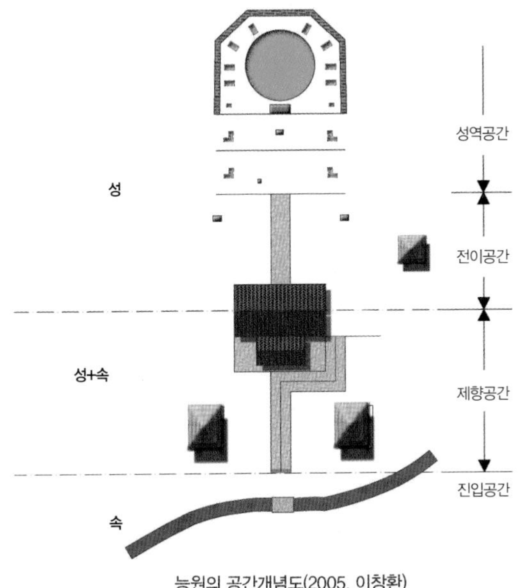

능원의 공간개념도(2005, 이창환)

홍전문 · 재실 · 연지 등이 있는 진입공간은 참배객을 위한 속세의 공간이며, 금천교를 건너 홍살문에서 이어진 향어로를 따라 정자각까지 직선축에 양옆으로 수복방 · 수라청이 배치된 곳은 제향공간으로 정자각에서 혼백과 참배자가 만나는 성과 속의 공간이다. 다음은 일정한 언덕 위에 봉분을 중심으로 곡장과 석물들이 조성된 능침공간으로 이곳은 사자의 공간인 성역공간으로 대별된다.

능침공간(능상)은 사자의 제궁으로 신성시하는 성의 공간으로 해석되며, 제향공간(능하)은 제례시 후손과 사자가 만남의 공간으로 성과 속의 혼합된 공간으로 해석되며, 진입공간은 제례와 참배를 준비하는 속세의 공간으로 해석된다.

즉 조선 왕릉의 공간구성은 유교의 예법에 따라 진입공간-제향공간-

전이공간-능침공간이라는 기본적인 공간 구조를 가지고 있다. 능원의 각 공간별 구성 요소는 진입공간에 외홍살문, 재실, 연지, 화소(火巢), 금천교 등이 있으며, 제향공간에 홍살문, 향어로, 수복방, 수라청, 비각, 정자각 등이 있다. 전이공간에는 예감(瘞坎), 소전대, 산신석, 신로(神路) 등이 배치되어 있다. 그리고 능침공간에는 봉분, 석양(石羊), 석호(石虎), 상석(床石, 혼유석), 망주석, 장명등, 문 · 무석인상, 석마(石馬), 곡장, 화계 등이 있다. 이러한 능역의 공간구성 요소는 능을 향하여 진입하는 동선을 중심축으로 하여 배치하고 있다. 이 밖에 향탄산(香炭山), 원찰 및 조포사(造泡寺) 등이 능역 외곽에 배치되어 있다.

① 진입공간

진입공간은 외홍살문, 재실, 연지, 금천교, 홍살문으로 이어지는 공간

조선왕릉의 진입공간은 계류를 따라 지(之), 현(玄)자의 곡선을 이루어 능원의 신비감을 더한다

표 2. 능원의 공간구성표

구 분	능역의 주요시설	동선의 흐름	상징성
성역공간	봉분, 문무석인, 석양, 석호, 장명등, 망주석, 곡장	↑	성의 공간
제향공간	정자각, 향로와 어로, 수복방, 수라청, 홍전문, 판위	ㄱ	성과 속의 만남
진입공간	외홍전문, 연지, 재실, 금천교, 참배로, 화소	Z	속의 공간

이다. 외홍살문은 능역의 외청룡과 외백호가 맞닿는 입구에 입지하며, 재실은 내청룡 밖에 배치되어 있다. 능혈로 진입하면서 명당수가 흐르는 개천을 따라 곡선을 이루어 진입하며, 능역의 좌우 계류가 합치되는 낮은 곳에는 연못(연지)을 두어 능역 위토답(제사를 모시기 위해 농사짓는 논과 밭)에 농업용수의 공급과 참배시 휴식을 위한 공간으로 제공되었다. 홍전문 앞의 계류에는 금천교를 설치하여 능역의 성스러움을 구분지으며 홍전문으로 진입하고 있다. 능원의 참배로는 일반적으로 곡선을 이루어 나타난다. 이는 「임원경제지」 등에 "명당을 향해 들어오는 도로는 '지之, 현玄'자 형태의 곡선이어야 하며 그것이 소로든 산맥이든 직선하여 들어오는 것은 충파(衝破)라 하여 꺼리는 것이니 이런 것은 피해야 한다"에 의한 풍수이론에 의한 것으로 사료된다.

즉 능역의 입구에서 가장 이상적인 길은 기분 좋게 구불거리는 길로 조성되어 있다. 이러한 구불거림은 능역이 쉽게 보이지 않도록 하여 능역의 신성함과 엄숙함을 강조한 것이다. 능역 진입공간 참배로의 식생구조는 《광릉지(光陵誌)》 등에 따르면 전나무, 잣나무, 신갈나무, 떡갈나무, 단풍나무 등이 배식되어 있으며 진달래, 철쭉 등의 관목류가 배식되어 있다.

② 제향공간(성과 속 만남의 공간)

제향공간은 참배를 위한 주 공간이며, 사자와 생자가 제의식 때 만나는 공간으로 반속세의 공간이다. 제향공간은 홍전문부터 정자각 우(서북)측 뒷편의 예감까지로 본다. 제향공간에는 제례를 위한 홍살문, 판위, 정자각, 향어로, 수복방, 수라청 등이 배치되어 있다. 정자각과 홍전문을 잇는 선을 따라 향어로가 2~3단으로 구분지어 있다.

제례의 시작인 판위를 지나 신로와 어로의 양옆으로 수라청, 수복방이

조선왕릉의 제향공간(태릉)

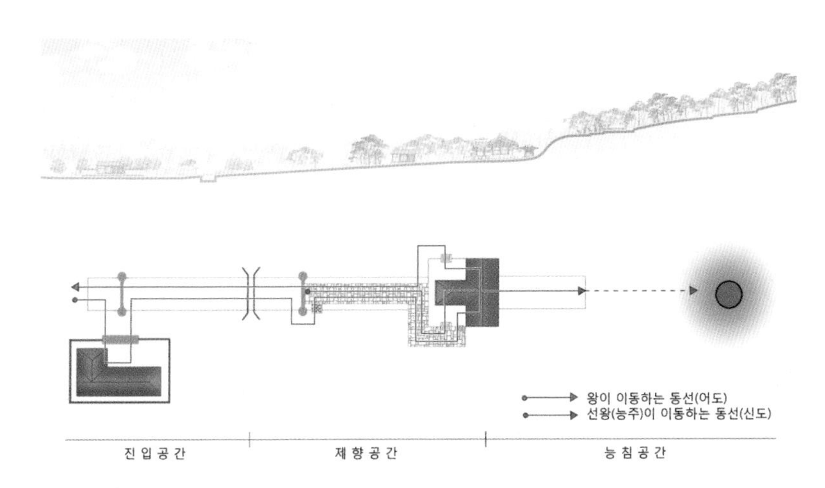

헌관인 왕의 이동과 선왕(祭主)의 이동 동선도(2007, 문화재청)

세조 광릉의 진입공간 참배로

중종 정릉의 제향공간과 능침공간

설치되어 있다. 신로와 어로의 구성 형태는 종묘사직과 더불어 직선의 형태를 이루며, 향어로(御路와 香道)의 경우 제의식에서 동남부(좌하)에서 시작하여 서북(우상)에서 끝나는 절선형을 이루고 있다.

제의식을 마치는 정자각 서북측에는 축문을 불사르는 소전대(초기 능역-건원릉, 정릉, 헌릉에 현존)와 축문을 태워 묻는 예감이 배치되어 있다.

능원공간의 배치축은 봉분–장명등–정자각–홍살문을 잇는 직선축을 기본으로 하고 있다. 정자각의 배치는 형식별로 단릉과 합장릉의 경우 봉분(穴)에 정축하여 배치되며, 동원이강형(同原異岡形)의 경우 양강의 중심에 정자각이 위치하고, 쌍릉의 경우 왕릉의 혈에 정자각의 축을 맞추는 경우가 많으며, 삼연릉의 경우 왕의 봉분에 축을 맞추고 있다.

제향공간과 연계한 능침의 경사지 하단은 전이공간으로 정자각 후문과 연계하여 신교와 신로가 설치되어 있다. 이는 돌아가신 선왕과 왕비가 제향 후 능침으로 돌아간다는 의미가 있다. 이밖에 능주의 표식과 업적을 나타내는 비각이 있으며 원래의 산신에게 제사지내는 산신석이 있다.

③ 능침공간(성역공간)

조선왕릉의 능침공간은 왕릉의 핵심으로 봉분의 좌우 뒷면 3면에 곡담이 둘러져 있으며 그 주변에는 소나무가 둘러싸여 있어 능의 위요성을 강조하고 있다. 능침공간의 주요 시설은 봉분이다. 봉분은 원형이며 방위를 나타내는 12병풍석 또는 12지간의 난간석으로 되어 있다. 12병풍과 지간에는 방위를 나타내는 그림과 글자 등이 표시되어 있다. 능침을 중심으로 석양, 석호, 장명등, 석망주 등이 배치되어 있다.

능침공간의 평면구성은 가로 방향으로 장대석을 설치하여 공간을 3단으로 나누고 있다. 봉분이 가장 위쪽에 있으며 죽은 자의 침전 기능을 하는 상계(上階)이다. 다음 단은 중계(中階)라 하며 분인의 공간으로 문석인상과 말상, 장명등이 있다. 세 번째 공간은 하계(下階)로 무석인상이 말과 함께 공간을 구성하고 있다. 이 능침공간은 오직 죽은 자의 공간이며 산자의 접근이 엄격히 제한되었던 공간이다. 능침공간의 삼계는 궁궐조영의 삼문삼조(三門三朝)의 원리와 조선시대의 통치철학인 유교에서 지향하는 성리학과 봉건계급사회의 영향으로 사료된다.

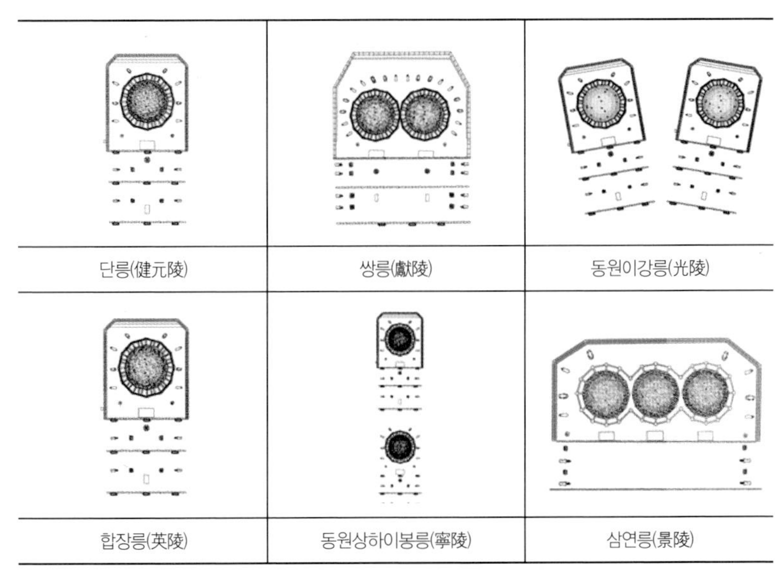

조선왕릉 능침공간의 형식(이창환, 2007, 세계유산 등재를 위한 학술 연구 보고서)

조선시대 능침의 축조 방법은 전 · 후방 산의 형태와 혈장 등을 고려하여 그 위치와 형식을 갖고 있는데, 이것은 능원이 자연환경의 일부로 여기는 풍수사상에 따른 것으로 사료된다. 이로 인하여 능침의 형식이 단릉, 쌍릉, 합장릉, 동원이강릉, 동원상하릉, 삼연릉 등 많은 형식으로 나타나고 있다. 이것은 조선시대 만의 특이한 조영양식이다.

봉분은 절대적으로 원형을 이루고 있으며 잔디로 피복되어 있다. 봉분의 크기는 조선시대 묘제의 근간이 되고 있는 「국조오례의」에 직경 18m, 높이 4m 정도로 하고 있으나, 후기로 갈수록 줄어드는 경향을 보이고 있다. 봉분의 축조 형식은 조선 초기에는 고려의 양식을 모방한 병풍석을 이루고 있으나, 세조이후 능원 조영의 간편 정책에 따라 병풍석을 난간석만 하고 석실을 회벽실로 하는 변화를 보이고 있으나 때로는 병풍석을 사용

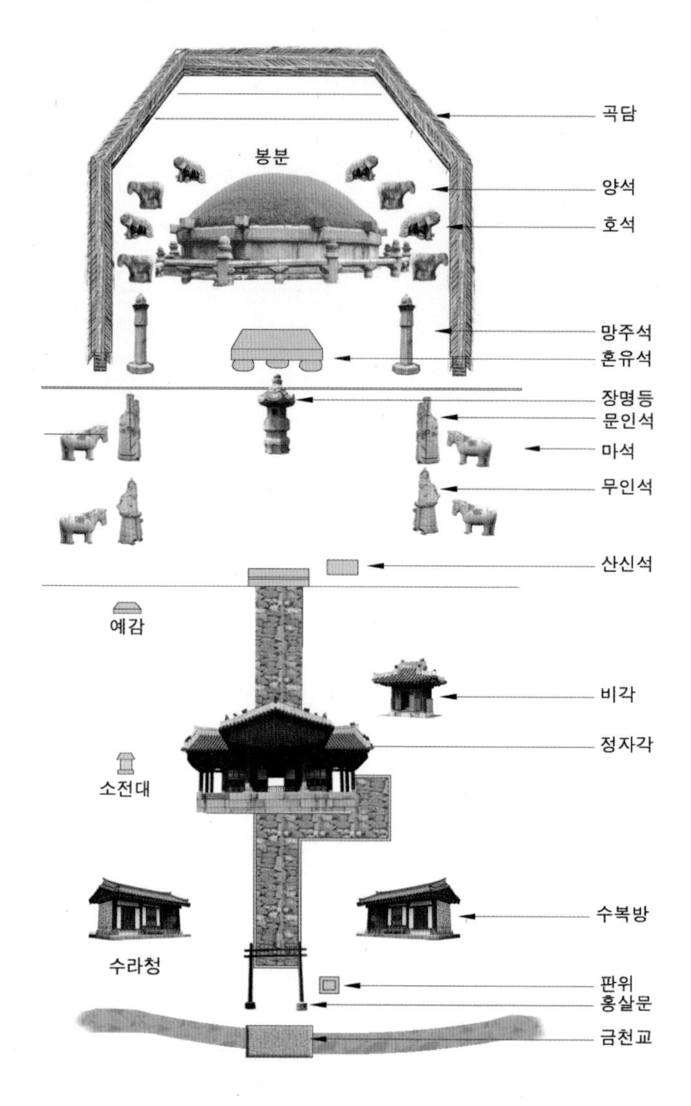

조선왕릉의 각 시설별 배치 모식도(2007, 이창환)

능침공간의 전경(인릉)

한 왕릉(선릉, 정릉, 태릉, 강릉, 목릉, 효릉, 융릉, 홍릉, 유릉 등)도 있다.

조선시대 능역의 공간구성은 크게 나누어 사물의 근원이 음양이라는 천원지방설의 영향으로 능상과 능하로 나누고, 능상을 양(陽)으로 능하를 음(陰)으로 구분하였다. 봉분은 혈(穴)에 해당하는 것으로서 세계축을 상징하여 사자(死者)의 혼과 백이 하늘과 지하에로의 분리 및 합치하는 상징적 의미를 보여주는 장소로서 음양사상이 깃든 성역공간이다. 또 봉분은 양으로, 곡장은 음으로 해석된다. 봉분의 형태가 원형인 것은 장소가 갖는 기본적 형태로서 구심적인 특성을 상징하며, 영역 내 가장 신성한 중심지임을 강조하는 것으로 음양사상에 의한 성역공간의 양의 개념으로 해석된다. 여기서 곡장을 ㄷ자형으로 한 것은 음의 상징적 의미를 가져 음양사상이 내포되었다.

능침공간의 석물배치는 유교적 원리와 신분제도에 따라 장명등을 중심으로 대칭하여 배치되며, 영원성을 나타내기 위하여 석수를 배치하고 석수들의 변화는 사회상의 변화에 따라 그 크기와 양식, 배치방법이 변화하고 있다. 조선 초기에는 세종조의 『오례의(伍禮儀)』영향으로 일정한 크기를 유지해 오다가 성종조 이후 인조반정과 정치 · 사회적 혼란기에는 왕권강화를 위해 거대해지다가, 숙종 이후 실학의 발달에 따라 인간의 실제 크기인 등신대 크기로 변화되고, 이후 국란 등 사회적 혼란기를 거치면서 여러 가지 변화를 가지다가 조선시대 말기에 와서 커지는 경향을 보이고 있다. 즉 조선시대 능역의 석조물의 배치 및 규모는 피매장자의 신분과 권위 등 정치적인 영향과 사상적 영향에 의하여 조성되었다.

조선시대 문석인의 크기 변화도(좌로부터 태조(14c), 성종(15c), 숙종(17c), 정조(18c) 대의 문석인)

조선시대 능침공간의 중계 · 하계(문 · 무인 공간) 규모의 변화는 초기에는 고려의 영향과 조선개국의 무인들의 영향에 힘입어 문인상(중계)의 공간보다 무인상(하계)의 공간이 넓게 나타나다가, 조선중기에 와서는 유교주의와 신분제도의 확립에 따라 중계와 하계의 넓이를 같게 구성하며, 조선말기에 와서는 외세의 침입 등 사회적 혼란기와 신분제도의 붕괴로 인하여 문 · 무인 상의 공간구분이 없어지며(영조 이후), 능침공간의 중심시설인 장명등도 중계영역에서 하계공간 앞으로 배치된다(예릉).

결론적으로 조선시대 능역의 공간구성은 제례의 의식절차 등에서 유교관과 자연의 원형적 조건을 중시하였으며 능역조성의 정신세계와 내면적 가치관을 중시하여 조영되었다.

쌍릉으로 조영된 명종과 인순왕후의 강릉(康陵)

조선왕릉의 공간구성 요소

1) 능원의 건축물

① 정자각

능원의 건축물은 정자각, 비각, 수라청, 수복방 등이 있다. 이 중 대표적인 것은 제향공간의 정자각이다. 정자각은 제사를 모시는 공간으로 왕릉에서의 중심적 건축물이다. 그 평면이 한자의 '정丁'자와 같다고 하여 붙여진 이름으로 전면 3간, 측면 2간의 정전(正殿)과 전면 1간, 측면 2간의 배전(拜殿)으로 구성된다. 정전은 제례를 지내기 위한 닫힌 공간이며, 배전은 제례의 보조적인 공간으로 기둥만 있고 벽체가 없이 반외부적 공간으로 되어 있다. 제례시에는 배전에 신렴(神簾)의 발을 내려 신비감을 더했다. 이 건물은 장대석으로 만든 월대 위에 설치된다. 월대의 좌우측에 제례를 행할 때 오르내릴 수 있도록 계단을 설치하였으며, 동측에는 어계(御階)와 향계(香階 : 魂階 : 雲階라고도 함) 2개를 설치하고 서측에는 어계만 설치하였다. 이는 제례를 마친 혼백은 정자각 후면의 신문(神門)을 통해 신교(神橋)와 신로(神路)를 거쳐 능침으로 향한다는 상징적 의미와 헌관(왕과 세자)은 월대를 돌아 어계를 거

정자각 앞면도
(건원릉, 문화재청)

익릉의 정자각(다른 능에 비해 익랑이 한간 더 붙어 있다)

쳐 내려오는 제례의 의식에 의한 것이다.

정자각의 정전 내부에는 기둥이 없으며 사면의 벽이 모두 화방벽이다. 이 공간에서 제의식을 거행하였다. 정자각은 맞배지붕을 기본으로 하며 일부 팔작지붕과 익랑(翼廊)의 형태도 볼 수 있다(휘릉, 숭릉, 익릉, 의릉). 조선후기에 와서 황제 능제라 하여 '口'자형 월대 위에 전면 5칸, 측면 4칸 규모의 '一'자형 배전이 설치되었다. 이 때 계단은 전면으로 배치되었다.

② 비각, 수복방과 수라청

비각은 능침의 좌하단 아래 정자각 좌상측에 배치되어 있다. 비각은 죽은 사람의 업적을 기록하여 세우는 것으로 초기에는 신도비라 하여 태조의 건원릉과 태종의 헌릉에서 나타나며 이후에는 비각이라 하고 죽은 사람의

능역을 관리하는 수복이 근무하던 수복방(서오릉지구 경릉)

시호와 왕릉명을 기록하여 놓았다.

수복방은 정자각의 좌측(동남측) 앞에 위치하며 능을 지키는 수복(능지기)이 사용하던 공간이다. 수복으로 하여금 능역을 순시, 관리하게 하였던 곳이다. 정면 3칸, 측면 1칸의 맞배지붕으로 되어있으며 민도리 형식이다. 앞면 참도를 향하며 수라청과 마주하고 있다. 수라청은 정자각 우측(서남측) 앞면에 위치하며 제향 시 음식을 차리는 곳이다. 규모는 수복방과 비슷한 규모를 가지고 있으며 수복방과 참도를 향하여 수복방과 마주하고 있다. 수라청 근처에는 제향에 쓰던 어정이 가까이 있다.

③ 홍살문(홍전문)

왕릉의 홍살문은 홍전문이라고도 한다. 홍전문은 능역의 정자각 앞쪽 참도가 시작되는 곳에 능원이 신성구역임을 표시하기 위해 세워 놓은 것이다. 기둥을 양쪽에 세우고 위에 심방과 띠장을 가로지르고 가는살 나무살을 박고 중앙에 삼지창과 태극문양이 있다.

명종 강릉의 홍전문과 정자각

2) 능원의 석조물

한국에서 왕릉의 석물에 관한 기원은 통일신라시대부터 이며 이후 고려를 거쳐 조선시대에 이르러 많은 발전을 하였다. 조선시대 석물은 고려의 영향을 받았으나 태조 건원릉과 「국조오례의(國朝伍禮儀)」의 영향으로 일정한 틀을 가지고 변화되어 왔다. 조선 왕릉의 석물의 배치와 구조는 기본적으로 큰 변화 없이 오랜 기간 이어져 왔으나 당시의 사상적 · 정치적 상황에 따라 변화가 있었다.

조선시대 왕릉의 석물은 능침공간에 주로 배치되었다. 능침의 중심인 상계(초계)의 공간에는 봉분을 12각형으로 병풍석과 난간석으로 쌓고 사방에 석호와 석양을 놓고, 상계의 앞면 좌우에 망주석을 배치하였다. 봉분 앞에는 혼유석이 놓여 있다.

중계는 문인공간으로 가운데 팔각 또는 사각의 장명등이 놓여 있으며, 문석인과 석마가 좌우 양열으로 놓여 있다. 하계는 무인의 공간으로 문인 공간과 나란히 무석인과 석마가 놓여 있다.

① 혼유석과 고석

혼유석은 능침의 정면에 놓인 상석(床石)을 말한다. 영혼이 노는 곳이란 의미이다. 고석(鼓石)은 혼유석을 받치고 있는 4~5개의 북 모양의 석물이다. 고석에는 잡기를 쫓는 귀면(鬼面)이 조각되어 있다.

② 석호와 석양

능침공간에는 봉분을 중심으로 석양과 석호가 일반적으로 4쌍 배치되어 있다. 양은 신양(神羊)의 성격을 띠어 사악한 것을 피한다는 의미이며, 호(虎)는 능을 수호한다는 의미로 해석된다.

③ 망주석과 세호

상계의 앞면 좌우에 팔각의 촛대처럼 배치된 석물이 망주석이다. 중국 명과 청나라의 화표석과 비교되는 시설이다. 이는 능침이 신성구역임을 알리는 의미와 멀리서 바라볼 수 있도록 한 것으로 추정된다. 망주석 기둥에는 세호(細虎)라는 동물상이 조각되어 있다.

④ 장명등

장명등은 석등의 형태로 능침의 중간 중계에 배치되어 있다. 조선시대 초기에는 팔각의 형태이며 숙종의 명릉이후 사각의 장명등[4]이 나타난다.

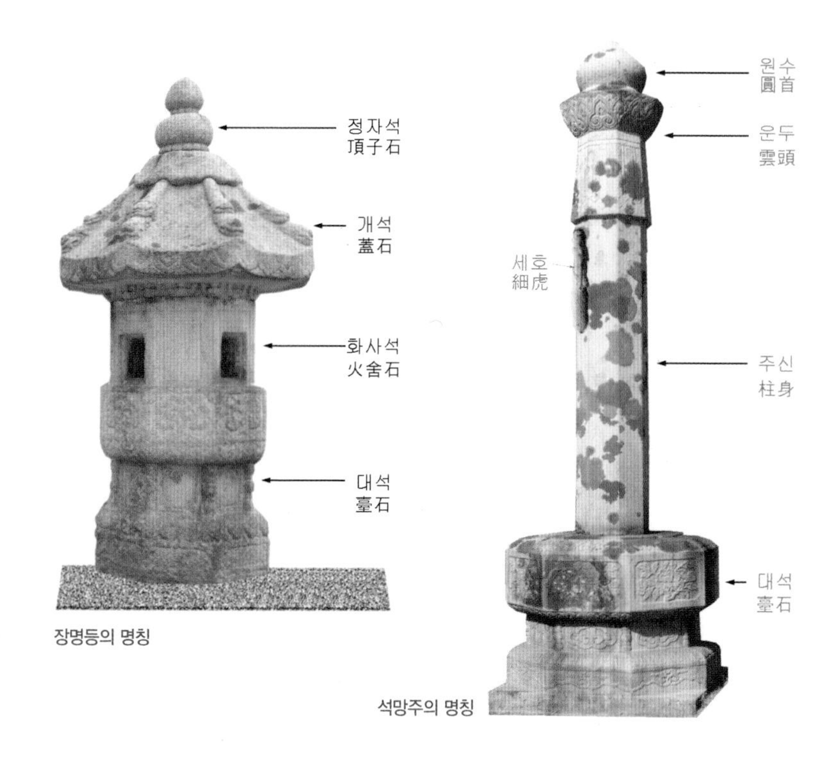

장명등의 명칭

석망주의 명칭

⑤ 문 · 무석인상과 석마

문석인상은 중계에 무석인상은 하계에 서로 마주하고 서 있다. 문석인상을 능침 가까이 중계에 배치함은 봉건계급제도로 보이며 조각의 크기는 조선초기에는 3m정도로 실물보다 크게 나타나나 숙종, 영조시대 실사구시의 영향으로 실제 사람의 규모로 되었다. 석마는 문 · 무석인상 뒤

4 장명등(長明燈) : 장명등은 능침공간의 중심시설이다. 능침 혈 앞의 명당을 오래 동안 밝힌다는 의미로, 왕조의 영원성을 나타낸다. 사찰에서 볼 수 있는 탑, 석등과 유사한 형태로 유교적인 무덤 양식에 불교의 영향이 더해진 것으로 보인다. 일반적으로 능묘의 혼유석 바로 앞 문인공간에 설치되어 있다. 후기에 와서 무인공간에 배치하기도 한다. 영조 이후에 문 · 무인공간이 높낮이와 공간을 구분하지 않고 하나가 됐는데 이런 흐름과 관련이 있는 것으로 판단된다. 다시 말해 신분제도의 변화를 볼 수 있는 것이다. 고려에서 조선으로 넘어오면서 나타난 능제의 대표적인 변화가 장명등이다. 즉 고려시대의 사각장명등이 조선시대는 팔각장명등으로 변한 것이다.
팔각장명등은 보주가 있는 지붕돌 아래의 가운데에 등을 넣을 수 있는 화창(火窓)이 뚫린 몸체가 있고, 그 아래에는 안정적인 받침대가 있다. 팔각 혹은 사각의 외면에 각종 문양으로 화려하게 장식하기도 한다.

혹은 옆에 읍하고 있는 모양새로 서 있다. 이밖에도 능원에는 산신석, 소전대, 예감, 신교, 어정 등 많은 석물이 존재하고 있다.

조선왕릉 무석인의 명칭 설명

능원의 연지

조선시대 모든 능원에는 연못(蓮池)이 있던 것으로 『강릉지(康陵誌)』 등에 기록으로 남아있으나 현존하는 연지는 동구릉 숭릉, 세종 영릉, 장조의 융릉, 정조의 건릉, 진종의 장릉, 고종 홍릉 등의 능원에서 볼 수 있다.

능역 연지(蓮池)는 능원 진입공간에 능원의 좌우 계류에서 내려오는 물이 서로 맞닿는 낮고 습한 곳으로 능역의 입구에 풍수적 비보 차원에서 입지하였다. 능역 연지의 형태는 조선시대의 전통적인 연지 형태인 방지원도(方池圓島)가 대부분이며, 풍수적 이론에 의해 원지도 있다(융릉의 坤申池). 조선시대 말기에는 원지원도형(圓池圓島形)이 홍릉(洪陵)에 나타난다.

이러한 능역의 연지들이 방지(사각형) 형태인 것은 천도의 원시적 재현으로 해석되고 소우주적 형성관으로 볼 수 있으며, 음양사상과 천인합일설(天人合一說), 천원지방설(天圓地方說)에 따라 이루어진 것으로 본다.

연지의 가장자리에는 소나무 · 전나무 · 떡갈나무 · 느티나무 · 진달래 등이 배식되어 있으며, 중도(中島)에는 소나무 · 전나무 · 진달래 등의 화목류가 배식되고 연못 안에는 연꽃 등이 심어져 있다.

천원지방설에 의한 방지원도형의 김포 장릉 연지

왕릉 재실

능역의 재실은 평시에는 능원관리인의 근무 장소이며 제사 때는 제관들이 머물던 곳이다. 능의 관리와 제의 준비를 위한 능역의 부속시설이다. 능역의 재실이 현재 온전하게 현존하는 것은 그리 많지 않다. 여주의 효종 영릉의 재실과 영월의 단종 재실 그리고 조선말기의 능인 고종과 순종의 홍릉과 유릉 등에서 원형을 찾아 볼 수 있다.

조선시대 왕릉의 재실 위치는 항상 내명당 밖 능원 접근 방향에 위치해 있으며, 일반적으로 좌측 능선인 내청룡 끝자락 밖에 위치하고 있다.

능역 재실의 구성요소는 재실, 안향청, 집사청, 전사청, 제기고, 대문, 행랑 등으로 구성되며 '口'자형의 공간구성을 하고 있다. 행각과 본채는 담장으로 막아 구분하고 있다. 재실의 공간구성은 우측에는 향대청, 가운데는 중심시설인 재실이, 왼편에는 전사청으로 구성되어 있다.

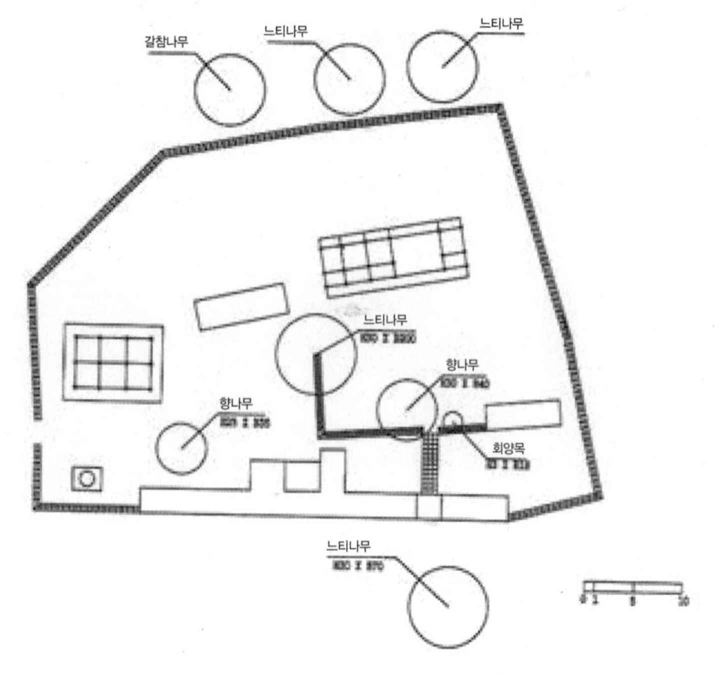

효종 영릉 재실 배치도와 식재도

능역 재실의 건물의 구조는 팔작지붕에 민도리 양식을 취하고 있으며 단청을 하지 않았다.

능역 재실의 화계는 왕궁 또는 상류주택의 뒷동산의 화려한 장식과 달리 단정하고 소박한 상태의 2단정도의 화계로 조성하여 비워 놓거나 두견화, 향나무, 과실수 등을 배식하였다.

재실의 식생경관은 배경식재로 소나무 · 신갈나무 · 떡갈나무 · 은행나무 · 밤나무 · 전나무 순으로 분포하며, 재실 내부에는 문헌상 향나무와 소나무, 두견화를 인위적으로 심었다는 기록이 『광릉지(光陵誌)』, 『경릉지(敬陵誌)』, 『홍릉지(弘陵誌)』 등에 있다.

효종 영릉 재실

현재는 향나무, 소나무, 비자나무, 느티나무, 회양목, 은행나무 등이 분포하며, 재실 전면 공간에는 은행나무, 향나무, 전나무, 느티나무, 느릅나무, 주엽나무, 대추나무 등이 배식되어 있다. 이중 향나무와 과일나무 등은 제향 때 쓰기 위해 배식된 것으로 추측된다.

2
능원의 식생경관

능역의 배경 숲은 송림이 원형이며, 봉분을 중심으로 한 성역의 공간에는 소나무가 절대적 우세를 나타내며, 이들 소나무림을 도래솔이라 한다. 다음 능침주변으로 갈참나무, 신갈나무, 전나무, 떡갈나무 등이 분포한다. 정자각을 중심으로 한 제향공간의 주변 식생은 소나무, 전나무, 신갈나무 등이 교목으로, 중교목으로는 쪽동백, 팥배나무, 때죽나무, 철쭉, 진달래 등이 있으며, 습지에는 생태적 특성을 고려하여 오리나무 등을 식재 관리하였다. 진입공간에는 구불구불한 참배로를 따라 소나무, 떡갈나무, 오리나무 등이 배식되어 있다.

능역의 소나무와 전나무, 잣나무 등은 중국의 주(周)나라 시대부터 황제를 나타내는 수목으로 왕조의 영원성을 나타낸다. 떡갈나무, 신갈나무는 수피가 두껍기 때문에 산불에 강하고 줄기가 곧게 자라며 생장속도가 느린 점을 고려하여 왕릉 화재를 대비한 식재이며, 오리나무는 비옥한 하천, 계곡, 정체수(停滯水)가 있는 지역에서 수명이 길고 맹아력이 강한 수목의 특성을 고려하여 생태적 식재를 하였다. 낙엽활엽소교목인 때죽나무는 능역의 양성화의 꽃이며 백색으로 긴 화경(花梗)에 달려 아래로

임금님 어좌 뒤편에 해와 달, 다섯 봉우리, 소나무가 그려진 일월오악도(문화재청)

드리우며 열매가 종 모양임을 고려해 볼 때 능역의 화수로서 심고 가꾸었던 것으로 사료된다.

능원의 지피식물은 들잔디(*Zosia Japonica*)가 주종을 이루고 있으며, 조선시대에는 모화관(慕華館)에서 인위적으로 잔디를 재배하여 보식하며, 필요에 따라 잔디를 7~8월에 파종하기도 하였다. 건원릉의 봉분은 태조(이성계)의 유시에 따라 함흥의 사초로 하고 벌초를 하지 않는 것이 특이하다.

왕릉의 대표적 수목의 생태적 · 문화적 특성을 살펴보면 다음과 같다.

소나무

양지바른 언덕에 조영된 조선왕릉의 능침(寢園) 주변은 도래솔(송림)이 둘러싸고 있어 위엄성을 강조하고 있다. 소나무(松)는 나무 중에서 유일한 십장생 중의 하나로 왕조의 영원성을 상징한다. 소나무는 대표적인 장수식물이며, 나무의 형태가 그윽한 자태를 지녀서 이것을 고려하여 능역 주변에 배식하였다. 또한 소나무의 분포는 용맥(풍수지리에서 산의 정기가 흐르는 산줄기)의 흐름을 나타내며 척박한 능선에서도 잘 자라 특별히 용맥을 잇는 나무로 관리되어 왔다. 봉분 뒤편의 소나무는 사신사(四神沙)의 현무를 나타낸다. 현무는 거북 형태로 소나무의 수피가 오래되면 검은색으로 변하고 두껍게 갈라져 거북의 등과 같은 모습이 되는 것에서 연유한다. 소나무 송(松)을 문자적으로 해석하면 나무 목(木)에 공적인 공(公)이 아닌가. 임금이 되면 사적인 일 대신 공적인 백성정치를 펴라는 의미로도 해석된다. 현대의 정치인들이 새겨볼 만하다. 지금도 봉분을 중심으로 한 능침의 공간에는 소나무(*Pinus densiflora* L. et Zucc.)가 절대적 우세를 나타내며 잘 보존되고 있다. 처음 능역에 소나무를 식재한 때는 1409년과 1411년 1월로 태종이 건원릉에 소나무를 심을 것을 명하여 박자청이 감독하고 심었다고 전한다. 이후 조선왕실에서는 매년 능원에 소나무를 비롯한 여러 나무를 심었다. 조선시대에는 왕릉 소나무가 벼락을 맞으면 해괴제와 안신제를 지낼 정도로 중히 여겼다. 이렇게 조영한 600년 된 소나무와 그 후손들은 지금도 능원에서 푸른 기상을 뽐내고 있다.

조선시대 임금의 용상 뒤에는 왕실의 위엄을 상징하는 일월오봉도(日月伍峯圖)가 있다. 그 그림 속에도 푸른 소나무를 양옆에 그려 넣었다. 이는 왕권의 위엄을 나타내는 동시에 균형과 평정정치에 대한 바람을 담은 것이다. 홍릉과 유릉의 침전 용상 뒤 일월오봉도에서도 소나무 그림 흔적이 보인다. 지금도 청와대 대통령 집무실 뒤 그림에는 거목의 소나무 그림을 볼 수 있다. 애국가에도 도성의 안산인 남산에 소나무가 나올 정도로 우리민족의 중요한 나무가 소나무이다.

뽕나무

장릉 정자각 수라청 터 뒤편 사초지 모서리에는 오래된 뽕나무(桑)가 있다. 오래된 뽕나무는 궁궐에도 있다. 특히 창덕궁 금원(비원)에 많다. 뽕

조선왕실의 대표적 상징물인 삼척 준경묘의 소나무들, 이 소나무의 후손들이 왕릉의 역사경관림 복원에 사용된다

왕실 역사경관림복원에 사용될 준경묘의 소나무 후계목들(사릉)

나무는 누에를 길러 고급 비단의 어의(御衣)를 만들었다. 그래서 궁궐에 누에를 기르는 잠실을 두었다. 서울에도 강남에 잠원과 잠실을 두어 뽕나무를 장려했다. 뽕나무는 뿌리가 깊고 황색으로 왕실을 상징하는 황색의 수피를 갖고 있다. 뿌리 속이 흰색이라 한약재로 상백피(桑白皮)라고도 한다. 열매는 푸르다가 차츰 적색, 검은색으로 변한다. 이렇듯 뽕나무는 오행색(伍行色)을 다 갖추고 있어 귀하게 여겼다. 그래서 정성 들여 가꾸고 이것으로 어의를 만들었다.

왕실에서는 상례 때 왕과 비의 영혼이 의지할 신위(神位 : 지방)를 혼전에 모시는데 이것을 우주(虞主 : 우제 지낼 때 쓰던 신주)라고 한다. 우주는 뽕나무로 제작한다. 그래서 신위를 상주(桑主)라고도 한다. 우주는 부묘시 종묘 터에 묻고 밤나무로 만든 신주로 부묘(祔廟)한다.

밤나무(栗)는 자손의 번성과 왕권의 영구한 승계를 의미해, 지금도 폐백 때 시어머니가 신부에게 밤을 준다. 밤은 밤알(열매)을 파종해 새싹을 틔워 키우는데, 밤알은 거목이 돼 죽어도 껍데기가 계속 뿌리에 붙어 있어 혈통의 정통성을 확인시켜준다. '임원경제지' 등에 밤알을 심을 때는 가운데 밤알을 심도록 돼 있다. 이는 가운데 밤알이 실해 건실한 혈통 계승을 의미한다. 인조는 아버지를 종묘의 혼전에 모시지 못함을 안타깝게 여겨 장릉에 부모의 영혼이 의지할 뽕나무를 직접 심었다고 한다. 이 나무가 지금도 살아 있다.

느티나무

왕실에서는 상례 때 왕과 비의 영혼이 의지할 신위(神位 : 지방)를 혼전에 모시는데 이것을 우주(虞主 : 우제 지낼 때 쓰던 신주)라고 한다. 우주는 뽕나무로 제작한다(김포 장릉)

인조 장릉 능역입구 재실 앞에는 오래된 느티나무(槐) 수 그루가 보존되어 있다. 우리 조상들은 능역의 입구, 마을 입구, 주택 앞에는 느티나무를 즐겨 심었다. 홍만선의 『산림경제』에는 집 앞에 느티나무 세 그루 심으면 삼정승이 난다고 했다. 그래서 삼괴(三槐)는 삼정승을 상징한다. 느티나무는 낙엽활엽교목으로 우리나라에 가장 많은 보호수로 지정되어 있다. 우리나라의 대표적 향토수종이다. 문자적 해석을 해 보면 느티나무는 한문으로 괴(槐)자이다. 나무 목(木) 변에 귀신 귀(鬼)자가 붙어 있으니 마을이나 집에 들어오는 잡귀를 몰아낸다는 의미로 해석된다. 그래서 마을입구나 집의 입구에 심어 정자목과 집회장소로 쓰였다.

왕궁에서는 입구에 느티나무보다 회화나무를 심어 가꾸었다. 창덕궁 돈화문과 중국 자금성 오문(吾門 : 정문) 앞과 경복궁 뒷편 칠궁 앞에도 회화나무가 보존되어 있다. 회화나무도 한문으로 괴(槐)자이다. 회화나무는 콩과식물로 질소고정작용을 하는 나무로 잘 자란다. 그래서 궁궐입구 외조(外朝)공간에 심어 삼정승으로 나타내는 나무로 심었다. 어릴 때 수피(나무껍질)가 푸르러서 충성을 상징하는 나무라 하기도 한다. 서당에서 벌칙으로 종아리를 맞을 때 회나무 가지를 썼다하여 회초리라고도 한다. 능역 입구의 느티나무는 삼정승이 능역을 지키며, 문자적 해석상 밖에서

능역입구의 느티나무는 밖으로의 잡귀를 물리치고 능역을 보호하는 상징적 수목이다

오는 잡귀를 쫓는 의미가 있다. 이러한 예는 많이 있는데 영조 생모 무덤인 소령원 입구에도 잘 조성 보존된 느티나무가 있다.

때죽나무

때죽나무는 여름에 도토리 알처럼 생긴 열매를 절구에 찧어서 갯가에 풀면 고기들이 마취돼 떠오르는 것을 보고 고기가 '떼로 죽는다'는 뜻에서 때죽나무가 됐다. 때죽나무는 우리나라 전국 산야의 양지에 자생하는 낙엽활엽교목으로 수고가 10m 정도 자라며, 가지가 많이 있다.

습기와 약간의 음지에서 잘 자라며 왕릉에서는 소나무 밑이나 상수리나무(도토리나무) 밑에서 잘 자란다. 5~6월에 종모양의 흰꽃이 아래로 흐드러지게 피며, 나무 한 주당 수백 수천송이의 꽃이 피어 달밤에 보면 흰색의 초롱꽃이 능원을 밝히는 것 같다. 5~6월 잔디가 푸르게 능원을 덮고 있는 때라 더욱 그 멋을 느낄 수 있다. 흰색과 녹색이 보색대비 현상을 일으켜 색감을 더해준다. 종모양의 은색 열매는 독성이 있다. 한명(漢名)으로 제돈과(齊墩果)라 하는데 언덕에 가지런한 열매라는 뜻이다. 또 다른 한명(漢

능역의 오리나무 숲은 생태적 특성을 고려한 재식이며 조선왕릉의 재식패턴의 특징이다

名)은 야말리(野茉莉 : 물푸레나무과로 여름에 흰꽃이 피며 향기나는 식물) 또는 안식향(安息香)이라 한다. 능역이 선대 왕과 왕비의 능침공간임을 고려할 때, 선왕이 현세정치의 고단함을 잊고 사후에 편안히 쉬시라는 개념의 능원 꽃으로 평가되어 조선시대에도 인위적으로 심어서 관리 한 것으로 판단된다. 5~6월 달밤에 선왕의 정원 잔디밭에 흐드러지게 핀 때죽나무 흰꽃이 신의 정원을 더욱 빛나게 하고 있다.

오리나무

조선시대 능역 입구 습지대에는 오리나무 군락이 대표적 식재 특징이다. 오리나무는 장수목으로 옛날에 도로의 오리(伍里)마다 심어놓고 거리 표시를 했다 해서 붙여진 이름이다. 조선시대에는 오리나무를 능역의 입구 습한 지역에 인위적으로 심어 관리했는데, 이 나무는 낙엽활엽수의 교목(큰 나무)으로 습하고 비옥한 정체수(停滯水)가 있는 토양에서 잘 자란다. 목질부가 견고하고 붉은 색을 띤 이 나무는 양수(陽樹)로 남향하는 능역 남측의 합수지(명당수) 연못(주작) 근처에 심어 관리하였다. 목질이 붉은 것은 오행 중 남측을 상징하는 것이기도 하다. 오리나무는 목질이 말라도 갈라지지 않아 이남박 등 목가구 제조용으로도 많이 쓰인다. 오리나무의 한자 이름은 '오리목(伍里木)', '적양(赤陽)', '다조(茶條)'이다.

대표적 오리나무 숲은 서울의 서초구 세곡동에 있는 헌릉과 인릉 지구의 오리나무 숲이다. 이들은 서울시에서 생태경관보전지구로 지정하여 특별 관리하고 있다. 이곳은 조선 초기 태종과 원경왕후의 헌릉과 세종과 소헌왕후의 영릉 능침이 있었고, 이후 조선말기 순조와 순원왕후의 능침 정원이 있는 곳이다. 조선왕실은 능원의 나무 하나, 풀뿌리 하나까지 철저히 보호관리 했던 천연의 숲이었는데, 일제강점기에 많이 훼손 되었다. 일제강점기 이전까지는 1천653만m^2(오백만평)가 넘는 넓고 잘 가꾸어진 최고의 숲이었다. 지금까지 잘 보전되었다면 수도 서울에 광릉 숲과 같은 녹지가 있었을 것이다. 아쉽다. 하지만 다행히도 세계유산에 포함되어 영원히 보전할 기회를 잡았다.

참나무

참나무(상수리나무)는 학명이 '*Quercus acutissima carruthers*'이고 한자명으로는 상목(橡木), 박목(樸木)이라한다. 그리고 중국의 수목 사전에는 역목(櫟木역)이라고도 한다. 참나무는 예로부터 그 쓰임새가 많아 진짜나무(眞木)라하여 참나무라 하였다. 참나무는 서로 교잡이 많아 그 종류가 많으나 우리나라에 주로 자생하는 대표적인 수종은 상수리나무, 굴참나무, 신갈나무, 갈참나무, 졸참나무, 떡갈나무 등이 있다. 왕릉에는 성북동 정릉에 자라는 정릉참나무도 있다.

참나무는 각종가구재, 선박재, 농기구, 건축재, 숯제조, 버섯재배 등 다양하게 쓰여 우리나라의 선사시대부터 많은 목재료들이 출토되고 있다. 참나무 열매인 도토리는 묵과 떡 등 식용으로 사용하며 가뭄이 들면

건릉 참배로의 참나무 숲

구황작물로 사용되기도 하였다. 참나무의 대표적 수종인 상수리나무는 임란 때 의주로 피난 간 선조대왕의 수라상에 먹을 것이 마땅치 않아 도토리묵을 자주 올렸다한다. 선조는 환궁 후에도 도토리묵을 자주 찾아 늘 수라상에 올렸다하여 '상수라'라 하다가 나중에 '상수리'가 되었다 한다.

떡갈나무는 잎이 크고 두꺼워 화재에도 강한 편이다. 조선왕릉은 숲이 많아 화재를 제일 두려워했다. 따라서 왕릉주변에 수분이 많고 두꺼우며 화마에 강한 참나무를 심어 산불 방지와 경관보호를 한 것으로 사료된다. 일년에 수차례 왕릉의 제사를 모시고 남은 음식은 백성들이 나누어 먹는데 이들을 싸가지고 가는 용도로 이 나무 잎이 쓰여 떡갈나무라 했다. 또한 떡갈나무는 음식의 부패와 신선도를 유지해 주는 역할을 한다.

화성의 융 · 건릉에는 특히 상수리나무가 많다. 기록에 의하면 정조 때 사도세자의 현륭원 조영시 참나무 도토리 알을 수십만립(粒) 파종했다고 한다. 이들의 후손들이 현재 융 · 건릉의 대표적 식생이다. 참나무는 줄기의 생김새가 코끼리 다리처럼 두둘두둘한데서 상(橡 ; 나무목에 코끼리상)이라 했으며 의미적으로 력(櫟)이라 했다. 즉 나무목(木)에 즐거울 락(樂)이니 정

잔디의 카펫은 조선왕릉의 대표적 특성이다(덕종 경릉)

조가 뒤지 속에서 죽은 아버지의 슬픈 죽음을 애도하며 사후에 즐겁고 행복하게 영면하기를 바라는 마음에 참나무를 심은 것 같다.

지구상 어느 민족도 하지 못한 능원의 생태카펫 잔디이야기

우리나라 능원에는 절대적으로 잔디를 피복한다. 들잔디로 학명은 '*Zoysia Japonica* L'.이다. 잔디는 들잔디, 금잔디, 비로드 잔디, 버뮤다 그라스, 벤트 그라스 등 종류가 많다. 우리가 골프장에서 흔히 보는 잔디는 서양의 한지형 잔디로 벤트 그라스(Bent grass)다. 우리나라에 주로 자라는 들잔디는 난지형으로 겨울에는 갈색으로 변한다. 겨울에 따뜻한 느낌을 주며, 실제 토양을 피복하여 지온을 높여준다.

조선왕실에서는 궁과 능에 들어가는 나무와 꽃을 특별히 관리, 공급하였다. 이것을 재배하고 관리하던 곳이 모화관(慕華館 : 외국사신을 영접하고 왕실에서 잔치를 베풀기도 하던 곳)이다. 왕릉의 대표적 식물인 잔디와 소나무는 반드시 모화관의 것을 사용하도록 하였다. 특히 능침공간의 잔디는 절대적으로 그랬다.

실록에는 "잎이 가늘고 그 뿌리가 잘 발달한 것으로 봉분 조영시 석회, 모래, 황토로 만든 삼물(三物)의 단단한 구조물을 잘 감싸는 잔디로 하였다"라고 기록돼 있다. 즉, 조선의 왕릉에는 반드시 잎이 가늘고 짧으며 분얼경(分蘖莖 : 줄기)의 번식이 잘되는 한국형 들잔디를 인위적으로 모화관에서 재배하여 공급했으며, 능상의 잔디씨 보식은 온도가 높은 8~9월에 파종하였다. 잔디씨는 높은 온도에서 싹이 잘 튼다. 잔디의 관리는 철저해서 겨울에 잔디에 불이 나면 능 관리인들을 엄벌에 처하고, 왕실에서는 나라의 변고라 하여 위안제를 지냈다. 이런 풍습이 민가에 전해져 묘지에 불이 나면 깨끗이 청소하고 볏짚을 잘게 썰어 덮어 주는 분장제도가 지금까지 전해진다. 인조 3년(1625) 2월 23일 창릉(昌陵)에 불이 나자 인조는 조회를 폐하고, 백관과 함께 3일간 소복을 입고 위안제를 올렸다.

광릉의 기록에 의하면 세조의 능침은 삼물이 너무 강해 잔디 뿌리가 엉기지 못했다. 정희왕후의 능침에는 삼물을 약하게 하도록 한 점을 미루어, 잔디와 삼물의 혼합으로 봉분에 뿌리가 발달해 잘 엉키도록 한 것으로 추정된다.

필자는 왕릉 연구자로 중국, 베트남, 그리고 유럽 등 많은 왕릉을 답사하고 연구하였다. 그러나 우리 왕릉처럼 부드러운 유선형의 지형곡선을 이루고, 그 위를 잔디로 피복하여 골프장의 아름다움을 연상케하는 조영방법을 보지 못했다. 세계유산 등재를 위해 한국을 찾은 많은 학자도 아름다운 잔디 곡선에 감탄사를 연발했다. 사자의 공간이라기보다 아름다운 잔디정원이며 골프장을 연상케 하는 것이다. 그래서인지 우리나라 사람들이 잔디위에서 하는 게임에 강한가보다. 골프와 축구가 그렇지 않은가. 조상의 음덕이 아닌가 싶다.

3

기쁠 때나 슬플 때나 올렸던 왕실 제례

2009년 6월 세계유산위원회(WHC)에서는 조선왕릉을 세계문화유산에 등재하면서 조선왕릉이 갖는 건축과 조경의 독특한 가치뿐 아니라 지금까지도 600여 년을 이어오는 제례 문화를 높이 평가했다. 조선 왕실에서는 기쁠 때나 슬플 때나 제례를 올렸다.

대표적인 제례가 지금까지 전해 내려오는 기신제다. 기신제는 선왕과 비가 승하한 기일에 제를 봉행하는 예로 고려 말과 조선 초에는 능 주변에 사찰을 지어 재궁을 설치하고 불교식으로 모셨으며, 세종 이후에는 원묘와 문소전에서 유교의 '국조오례의' 예에 따라 제향을 모셨다. 선조 때 임진왜란(1592년)으로 문소전이 소실된 후에는 능에서 기신제를 모시고 있다.

제례를 모시는 헌관들은 금천교를 지나 홍살문 옆의 배위(판위)에서 초헌관이 알릉례를 올린다. 알릉례는 정자각을 향해 4배를 한다. 알릉례 후 선왕은 신로(향로)를 통해, 현직왕(헌관)은 어로로 진입하여 정자각 동측

세종대왕 기신제 모습

의 신계와 어계를 통해 월대로 오른다. 향을 든 사람은 정문으로 헌관은 동문으로 들어간다. 그리고 정자각의 제상 앞에서 곡배(제상을 옆으로 보고 절하는 것, 임금님 바로 앞에서는 맞절을 하지 않고 곡배로 예를 올리는 것)로 제사를 올렸다. 제사를 마친 헌관은 서쪽 문으로 나와 배위청을 끼고 월대를 돌아 동쪽의 어계로 다시 내려온다.

헌관이 동쪽 문으로 들어가 서쪽 문으로 나오는 것을 동입서출(東入西出)이라고 한다. 제례는 제관들이 축문을 가지고 서쪽 계단으로 내려와 예감에서 축문을 태우는 것으로 끝난다. 동입서출의 행위는 동남은 탄생을 의미하고 북서는 생을 마치는 것을 뜻하는 것으로 해석된다. 해가 동에서 떠서 서쪽으로 지는 자연의 원리를 반영한 것으로 판단된다.

기신제는 매년 전주이씨 대동종약원봉양회에서 돌아가신 날을 기준으로 생전의 모습을 기리기 위해 각 능에서 올리는 길례(吉禮)의 하나다. 태조 건원릉의 기신제는 지금도 매년 6월 27일 황사손이 참석해 올린다.

이 날짜는 태조 이성계의 승하 날을 양력으로 계산한 것이다. 그런데 스페인 세계유산위원회 회의에서 조선 왕릉 40기의 등재 결정이 난 날이 바로 6월 27일이다. 태조가 승하한지 601년 만이다. 우연치고는 대단한 일이다.

현직 왕이 직접 제사를 모시는 것을 친행(親行)이라 하고, 삼정승 또는 관찰사 등이 행하는 것을 섭행(攝行 : 임금 대신 일을 행함)이라 한다. 조선시대에는 많은 왕릉을 친행할 수 없고 비용도 많이 들어 섭행을 자주 했다. 제사를 모실 때 초헌관은 남의 조상이나 문병을 하지 않으며 음악을 듣지 않고, 죄를 다스리지 않으며, 술이나 파, 마늘, 고추 등 자극성이 강한 음식을 먹지 않았다. 그리고 제례 전 목욕재계하고 제례복으로 갈아입고 맑은 마음으로 오로지 제사를 모시는 데만 정진했다. 기신제는 대개 한밤중(새벽 1시부터 2시)에 모셨다. 그러나 지금은 낮 12시를 중심으로 봉행한다.

의릉의 능침과 정자각

세계문화유산
신의정원
조선왕릉

제 2 장

세계문화유산 조선왕릉 순례

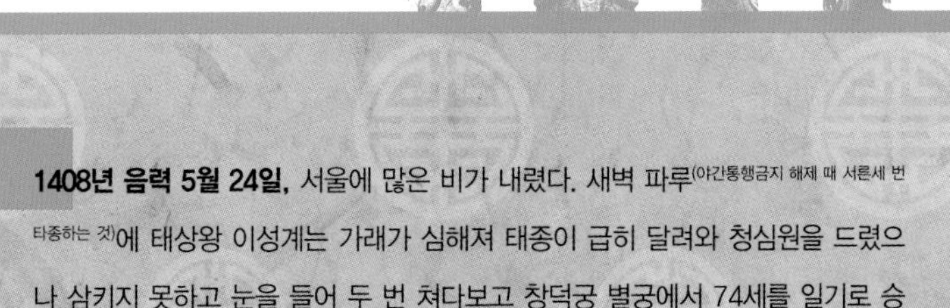

1408년 음력 5월 24일, 서울에 많은 비가 내렸다. 새벽 파루(야간통행금지 해제 때 서른세 번 타종하는 것)에 태상왕 이성계는 가래가 심해져 태종이 급히 달려와 청심원을 드렸으나 삼키지 못하고 눈을 들어 두 번 쳐다보고 창덕궁 별궁에서 74세를 일기로 승하했다. 이날을 양력으로 계산하면 6월 27일이다.

601년 후 2009년 6월 27일 새벽(한국 시각), 스페인의 역사도시 세비야에서 조선왕릉 40기가 세계문화유산으로 등재됐다. 6월 21일부터 7월 3일까지 열린 제33차 세계유산위원회(World Heritage Committee) 기간 중 태조가 승하한 바로 그날 그 시각, 그의 후대 왕과 왕비의 유택이 모두 세계유산이 된 것이다. 동방에서 중요시하는 환갑(육십갑자)을 10번하고 다음해 그날 그 시각이니 우연치고는 대단한 우연이다. 이런 것을 두고 하늘의 뜻이라고 하는 걸까?

2009년 6월 27일 정오 동구릉 건원릉에서 태조 승하 601주기 기신제(매년 후손들이 치르는 제사)가 황사손 이원(李源) 씨를 초헌관으로 거행됐다.

이날은 601년 전과 달리 쾌청했다.

이 장에서는 518년간 이어 온 조선왕실의 왕과 왕비에 대한 역사적 사실과 왕실생활을 다루었으며 각 능원이 갖는 경관과 능역의 조영 특징을 살펴보는 내용이다. 왕릉은 그 시대의 통치철학과 조영사상, 생활상이 잘 반영된 공간이다. 조선왕릉이 갖고 있는 풍수경관과 생태관 그리고 조영적 특성을 둘러보며 조선의 역사를 살펴보았다.

1
태조 이성계의 건원릉

수릉 대신 도성 밖 10리에 새 왕조 시작 의미 담아 조성

조선을 세운 태조 이성계(李成桂, 1335~1408)의 능호는 건원릉(健元陵)이며 단릉(單陵)이다. 건원릉은 경기도 구리시 인창동 동구릉 내 가장 중앙 깊숙한 곳에 위치하고 있다. 이 자리는 조선 개국의 실력자이며 2차에 걸친 왕자의 난을 거쳐 왕권을 잡은 태종(이방원)에 의해 결정된 곳이다. 원래 태조는 그의 애첩 신덕왕후 강씨와 함께 묻히고자 여러 차례 수릉(壽陵 : 죽기 전에 미리 만들어놓는 임금의 능) 자리를 물색하였다. 신덕왕후가 승하하자 한양 도성 안 경복궁 서남방의 황화방(皇華坊 : 지금의 덕수궁 뒤 영국대사관 터)에 신덕왕후의 능침을 만들고 자신의 능침도 우측에 조성해 놓았다. 그러나 그의 아들 태종은 부친인 태조 이단(성계)이 승하하자 부친이 미리 잡아 조성해 놓은 수릉에 모시지 않고 도성 밖 동북방에 있는 양주(현 구리시)의 검암산 아래에 태조릉을 조영했다. 도성 안에 있던 아버지 태조의 수릉을 옮긴 것은 수릉을 옮김으로써 그의 계모 신덕왕후의 능도 옮기기 위해서였다. 이후 태종은 도성 안에는 왕실이나 사가의 무덤을 쓰지 못하게 하고, 도성 10리 밖에 능역을 조성하도록 했다. 이 제도는 후에 '경국대전'

성과 속을 구분 짓는 건원릉 진입공간의 금천교(문화재청)

에 법문화 된다. 그래서 지금도 서울의 도성 안에는 왕릉이나 무덤이 한 기도 없다. 이유야 어떠하던 역설적으로 현명한 도시계획이었다.

태상왕(이성계)은 1408년 5월 24일 새벽 창덕궁 광연루 아래 별전에서 74세를 일기로 승하하셨다. 이성계는 고려 충숙왕 때인 1335년 10월 11일 함경도 화령부 흑석리에서 아버지 이자춘과 어머니 최씨 사이의 둘째 아들로 태어났다. 이성계는 제왕이 되기 이전의 이름이며, 왕실에서의 이름은 단(旦)[1]이고 호는 송헌(松軒)이다. 송헌은 그의 친구 이색[2]이 그의 사저에 있는 소나무를 보고 지어준 것이라고 전한다.

이성계는 대대로 내려온 화령부의 무인 집안으로, 원(元)나라의 쇠퇴기인 1356년 철령 이북의 영토를 수복하기 위해 쌍성총관부를 공격한 것을 시작으로 1388년 위화도회군에 이르기까지 30여 년간을 외적을 격

1 이성계란 왕이 되기 전의 이름이다. 왕이 된 후 왕실에서는 외자의 이름 '단(旦)'을 쓴다. 외자로 하는 것은 사가와 다른 이름으로 하여 왕실의 권위를 나타내기 위함이다. 그래서 지금도 황사손의 이름을 외자로 한다.

2 고려의 삼은(온건개혁파 : 정몽주계열, 1396년 여주 신륵사에서 사망)

건원릉 제향공간

퇴하며 전쟁터에서 산 맹장이었다. 위화도회군의 성공으로 고려(34대 474년) 왕조를 무너뜨리고 1392년 7월 17일 조선을 건국하였다. 1394년 10월 28일 한양에 종묘와 사직을 세우고 천도하였다. 즉위 직후에 태조는 계비 신덕왕후 강씨의 소생인 여덟째 아들 방석(의안대군)을 세자로 결정하였다. 그러나 이성계의 등극에 최대 공로자인 이방원(다섯째 아들)은 이에 불만을 품고 이복동생 방번과 방석, 정도전을 제거하였다. 이성계는 왕위를 둘째 아들 방과(정종)에게 물려주고 말년을 고통스러운 날들로 보낸다. 재위기간 6년 2개월 만이다. 2년 뒤인 1400년 정월에 이방원은 바로 위의 형인 방간(화안대군)이 일으킨 2차 왕자의 난을 진압하고 자신이 세제(世弟)로 책봉되고 그해 11월 왕위에 오르자, 방원에 대한 태조의 분노는 극에 달하여 옥새도 물려주지 않고 고향 함흥으로 가버렸다. 이때 이방원이 문안을 위하여 보낸 차사를 족족 죽여 '함흥차사'라는 말까지 유래된

명나라 사신 기보 등이 극찬한 명당의 터인 태조 건원릉 전경(문화재청)

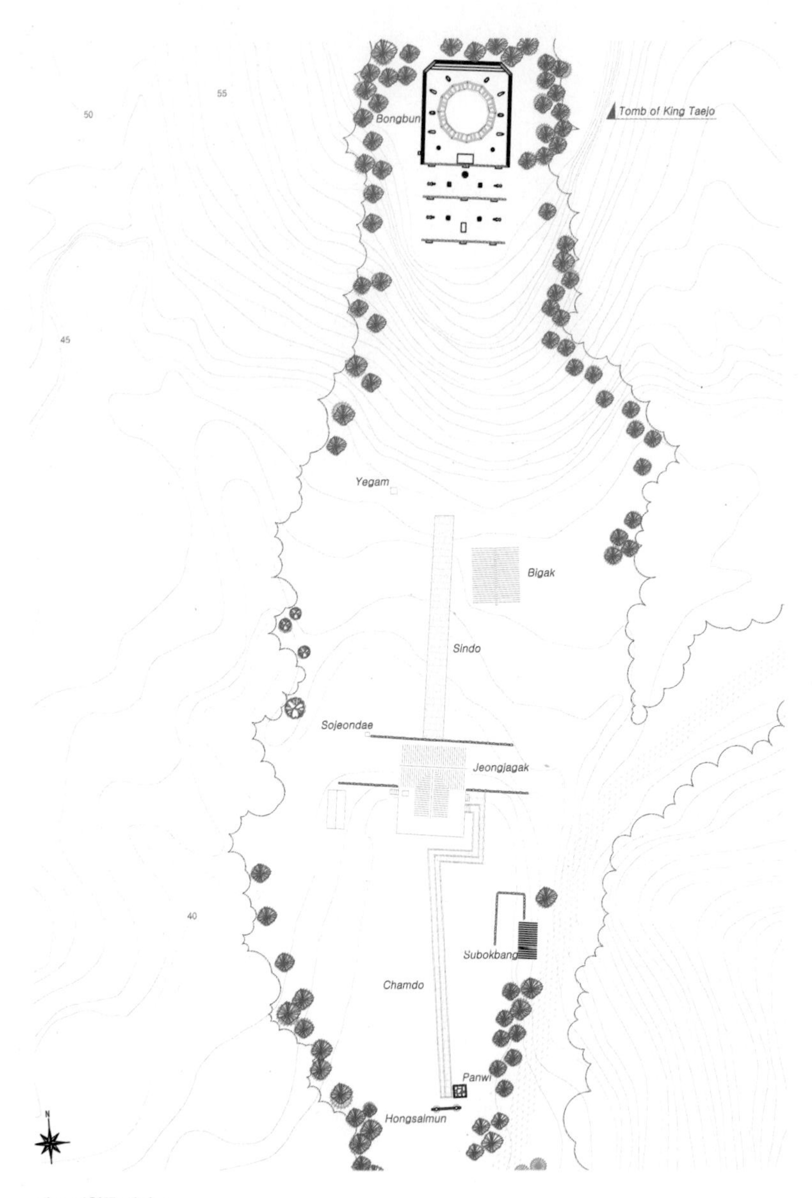
55
50
Bongbun
Tomb of King Taejo
45
Yegam
Bigak
Sindo
Sojeondae
Jeongjagak
40
Subokbang
Chamdo
Panwi
Hongsalmun
N

태조 건원릉 배치도

태조의 어진

다. 이후 태조는 친구인 무학대사의 권유로 1402년 한양으로 돌아와 불도에 정진하다가 승하하였다.

태조가 승하하자 태종은 창덕궁 동남측에 있는 왕자의 독서실에 여막을 정하고 날마다 '주자가례'의 예를 올렸다. 태조의 국장 총책임자인 총호사는 영의정부사 하륜(河崙)이 맡았다. 산릉(山陵 : 국장을 하기 전에 아직 이름을 정하지 않은 새 능)의 자리는 하륜과 김귀인 등이 양주의 검암(儉巖 : 현 구리시 동구릉)을 길지로 천거하고 건설은 당시 최고의 기술자 박자청[3]이 능역 조영을

3 박자청(朴子靑 : 1357~1423)은 조선초기 최고의 건설가다. 그는 고려조에 왕실의 내시 출신으로 태조가 왕위에 오르자 궁문의 파수이었을 때 태조의 막내아들이며 세자인 방석(의안대군)이 궁궐로 드는 것을 소명(召命 : 출입증)이 없다는 이유로 거절하자 세자(이화)가 발길로 걷어차고 얼굴에 상처를 입혔으나 굽히지 않았다 한다. 이후 태조가 이 이야기를 듣고 한나라 문제(文帝)때 장수 주아부를 예를 들며 군인은 장군의 명령만 듣고 천자의 말은 듣지 않는다는 예를 들면서 자청이 잘한 일이라 칭찬하고 상과 직급을 올려 주었다. 이후 자청은 왕실의 건설관계의 장이 되어 문묘와 문소전을 짓고 공조판서(건설부장관)가 되어 제릉(태조의 첫째부인 신의왕후 능)과 건원릉을 감독한 조선 최고의 건축가이다. 이후 세종은 박자청이 67세를 일기로 그가 숨을 거두자 국민장으로 하고 3일간 정사를 보지 않을 정도였다. 박자청은 조선 초기 최대의 건설기술자였다.

건원릉 능침공간. 태조의 유시에 따라 함흥의 흙과 억새로 조영한 건원릉의 봉분,
억새풀은 다른 릉의 일반잔디와 달리 한식날 한차례만 벌초한다

담당하였다. 산릉건설에 참여한 기술자는 충청, 황해, 강원도에서 6천여 명이 동원되었다. 건원릉의 석실은 회격실과 전실 등으로 논의되었으나 석실로 최종 조성되었다. 유교를 국시로 하였으나 태종은 개경사를 검암산 아래 지금의 재실 위편에 원찰을 조성하였다.

승하 후 태상왕의 시호(諡號)는 그의 생전의 공덕을 칭송하여 '지인계운성문신무대왕(至仁啓運聖文神武大王)'이라 하였다. 종묘에 신주를 모시는 묘호(廟號)는 왕으로서의 덕목을 나타내는 것으로 '태조(太祖)'라 하고, 능의 이

조선시대 초기에 망료예를 갖추었던 건원릉 소전대

평소 백성의 말을 귀담아 들은 태조의 품성을 반영하듯 건원릉 문석인상의 귀가 크다

름은 개국왕임을 고려하여 세 글자의 능호(陵號)인 '건원릉'이라 했다. 이후 모든 능호는 두 글자로 지었다.

태조의 조문으로 왔던 명나라 사신 기보(祁保)와 임관 등이 건원릉 능침 산세를 보고 "어찌 이와 같이 하늘이 만든 땅이 있을 것인가, 반드시 인위적으로 만든 산형 같다."고 감탄하였다. 풍수가들은 이곳을 '주산은 금수형(金水形)이며, 용맥은 장유형(長乳形)이고, 형국은 청룡승천형(青龍昇天形)'이라 한다. 그래서인지 이곳 동구릉 입구에는 여의주형의 방지원도의 연못이 2개나 조성되어 있다. 이런 형국에서 여의주를 얻지 못하면 승천하지 못한다고 한다.

동구릉 좌편에 흐르는 물길의 이름은 왕숙천(王宿川)이다. 이곳은 태조가 상왕으로 있을 때 팔야리(八夜里)에서 팔일간 머물렀다 하여 붙여진 이름이다. 동구릉의 명당수로 명칭과 연계해서 해석할 수 있다.

왕자의 난을 겪으면서 왕권을 잡은 태종은 아버지 태조와 불편한 관계에서 아버지가 직접 잡은 수릉(신덕왕후 정릉)마저 옮기려 했으니 얼마나 근심이 컸을까? 태종은 검암산 아래 아버지 태조의 유택을 확정하고 돌아

고려의 사각 장명등에서 팔각장명등으로 바꾸어 새로운 조선의 건국을 알리는 건원릉 장명등

오는 길에 망우리 고개를 넘으면서 수행원들에게 '이제는 근심 걱정이 다 없어졌다.'고 했다고 한다. 이것이 망우리(忘憂里)고개의 지명 유래가 되었다. 그도 그럴 것이 태종은 그의 아버지 태조가 생전에 신덕왕후와 같이 영면하기 위해 수릉(壽陵)을 만들어 놓은 것을 번복하였으니 얼마나 마음을 졸였는지 알 수 있는 대목이다. 그래서인지 능역(산릉)터를 잡느라 시간을 보내다 태조 승하 2개월 후인 6월 28일에야 산역을 시작한다. 고민한 흔적이 엿보인다. 5월 24일 승하한 태조의 장례는 9월 9일 치루어졌다.

건원릉은 고려의 공민왕과 노국공주의 현 · 정릉(玄 · 正陵) 제도를 기본으로 따르고 있으나 석물의 배치와 장명등의 조형 등은 새로운 양식의 도입으로 일정한 변화를 주어 새 왕조가 시작되었음을 시사하고 있다. 봉분 주위로 곡장을 두르고 장명등이 사각에서 팔각으로 변하는 형식의 변화를 가져왔다. 아울러 조선의 통치철학이었던 유교의 예에 따라 정자각 전면의 향어로, 뒷면의 신로 설치, 정자각 뒤편에 망료위, 예감 등을 설치하였다.

건원릉 정자각 동북측에는 신도비각이 있다. 신도비는 1409년에 세웠다. 비의 형식은 귀부와 비신, 이수를 갖추었는데 당대 최고의 조각 작품으로 평가된다. 이런 형식은 통일신라 이후에 계승된 전통이다. 비문의

600여년을 지켜 온 건원릉 병풍석, 인신(人神)조각이 선명하다

상부의 전액은 문신 정구(鄭矩, 1350~1418)가 쓰고, 비문은 당대의 문장가 권근[4]이 글을 짓고, 음기의 글은 변계량(卞季良, 1369~1430)이 지었다. 그리고 글씨는 성석린[5]이 쓴 것이다. 이를 태종이 극찬했다.

신도비 앞에는 조선 개국의 업적과 치적을 새기고, 뒤편에는 개국공신들의 이름이 기록되어 있다. 묘표는 500년 후 고종이 조선을 대한제국으로 하면서 태조를 황제로 추존하면서 세운 것으로 고종이 친히 쓴 것이다. 형태는 신도비와 비슷하며 용의 조각상이 아름답다. 특히 고종황제의 친필을 감상할 수 있다. 태조는 명장으로 귀가 크고 평소에 남의 말을 귀담아 들었다한다. 시체말로 소통하는 왕이었는지 모른다. 그래서

4 권근(權近, 1352~1409) : 조선의 개국공신

5 성석린(成石璘, 1338년~1423년)은 고려 말 조선 초의 문신이며 서예가이다.

시야가 탁트여 명나라 사신 기보 등이 극찬한 명당 터인 태조 건원릉 전경(문화재청)

인지 건원릉의 문석인의 귀가 체구에 비해 남달리 크다. 현세정치에서도 백성의 말을 경청하는 정치의 필요성을 느끼게 한다.

건원릉에는 능침을 둘러싼 송림과 능침 앞으로 시아가 탁 트이는 열린 경관이 아름답다. 앞에 펼쳐진 능선들은 신하가 읊조리는 형상이라고도 하며, 여러 겹의 능선들을 꽃잎으로 보고 능침을 꽃심으로 보았다. 병풍석을 두른 봉분 위의 흙과 억새풀은 이성계의 유언에 따라 고향 함흥의 것을 가져다 조영한 것으로 지금까지 전해오고 있다. 봉분 위의 억새풀도 태조의 유언에 따라 벌초하지 않고 4월 5일 한식 때만 한 차례 하는 것이 특이하다. 가을에 흰색 억새풀이 바람에 휘날리는 날이면 마치 요동 벌판에서 말달리던 맹장 이성계의 모습을 연상하게 한다.

태조는 74세를 향수하는 동안 2명의 왕후에게서 8남 3녀와, 후궁에게서 2녀를 두었다. 태조의 첫째 부인 신의왕후 한씨와의 사이에서 태어난 2남 영안대군 방과가 조선의 제2대 정종이며 능호는 후릉(厚陵)으로 북한의 개성시 판문군 령정리에 있고, 5남 정안대군 방원이 제3대 태종이고 능호는 헌릉(獻陵)으로 서울 서초구 내곡동에 있다.

태조의 첫째부인 신의왕후 한씨의 능은 능호가 제릉(齊陵)으로 북한의 개성군 판문면 상도리에 있으며, 둘째 부인 신덕왕후 강씨의 능호는 정릉(貞陵)이며 서울시 성북구 정릉동에 있다.

2

태조의 계비 신덕왕후 강씨 정릉

태조 승하 후 파묘 이장, 석물은 광통교 축조에 사용

정릉은 태조의 계비 신덕왕후 강씨의 능으로 서울 성북구 정릉2동 산87-16번지에 있다. 국가지정 사적 제208호이다.

개경에서 한양으로 천도한지 4년 뒤인 1396년 4월 6일 태조는 광주(廣州)를 지나다 수릉[6]을 정할 곳을 둘러본다. 조선개국을 같이한 경처[7] 신덕왕후 강씨와 영원히 함께 할 자리를 찾기 위해서 였다.

태조가 수릉을 조영한 지 4개월 후 8월 9일 현비(신덕왕후 : 조선 최초의 왕비)의 병환이 위독하여 판내시부사 이득분의 집으로 거처를 옮긴다. 8월 12일 임금이 거동한다. 이날 밤 태조 앞에서 현비 신덕왕후는 세상을 하직한다. 임금이 통곡하고 슬퍼하였다. 이후 10일간 조회와 저자를 금하였다.

어떤 이유에서인지 태조는 미리 조영한 광주의 수릉을 포기하고 승하 3일 후 백의백관을 대동하고 친히 안암동에 나가 능 터를 물색하였다.

---

6 수릉(壽陵) : 임금이 생전에 가묘로 자기의 무덤을 조성하여 장수를 기원하는 것

7 경처(京妻) : 개경의 부인, 당시 고려는 일부다처제가 허용되어 고향의 향처와 도성의 부인인 경처제를 두었다.

이때 좌우정승은 '현비는 품성이 정숙하고 조행이 근신하시고 평시에 항상 경계(儆戒)하는 마음을 두시고 위태할 때에는 대책을 결정하는데 참여하여 내조의 공이 역사에 빛나서 이루 다 말 할 수 없습니다.'라고 신덕왕후를 극찬하였다.

8월 20일 행주에 거동하여 능지를 보았으나 지관들의 길지(吉地)논쟁으로 뜻을 이루지 못하여 임금이 화를 내고, 다투는 지관(서운관)들에게 매질을 하라고 명하였다.

태조가 다시 안암동에 거동하여 능지를 잡고 파보니 물이 나와 중지하였다. 지금의 고려대학교 부근으로 추정된다. 열흘 후 임금이 취현방(聚賢坊 : 현 중구 정동 영국대사관 부근)에 거동하여 능지를 결정하였다. 어렵게 결정된 현비의 능은 존호를 신덕왕후(神德王后), 능호를 정릉(貞陵)이라 결정하였다. 태조는 자신과 영원히 함께 할 유택 조영과정에 수차에 걸쳐 현장에 나와 진두지휘하여 온갖 정성을 들인다. 왕후 승하 5개월 후인 1397년 1월 3일 정초에 신덕왕후를 취현방 북녘 언덕에 장례하였다.

장례 후에도 태조는 왕비를 잊지 못하고 수차에 걸쳐 정릉에 거동하고 능침사찰인 흥천사를 세워 법석(法席)을 베푼다. 또한 현비의 외가가 있는 담양군을 담양부로 승격시키기도 한다.

이렇듯 태조는 현비 강씨가 병환이 나고 승하하는 과정에서 사랑하는 현비를 위해 모든 일을 제치고 왕릉조영에 열을 올린다. 이렇게 조영한 것이 조선시대 최초의 최대 왕릉인 정릉이었다. 조선을 개국하여 기틀이 잡히지 않은 상황에서 개국 왕으로서 지나친 애처가는 아니었는지 모르겠다. 이후 두 차례의 왕자의 난이 일어나지 않았는가. 애처가에 대한 거대한 능역 조영은 조선만의 역사가 아니다. 인도의 샤자한이 뭄 타즈마할 출신의 왕비를 위해 타지마할을 조영하고 이집트의 파라호(핫셉슈트)의 장제신전 등이 있다. 이렇듯 남자들은 사랑하는 여인을 위해 국정을 포

현종 때 송시열 등의 상소로 추봉된 정릉의 전경

기하는 예가 종종 있다. 인류가 갖고 있는 남녀관계일까.

선덕왕후 승하 후 1398년과 1400년에 2차에 걸친 왕자의 난을 치루고 왕권을 잡은 이방원(태종)은 1406년 아버지 태조가 공들여 조성한 정릉의 능역이 넓다하여 능에서 100보 밖에는 집을 짓도록 허용하였다. 이때 영의정 하륜이 제일 먼저 여러 사위를 거느리고 선점했고, 이곳의 소나무를 베어 사가의 집을 지었다. 일종에 조선시대 도성 안에서 최초의 부동산 투기자는 하륜이었다. 예나 지금이나 고관대작의 투기는 버릇인 것 같다. 이때는 태조가 병들어 사가에 있을 때이다. 1408년 9월 태조가 승하하자 태종은 장례를 수릉이 아닌 건원릉에 모시고, 이듬해인 1409년 2

월 23일 기다렸다는 듯이 계모인 신덕왕후의 옛 정릉에 대해 '옛 도성 안에는 능묘가 없으며 사신이 묵는 관사(태평관)가 가깝다.'는 의정부의 의견을 들어 파묘하여 도성 밖의 사을한(沙乙閑 : 현 성북구 정릉동)산으로 천장한다. 2개월 후 태종은 정릉의 초장지(철거지)의 정자각으로 태평관의 누각을 짓고 돌은 태평관의 기초석으로 쓰고 봉분의 흔적을 없애라 명을 내린다.

일반적으로 왕실의 초장지는 천장(遷葬) 후에도 사가에서 무덤으로 사용하지 못하게 봉분을 남겨 두지만 태종은 이를 무시한다. 그러나 문·무석인만은 그곳에 그대로 묻으라고 명한다. 이러한 기록으로 보아 조선 최초의 문·무석인의 조각물은 지금 중구 정동 영국대사관저 주변에 묻

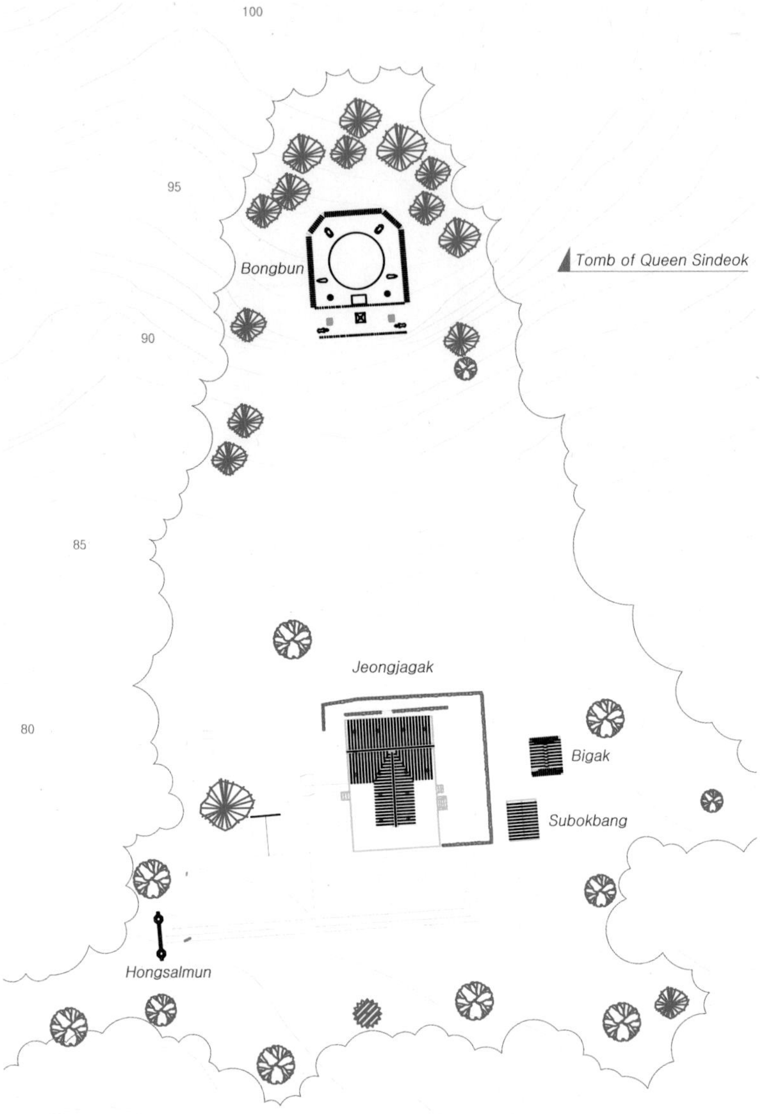
100
95
90
85
80
Bongbun
Tomb of Queen Sindeok
Jeongjagak
Bigak
Subokbang
Hongsalmun

신덕왕후 정릉 배치도

혀있을 가능성을 배제할 수 없다. 필자가 전해들은 바에 의하면 영국대사관저 내에 일부 정릉의 유구가 있는 것으로 전해지나 확인하기가 어려웠다. 세계유산등재를 기회로 최근 외규장각 도서(왕릉관련 기록이 많음)의 반환과 더불어 유구의 확인이 이루어지기를 기대해 본다. 왜냐하면 정릉은 태조가 온갖 정성을 들여 조성한 조선시대 최초의 조각물이니 그 가치를 무시할 수 없기 때문이다.

정릉의 진입공간 금천교

1410년 8월 8일 큰 비가 와서 청계천에서 주민이 빠져 죽는 일이 벌어졌다. 그러자 의정부에서 흙으로 만든 광통교(廣通橋)가 비만 오면 무너지니 '정릉의 석물로 돌다리를 만들자'는 의견을 내놓았고 그렇게 하도록 하였다. 이렇게 해서 광통교는 토교(土橋)에서 석교(石橋)로 바뀌었다. 최근 청계천 복원으로 그 유적을 볼 수 있어 다행이다. 이곳에서 조선시대 최초의 왕릉의 석물인 병풍석과 영저 · 영탁 등을 확인 할 수 있다. 다리 아래 음지에 가려져 있어서인지 아니면 태조가 자신의 수릉에 좋은 재료의 돌을 골라 쓴 덕분인지 이보다 12년 후에 조영된 건원릉의 조각물과 비교해도 훨씬 잘 보존돼 있고 그 형상이 선명하다. 이 조각들은 조선시대 최초의 것으로 610년 이상 되었다. 이는 이탈리아 르네상스 조각들 보다 100년 이상 앞선 것이다. 청계천을 지날 때는 꼭 한번 볼만한 명품 조각이다.

현종때 추봉되면서 만들어진 정릉의 문석인

정릉은 성북동으로 천장되어 봄과 가을에 이품관을 보내어 제례를 올리던 것을 세종조에는 조정에서 직접 실행하기가 어렵다는 이유를 들어 종친이 제사를 주관하게 하였다. 지금까지 알려진 것처럼 태종이 정릉을 천장시 파묘하여 사가 무덤으로 조성했다는 내용과는 조금 다른 내용이다. 이때 옮겨진 사각장명등과 고석은 고려의 양식을 이은 최후의 작품이며 조선시대 최초의 석물로 평가된다. 혼유석은 원래의 것을 반으로 잘라 사용한 것으로 보이며 고석은 원래 5개로 추정되나 2개만 가져다 올려놓은 것으로 추정된다.

천장 된지 260년 후인 1669년 1월 4일 판부사 송시열은 현종에게 '정릉이 태조의 첫 부인의 능인데 태종의 어머니인 제릉(齊陵)보다 못하다.'는 이유를 들어 신덕왕후를 종묘(태묘)에 배향하고 능도 다른 능과 같이 만들어야한다는 상소를 올린다. 이 상소에서 송시열은 동성 간에 결혼금지법을 제안했다. 또한 왕자의 난이 정도전 등의 모함에서 일어났다고 전한다. 이후 송시열계의 서인들은 집요하게 상소하여 결국 현종은 정릉을 수축하는 것을 명하고 그동안 없던 재실을 능역 관리를 위해 중건하고 수직수호(능역을 감시하고 보호하는 사람)의 관리인을 둘 것을 명한다. 또한 송시열은 신덕왕후를 종묘에 배향할 것을 상소하며 '계지술사(繼志述事)' 즉 자손이 번성하고 선함을 영원히 전하는 경사라며 선대가 좋게 평가할 것이라는 이유를 들었다. 이후 신덕왕후 강씨는 종묘에 태조의 계비로 추봉된다. 이처럼 신덕왕후의 복권은 송시열의 작품이었다. 종묘에 추봉되던 날 성북동 정릉 일대에는 많은 비가 내렸다고 한다. 이 비를 사람들은 신덕왕후의 원을 씻어주는 비라고 하여 '세원지우(洗冤之雨 : 원통함을 씻어준 비)'라 불렀다고 한다.

정릉의 공간구성은 일반적 능제가 직선축을 이루는 것에 비하여 자연 지형에 맞춰 절선축(折線軸 :ㄱ자형으로 굴절하여 꺾어지는 것)으로 조성되어 있다. 능역 입구의 금천교에서 우리나라 자연형 석교의 대표적 조형기술을 볼 수 있다.

정릉의 사각장명등은 상부의 보주가 없어져 원형을 볼 수 없다. 태종 때 이장시 없어진 것인지 후에 없어진 것인지 원형을 볼 수 없어 아쉽다. 그러나 그 규모나 섬세하게 조각된 모습에서 사랑하는 현비를 위해 태조가 공을 들여 조영한 모습을 엿볼 수 있다. 특히 고려의 양식을 따른 남한 유일의 최고의 것으로 정교함과 불교적 문양의 조각이 뛰어나다.

2009년에 약수터 근처에 방치돼 있던 소전대[8]를 찾아 원래의 위치에 상설하였다. 600여 년 만의 일이다. 다행히 정조 때 작성해 놓은 『춘관

8 망료위라고도 함. 제례를 마치고 축문 등을 소각하는 곳으로 추정

정릉의 장명등은 조선왕릉 중 남한의 유일한 고려 양식의 장명등이며 조선왕실 최초의 장명등이다. 정자석(頂子石) 보주가 없어진 것이 아쉽다

광통교의 부재로 쓰인 정릉 초장지의 병풍석, 영저와 영탁

통고』[9]에 그 위치가 기록으로 남겨져 있어 쉽게 제자리를 찾을 수 있었다. 소전대는 조선시대 초기의 건원릉, 정릉, 헌릉 세 곳에만 있다.

태조와 신덕왕후는 우물가에서 만난 것으로 전해진다.

'이성계가 장수였을 시절 목마름에 지쳐 어느 우물가에 급히 말을 세웠다. 때마침 우물가에서 물을 길던 한 여인에게 물을 청한다. 이 여인은 바가지에 물을 떠서 옆에 있던 버드나무 잎을 따서 물에 띄워 사내에게

9 정조(1788년)때 국조오례의의 연혁과 실행사례를 자세히 기록한 책

1396년 신덕왕후의 정릉의 초장지에 쓰였던 석물, 태종에 의해 천봉후 부재는 광통교로 쓰였다.
조선시대 가장 오래된 조각물로 평가 받는다

권한다. 이유인즉 급하게 물을 마시면 체할까 그랬다는 여인의 설명을 듣고 이성계는 탄복하여 청혼을 하게 된다.' 태조와 신덕왕후 강씨의 러브스토리이다.

정릉은 북한산에서 뻗어 내려오는 능선과 계곡마다 이어지는 웅장하면서 돌출된 기암들이 볼 만하다. 또한 계류에는 도롱뇽과 너구리 등 북한산의 자연생태계가 이어지고 있다. 재실 터 양 옆으로 서 있는 수 백 년 된 느티나무의 보호수, 그리고 유일하게 능역의 이름을 딴 정릉참나무는 자연학습을 함께하는 역사경관이다.

신덕왕후는 태조와의 사이에 무안대군 방번과 의안대군 방석 그리고 경순공주 2남1녀를 두었다. 두 아들은 왕위계승권을 놓고 벌어진 '왕자의 난'으로 희생되었다. 그의 유택은 없어졌다. 그러나 앞에서 실록에 전하는 이야기를 추정컨대 정동 근처에 그 흔적과 이야기가 있을 것으로 추측된다. 흔적을 찾고 스토리텔링을 찾는 일도 세계유산을 더욱 빛나게 하는 것이다.

정릉 참나무

정릉 참나무 *Quercus acutissima x variabili*
참나무 과에 속하는 나무이다. 두꺼운 코르크가 발달했고 잎은 길이 8~15㎝의 긴 타원형으로, 뒷면에 회백색의 성상모가 밀생한다. 만주에서 처음 발견되었으며 우리나라에서는 서울의 정릉 참나무골에서 발견되어 정릉참나무라 이름 붙여졌다.

3

태종과 원경왕후 헌릉

최고의 길지에 웅장한 쌍릉, 왕권강화 서릿발 위엄

헌릉(獻陵)은 조선 제3대 임금 태종(太宗, 1367~1422, 재위 17년 9개월)과 원비 원경왕후(元敬王后, 1365~1420) 민씨의 쌍릉이다. 헌릉은 앞쪽에서 보아 왼쪽이 태종, 오른쪽이 원경왕후의 능침이다. 이 능은 같은 언덕에 두 개의 봉분을 만드는 동원쌍봉릉이며 조선시대 쌍릉의 대표적 능제이다. 헌릉은 서울시 서초구 내곡동 산 31-1에 대모산을 등지고 있다.

태종은 태조와 신의왕후 한씨의 다섯 번째 아들로 이성계가 조선왕조를 건국하는 데 큰 공을 세워 정안군에 봉해졌다. 왕위계승을 둘러싼 왕자의 난을 평정하고 정종에 이어 왕위에 오른 태종은 1405년 개경에서 한양으로 천도하였고 조선왕조의 기반을 닦는데 많은 치적을 남겼다. 이때 중국은 명나라 영락제가 통치하던 시기로 수도를 남경에서 북경으로 옮길 때이다. 영국과 프랑스가 백년전쟁 중이었으며, 로마교회의 부패상과 면죄부 판매 등을 비판하며 종교개혁의 움직임이 있던 때이다.

1400년 11월 11일 정종이 왕세제 태종에게 선위하였다. 정종이 왕권을 넘기려하니 세제인 태종이 울면서 받지 않았다가 임금이 권유하자 부

고즈넉한 헌릉의 설경

득이 받아들였다. 태종이 둘째형인 정종에게서 왕권을 이어받은 것이다. 두 차례의 왕자의 난을 지켜 본 태조는 정종이 태종에게 선위한다는 뜻을 전하니 "하라고도 할 수 없고, 하지 말라고도 할 수 없다. 이제 이미 선위하였으니 다시 무슨 말을 하겠는가?"라고 했다. 태조도 어쩔 수 없는 왕위계승이었다.

태종은 17년 10개월 재위기간 동안 중앙제도와 지방제도를 정비하고 사병 폐지로 군사권을 장악하였으며, 호패법 실시로 전국의 인구를 파악하여 조세 징수와 군역 부과에 활용하는 등 국가의 기틀을 다지며 왕권을 강화하였다. 태종은 숭유억불정책의 기틀을 마련하고 거북선을 제조하게하고 신문고를 설치했으며 한양천도를 완성하였다.

원경왕후 여흥 민씨는 개경의 귀족 출신으로 태종이 왕위에 오르기까지 많은 도움을 주었으나, 태종이 왕권을 잡은 뒤부터 왕권강화를 위해 친족 배척 정책을 쓰면서 부부간의 불화와 그의 친정 형제인 민씨 형제가 유배, 처형되면서 그 골이 깊어지기도 하였다. 그러나 죽어서는 부부

대모산 아래 회룡고조형(回龍顧祖形)의 헌릉 전경

가 쌍분을 이루어 영원한 동반자로 자리를 같이하고 있다.

1420년 7월 10일 정오, 세종의 어머니인 대비(원경왕후 민씨)가 상왕(태종)이 지켜보는 가운데 56세를 일기로 승하했다. 세종이 슬퍼하여 머리 풀고, 버선을 벗고, 수일 동안 통곡하였다. 세종은 대비의 능에 절을 세울 것을 논의하는 중에 상왕의 묘호를 태종으로 하고 능침사찰을 두기로 정한다.

헌릉의 자리는 태종이 생전(1415년)에 지관 이양달을 시켜 자리 잡고 좌의정 하륜이 천거한 자리다. 즉 태종은 살아생전에 도성의 한강 건너에 자신의 유택을 선정하였다. 왜 건너기 어려운 한강 이남에 자신의 유택을 잡았는지 궁금하다. 이곳에 능역을 쓰기는 당시로는 한강에 주교(舟橋)를 놓고 목재와 석재를 운반하기 위해 상당한 고충이 있었다. 후손의 능역 참배도 어려웠는데 말이다. 그러나 이 지역은 백두산의 줄기가 남쪽으로 수 천리를 내려와 종산인 속리산에 머물렀다 서쪽으로 꺾여, 또 수백리를 거슬러 올라 과천 청계산에 이르러 다시 동북으로 꺾였다가 한강

태종과 원경황후 헌릉

앞에서 그쳐 대모산에 이르는 회룡고조(回龍顧祖)형 대길지의 형세로 평가받고 있다. 세종 때 정성들여 조성한 헌릉은 수차에 걸쳐 풍수 논란을 거치고 맥을 끊는다는 이유로 도로를 폐쇄하기도 하고 박석을 깔기도 하였으나 풍수 논란은 지금도 계속되고 있다. 실록에 대모산의 허한 동부는 소나무와 잣나무를 심고 습한 곳은 버드나무를 심어 비보(裨補)하였다한다. 이때의 능역조영 책임은 건원릉을 조영한 박자청이 산릉도감을 맡았다. 동원된 인원은 1만4천여명에 이른다. 건원릉 때보다 두 배의 인력을 동원했으니 그 규모가 훨씬 크며 쌍릉으로 조영됨을 짐작케 한다. 8월 25일 승하한 대비의 시호를 원경왕후, 능호를 헌릉(獻:바칠 헌)이라 정한다. 이 때 태종은 원경왕후와 자신의 능에 쓸 석물을 안암동의 것으로 하고 석실로 할 것을 명한다. 그리고 능침의 덮개 돌(全石)을 한 개는 커서 다루기 힘들다하여 두개로 하라고 지시한다. 거대한 돌을 가지고 한강을 넘기는 부담이었을까? 또한 향후 능 옆에 사찰을 세우지 말라는 법을 세운다. 태종의 억불숭유정책의 증거다.

태종은 왕권을 세종에게 넘기고도 사냥 등을 즐기며 섭정을 하기도 하였다. 1422년(세종4년) 4월 22일 태종이 병환이 들어 여러 날을 끌자, 세종은 명산과 개경사, 길상사 등에 여러 사람을 풀어 기도드리고 사형수를 제외한 모든 죄인을 석방하고 점을 보면서 아버지의 회복을 기원한다. 또한 궁궐에 비상을 걸어 궁내의 출입을 통제한다. 병세가 더해지자 태종을 창경궁으로 옮겼다가 그의 넷째 사위인 의산군 남휘(남이장군의 아버지)의 집으로 옮겼으나 5월 10일 태종의 나이 56세로 승하한다. 이렇게 병중에 거처를 옮긴 것은 아무리 상왕이라도 궁궐에서는 임종을 할 수 없는 왕실의 법도이기 때문이다.

세종이 연화방(창경궁) 신궁 안에서 버선을 벗고, 머리를 풀어 슬퍼하고, 백관은 흰옷에 검정사모를 쓰고 검정각대를 매고 궁중에 들어와, 열다섯 번 곡을 하고 네번 절한 뒤 자리를 옮겨 곡한다. 이때는 여름철이라 얼음 소반을 준비하고 졸곡(장례)때 까지 사직을 제외하고 모든 제사를 금한다. 세종은 부왕 태종이 병들자 간호하느라 음식을 제대로 들지 못하고 돌아가신 후에나 묽은 죽으로 하루 한 끼를 들었다 한다. 효자 세종의 면모를 볼 수 있는 대목이다.

태종의 염(殮)은 날씨가 더워 소렴과 대렴을 같이하였다. 소렴은 시신을 깨끗이 하고 의복 19벌을 입히는 것이고, 대렴은 90벌을 입히는 것이다. 도합 109벌의 옷을 입힌 것이다. 이는 사람이 지닌 백팔번뇌[10]의 해탈로 해석된다. 이 소렴과 대렴기간에는 왕은 정사를 정지한다. 상왕의 승하에 대한 슬픔 속에서도 정치적 암투는 계속된다. 감찰기관인 사헌부, 사간원 등에서 세자였으며 맏아들인 양녕대군[11]을 궁궐(빈전)에서 내쫓으라는 상소를 하고 의정부, 육조에서도 하나같이 상소한다.

당시는 양녕대군이 품행이 방탕하다고 폐세자되고 동생 세종이 즉위해 감찰 대상으로 경기도 광주에 머물 때였다. 대사헌(검찰총장)의 말인즉 '세종이 즉위하던 날 양녕이 밤중에 도망을 쳐서 태종께서 백방으로 수색하여 찾아 우리 의정부와 육조에 넘겼으니 전하께서는 외방으로 돌려보내고, 효령대군 이하 종실들도 궁궐 내 빈소에 있지 말고 각기 사가의 빈소에 있으며, 다만 아침저녁에 영전제사만 참여하도록 해야 한다고 상소한다.' 세종의 세력이 정치적 불안을 느낀 점을 감지 할 수 있다. 그러나 세종은 '어머니의 초상에도 장례를 마치고 돌아갔으며, 부모의 초상은 인생에 한번 당하는 일인데 어찌 그리 하랴.'는 이유로 거부한다. 그

10 사람의 눈, 귀, 코, 입, 몸 뜻의 육관(六官)에 각각 고, 락, 불고불락(不苦不樂)이 있어 18가지가 되고, 거기에 탐(貪), 무탐(無貪)이 있어 36가지가 되며, 이것을 과거, 현재, 미래에 풀면 모두 108가지가 된다.

11 양녕대군은 태종의 첫아들이며 세자로 책봉된 후 품행이 방탕하다하여 폐세자 되었고 세종이 즉위하자 경기도 광주에서 감찰대상이었을 때이다.

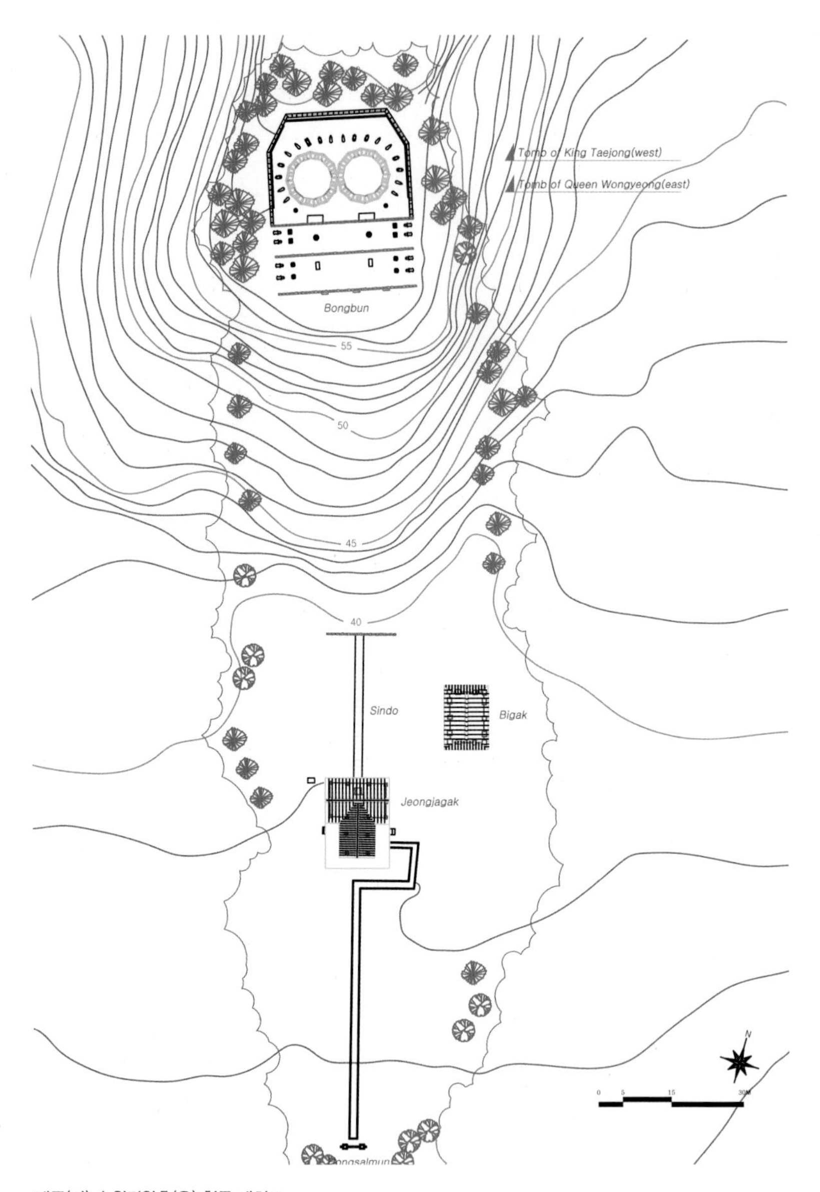

태종(좌)과 원경왕후(우) 헌릉 배치도

러나 조정대신들은 계속 상소하여 결국 양녕대군은 태종의 장례를 치루지 못하고 이천 사택으로 돌아간다. 여기서 양녕대군의 비참함을 추측해 볼 수 있다. 정치는 비정한 것, 이천으로 가자 사헌부는 양녕의 장인이 이천과 가까운 안성에 있어 장래 화를 꾸밀 염려가 있다는 핑계를 대 장인 김한로를 먼 곳으로 옮기라고 상소한다. 그러나 세종은 이를 무시한다. 그럼에도 감시 대상이었던 양녕은 상중에 궁궐을 들락거려 수문장과 사정관들을 곤란하게 한다. 발인을 앞두고 세종의 배려로 도성에 머물도록 허락받은 양녕은 남의 집 개를 강탈하여 먹다가 탄핵을 받아 청주로 쫓겨난다. 결국 큰아들 폐세자 양녕은 아버지 태종의 장례에 참석하지 못하고 1년이 지난 소상(小祥)부터 제례에 참석한다. 양녕의 정치적 입지를 단적으로 설명하는 내용이다.

태조 건원릉에 이어 태종 장례 때도 능원의 산릉도감(건설 총책임자)을 맡은 박자청은 인부 1만 명을 요구하나 세종은 경기수군과 관노로 대체하고 징발 인원은 가까운 도에서 2천명으로 하라고 하니 그렇게 하였다.

8월 8일 이방원의 존호를 '성덕신공태상왕(聖德神功太上王)', 묘호를 태종(太宗)이라 하고 9월 4일 발인하였다. 9월 18일 세종이 졸곡제를 올리고 상복을 벗으니 국장은 마무리 되었다. 태종 승하 다음 해에 헌릉에 신도비를 세운다. 헌릉의 신도비는 강화도의 돌을 수로를 통해 운반해 온 것이다. 예문관 대제학 변계량이 비문을 지었다.

신도비문에는 태종과 원경왕후의 집안내력 및 공적, 효와 덕, 찬양문 등이 있다. 그러나 현재의 신도비는 임진왜란 때 받침돌이 깨어지고 내용을 알아 볼 수 없게 돼, 1694년 숙종이 명하여 새로 신도비를 다시 세운 것이다.

헌릉의 능침 앞의 석물들은 망주석만 빼고 모두 두 쌍씩 배치되었다. 남한에 있는 유일한 조선시대 것이다. 이것은 고려 왕조의 현릉(玄陵 : 공민

쌍릉을 연결하는 개와석

두쌍으로 배치된 헌릉의 무석인

헌릉의 신도비, 세조의 능원 간소화 정책에 따라
이후 신도비는 설치되지 않았다

왕의 무덤)과 정릉(正陵 : 노국공주의 무덤) 능제를 기본으로 한 것이다. 천광의 깊이는 주척(周尺)으로 13척 3촌이며 흙의 색깔이 윤기가 흐르며 수기가 없다고 태종이 직접 확인하고 우측에 자신의 자리를 잡았다. 따라서 헌릉의 자리와 석물은 왕권강화의 주역인 태종이 감독하고 조선시대 최고의 선군인 세종이 만든 것이니 조선시대 최고의 길지와 최고의 작품이라 평해도 손색이 없다. 조선의 최고 건설기술자 박자청의 진두지휘 하에 이루어 진 것이다.

헌릉은 주산 대모산의 웅장한 기를 받아 높은 언덕을 이루는 웅장한 자연경관과 많은 석물을 놓은 쌍릉 배치가 볼만하다. 24폭의 우람하고 섬세한 병풍석(屛風石), 그리고 공들여 조각한 수십 개의 조각물들, 확트인 전경과 풍수적으로 좌청룡 우백호 사신의 능선들이 장관이다. 정자각 중심의 제향공간과 사자의 공간인 능침공간의 단 차이는 능역의 위엄성을 볼 수 있는 부분이다.

정자각 북서측의 소전대는 제례의 마지막 절차인 축문을 불사르는 시설로, 태조 건원릉과 이곳에서만 볼 수 있는 조선시대 초기의 석물이다. 상석 아래에 놓인 고석의 개수가 5개인데, 이처럼 고석이 5개인 능은 건원릉과 이곳 헌릉 두 곳으로 모두 조선시대 초기의 능제를 볼 수 있는 상설제도이다.

헌릉은 불교적 요소를 제거한다는 명분으로 법석(法席)은 물론 원찰(願刹)도 금하고 원당이 없으며, 다만 현판류(懸板類) 8점이 남아 있다. 헌릉의 상설(象說)은 고려 현릉(玄陵)과 정릉(正陵)의 제도를 답습하여 봉분을 2기로 하되 주위의 난간을 터서 연결시키고, 망주석을 제외한 모든 석물을 한 벌씩 갖추어 쌍으로 배치하고 있다.

봉분 하부에는 병풍석을 만들어 우석(隅石)에는 영저(靈杵) · 영탁(靈鐸)을 새기고, 면석(面石)에는 와형운무늬[渦形雲紋]를 두르되 중앙에 각 방위별로

뒤에서 보아 우왕좌비 배치의 쌍릉인 헌릉, 오른쪽이 태종의 능침이고 왼쪽이 원경왕후의 능침이다

수관인신(獸冠人身)의 12지신상을 새겨 넣었고 하단에는 영지(靈芝)를 새겼다. 병풍석에는 앙련(仰蓮)·복련엽(伏蓮葉)을 새겼다.

헌릉의 예감은 1657년(효종8년) 1월 23일에 만든 것이다. 예감의 설치는 초기에는 없었던 것으로 제례의 변화가 있었던 것으로 추정된다.

헌릉은 서울 강남의 서대룡산 능선에 조성되어 많은 면적의 녹지를 이루고 있다. 1960년대 까지는 수백만평에 이르렀으나 현재는 30여만 평, 즉 100만m^2 정도로 축소되었다.

이번에 세계유산위원회에서는 훼손된 능역시설의 복원 및 능역의 전면부에 있는 비닐하우스의 정리 그리고 좌청룡, 우백호, 남주작, 북현무의 능선들의 보존 대책을 세울 것을 권유하였다.

헌릉 진입공간 전면의 낮은 지역은 천연의 오리나무숲에 물봉선, 삿갓사초 등 다양한 습지성 식물이 자연 생태적으로 이루어져 서울시가 생태계보전지역으로 지정해 관리하고 있다.

능 아래쪽에 자리 잡은 오리나무숲 1만 7천여 평(56,200여m^2)의 숲은 습지성 식물과 오색딱따구리, 박새, 직박구리 같은 조류도 흔히 볼 수 있는 등 소중한 자연생태계가 고스란히 잘 보존되어 있다.

태종은 정비 원경왕후와 빈과 후궁사이에 12남 17녀를 두었으며 원경왕후와의 3남인 충녕대군이 제4대 세종이다.

웅장하고 위엄있게 조영된 헌릉의 능침

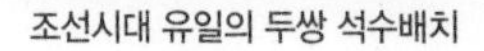

조선시대 유일의 두쌍 석수배치

헌릉의 정중석(正中石)과 문석인, 무석인

세종의 능호는 영릉(英陵)으로 경기도 여주군 능서면에 있다. 세종은 그의 부친의 묘역인 이곳 헌릉(현 인릉 자리로 추정) 좌측에 자신의 능침도 조성하였으나 그의 아들 세조때 풍수적 논란 끝에 손자인 예종 때 여주로 천장을 하였다.

태종 4년(1404)에 세자로 책봉되었으나 아우 충녕에게 용의 자리를 내주어야했던 폐세자 양녕대군의 묘소는 서울특별시 동작구 상도동 산 65-42에 있다.

4

세종과 소헌왕후 영릉

조선왕조 최초의 합장릉

경기도 여주군에 있는 영릉(英陵)은 조선 제4대 왕 세종(世宗, 1397~1450)과 정비 소헌왕후(昭憲王后, 1395~1446) 심씨의 능으로, 조선시대 최초의 합장릉이다. 세종은 1397년 5월 15일 태종과 원경왕후의 셋째아들로 태어나 이름은 도(祹), 자는 원정(元正)이며 태종 8년에 충녕군에 봉해졌다. 만백성의 스승인 세종이 태어난 날을 기려 '스승의 날'이 5월 15일이 됐다.

세종은 1418년(태종18년) 양녕대군이 폐세자가 되자 왕세자로 책봉돼 22세에 제4대 임금에 등극했다. 그리고 54세로 승하할 때까지 31년 6개월간 재위하면서 '훈민정음' 창제, 집현전 설치, 민본정치 실현 등 조선시대 정치 · 경제 · 사회의 안정과 문화의 융성을 일궈내며 역대 군왕 중 가장 찬란한 업적을 남겼다. 어릴 때부터 글 읽기를 좋아한 세종이 몸이 쇠약해지도록 공부만 하자 이를 걱정한 태종이 책을 모두 거둬들였다고 할 정도로 세종은 공부벌레였다.

세종의 정비 소헌왕후 심씨는 영의정 심온의 딸로 세종과의 사이에 8남 2녀를 두었다. 첫째아들이 제5대 문종이며, 둘째아들이 제7대 세조

영릉의 진입부

이며, 제6대 단종이 장손이다. 그러나 조선 개국공신 중 한 사람인 심온의 딸이 왕비가 된 뒤 평탄치 않았다. 외척 세력을 철저히 배제했던 상왕 태종은 심온이 영의정이 되자 명나라 사신으로 파견해 국정에 관여하지 못하게 했다.

박은의 무고로 강상인의 옥사가 발생하였을 때 심온이 주모자로 몰렸다. 이때 명나라 사은사로 갔던 심온은 귀국하자 마자 의주(義州)에서 체포, 압송되어 수원에서 스스로 목숨을 끊었다. 이 사건으로 인해 어머니 안씨는 관노비가 되었다가 후에 복권되었다. 아버지가 역적으로 몰려 한때 왕후의 지위가 위태로웠으나 비(妃)로서의 내조의 공이 크고, 많은 자녀를 낳아 왕실의 안정에 공이 있다고 하여 무사하였다.

1446년(세종28년) 소헌왕후가 병이 나자 동궁(세자)과 대군들이 명산, 불사로 가서 기도를 드리고 소신공양을 했으나 그해 3월 24일 소헌왕후는 수양대군의 집에서 승하했다. 국장도감(장례위원장)은 영의정 황희(黃喜)가,

영릉의 능침과 무석인

산릉도감은 우의정 하연(河演)이 맡았다. 승하 5개월이 되는 7월, 장례일을 택일하는데 7일과 19일을 놓고 논란이 벌어졌다. 서운관(풍수비서관)이 7일은 임금에게 안 좋은 날이고, 19일은 금기일이라 하자, 세종은 자신에게 안 좋다는 7일로 직접 결정했다. 장지를 결정할 때도 논란이 있었다. 신하들은 대모산 아래 서쪽은 좋지 않다고 했으나 세종은 부모 곁만한 길지가 없다며 지금의 서초구 세곡동 인릉 주변에 자신과 왕비의 능을 만들었다. 세종의 결단력을 엿볼 수 있는 대목이다.

또한 예조에서 "그동안 운구를 유거(柳車 : 제궁을 실어 소나 말로 운반하는 수단)로 하는 것은 중국의 풍습으로, 우리나라는 산지가 많아 불편하니 어깨에 메는 상여가 좋다"고 하자 이 말을 따랐다. 이것이 민가로 퍼져 오늘날까지 이어지고 있다. 의정부에서 대행대비의 시호를 소헌, 효순, 효선으로 추천하자, 세종은 '뛰어나고 깊이 깨달은 것이 소(昭)이고, 선을 행하여 기록할 것이 헌(憲)'이라며 소헌으로 정했다.

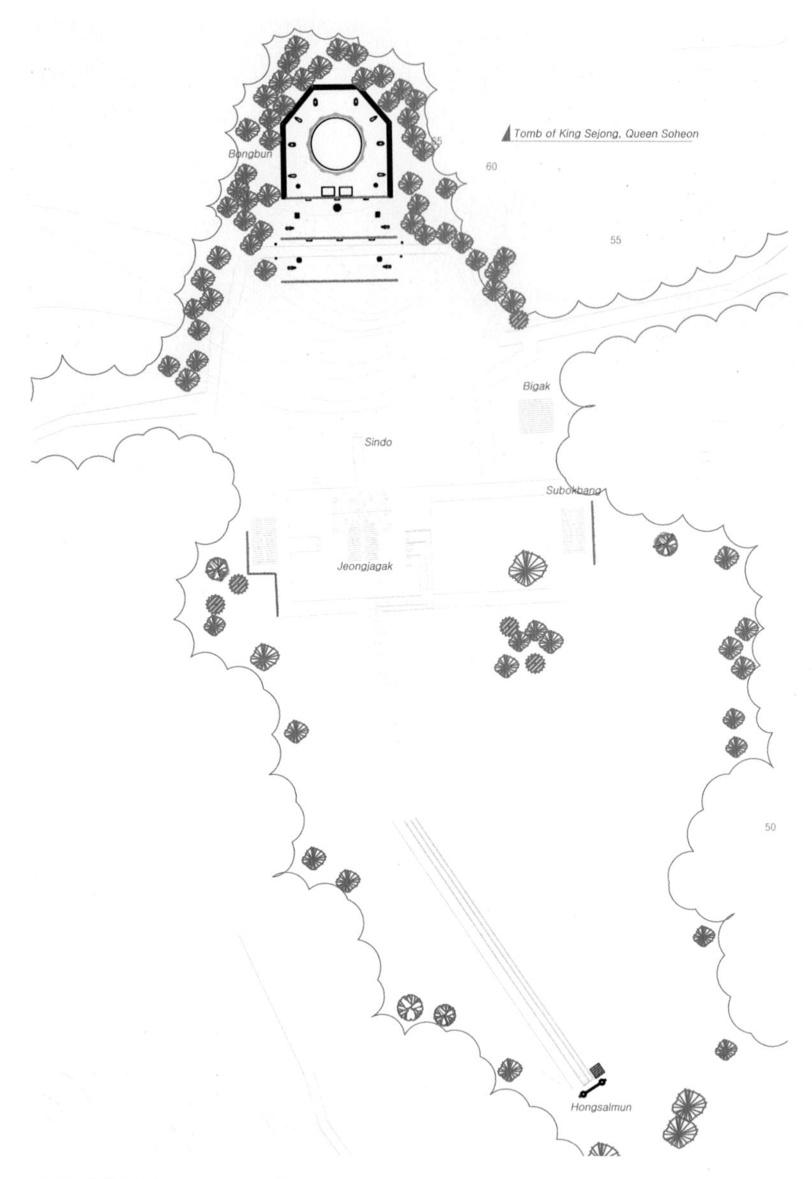
Tomb of King Sejong, Queen Soheon
Bongbun
65
60
55
Bigak
Sindo
Subokbang
Jeongjagak
50
Hongsalmun

영릉(합장릉) 배치도

영릉의 능침공간, 혼유석을 두 개 설치한 것은 합장릉을 나타낸다

한 달 뒤 능지의 산역 행사가 시작됐다. 현궁(玄宮 : 임금과 왕비의 봉분)은 같이 하고, 광중(壙中 : 석실)을 달리하며 석양과 석호, 석인은 2개의 광중의 예에 따르라 명한다. 왕후는 동측에 왕은 서측에 배치했다. 광의 깊이는 10척으로 했다. 광중 동실(왕후 방)의 천상에 분칠을 하고 하늘 모양을 만들어 동서에 해와 달을 그리고 성신과 은하, 성좌를 둥글게 그렸다. 왕후의 석실 벽에는 분으로 바탕을 칠하고, 서측에 백호, 북에 현무, 동측에 청룡, 그리고 남측 문 두 짝에는 주작을 그렸다. 백호와 청룡은 남측으로, 현무와 주작은 서측으로 머리를 향하게 했다. 이처럼 세종은 생전에 자신의 합장릉(수릉)을 조성하면서 현궁은 석실로 하고 삼물(석회 · 모래 · 백토)과 숯가루, 생토를 사용했다.

4년 뒤인 1450년 2월 16일 세종이 위독하여 정사를 중단한다. 다음날 세종은 막내아들인 영흥대군의 동별궁에서 승하했다. 세종은 일찍이 왕위

초장지에 묻혔던 영릉의 신도비,
세조에 의해 땅에 묻혔다가 근래에 발굴되어
청량리 세종대왕사업소에 있다

영릉의 표석, 이런 표석은 영조때 부터 간소화하여
제작되기 시작하였다

를 물려주고 상왕으로 지내다 승하한 선왕들과 달리 세상을 떠나기 전까지 하루도 국정을 놓지 않았다.

세종에 대해 실록은 "슬기롭고 도리에 밝으며, 마음이 밝고 뛰어나게 지혜롭고, 인자하고 효성이 지극하며, 지혜롭고 용감하게 결단하며, 합(閤 : 침실)에 있을 때 배우기를 좋아하고 손에 책을 놓지 않았다"라고 기록한다. 의정부에서 존시를 '영문예무인성명효대왕(英文睿武仁聖明孝大王)'이라 하고 묘호를 '세종(世宗)'이라 올리니 그대로 따랐다. 묘호를 올리면서 성군의 업적을 기록하는데 "태평한 정치와 거룩하신 공적이 탁연하여 비할 데 없다"라고 했다.

그해 6월 10일 장례 때 푸른 봉황(靑鳥)이 능지를 선정하고, 황룡이 앞길을 인도했다. 장례행렬이 떠날 때 한강의 물조차 목메어 울고 구름조차 못 간다고 했다.

그로부터 17년 뒤 단종을 폐하고 사약을 내린 세조는 신숙주, 한명회, 임원준, 서거정 등에게 영릉 천장을 명하나 풍수가들과 서거정이 반대하여 뜻을 이루지 못했다. 1468년 아버지 세조의 뜻을 이어 받은 예종이 다시 천장을 요구하자 정인지, 신숙주, 노사신, 서거정, 한명회 등이 상지관의 의견을 들어 이계전의 분묘가 장생수파(長生水破)의 터라고 추천했다. 일화에 따르면 이들이 여주 북성산에 올라 사면을 바라볼 때 마침 산기슭에 정기가 어린 곳이 있어 그곳을 찾아가보니 풍수적으로 매우 뛰어난 지세였다.

하지만 이곳에는 이미 세조 때 대제학을 지낸 이계전과 우의정을 지낸 이의손의 묘가 있었다. 일행은 서울로 돌아와 예종에게 이를 아뢰었다. 몇 군데 산릉 자리를 살펴보았지만, 이계전의 무덤 자리야말로 자손이 창성하고 만세에 승업을 계승할 땅이라며 왕릉을 모실 장소로 이보다 더 좋은 곳이 없다고 했다. 예종은 평안도 관찰사(지금의 도지사)로 있던 이인손의 맏아들 이극배를 불렀으나 대놓고 그 자리를 비워 달라는 말은 못하고 은근히 그 뜻을 비쳤다. 이에 이극배는 아우들과 상의한 끝에 조상의 묘자리를 내놓았다. 예종 또한 기쁜 마음으로 이를 받아들이고 대신 부모의 묘를 이장하는 것이 매우 애절한 일이라며 이극배를 의정부 우참찬(정2품)으로 승진시켰다.

이극배의 집안에서도 이장을 위해 산소를 파고 유해를 들어내니 그 밑에서 다음과 같은 글귀가 나왔다. "이 자리에서 연을 날리어 하늘 높이 떠오르거든 연줄을 끊어라, 그리고 바람에 날려 연이 떨어지는 곳에 이 묘를 옮기어 모셔라." 여러 사람들이 신기하게 여겨 그대로 했더니 과연

연은 바람을 타고 서쪽 약 10리 밖으로 날아가 떨어졌다. 그 자리에 이장을 한 뒤에도 자손이 번창했다. 그곳은 연이 떨어진 마을이라 하여 '연주리'가 됐다. 훗날 영릉이 이 자리로 이장해서 조선 왕조가 100년 더 연장됐다는 설이 퍼졌다. 이를 '영릉가백년(英陵加百年)'이라 한다.

영릉 터는 천하명당으로 평가 받는 곳이다. 풍수가들은 이곳을 용이 똬리를 트는 '회룡고조형(回龍顧祖形)', 봉황이 알을 품는 형인 '비봉포란형(飛鳳抱卵形)'이며, 북성산에서 떨어져 나온 작은 산맥인 안산(案山)들이 마치 신하가 왕릉을 향해 고개 숙이고 엎드린 형상을 하고 있는데다, 좌우의 청룡과 백호는 겹겹이 산머리를 감돌아 혈(穴)을 감싸주어 모란꽃이 반쯤 피어난 형상을 하고 있는 '모란반개형(牧丹半開形)'의 명당이라 한다.

천장을 할 때 세조의 뜻에 따라 석실이 아닌 회격실로 하고 광릉(光陵 : 세조와 정희왕후 윤씨의 무덤)의 예를 따랐다. 병풍석을 쓰지 않고 명기 등은 새로 만들었다. 구지(舊址 : 서울 서초구 헌인릉지구)의 비석, 잡상, 정자각, 향관청 등은 옮겨서 사용하지 않고 땅에 묻었는데 이를 1973년 세종대왕기념사업회에서 발굴했으나 비석(신도비)만 발굴되고 다른 것은 발견되지 않았다. 함께 발굴된 석물들은 영릉의 것이 아니라 옆에서 천장한 희릉의 것으로 2008년 판명됐다. 잡상들도 옮기지 않고 으슥한 곳에 묻었다. 이 유물들은 헌인릉 주변에 묻혀 있거나 아니면 수세기 후 인릉에 다시 사용됐을 가능성이 있다.

1469년(예종 3년) 2월 23일, 구지(舊址)를 천장하려 천궁을 하니 현궁에 물기 하나 없고, 재궁(齋宮)과 의복이 새것 같았다고 한다. 3월 6일 세종대왕과 소헌왕후는 영흥(여주)으로 옮겨 안장됐다.

영릉의 특징은 1469년 이장하면서 예종 때 선포된 '국조오례의'에 따라 병풍석과 석실제도를 폐지하고 회격실로 하는 조선 전기 능제의 기본을 이루었다. 능의 석물은 병석(屛石)에서 영저(靈杵) · 영탁(靈鐸) · 지초문양

조선시대 최초의 합장릉인 세종과 소헌왕후의 영릉. 이곳을 풍수가들은 회룡고조형, 비봉포란형, 모란반개형의 최대 길지로 평가하고 있다. 멀리 조산(朝山)겸 조산(祖山)인 북성산이 보인다

(芝草紋樣)을 배제하고, 구름문양과 십이지신상만 조각해 조선 난간석의 기본을 확정했다. 또한 혼유석(왕릉의 봉분 앞에 놓는 직사각형의 돌)의 고석을 5개에서 4개로 줄였다. 난간석에 방위를 표시하기 위해 그동안 십이지신상을 조각해왔으나 이때부터 십이지간 문자로 표현하기 시작한 것도 변화 중 하나다. 하나의 봉분에 혼유석이 2개인 것은 합장릉임을 나타낸다. 합장릉은 2개의 격실 사이에 48cm 정도의 창문(창혈)을 뚫어 왕과 왕비의 혼령이 통하게 했다.

영릉은 1970년대 성역화사업 중 원형 일부가 훼손되어 국제기념물위원회(ICOMOS)에서 우려를 하고 있다. 최근 옛 재실 터가 발굴되어 재실의

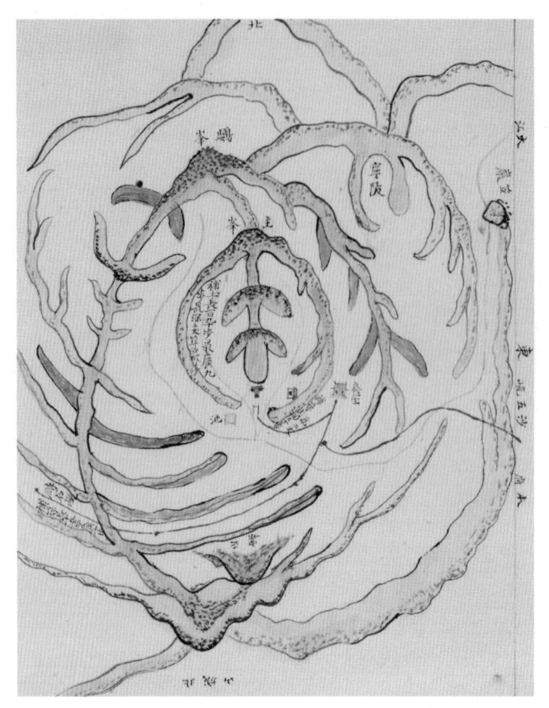

정조때 영릉의 능역 보수 시 작성된 「영릉보토소등록」의 영릉산릉도(서울대 규장각 소장본)

원위치 복원과 원래의 경관 복구가 요구된다.

세종은 정비 소헌왕후와 5명의 후궁 사이에 18남 4녀를 두었으며, 이 중 첫째 문종의 현릉(顯陵)은 경기도 구리시 인창동 동구릉 내에 있으며, 둘째 세조의 광릉은 경기도 남양주시 진접읍 부평리 산 99-1에 있다.

5
문종과 현덕왕후 현릉

무지개가 잡아준 왕릉 터

우상좌하, 우왕좌비 배치

현릉은 조선 제5대 문종(文宗, 1414~1452)과 단종의 어머니 현덕왕후(顯德王后, 1418~1441) 권씨의 능으로 동원이강(同原異岡)형이다. 현릉은 경기도 구리시 인창동 산 2-1의 동구릉지역 건원릉(健元陵)의 동남측 언덕에 있다. 서측구릉에 병풍석으로 조성된 것이 문종의 능이고, 동측 언덕의 난간석 봉분이 현덕왕후의 능이다. 이는 우상좌하(右上左下), 우왕좌비(右王左妃)의 원칙에 의한 배치이다. 이 제도는 현재 민간 장묘문화에서도 이어져 오고 있다.

문종은 1414년(태종14년) 10월 3일 세종과 소헌왕후 심씨의 맏아들로 태어났으며, 이름은 향(珦), 자는 휘지(輝之)이다. 8세 때 세자로 책봉되었으며, 37세까지 8년간 섭정을 하다 왕에 등극하였다. 무려 30년간 세자로 있었다. 그리고는 2년 3개월간 짧은 재위를 하고 세상을 떴다. 긴 준비기간에 비해 매우 아쉬운 집권이었다.

문종은 효자였다. 세자 때 시선(侍膳 : 시식, 아침 저녁으로 부모님의 진짓상을 돌보는 일)을 신중히 하고, 동궁 후원에 손수 앵두나무를 심어 열매를 세종에게 올

배위와 향어로가 홍살문 앞에서 시작되는 현릉

리니 이에 세종은 '외간에서 올린 것이 어찌 세자가 손수 심은 것에 비할 바인가?' 라고 했다 한다. 문종은 성균관에 들어가 특별한 교육을 받는 등 오랜 동안 왕위 수업을 받았다. 특히 학문을 좋아해 학자들과 자주 어울렸으며, 직접 측우기 제작에 참여하기도 했다. 천문, 역술, 산술 등에 뛰어났을 뿐 아니라 문장과 서예에도 능했다. 자정을 넘기며 일하고 새벽녘에 일어나 업무를 보고 국정계획을 세우고, 언로를 열어 민의를 파악했고, 문무를 중용했으며 군사제도를 개편했다. '동국병감', '고려사', '고려사절요', '대학연의주석' 같은 책을 정리, 편찬 하는 등 조선의 정치와 제도문화를 정비하는 한편 친히 과거 시험문제를 내기도 했다. 직언하는 자를 좋아하고, 형벌에는 신중을 기하고, 노인을 공경하고, 우(虞)나라 빈객(고려의 왕족)을 대우하기도 했다.

향어로에서 보아 좌측이 왕(문종), 우측이 왕비(현덕왕후)인 동원이강형의 현릉 전경

1452년 5월 14일 오후 9시경 경복궁 강녕전에서 문종의 병환이 위급해지자 어린 세자 단종은 '나는 나이가 어려서 어찌해야할지 모르겠습니다.'며 당황한다. 의정부 대신들이 급히 근정전에 모이고 궁궐 사문을 삼엄하게 경비시키고, 세자를 통하여 죄수를 석방하는 안을 내니 문종이 '불가하다'하였다. 문종의 마지막 집무이다. 문종의 아우인 수양대군이 청심환을 드리지 않음을 탓하자 의관이 청심환을 드리니, 미치지 못하고 천추전(千秋殿)에서 홍서(薨逝 : 세상을 떠남)하였다. 대신들은 왕의 안부만 묻고 어느 한사람 나아가 임금의 진찰을 종용하지 않음을 사람들이 분개 한탄했다. 특히 백성들은 세자(단종)가 어려 세종의 상사보다 더욱 슬퍼했다. 의정부에서 단종에게 젖을 먹여 키운 세종의 빈 양씨로 하여금 세자를 받들어 함원전으로 옮겨 거처토록 했다.

현덕왕후 능침에서 바라 본 문종의 능침, 이 능침은 「국조오례의」 양식의 가장 오래된 것이다.
이 터는 무지개가 잡아 준 것으로 알려져 있다

결국 문종은 세종의 삼년상을 치루면서 음식과 약을 멀리하고 집권 초기에 과로하여 재위 2년 3개월 만에 승하하였다. 승하 4개월 후 문종은 1452년 9월 1일에 현릉(顯陵)에 장사했다. 당시 국장총괄 총호사(장례위원장)는 영의정 황보인이 맡았다. 문종은 병으로 급사하여 선대의 왕과 달리 궁궐에서 사망하고 수릉도 못 만들었다. 선위를 이은 단종이 어린 왕이었기에 장지의 선정 및 능역 조영도 우왕좌왕한다. 단종이 문종승하 5일째 되는 날 1452년 5월 18일 경복궁 근정문에서 즉위하였다. 일반적으로 선왕 승하 5일 이내에 새로운 왕이 즉위하고 선왕의 장례를 치른다. 이 때 조정에서는 새로운 정부를 만들어가는 과정이다.

장례위원회는 지금의 인수위원회라 볼 수 있다. 수양대군과 종친, 총호사 등은 문종이 평소에 희망했던 구영릉 터(영릉 : 세종과 소헌왕후의 초장지, 서초구 세곡동)에 가서 현릉 터를 물색하고 건좌곤향(乾坐坤向)의 터를 정하여 공사한다. 그러나 전농사(典農寺)의 스님인 목효지가 새 능의 터가 좋지 않다 하자 당황한다. 과연 천광(穿壙 : 시신 묻을 구덩이를 팜)을 하니 물이 솟아났고, 다시 영릉 서쪽혈을 파니 돌이 나왔다. 이 때 7월 24일 무지개가 구지(현 헌인릉)에서 동구릉까지 이어지자 사람들이 이상히 여기고 건원릉의 동혈을 살펴보고 이곳을 선지하였다. 무지개가 현릉의 자리를 잡아 준 것이다.

태조 건원릉은 문종의 증조부 능이다. 산릉도감에서 천광의 깊이를 10척으로 하고 장삿날을 9월 1일과 17일 중 1일로 결정한다. 천광은 주척(周尺 : 28.5cm)을 쓴다. 강북 노원구의 돌을 강남의 헌릉 근처에 옮겨 제작하다가 장지를 건원릉 동측으로 옮기니, 역부 8천명을 동원하여 한강을 넘는 과정에서 많은 사람이 목숨을 잃기도 한다. 그래서 발인 시 동원인력을 선대의 왕에 비해 반으로 줄인다.

문종 발인 시 그의 애책문(哀册文 : 죽음을 애도하며 지은 글)에 '풍금(楓禁)[12]의 깊숙함을 등지고 백성(柏城)[13]의 아득함을 지향하였다.'라고 되어 있다. 이때 효자사왕(孝子嗣王 : 후임 왕. 단종을 일컬음)이 하늘에 부르짖으며 슬피 사모하고 서리를 밟으며 슬픈 눈물을 흘렸다.

12 풍금楓禁 : 궁중에 단풍나무를 많이 심어 궁궐을 풍금이라고도 한다.

13 백성柏城 : 소나무, 전나무, 측백나무 등 침엽수가 많이 심어진 가성, 능역을 말한다.

앞의 현덕왕후의 능침은 많은 우여곡절 끝에 중종때 추봉된 것이며 건너편의 문종의 능침은 단종때 조영된 것으로 국조오례의 원칙을 따른 현존 최고의 능침이다

문종의 존시(尊諡)는 '흠명인숙광문성효대왕(欽明仁肅光文聖孝大王)' 시호(諡號)는 공순(恭順)이며, 묘호(廟號)는 문종(文宗)이다. 문종의 현궁에는 명기(明器 : 선왕, 죽은 사람을 위해 광중에 묻던 그릇 따위의 총칭, 보통 때 것과 같이 만듦)와 복완(服玩 : 죽은 이를 위해 무덤 속에 넣던 의복과 완구의 총칭)을 넣고, '자선당', '승화지당', '만춘전' 등의 도서를 봉안하였다. 국제기념물유적협의회에서는 조선왕릉 학술답사시 왕릉은 무덤 문화인데 내부를 공개하지 않는 것에 대해 지적했다. 우리

연구진은 조선왕릉이 지금까지 후손들이 제례를 봉양하고 있는 효 문화의 살아있는 문화유산임을 강조하였다.

또한 '산릉도감의궤'를 비롯한 각종 실록에 내부 유물 등에 대한 자세한 기록이 남아 있다는 점을 들어 공개의 어려움과 그 정당성을 알렸다. 이를 통해 조선왕릉에는 수 백 여종의 유물이 수장되었음을 실록 등 기록으로 확인이 가능하여 조선왕릉은 내부를 공개하지 않고도 세계문화유산이 될 수 있었다. 조상들의 기록문화가 남긴 업적이다.

문종 즉위 5개월 후인 1450년 7월 8일 의정부에서는 9년 전(세종 23년) 세손인 단종을 낳고 2일 만에 승하한 현덕빈(顯德嬪)을 추숭하여 왕후라 하고, 혼전을 경희전, 능호를 소릉(昭陵)이라 했다. 승하한 세자빈이 문종의 왕비로 추숭된 것이다. 현덕왕후 권씨는 세종의 맏며느리로 안동의 세족, 즉 의정부 좌의정(화산부원군) 권전(權專)의 딸로 남편 문종이 왕후 추숭 때 올린 글에 따르면 성품이 단정하고 정숙하며 마음이 깊고 아름다웠다고 한다. 그러나 장손 단종을 낳고 산후열병으로 죽었다. 세종과 문종은 정성을 다해 능역을 조영했는데, 중국 당나라 태종 이세민의 능호인 소릉과 같은 능호를 쓴것으로도 세종의 며느리 사랑과 문종의 애정을 짐작할 수 있다. 그러나 문종이 현덕왕후 승하 후 12년간 세자와 왕으로 있으면서 새로 왕후를 두지 않음은 지나친 애정이 아니었을까.

그로인해 문종 승하 후 어린 단종은 기댈 언덕이 없었다. 현덕왕후는 1452년 단종이 즉위하자 문종의 신주와 함께 종묘에 봉안되었다. 그러나 1457년(세조3년) 현덕왕후 친정이 단종 복위를 도모하다 발각되자 현덕왕후는 추폐되어 종묘에서 신주가 철거되고 능은 파헤쳐져 안산 바닷가로 옮겨지는 수난을 당했다. 그로부터 56년 후 종묘 소나무에 벼락이 치고, 제물용 소가 사당에서 저절로 죽자, 1513년(중종8년) 3월 3일 영의정 송일 등이 "종묘의 문종 신위만이 홀로 제사 받는 것이 민망하다"는 명분

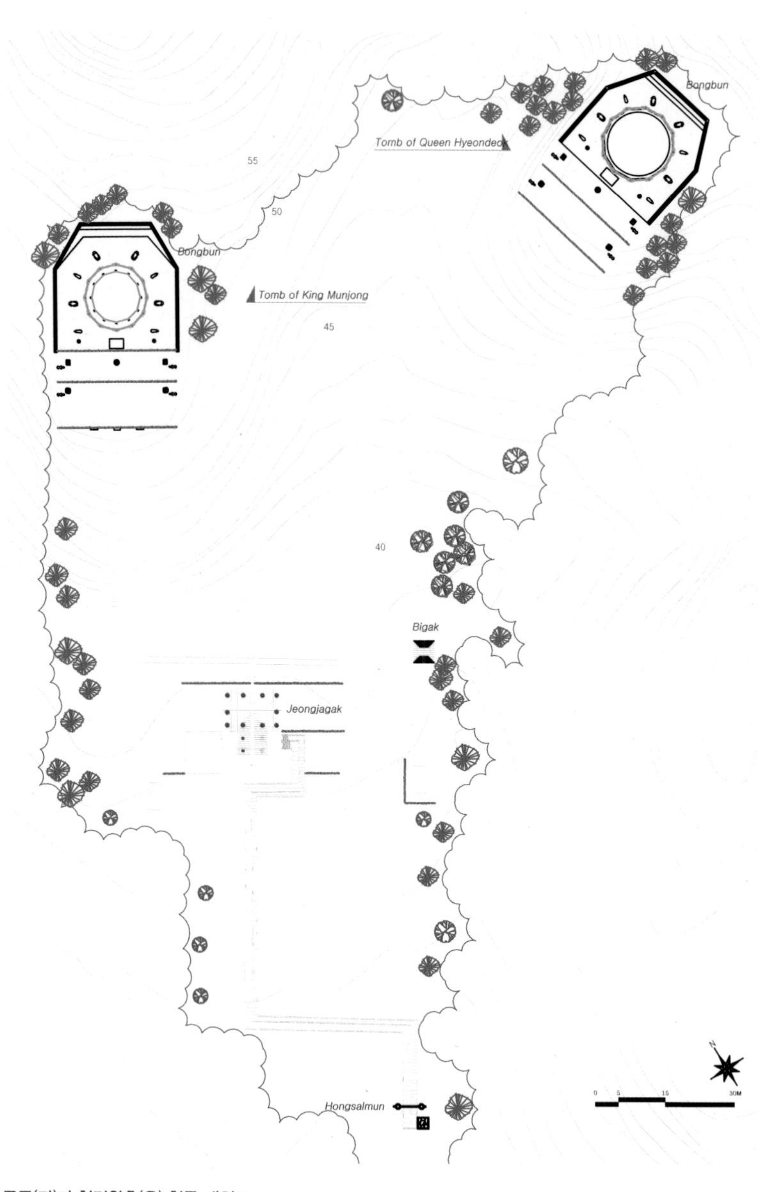

문종(좌)과 현덕왕후(우) 현릉 배치도

단종때(1452) 만들어진 문종 능침의 무석인의 얼굴상. 투박하고 거칠다

추봉되면서 중종때(16세기) 만들어진 현덕왕후 능침의 무석인. 좌우 눈알의 표현과 퉁방울눈이 독특하다

으로 복위시켰다. 무덤은 세조때 폐비하면서 안산 바닷가에 회삼물(灰三物 : 석회, 황토, 가는모래 세가지를 섞어 반죽한 것)로 다지지도 않고 파묘 한 것을 의녀(醫女)들이 수습하여 4월 21일 현릉 동쪽언덕에 천장해 동원이강으로 안장했다. 그리고 신주는 다시 종묘에 봉안되었다. 이렇듯 현덕왕후의 능침은 조선의 왕릉 중 여러 번 현궁을 옮긴 비운의 능묘이다.

구 영릉(英陵)이 예종(1469)때 서초구 세곡동에서 여주 영릉(英陵)으로 옮겨졌으므로 현릉은『국조오례의』양식을 따르고 있는 가장 오래된 능으로 평가된다. 현릉의 향어로는 굴절되어 궁(弓)자 형태이다. 정자각은 중종때 현덕왕후 능침을 동원이강으로 조영하면서 가운데로 옮겼다. 정자각 뒤의 신(神)로는 왕후의 능침 아래까지 이어져 있다.

문종 왕릉의 병풍석 구름무늬가 아름답다. 뒤편에 건원릉과 비교하여 병풍석의 방울 및 방패무늬(영저와 영탁)가 사라진 것을 확인 할 수 있다.

왕비의 난간석은 중종 때의 양식을 따르고 있다. 중종의 계비 장경왕후의 희릉이 이보다 2년 뒤 조영되었으므로 최근에 밝혀진 초장지 석물과 비슷한 시기의 것으로 판단된다. 왕의 능침공간 문·무석인은 머리부분이 크며 눈망울과 코가 크고 이국적이며, 조각선이 굵은 모습이 특이하다. 왕의 능침에 있는 혼유석 하부의 고석이 5개에서 4개로 변한다.

현덕왕후의 혼유석이 반상형태를 하고 있는 것이 특이하다. 현릉의 비석은 영조 때 조선시대 전체 능역을 정비하면서 능역을 찾기가 어렵다는 이유로 세운 것이다. 원래 기록에는 문종의 현릉 신도비도 만들었으나 세조의 능역 간소화 정책에 의해 생략되었다.

문종은 현덕왕후 권씨와 2명의 부인 사이에 단종과 딸 둘을 두었다. 단종의 능은 폐위된 후 유배되어 사약을 받은 영월에 있으며 장릉이다.

6

단종의 장릉

恨과 눈물서린 단종애사

세자 묘 형식의 능침

조선왕릉은 현재 북한에 있는 2기를 제외하고 대부분 도성인 한양을 중심으로 반경 십리밖 백리안(약 4~40km)에 조영됐다. 그러나 조선 제6대 임금인 단종(1441~1457)이 잠든 장릉(莊陵)은 유일하게 강원도 영월군 영월읍 영흥리 산 133-1번지에 있다. 이곳은 산으로 겹겹이 둘러싸인 오지로 면적이 356만3천m^2(107여 만평)이며, 완충지역까지 포함하면 437만4천㎡에 이르는 광활한 땅이다. 단종이 왜 이처럼 먼 곳까지 와서 묻혔는지는 '단종애사(端宗哀史)'라고 불리는 역사가 말해준다. 국가 사적 제196호로 지정되어 있다.

1441년(세종 23년) 7월 23일 왕세자빈 권씨(현덕왕후)가 동궁(창덕궁) 자선당에서 원손(단종)을 낳자, 세종대왕은 '세자(문종)가 장년(28세)이 되었는데도 후사가 없어 염려했는데 적손이 생겨 기쁨이 이를 데 없다.'라며 크게 기뻐하고 대사면령을 내린다. 그러나 기쁨도 한나절, 이튿날 세자비가 산후 통증이 심하다는 소식에 시아버지인 세종이 친히 두세 번 동궁으로

능침공간에서 본 장릉의 제향공간, 정자각 앞 향어로가 절선으로 되어 있다

병문안 했으나 세자빈은 사망하고 말았다. 왕궁인 경복궁과 세자궁인 창덕궁이 슬퍼 어찌 할 줄을 몰랐다. 세종은 세자빈의 장례 격식을 자신의 어머니 원경왕후(태종비) 보다는 내리고, 직전에 사망한 자신의 큰딸 정소공주보다는 더하여 장례를 동궁 안에서 모실 것을 명한다. 세자빈에 대한 최대한의 예우이다. 세종과 소헌왕후의 장손으로 태어난 원손 홍위는 친어머니 품에 안겨보지도 못한 채 어머니 젖 한번 물어 보지 못하고 세종의 후궁인 혜빈 양씨(작은 할머니)의 젖을 먹으며 자랐다.

8년 후 4월 3일 세종은 원손을 '천자(天姿 : 타고난 용모)가 숙성하고 품성이 영특하고 밝으며, 지금 나의 스승에 나아갈 만큼 되었다'며 왕세손으로 명한다. 1450년 세종이 승하하고 5개월 장례를 치룬 문종은 왕세손

이홍위(단종)를 즉시 왕세손에서 왕세자에 책문한다. 그러나 1452년 5월 18일 문종이 갑작스럽게 승하하였다. 문종 승하 5일 되는 날 노산군 단종은 경복궁 근정문에서 조선의 제6대 왕으로 즉위하면서 신하들이 작성한 방대한 양의 교서를 발표한다. 그의 나이 12세였다. 단종에게는 기쁨보다는 두려움이 앞섰다. 그의 아버지 문종이 종친과 대신들에게 부탁한 고명(顧命)정치의 내용을 발표하는 것이다. 이날 수양대군은 가장 비통해 하였다. 왜냐하면 문종은 동생 수양에게 국정의 파트너로 시선(시식)을 시키는 등 믿음을 갖고 국정을 협의하고 사랑했다.

너무 어린 나이에 즉위한 단종은 3년 2개월 재위 동안 수렴청정을 할 만한 배경조차 없었다. 어릴 때는 세종과 소헌왕후의 장손으로 그의 어머니 현덕왕후가 산후병으로 2일 만에 사망했으니 할머니인 소헌왕후는 더욱 애틋하게 단종을 보호했다. 어린나이에 애틋한 사랑을 받던 할머니 소헌왕후와 할아버지 세종이 승하하고, 이어 갑작스런 아버지 문종의 승하로 왕위에 오른 단종은 너무 어려 문종의 유명을 받든 김종서, 황보인 등의 고명대신이 황표정사(黃標政事)[14]를 하여 정국이 혼란에 빠지고 종사를 위태롭게 하였다. 이 난국에 삼촌인 수양대군은 계유정난을 일으키고 영의정에 올랐다. 실권을 장악한 수양대군은 종친과 궁인 신하들을 유배시키고 대신들을 죽이자 겁을 먹은 단종은 왕위를 내놓고 상왕으로 물러났다. 세조는 즉위하자마자 단종에게 젖을 먹여 키운 혜빈 양씨 마저도 청풍으로 귀양 보내, 이제 궁 안에는 단종을 가까이에서 보살펴 줄 사람이 없었다. 이후 1456년 성삼문, 박팽년 등 집현전 학사출신들과 단종

---

14 단종이 어려 정사에 어려움을 겪을 때 일부 힘 있는 공신들이 관료 후보자의 명단 가운데 의중에 둔 사람을 노란색으로 표시해 임금께 올렸다. 당시 관료 인사권은 임금의 고유권한이었으나 임금이 어린 탓으로 모든 인사권을 힘 있는 공신들이 쥐고 흔들었던 것이다. 여기서 나온 말이 황표정사(黃票政事)다. 변칙적 · 전횡적 인사개입 행태를 말할 때 주로 쓰인다.

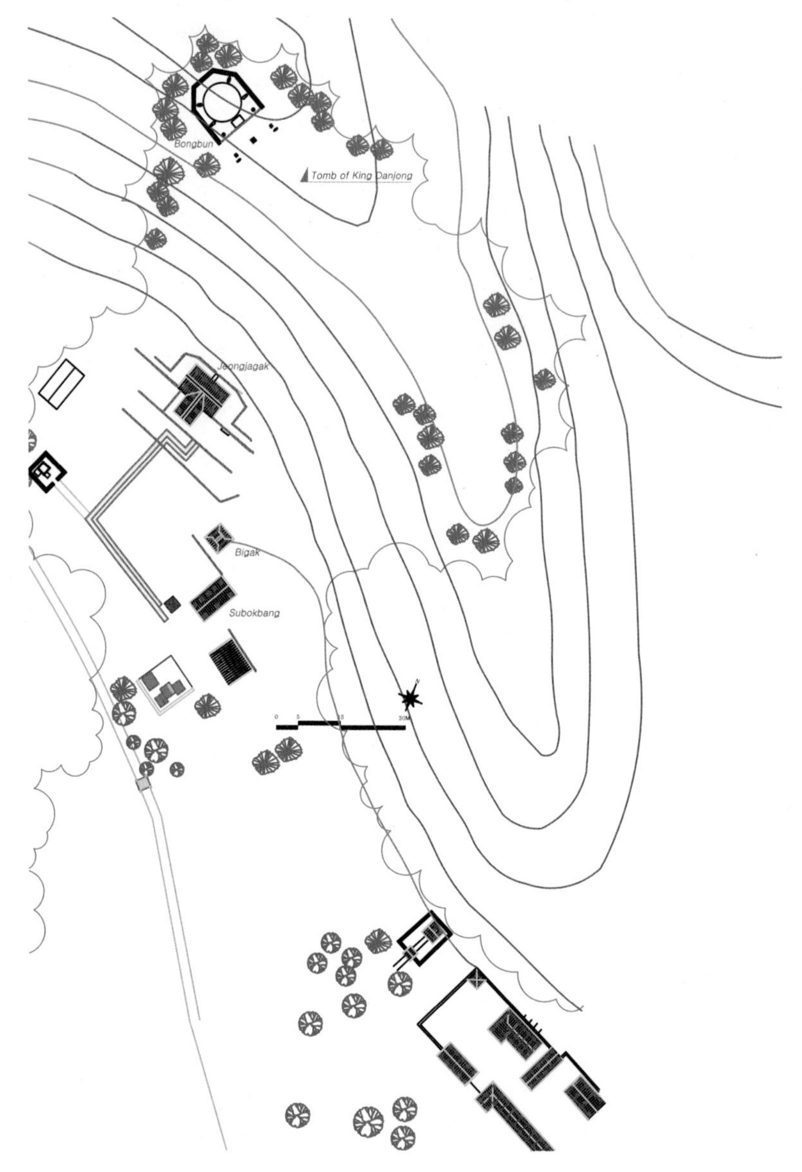

단종 장릉 배치도

의 여섯째 숙부인 금성대군이 단종복위를 도모했으나 실패로 끝났다. 단종은 서인(노산군)으로 강봉되어 영월 청령포로 귀양 보내졌다가 청령포에 홍수가 들어 읍내 관풍헌으로 옮겨졌다. 청령포는 동강이 삼면으로 휘돌아 흐르고 뒤로는 험악한 절벽으로 둘러싸인 천혜의 감옥이다. 1457년 9월 경상도에 유배 가 있던 막내 삼촌 금성대군이 단종복위를 계획하다 발각되자, 단종은 폐서인으로 강등됐다가 그해 10월 24일 사사되었다.

단종이 영월읍 관풍헌에서 사약을 받아 죽은('세조실록'에는 자신이 자결한 것으로 기록되어 있다) 후 버려진 시신을 영월의 아전 엄흥도가 영월 동을지산(冬乙旨山)에 몰래 묻었다. 그가 단종의 시신을 장사지내려 할 때 주위 사람들이 후환이 두렵다고 말렸으나 엄흥도는 '옳은 일을 하다가 화를 당해도 나는 달게 받겠다'라는 말을 남기고 단종의 시신을 홀로 밤에 거두어 장사를 지내고 가족을 데리고 충청도의 동학사로 잠적했다고 전한다. 지금도 동학사에는 단종과 정순왕후 그리고 엄흥도의 위폐가 모셔져 있다. 80여 년 동안 노산군의 묘는 제사도 봉양도 받지 못하고, 찾는 이도 없이 버려졌다. 1538년(중종 33년) 영월부사로 부임한 박충헌이 현몽을 꾼 뒤 노산묘를 찾아 수축봉제하고 전물을 갖추면서 알려지게 되었다. 박충헌은 영월에 부임하는 부사마다 임기 중에 죽는다는 이야기를 듣고 있던 중 어느 날 꿈에 단종을 만나 그의 억울함을 들었다한다. 단종은 1681년(숙종 7년)에 대군으로 추봉되고, 1698년(숙종 24년)추복하여 묘호를 단종(端宗), 능호를 장릉(莊陵)이라 했다. 241년 만에 왕실의 정례를 찾았다.

영월의 호장이었던 엄흥도는 야밤에 관을 준비하여 단종의 시신을 수습하여 산지를 찾아 가는데 소나무 밑에 사슴 한마리가 앉았다가 자리를 비켜주어 그 자리에서 잠시 쉬었다 일어서려는데 지게가 움직이지 않아 그 자리에 급히 암장하였다한다. 이곳이 현재의 장릉이다. 그래서인지 장릉의 능침은 양지바르고, 눈이 와도 쉽게 녹고 따뜻하다. 장릉 터에 대

첩첩산중에 위요되고 장엄한 장릉 능침공간에서의 전경

해 풍수가들은 갈룡음수형, 흑룡승천형이라 한다.

단종이 청령포에서 사사되자 단종의 영혼은 불교의 환생논리에 의해 두견새로 환생했다고 한다. 한편 단종의 유배지까지 함께 따라 온 시녀들은 청령포 건너 동강 절벽의 낙화암에서 몸을 던져 목숨을 끊었다. 이후 이들 영혼은 단종의 유택이 있는 장릉의 능선 끝자락에 와서 단종의 영혼에 절을 하고 시중을 들었다고 한다. 정조 때 영월부사로 부임한 박기정(사육신 박팽년의 후손)은 이 이야기를 듣고 그 뜻을 기려 배견정(拜鵑亭)이라

세자 묘(원)의 형식을 갖춘 장릉

는 정자를 세우고, 뒤편 바위에 친히 배견암이라는 글자를 썼다. 또한 단종을 위해 목숨을 바친 충신 32인, 조사 186인, 환자군노 44인, 여인 6인 등 총 268명의 위패를 모셔 그들을 위로하고 있다. 이 건물이 장판옥이다. 장판옥 맞은편 배식단에서는 매년 4월 한식날 단종제를 올린 후 이들에게도 제사를 지낸다.

장릉은 능침공간과 제향공간이 여느 능과는 다르게 배치되어 있다. 장유형의 능선 중간에 능침이 있으며, 능침 서측 수십 미터 아래에 평

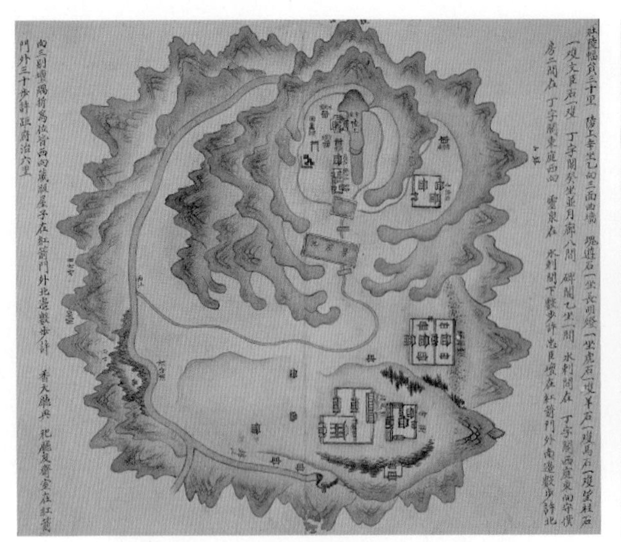

숙종때 추봉 된 단종 장릉과 영월의 모습을 그린 월중도(越中図),
19세기 초반작품으로 추정된다(한국학 중앙연구원 장서각 소장)

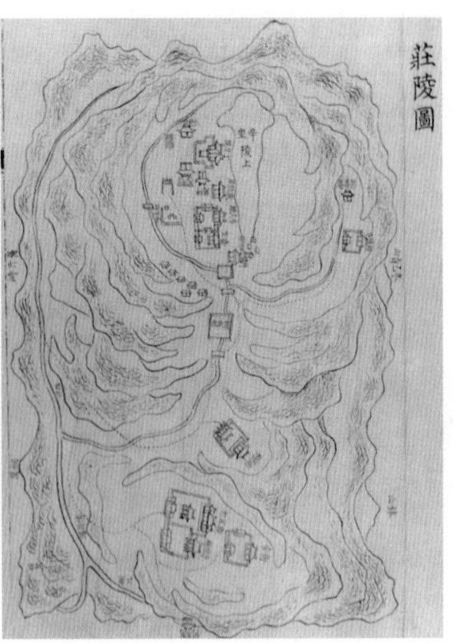

17세기 장릉을 추봉하면서 작성한 장릉도

지를 이용하여 'L'자형 참도를 만들고 끝에 능침을 옆으로 하고 정자각을 배치해 놓았다. 일반적 직선형 제향공간과 다른 형태이다. 이것은 단종이 암매장된 능침의 앞이 좁아서이며, 자연친화적인 조영원리에 따른 것으로 본다.

장릉 능침공간의 상설은 후릉(厚陵 : 정종과 그의 비)과 경릉(敬陵:성종의 부모 덕종과 인수대비)의 예에 따라 난간석과 병풍석, 무인석은 생략되었고, 세자의 묘 형식을 따르고 있다. 왜냐하면 능역조영이 숙종 때 노산군으로 복위된 후 영조 때 다시 단종으로 복위되었기 때문이다. 그래서 장릉의 능원은 중종 때 능지를 확인 후 숙종 대에 혼유석과 장명등, 석호, 석양, 망주석 등 석물을 정비하고, 영조 연간에 제향공간을 만들고 정자각과 수복방, 수라청, 그리고 예감 등을 배치하였다.

단종의 시신을 수습해서 이곳에 모신 엄홍도의 정려각

정조대에 정려각과 배식단, 장판옥을 만들어 수세기에 걸쳐 조영된 것이다. 능침의 석물은 세자의 예에 따라서인지 왜소하면서도 간단하다. 사각옥형(四角屋形)의 장명등은 숙종때 조영된 것으로 명릉보다 앞선 조선시대 최초의 사각장명등으로 추정된다.

장릉의 능침에서 바라보는 첩첩의 위요된 전경은 아름답고 장엄하다. 17세기 장릉의 능역을 상세히 그린 월중도(越中圖)는 능원을 연구하고 복원하는데 문헌적 가치가 높다. 이곳에 나타난 경액지(景液池)는 아름다운 경관을 물속에 비친다는 뜻으로, 인도의 타지마할 전면부에 캐널(Canal)을 만들어 능묘를 투영한 예와 비슷하여 재미있다. 경액지의 발굴 및 복원이 아쉽다.

장릉의 특징 중 하나는 단종에게 충절을 다한 여러 신하들을 배향하기

추봉하면서 제작된 장릉의 사각장명등은 조선 최초의 사각장명등으로 추정된다

위해 1791년 정조의 명으로 장릉 아래에 배식단(配食壇)을 설치하였고, 능역 안에 배식단사(配食壇祠)와 영천(靈泉), 엄흥도정려각(嚴興道旌閭閣) 등을 세웠다.

제향공간 곡선의 향어로 옆에 설치된 영천은 일반 능역의 제정(어정)을 가리키는데, 가뭄과 홍수에도 마르지 않는 것으로 알려져 박기정이 이 사실을 조정에 알리자 정조가 친히 '영천(靈泉)'이라 했다고 전한다.

이 밖에 장릉은 보호구역 내에 원찰인 보덕사와 금몽암 등 단종애사와 관련된 많은 이야깃 거리와 문화유적이 있다. 국제기념물유적협의회에 실사자로 왔던 왕리준(王力軍)은 "전세계에 수많은 왕의 이야기가 있지만 '단종애사'는 이곳만이 유일하지 않느냐"며 "이것이야말로 세계문화유산감이다."라고 높이 평가했다. 세계문화유산의 의미를 단편적으로 설명해주는 내용이다.

숙종 때 추봉되면서 세워진 장릉의 문석인

장릉의 제례는 매년 한식날을 전후하여 영월의 큰 문화행사인 단종제가 성대하게 열린다.

단종비 정순왕후는 단종즉위 2년째인 1454년 1월 결혼했으나 다음해 단종이 폐위되고 영월로 유배되자 남편과 생이별해 자식을 얻지 못했다. 이후 82세에 사가에서 세상을 떠났다. 그래서 정순왕후의 능은 단종의 누이 경혜공주가 출가한 해주 정씨 묘역인 경기도 남양주시 진건면 사릉리 산 65-1에 있으며 능호는 사릉(思陵)이다.

7

단종비 정순왕후 사릉

남편과 생이별 통곡
소나무는 알고 있을까?

사릉(思陵)은 단종의 비 정순왕후(定順王后, 1440~1521) 송씨의 능이며 단릉 형식이다. 정순왕후는 단종의 누이 경혜공주가 출가한 해주 정씨 묘역인 경기도 남양주시 진건면 사릉리에 있다.

1452년 5월 18일, 단종 즉위한 지 만 1년이 되는 날 수양대군(세조)과 양녕대군은 단종에게 왕비를 맞아 드릴 것을 청하였다. 이후 수차에 걸쳐 수양대군과 효령대군이 왕비 간택을 권하였다. 5개월 뒤 나이 8~16세까지 경외(京外)의 처녀 가운데 이씨를 제외하고는 혼인금지령이 발표됐다. 1454년(단종 2년) 1월 1일 수양대군과 양녕대군, 정인지 등이 왕비를 맞을 것을 청하여 본격적인 왕비 간택에 들어간다. 조선시대 최초로 현직 왕의 왕비를 간택하는 행사였다. 최종후보 3명에 풍정창부사 송현수, 예원군사 김사우, 전사정 권완의 딸이 올라 마침내 최종적으로 송현수의 딸이 간택됐다. 김사우와 권완의 딸은 잉으로 하였다.

혼례는 송현수의 집에서 축생(畜牲 : 산 기러기 등 사람이 기르는 짐승) 등을 들고

단종비 정순왕후 사릉의 전경

납채(納采 : 왕비채택의례, 청혼서 보내기)→납징(納徵 : 혼인청구, 결혼 예물 보내기)→고기(告期 : 혼인날짜통지)→책비(冊妃 : 폐백칙서, 왕비로 책봉하기) 등의 혼례 절차를 거쳐 진행됐다. 가례의식은 경복궁 근정문에서 길복예로 거행하였다. 이때 왕실에서는 왕비의 집에 면포 600필, 쌀 300석, 콩 100석을 내렸다. 이때에도 단종은 아버지 문종의 삼년상 중이라는 이유를 들어 왕비 간택을 중지시키려 했으나 수양대군(세조)의 뜻에 밀려 수용할 수밖에 없었다. 왕비를 봉영 할 때는 공주 · 옹주 · 종친 · 1품 이상 문무백관 부인이 동행하였다. 1월 25일이다. 14세의 단종과 15세의 정순왕후가 백년가약을 맺었다. 3일 뒤인 1월 28일은 정순왕후 송씨의 생일이어 종친과 백관이 생일축하 하례를 올렸으나 단종이 이를 중단시켰다. 그리고 2월 1일 단종은 최복(상복 : 검은 옷과 검은 혁대)을 벗고 길복(평상복)을 입었다. 문종의 삼년상을 서둘러 마친 것이다. 이처럼 이미 수양대군이 실권을 장악한 상황에

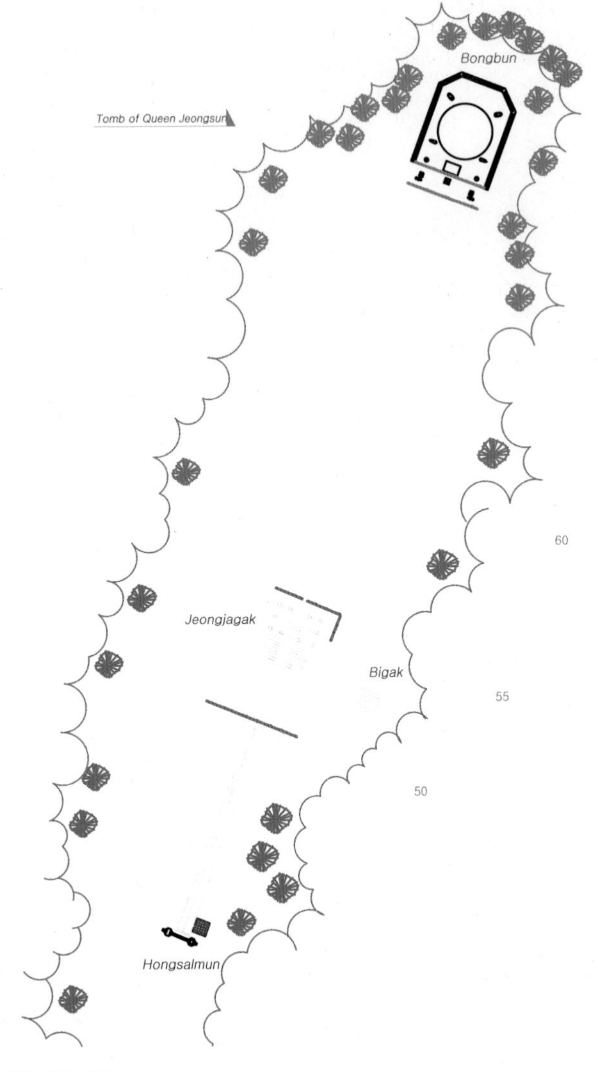

단종비 정순왕후 사릉 배치도

왕릉을 상징하는 사릉의 소나무림

서 단종은 결혼조차 자신의 뜻대로 할 수 없었으며 이를 통해 왕권의 이상한 조짐을 감지할 수 있다.

이듬해 윤6월 단종의 다섯째 삼촌인 금성대군과 단종을 따르던 김종서 등 고명대신, 의정부의 신하들이 정권을 강화하려다 죽임을 당하거나 유배가게 되자 단종은 왕위를 내놓고 상왕으로 물러난다. 정순왕후도 왕비가 된지 1년 4개월 만에 대비로 물러난 것이다. 7월에 단종은 공의온문상태왕(恭懿溫文上太王), 정순왕후는 의덕왕대비(懿德王大妃)로 진봉되었다.

1456년 단종의 복위를 시도한 사육신 사건이 벌어지자, 이듬해 단종은 노산군으로 강봉되고 대비 역시 대군부인으로 강등되었다. 그 후 정순왕후는 단종이 영월로 유배되면서 단종과 생이별을 하고 80평생을 서울 동대문 밖 숭인동에 있는 정업원 뒷산에 올라 아침저녁으로 단종이 계신 영월 동쪽을 바라보며 단종을 그리워했다고 한다. 영월을 향해 통

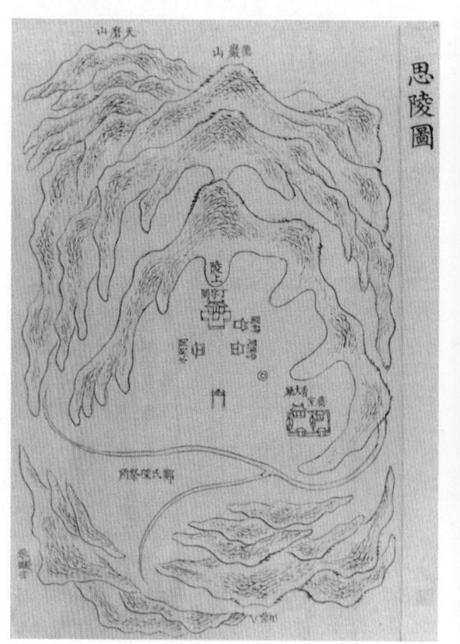

숙종 때 추봉되면서 작성된 사릉도

사릉 능침에서 세계문화유산 등재를 위해 실사 중인 ICOMOS (국제기념물유적협의회)의 중국인 왕리준(王力軍)위원

곡하던 봉우리는 동망봉(東望峯)이라 한다. 생계는 시녀들이 구해오는 양식에 의존하다 후에 염색 일을 하며 여생을 보냈다. 왕비의 형편이 어렵다는 소식을 전해들은 동네 아녀자들이 감시병이 알아차리지 못하게 금남(禁男)의 채소시장을 열어 정순왕후를 돌봤다고 한다. 정순왕후는 이렇게 단종을 그리워하다 자신을 왕비로 간택하고 폐비로 만든 시숙부 세조보다 53년이나 더 살았다. 세조의 후손이며 시사촌인 덕종과 예종, 시조카 성종, 시손 연산군의 죽음을 지켜보고 1521년 6월 4일 82세로 생을 마감하였다. 남편과의 생이별 이후 자식도 없이 긴 세월동안 어떤 마음이었을지 궁금하다.

동망봉 아래에는 정순왕후 송씨가 단종의 명복을 빌며 일생을 거처한 정업원(淨業院 : 지금의 청룡사)이라고 전해지는 곳이 있다. 원래 정업원은 창덕궁에서 멀지 않은 성 안에 있었으나, 1771년(영조 47년)에 성 밖인 동대문 밖에

배위청월대가 정청의 월대보다 작게 조영된 사릉의 정자각

있었다는 전설에 따라 지금의 자리에 송씨를 추모하는 비석을 세우고 비각도 건립했다. 비각 현판 글씨는 영조의 친필로 '전봉후암어천만년(前峯後巖於千萬年)'과 '정업원구기세신묘 9월 6일 음체서(淨業院舊基歲辛卯 九月六日 飮涕書)'라고 씌어 있다. 비각 안에는 '정업원구기'라고 새겨진 비가 세워져 있다.

정순왕후가 영월로 유배를 가는 단종과 마지막으로 이별을 한 자리가 청계천의 영도교(永渡橋)이다. 영영 돌아올 수 없는 다리라는 뜻에서 이름 붙여진 다리다.

중종은 정순왕후가 승하하자 대군부인의 예로 해주정씨 사가의 묘역에 조영하도록 하였다. 177년 후 1698년(숙종 24년)에 단종과 정순왕후를 추숭하여 종묘 영년전에 들이고 능의 이름을 사릉(思陵)으로 하였다. 이때 '어그러짐이 없음과 화합하라'는 의미에서 시호를 정순(定順)이라 하고, 능호는 '단종을 밤낮으로 공경함이 바르다'는 뜻의 사릉(思陵)이라 지었다.

능침에서 본 사릉 전경

사릉은 대군의 예에 따랐으므로 능원도 다른 능에 비하여 단출하게 추봉하였다. 즉 능침의 규모가 작고 병풍석, 난간석도 설치하지 않았다. 문석인과 석마만 있으며 양석과 호석도 한 쌍씩으로 간소화되어 있다. 능원의 좌향은 북북동에서 남남서 방향을 바라보는 계좌정향(癸坐丁向) 형태이다. 장명등은 숙종조의 것으로 단종의 장릉 것과 더불어 조선시대 최초의 사각장명등으로 평가된다.

사릉의 정자각은 맞배지붕으로 되었으며 배위청(정자각은 홍벽을 두른 정청과 기둥만 세운 배위청으로 나눈다)이 짧아서 전체 건물의 모습이 정(丁)자형 보다는 정사각형의 느낌을 준다.

한편 조선시대 모든 능역에는 사가의 무덤을 두지 않는 것이 원칙이나 유일하게 이곳 사릉에만은 사가의 무덤이 몇 기 남아있다. 세계문화유산 위원회 실사자도 이에 의문을 제기했다. 그러나 이들 무덤은 정순왕후의

조선의 왕릉 중 유일하게 사가의 무덤이 있는 사릉, 이 석물은 사가의 문석인이다

유일한 시누이인 경혜공주(단종의 누이)의 해주정씨 시가묘역이라 숙종 때 추숭하면서 어쩔 수 없이 사가의 무덤을 이전하지 않고 능역을 조성하여 사릉의 역사로 받아들였다. 다행히 이곳 사릉은 도성으로부터 100리 안에 조성되어 왕실에서 친히 제향을 받들 수 있었다. 반면 영월의 단종 장릉은 수백 리 떨어진 곳에 유배되어 조영된 까닭에 왕이 친행하거나 조정(삼정승 또는 관찰사)에서 제례 지내기가 어려워 영월의 현감이 대행하도록 하였다. 따라서 숙종 조에 영월읍이 영월부로 승격을 하고 현재에도 단종제의 초헌관은 영월 군수가 한다. 이후 단종제는 영월 최대의 축제로 자리 잡았다.

사릉은 초기에 사가의 묘역에 조영되어 능역의 규모가 크지도 않으며 아담하지만 능원을 둘러싼 솔밭이 아름다워 많은 사진작가들의 발걸음이 끊이지 않는 곳이다. 이곳에는 문화재청이 관할하는 궁과 능에 필요

태조의 5대조 묘역인 삼척의 준경묘역에서 채취한 소나무 후계목들, 조선왕릉의 역사경관림 복원에 쓰인다

한 나무를 기르는 양묘사업소 묘포장이 있어서 많은 전통 수종의 식물들을 볼 수 있는 곳이다. 즉 조선시대 모화관의 역할을 담당하고 있다. 물론 모화관은 현 서대문독립문 근처에 있던것으로 주변에 조선 왕실에서 쓰이는 꽃과 나무, 잔디를 재배하고 아름답게 꾸며 태평관등을 지어 놓고 외국 사신의 숙소 및 영접을 하던 곳이었다. 특히 이곳은 송림이 아름다웠다 한다.

세계문화유산 등재 시 묘포장에 있는 종자은행과 소나무 등 각종 유전자원은 궁 · 능의 생태문화자원의 보존적 의미가 있다하여 높은 평가를 받았다. 특히 이곳의 어린 소나무 묘목은 태조 이성계의 5대조 묘소인 강원 삼척의 태백산맥 능선에 있는 준경묘 · 영경묘의 낙락장송의 후손들이다. 이 소나무는 숭례문 복원에도 사용될 정도로 대표적인 한국의 소나무로 평가받고 있다.

8

세조와 정희왕후 광릉

두 능에 하나의 정자각…

천연박물관 광릉숲 거느려

광릉(光陵)은 조선 제7대왕인 세조(世祖, 1417~1468)와 그의 비 정희왕후(貞熹王后, 1418~1483) 윤씨의 능이다. 광릉은 같은 용맥에 좌우 언덕을 달리하여 왕과 왕비를 각각 따로 봉안하고, 두 능의 중간 지점에 하나의 정자각을 세우는 형식인 동원이강(同原異岡)의 형태로 만든 최초의 능이다. 왼쪽 능선의 능침이 세조의 능이며 오른쪽 능침이 정희왕후의 능침이다. 광릉은 서울에서 조금 떨어진 골이 깊은 경기도 남양주시 진접읍 부평리 산 99-2번지에 입지하고 있다. 우리에게 잘 알려진 광릉수목원이 광릉 숲의 일부이다.

1455년 윤6월 11일 단종을 젖 먹여 키운 세종의 빈 혜빈 양씨와 금성대군이 안평대군의 반란음모 관련설을 들어 청풍으로 귀양보내지고 당일 단종은 "내가 나이 어려 즉위하여 안평대군이 반란을 꾀하고 수양대군이 평정했으나 그 일당이 아직 남아 있어 궤도를 벗어나는 일이 염려되어 수양대군을 종실의 장으로 중임을 부탁하고 국사를 임시 서리(署理)

급경사지에 조성된 세조의 능침

해 달라"고 주문했다. 수양대군은 사정전으로 들어가 단종을 알현한 뒤, 면복을 갖추고 근정전에서 즉위하였다.

세조는 세종과 소헌왕후의 차남으로 조카 단종의 왕권을 빼앗아 13년 3개월을 재위하였다. 그는 왕권을 강화하고자 태종 때 실시한 호패법을 복원해 백성의 동향을 파악하고, 조선의 법전인 '경국대전'을 찬술하기 시작했다. 전현직 관리에게 나눠주던 과전을 현직 관리에게만 주는 직전법을 실시하여 국가의 재정수입을 증대하고, 지방 관리들의 모반을 방지하기 위해 지방 출신이 아닌 문신 위주로 발령을 냈다. 이 때문에 함경도에서 '이시애의 난'이 일어나기도 했으나 세조는 지방반란을 모두 평정하고, 군사력을 강화시키고 중앙집권 체제를 다져나갔다. 또 백성의 생활

안정책으로 누에 농업에 관한 '잠서'를 훈민정음으로 펴내 보급했다.

그러나 세조는 어린 조카의 왕권을 찬탈했다는 죄책감에 괴로워했고, 특히 단종의 어머니이자 형수인 현덕왕후의 혼백에게 시달렸다. 현덕왕후가 꿈에 나타나 침을 뱉어 피부병에 걸렸는데 이를 고치려고 강원도 상원사를 찾았다가 문수동자가 고쳐주었다는 이야기가 전해진다. 정신적으로 시달리던 세조는 큰아들 의경세자(덕종)가 20세의 젊은 나이로 죽자 단종에게 사약을 내리고, 현덕왕후의 무덤을 파헤쳐 관을 파내는 패륜을 범했다. 그러나 그의 둘째 아들 예종 역시 20세도 안 돼 생을 마감했다.

세조의 비인 정희왕후 윤씨는 판중추부사 윤번의 딸로 본관은 파평이다. 그녀는 이른바 정적인 김종서, 황보인을 제거하고 왕권을 찬탈하는 계유정난(癸酉靖難) 당시 왕권 찬탈의 정보가 새나가 수양대군이 거사를 망설이자 남편에게 갑옷을 입혀주며 결행을 촉구할 만큼 결단력있는 대담한 여장부였다. 1468년 아들 예종이 19세에 왕위에 오르자 조선 최초로 수렴청정을 했다. 그러나 예종이 재위 13개월 만에 요절해 곧바로 장자(의경세자)의 둘째 아들인 자을산군(성종)에게 왕위를 잇게 하고, 어린 왕을 대신해 7년 동안 수렴청정을 하기도 하였다.

1468년 7월 26일 세조가 병이 나자 세자(예종)가 사슴을 잡아 올리고 병환이 심해져 수릉(壽陵)을 마련하려 하나 신하들의 반대로 실행에 옮기지 못한다. 세조의 병세가 악화되자 수강궁으로 이어(移御 : 임금이 거처하는 곳을 옮김)하였다. 9월 7일 예종이 즉위한 다음날 세조는 수강궁 정침에서 향년 52세로 승하(薨)하였다.

신숙주, 한명회, 서거정, 임원준 등이 상지관을 거느리고 세종의 능인 영릉 주변, 죽산, 양지, 신촌 연희궁터 뒷산 등에 가서 능 터를 살폈으나 마땅치 않았는데 광주의 정흠지 묘역의 산모양이 기이하고 빼어나서 주혈만 단정히 하면 능침으로 좋다고 판단한다. 이곳으로 결정하고 선친

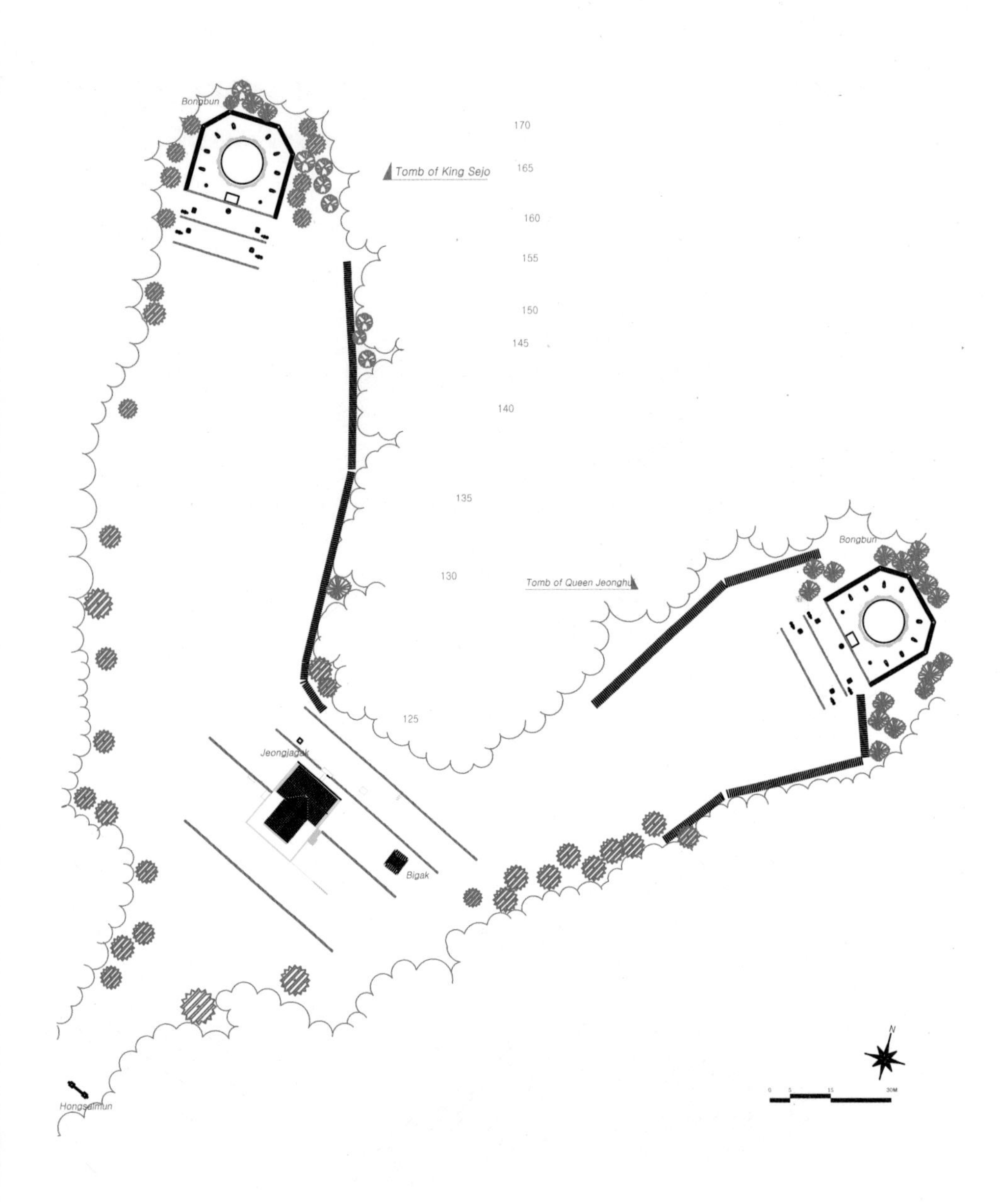

세조(좌)와 정희왕후(우) 광릉 배치도

일가의 무덤을 이장하는 정창손과 유균에게 장례시설과 곡물 그리고 조묘군을 보냈다. 주변의 사가 무덤을 이장하는 영의정 김질 등에게는 이장부품을 하사하였다. 즉 능침에서 보이는 사가의 무덤과 민가 등을 이전하는 대역사인 것이다. '춘관통고'(1788년 오례의 연혁과 실행 사례를 편찬한 책)에 따르면 정조때 능역이 반경 90리에 이른다하니 실로 엄청난 면적이다. 이것이 지금의 광릉 숲이 됐다.

세조는 생전에 "죽으면 속히 썩어야 하니, 석실과 석곽을 마련하지 마라. 석실은 유명무실하다"고 유언을 남겼다. 이에 따라 예종은 "능침에는 모두 석실을 썼는데 대행대왕(세조)께서 석실을 만들지 못하도록 명하였으니, 이제 마땅히 유명을 준봉하여 아름다운 덕을 이룩하게 하라."고 지시했다. 결국 검소함을 숭상하고 민폐를 없애기 위해 유명에 따라 석실을 쓰지 않고 검소하게 회격실로 하여 산릉도감의 동원인력도 6천여 명에서 3천명으로 줄였다.

존호, 시호를 정하는데 묘호는 신종(神宗), 예종(睿宗), 성종(聖宗) 중에서, 시호는 열문영무신성인효(烈文英武神聖仁孝)로, 혼전은 영창(永昌), 장경(長慶), 창경(昌慶) 중에서, 능호는 경릉(景陵), 창릉(昌陵), 정릉(靖陵) 중에서 하라고 하나 예종은 묘호는 대행대왕이 나라를 다시 일으켰으니 묘호를 세조(世祖)로 올리고, 시호는 '승천체도열문영무지덕융공성신명예의숙인효(承天體道烈文英武至德隆功聖神明睿懿肅仁孝)'로, 능호는 광릉(光陵), 혼전(魂殿 : 왕이나 왕비의 국장 뒤 종묘에 배위할 때까지 신위를 모시던 사당)은 영창(永昌)으로 하였다. 일반적으로 왕의 장례는 승하 후 5개월 안에 치르나 세조의 산운(山運)이 명년(明年)을 넘기면 좋지 않다하여 승하 80여일 만인 11월 28일을 대길일로 하여 하현궁(下玄宮 : 임금의 관을 무덤에 내려놓던 일)하였다. 능침의 좌향(坐向 : 묏자리나 집터 따위의 등진 방위에서 정면으로 바라보이는 방향)은 정북에서 정남하는 자좌오향(子坐吾向)이다. 장명등 창호로 앞을 바라보면 전면의 조산인 주엽산의 봉우리에 축

조선시대 최초의 동원이강형인 광릉,
좌측능침이 세조이고 우측이 정희왕후 능침이다

세조의 능침, 자연의 지형을 잘 이용해 경사지를 활용한 능침구조, 세조의 유시에 따라 봉분을 회격실로 조성하였다

광릉은 12지신상을 병풍석에서 난간석 동자석에 새긴 최초의 능원이다

을 맞추고 있다. 예종이 세조의 묘호나 능호의 명칭, 산 자리 잡기, 장례일 등 매사에 무척 신중했음을 알 수 있다. 즉 광릉 자리는 원래 정창손 등의 선영 묘자리였으나 풍수상 길지라하여 세조에게 바쳤다고 전해지며 일부 풍수가들은 세조의 광릉을 쌍룡농주형(雙龍弄珠形 : 두 마리 용이 여의주를 가지고 노는 형상)이라고 한다. 이 자리가 좋아서 이후 조선 400여 년간 세조의 후손들이 조선을 통치하였다고 전하기도 한다. 이때는 추운 한겨울이라 대비(정희왕후)와 중궁(예종비)이 동행치 않고 2월 13일 75일 만에 광릉에 나아가 제사를 행하였다. 한 달 후 예종은 세종의 영릉을 여흥(여주)으로 옮기는 일을 진행한다.

세조가 승하한 지 14년 후 봄날, 병 치료차 온양에 간 대왕대비(정희왕후)가 온천욕을 하신 후 기체가 피로하여 음식을 드시지 못한다는 전갈이 오고, 다음날 대책을 논하는 중에 대행대비(임금이나 비가 돌아간 뒤 시호를 올리기 전의 존칭)가 3월 30일 저녁에 승하하셨다는 전갈이 온다. 장례는 소헌왕후(세종비)와 요절한 공혜왕후(성종비)의 예에 따라 시행하도록 하였다. 이

방지반원도형(方池半圓島形)의
광릉 연지 모습

광릉 장명등의 창호로 본 조산(朝山), 봉분(장명등)과
조산은 직선축(axis)을 이루는 것이 조선왕릉의 특징이다

때 정희왕후의 후손의 능인 경릉(첫째 아들), 창릉(둘째 아들), 공릉(둘째의 정비), 순릉(손자 성종의 정비)의 제향을 중지하고 풍악과 꽃을 사용하지 못하게 하였다. 억불숭유 정책을 편 조선국이었으나 정희왕후는 계유정난과 사육신 사건 등의 정치적 아픔을 불교의 힘으로 달래고자 능침사찰인 봉선사를 중건하면서 말년을 보냈다. 이때 성종이 할머니 정희왕후의 죽음을 슬퍼하여 음식 드는 것을 소홀히 하자 신하들이 "3일이면 죽을 먹고, 죽은 이 때문에 산 사람을 상하게 하지 않는다(三日食粥不以死傷生)"며 죽을 올렸다. 서거정 등이 광릉의 동쪽을 다녀와서 주혈이 축좌미향(丑坐未向 : 북북동을 등지고 남남서를 바라보는 방향)하고, 주산의 청룡과 혈 아래를 좌우 보토(흙을 쌓음)하면 좋다하여 이곳으로 결정하였다. 능침은 세조의 능침과 같이 난간석으로 하였다. 그러나 세조의 능침의 사초(무덤에 입히는 떼)가 쉽게 무너지는 원인은 삼물(석회, 가는모래, 황토)을 너무 견고하게 쌓아 잔디와 흙이 엉키지 못해 뿌리가 깊이 뻗을 수 없기 때문이라고 하여 산릉도감에 전하라 하였다.

산릉도감에서 세조의 능침에 비하여 정희왕후의 능침은 삼물 중 석회의 배합비를 적게 했을 것으로 추정된다. 능호는 광릉으로 같이 쓰고 시호는 '크게 성취할 수 있었다는 정(貞)이요, 공이 있어 사람을 편하게 했다는 희(熹)'라고 했다. 시호를 정희로 올리며 '우러러 바라건대 밝으신 영께서 많은 복을 내리시어 본손(本孫)과 지손(支孫)이 오이가 열리듯 번성하게 하시고, 그윽이 그 계책을 도와서 종묘사직이 뽕나무 뿌리로 동여맨 것처럼 튼튼하게 하소서' 하였다. 정자각은 길흉을 서로 저촉하는 것이 마땅치 않으므로 3년까지 세조는 구정자각(길례의 건물)에서 모시고, 왕비는 가정자각(흉례의 건물)을 지어 모시다가 3년 후 가운데에 새 정자각(길례)을 지어 함께 모시기로 결정하였다. 이것이 동원이강형의 시초가 되었다. 정희왕후의 인장은 옥으로 새긴 내교지보(內教之寶)와 상아로 만든 체천지보(體天之寶)로 하였다.

광릉은 홍살문에서 정자각까지 이르는 향어로가 생략되어 있다. 또한 봉분 주위에 둘렀던 병풍석을 없애면서, 병풍석에 새겼던 십이지신상을 난간의 동자석으로 옮겨 새겼고 이렇게 개혁된 상설제도는 이후 왕릉 조성의 모범이 되었다.

광릉의 능역은 수림과 식물을 잘 가꾸라는 세조의 명에 따라 조선시대 내내 풀 한 포기도 베지 않을 만큼 잘 보호해 지금 동식물의 낙원이자 천연의 자연박물관 구실을 한다. 능침에서 바라보이는 숲은 잘 보전된 수도권 최대 자연자원의 보고이다. 광릉과 광릉수목원을 합하면 1300ha의 광활한 면적이다. 이곳에는 800여 종의 식물이 자생하며 아름드리 소나무, 잣나무, 전나무 등 침엽수와 활엽수가 많고, 천연기념물 제197호로 지정된 크낙새가 서식한다. 광릉의 능침사찰은 봉선사로 능역 입구에 있다. 능역 입구에 들어오면 울창한 전나무 숲을 볼 수 있으며 많은 수림이 조성되어 있다. 광릉의 참배로 입구에는 방지반원형의 연지(연못)가 있다. 이는 천원지방설(天圓地方設)에 따른 방지원도의 연지 조영기법으로 사료된다. 『광릉지』에 연지와 재실 주변과 동구 밖의 배식이 기록되어 있다.

세조는 정희왕후와 근빈 박씨 사이에 4남 1녀를 두었다. 장남은 제9대 성종의 아버지 의경세자로 추존된 덕종이며, 차남이 제8대 예종이다. 덕종의 능은 경기도 고양시 덕양구 용두동 서오릉에 있는 경릉(敬陵)이며, 예종의 능은 서오릉의 북동측 능선에 있는 창릉(昌陵)이다.

정희왕후 능침에서 바라 본 광릉능역

9

추존왕 덕종과 소혜왕후 경릉

왕실 피바람 지켜본 인수대비
우비좌왕의 특이한 형태

경릉(敬陵)은 후에 덕종(德宗)으로 추존된 의경세자(懿敬世子, 1438~1457)와 그의 비인 소혜왕후(昭惠王后, 1437~1504) 한씨의 능이다. 소혜왕후는 제9대 성종의 어머니로 흔히 인수대비라 부른다. 경릉은 경기도 고양시 덕양구 용두동 산 30-1번지 서오릉 지구에 서남향하고 있는 동원이강형 능이다. 시호는 아버지 세조가 직접 내린 것으로 '온화하고 성스럽고 착한 것이 의(懿)요, 아침 일찍부터 밤늦게까지 경계하는 것을 경(敬)이라 한다' 했다.

의경세자는 세조의 맏아들로 이름은 장(暲), 자는 원명(原明)이다. 1445년 세종에 의해 도원군에 봉해졌다. 1455년 세조가 조카 단종을 몰아내고 왕위에 오르면서 왕세자로 책봉되었다. 세종의 장손인 단종과는 사촌지간으로 나이는 단종보다 세살이 더 많았다. 세자가 되기 전 한확의 딸 한씨(소혜왕후)와 결혼하여 월산대군을 낳고, 세자 책봉 후인 1457년 자을산군(9대왕 성종)을 낳았으나 병약한 의경세자는 왕위에 오르지 못하고 2년 뒤 20세의 젊은 나이로 요절하였다.

주산에서 보아 우왕좌비(右王左妃)의 원칙을 무시하고 우비좌왕의 능제로 배치 된 경릉, 정자각에서 보아 왼쪽 언덕이 소혜왕후 오른쪽 언덕이 덕종의 능침이다

1457년 가을 세자가 병이 나자 원구단, 종묘, 사직 등에서 기도를 드리며 온갖 정성을 기울였으나 9월 2일 세자는 본궁(경복궁) 정실에서 세상을 떠났다. 그 무렵 자신의 아버지 수양에게 왕위를 빼앗기고 상왕이 된 단종은 노산군으로 강봉돼 영월로 유배되고, 단종의 추종세력이 복위운동을 벌이고 있었다. 의경세자는 용모와 의표가 아름답고 온량 공경하며, 학문을 좋아하고 또 해서를 잘 썼다. 서예를 잘했던 의경세자는 승하 직전 '비바람 무정하여 모란꽃이 떨어지고, 섬돌에 펄럭이는 붉은 작약이 주란(朱欄 : 붉은 칠을 한 난간)에 가득 찼네. 명황(明皇)이 촉(蜀檣 : 중국 삼국시대에 유비가 세운 나라) 땅에 가서 양귀비를 잃고 나니, 빈장(嬪嬙 : 임금의 수청을 들던 궁녀)이야 있었건만 반겨보지 않았네.'라는 시를 썼다. 세자를 간호하던 사람들이 이 시를 보고 상서럽지 못하다며 걱정하였다 한다. 아버지의 왕위

의경세자의 능원을 세조가 직접 자리 잡고 조영한 조선시대 최초의 원(園)의 형식인 덕종능침

찬탈 과정을 지켜본 세자의 중압감을 볼 수 있다. 결국 세자가 사망하자 세조는 수차에 걸쳐 묏자리를 물색하게 하고 산형도(山形圖)를 그리게 하며 친히 묘자리를 잡는다. 양주 대방동, 광주, 과천, 양덕원, 공주 원평, 한강나루, 건원릉 근처, 헌릉 근처, 용인, 교하, 원평, 양근, 풍양도원 등 수많은 곳을 찾는다. 기록상 역대 가장 많은 곳의 상지(相地 : 자리잡기)였다. 마지막에 오늘날의 고양으로 결정되었다.

1457년 10월 24일 세조는 세자의 조묘도감(왕릉을 조성하는 기관은 '산릉도감'이라 하고, 세자와 왕세자비 등의 능은 조묘도감에서 조영한다)에 "석실 및 석상 · 장명등 · 잡상은 세자 묘 형식을 따르고, 사대석 · 삼면석 · 석난간 · 삼개석은 설치하지 말라."는 전지를 내린다. 같은 날 단종은 영월에서 사사되어 동강에 버려졌으나 엄흥도가 이를 몰래 수습해 매장했다. 두 능의 입지와 규모,

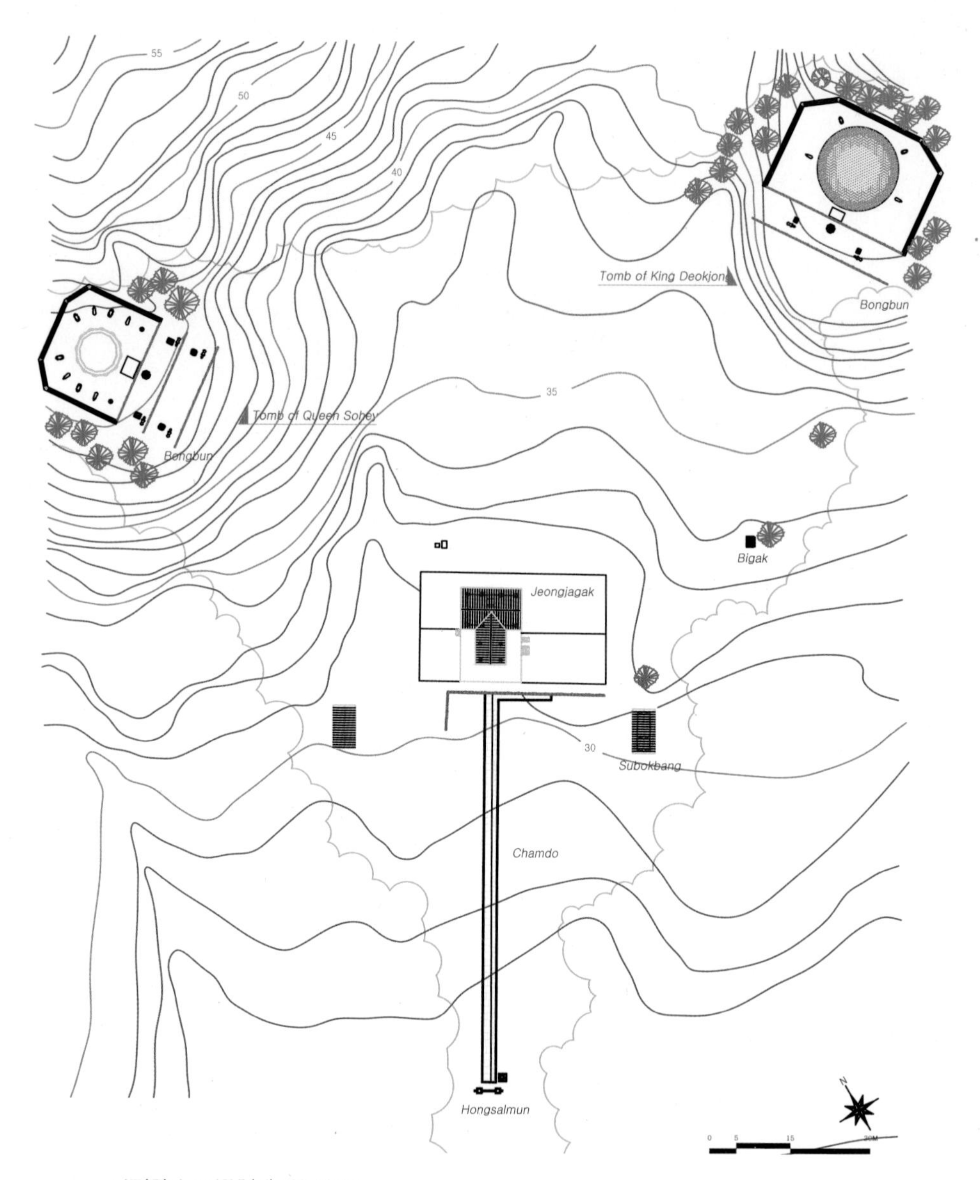

덕종(우)과 소혜왕후(좌) 경릉 배치도

석물이 비교된다. 둘은 사촌지간으로 원손 단종은 유배지에서 초라하게 매장되고, 의경세자는 현직 왕이 진두지휘하여 수도권에 거대하게 조영되었다. 이런 상황을 조선 최고의 성군이신 할아버지 세종은 하늘에서 알고 있었을까.

단종이 죽은 다음날 세조는 노산군과 금성대군(세종의 여섯 째 아들로 단종 복위를 시도함)의 자손들을 종친에서 삭제한다. 의경세자에 대해서는 부왕이 직접 전작(奠爵 : 헌관이 주는 술잔을 집사관이 받아 신위(神位) 앞에 드리던 일. 왕 또는 왕비가 되지 못하고 돌아간 조상 또는 왕자, 왕녀를 임금이 몸소 제사하던 것)을 한다. 최고의 예우이며, 사실상 조선시대 최초로 세자의 묘(원)를 조성하는 것이다. 조선시대에는 왕이나 왕비의 능침은 능(陵)이라 하고 세자나 세자빈, 왕의 사친의 무덤은 원(園)이라 하였다.

세조는 조묘도감에 어찰을 내려 "무덤 안은 마땅히 후하게 하고, 무덤 밖의 석물은 간소하게 하라"고 명한다. "백성을 번거롭게 하고, 죽은 자에게는 유익할 것이 없다"는 세조의 능역 간소화 의지를 엿볼 수 있는 대목이다. 하지만 현궁 안은 충분한 예우를 한 것으로 추정된다. 실제로 필자가 조선시대 능역을 측량한 결과, 경릉이 석물의 숫자는 적으나 조각이 정교하며 봉분의 지름도 가장 큰 것으로 나타났다. 실로 그 내부가 궁금한 곳이다.

국제학술대회 때도 외국 학자들이 조선왕릉의 내부에 많은 관심을 가졌듯이, 당시의 내용을 기록으로 남긴 조묘도감 의궤라도 있으면 좋으련만 아쉽게도 임진왜란 때 소실되어 더욱 궁금증을 자아낸다. 실록에 전해지는 내용을 토대로 내부를 간략히 추정해 보면 현궁은 북쪽으로 머리를 하고 가운데에 있으며, 애책(哀冊 : 죽음을 애도해 쓴 글)을 서쪽에, 증옥(贈玉 : 죽은 사람의 무덤에 함께 묻던 옥돌)과 증백함(贈帛函 : 비단 선물함)을 남측에 두고 그 옆에 명기(明器 : 그릇 등 도기)와 복완(服玩 : 일상집기와 애장품)을 나열했다. 나머지

조선시대 최초의 원(園)의 형식인 경릉 덕종(의경세자)의 능침, 단아하나 능침 봉분의 규모가 크다

것은 문비석(門扉石 : 남문의 문짝) 밖의 편방(便方)에 넣었다. 지석(誌石)은 남쪽 봉분과 석상 사이 북쪽에 묻었다한다. 이곳은 1471년 의경세자가 둘째 아들인 성종에 의해 덕종으로 추존되면서 능호를 경릉(敬陵)이라 했다.

덕종(의경세자)은 세자로 20세에 요절하였기 때문에, 세자비(소혜왕후)는 둘째 아들인 자을산군이 왕위(성종)에 오르면서 인수대비로 책봉되었다. 인수대비(소혜왕후)는 청주의 세가 출신으로 성품이 곧고 학식이 깊어 성종의 정치에 자문을 했으며, 경전의 불경을 언해하고 부녀자의 도리인 '내훈'을 간행하기도 했다. 대비로 궁에 있을 때 궁안의 법도를 세우고 내명부의 기강을 세우나 이것은 후에 폐비윤씨 사건으로 연산군의 비극이 일어나는 원인이 되었다.

소혜왕후(인수대비)는 1504년, 덕종이 승하하고 47년이 지나 손자 연산군이 왕위에 오른지 10년 되던 해 한여름 창경궁 경춘전에서 67세로 세

경릉의 소혜왕후(인수대비) 능침, 남편인 덕종의 능침과 달리 왕릉의 능침 형식을 갖추고 있다

상을 떠났다. 연산군이 생모인 폐비 윤씨가 질투가 심해 성종의 얼굴에 손톱자국을 내 폐비되고 사약 받은 것을 한탄해, 이 사건에 연관된 사람들을 숙청하려 하자 할머니 인수대비는 이를 꾸짖다가 연산군의 머리에 받힌 연후에 병으로 사망했다고 한다.

이때 연산군은 자신의 어머니 폐비 윤씨를 시호는 제헌왕후로, 능호는 회릉(懷陵)으로 하여 정성들여 석물과 수호군을 다른 능에 따라 추숭(追崇)중에 있었다. 인수대비가 승하하자 연산군은 "대행대비께서 조정에 임하신지 오래이나 나라에 별로 이렇다 하게 한 일이 없으며 다만 자친(慈親)으로 섬겼을 뿐이니, 의경세자보다는 높게 하고 안순왕후(예종의 계비, 인수대비의 손아래 동서)보다는 좀 낮추어, 덕종과 같이 세자빈의 예로 하라" 명한다. 대행대비의 시호를 소혜(昭惠), 휘호를 휘숙명의(徽肅明懿)로 올리고 왕의 능침제도를 따랐다. 할머니 인수대비를 머리로 들이받아 사망케 한

덕종의 능침과 달리 왕릉의 형식을 갖춘 인수대비릉

연산군이 능원을 조성했으니 정성과는 거리가 멀었다.

왕과 왕비의 발인은 5개월과 3개월 중에 논의를 거쳐 결정하나 연산군은 62일을 제안한다. 신하들이 "천자는 7개월이 되어야 방궤(方軌 : 여러 수레)가 다 이르고, 제후는 5개월이 되어야 동맹이 다 이르게 되는 것입니다. 그러나 여러 가지 일이 다 되면 날짜를 잴 수 없습니다." 하니 연산군은 결국 27일로 장례기간을 단축한다.

연산군은 세조가 의경세자의 묏자리를 잡으면서 친히 세자빈에게 "이곳은 능소가 아름다워 너 역시 만세 뒤에 이곳에 장사지내질 것이다"라 했으며, 대비도 "평생 세조의 말씀을 들어 일찍이 경릉 곁에 장사하여야 한다"고 말씀하셨다며 공조판서 임사홍을 경릉에 보내 살펴보게 했다. "백호에 계좌정향의 간산(艮山)"이라고 추천하니 결국 이곳으로 자리를 잡고 현궁모시는 날짜를 7제(49일제)전에 모시기를 원해 인순왕후 보다 빠르

인수대비의 능침을 지키는 경릉의 무석인, 손자 연산군에 의해 조영되었다

게 덕종의 예에 따라 세자비의 예를 따르라고 한다.

또한 연산군은 성복(초상이 나서 처음 상복을 입음)을 입는 것도 인수대비가 조모일 뿐 일국에 국모였던 적이 없으니 예종의 비 안순왕후의 예대로 할 수 없다며 성복을 거부했다. 연산군의 완강함에 아무도 말하지 못하나 우의정 허침(許琛)이 주나라의 예를 들어 성복을 입을 것을 굳게 말하여 부득이 성복을 했다. 이때 모두들 허침의 굳셈을 탄복하였다. 발인 때도 지송(祗送 : 백관이 임금의 거가를 공경해 보냄)을 하지 않고 전날 백관을 거느리고 조전(祖奠 : 발인 전에 영결을 고하는 제사의식)을 행하였다. 이는 법도에 없는 일이다. 상황이 이러니 인수대비의 능침조영이 제대로 되지 않았으리라 짐작할 수 있다. 그래서인지 인수대비의 능침의 석물은 조각의 질이 떨어지고 석질이 무른 것을 볼 수 있다. 또한 우왕좌비의 원칙을 벗어나 우비좌왕의 특이한 형태이다. 무슨 연유인지 궁금하다.

1960년대 서오릉(문화재청)

한 달 후 연산군은 백관을 거느리고 자신의 모친 폐비 윤씨의 시호를 제헌왕후(齊獻王后), 능호를 회릉(懷陵)으로 하여 정성들여 능의 격식에 따라 추숭(追崇)하였다. 소혜왕후(인수대비)의 상기를 단축한 이유를 알 수 있다. 이후 백성들은 3년 상까지 무시하는 국기(國忌 : 나라의 금기사항)를 행하지 않게 함을 탓하며 삼강오행의 예법이 무너짐을 지적하였다. 이에 그치지 않고 연산군은 의금부에 자신의 모친을 폐비로 하고 사약을 내리는데 관여한 한명회의 묘를 파헤쳐 머리를 잘라 청주 저잣거리에 효수하게 한다. 그리고 자신이 희첩들과 후원에서 잔치 놀이하는 것을 유생들이 들여다보지 못하게 성균관 서측건물에 방화벽을 설치하고 궁궐 담장에 녹각책(사슴뿔) 울타리를 설치하였다고 연산군일기에 전한다. 또한 연산군은 자신의 어머니 폐비 사건에 연루된 성종의 후궁들과 그 자손들, 그리고 내시와 궁녀들을 모조리 죽인다. 2년 후 갑자사화로 배다른 동생 중종에게 왕위를 빼앗긴다.

좌측 능선에 있는 덕종의 능침은 난간석이나 망주석이 없고, 석양과 석호도 2쌍이 아닌 1쌍만 설치되어 있다. 이는 덕종이 세자로 있을 때 승하했기 때문이다. 성종은 아버지를 덕종으로 추존하고 능역도 왕릉의 형식으로 재조성하려 했으나, 인수대비가 선왕 세조의 유시에 따라 검소하게 할 것을 명하여 석물을 더 세우지 않고 간소화했다. 덕종의 능침에는 문인석만 배치되어 있다. 문인석은 머리 부분이 전체의 1/3을 차지할 만큼 크고, 비례감은 없으나 신장이 매우 커서 당당해 보이는 것이 특징이다. 전면의 관대에는 문양이 없으며, 뒷면의 관대도 4각 외형만 5개 있다. 요대 역시 문양 없이 좌에서 우로 사선형을 이루고 있다. 덕종 능침의 팔각장명등은 조선초기의 형태로 규모가 크고, 장명등 옥개석 아래의 처마 밑 처리가 한옥의 다포양식으로 되어있어 당시의 처마 모습을 볼 수 있다.

경릉 우측의 소혜왕후 능침은 덕종의 능침과 달리 난간석이 있다. 석양과 석호 등의 동물상도 각각 2쌍이 있으며, 문석인과 무석인까지 모두 갖추고 있어 다른 왕릉의 석물 배치와 다를 바가 없다. 단, 왕비 능침의 문석인과 무석인은 마모가 심하다. 무석인은 체구에 비해 손이 크고 우람한 편이며 흉갑의 문양도 잘 나타나지 않는다. 연산군이 서둘러 조영한 탓으로 보인다. 왼쪽의 청룡 용맥 언덕 너머 입구에 있는 재실 터는 '경릉지' 등에 현장 그림이 있어 복원이 가능하다.

제향공간의 중간에는 정자각이 하나 있다. 경릉은 전위공간이 넓어 마치 골프장의 잔디 곡선처럼 아름답다. 정자각 전면에는 왼편에 수복방 세 칸이 있으며, 좌측의 수라청은 소실되어 없다.

덕종과 소혜왕후는 월산군과 자을산군 두 아들을 두었다. 예종이 승하하자 정희왕후는 당일로 예종의 큰아들 제안군(4세)은 어리다는 이유로 덕종의 작은아들 자을산군(13세)을 왕위에 오르게 하고 수렴청정을 하였다. 이가 조선 제9대왕 성종이다. 덕종과 소혜왕후 사이의 둘째인 성종의 능은 서울시 강남구 삼성동 산 131번지에 있으며 능호는 선릉(宣陵)이다.

10

예종과 안순왕후 창릉

王權의 무게가 너무 컸을까 13개월 통치, 19세 요절

창릉(昌陵)은 조선 제8대 왕인 예종(睿宗, 1450~1469)과 그의 비 안순왕후(安順王后, ?~1498) 한씨의 능으로, 동원이강 형식이다. 서북측이 예종 능침이며, 동남측이 안순왕후 능침이다. 모두 북서에서 남서향하는 간좌곤향(艮坐坤向)하고 있다. 경기도 고양시 덕양구 용두동 산 30-6의 서오릉 능역의 북동쪽 제일 안쪽에 있다.

세조가 조카의 왕위를 빼앗은 뒤 왕가에는 불행이 끊이질 않았다. 세조와 정희왕후 사이에서 태어난 맏아들 의경세자(덕종으로 추존)는 왕위에 올라보지도 못하고 18세에 요절해 경릉(敬陵)에 묻혔다. 의경세자의 아들이자 세조의 원손인 월산대군이 너무 어리다는 이유로 해양대군(海洋大君)이 왕위를 이어받았으니 그가 바로 예종이다. 예종은 세조와 정희왕후와의 사이에 둘째 아들로 이름은 황(晄), 자는 평보(平甫)이다. 예종의 나이 18세이고 성년이 되지 않아 모친 정희왕후가 섭정을 하고 중신 등에 의해 원상제도가 시행되었다. 그러나 재위 13개월 만에 19세로 요절했다.

능침에서 보아 우왕좌비(右王左妃)의 동원이강형의 중간에 배치된 창릉 정자각

예종은 사가에서 해양대군(海洋大君)으로 있을 때 상당부원군(上黨府院君) 한명회의 딸과 결혼했고, 이듬해 1457년 세자가 되었다. 그러나 세자빈 한씨가 인성대군을 낳고 건강이 악화돼 17세에 요절하자 2년 뒤 청주부원군 한백륜의 딸과 다시 결혼하였다. 이분이 안순왕후이다.

예종은 '성품이 영명과단(英名果斷 : 총명하고 일에 과단성이 있음)하고 공검연묵(恭儉淵默 : 공손하고 겸손하며 속이 깊고 말이 없음)했다. 또한 서책에 뜻을 두어 시학자로 하여금 날마다 세 번씩 진강하게 하고, 몹시 춥거나 더울 때라 하더라도 정지하지 아니하였다.'고 전해진다. 세자로 있을 때 세조가 몸이 불편하여 모든 정무를 같이 보았다 한다.

병이 점점 위중해지자 수강궁(창경궁)으로 옮긴 세조는 예조판서 임원준을 불러 "내가 세자에게 전위하려 하니 모든 일을 준비하라" 고 명한다. 정인지 등이 "성상의 병환이 점점 나아가시는데 어찌하여 갑자기 자리를

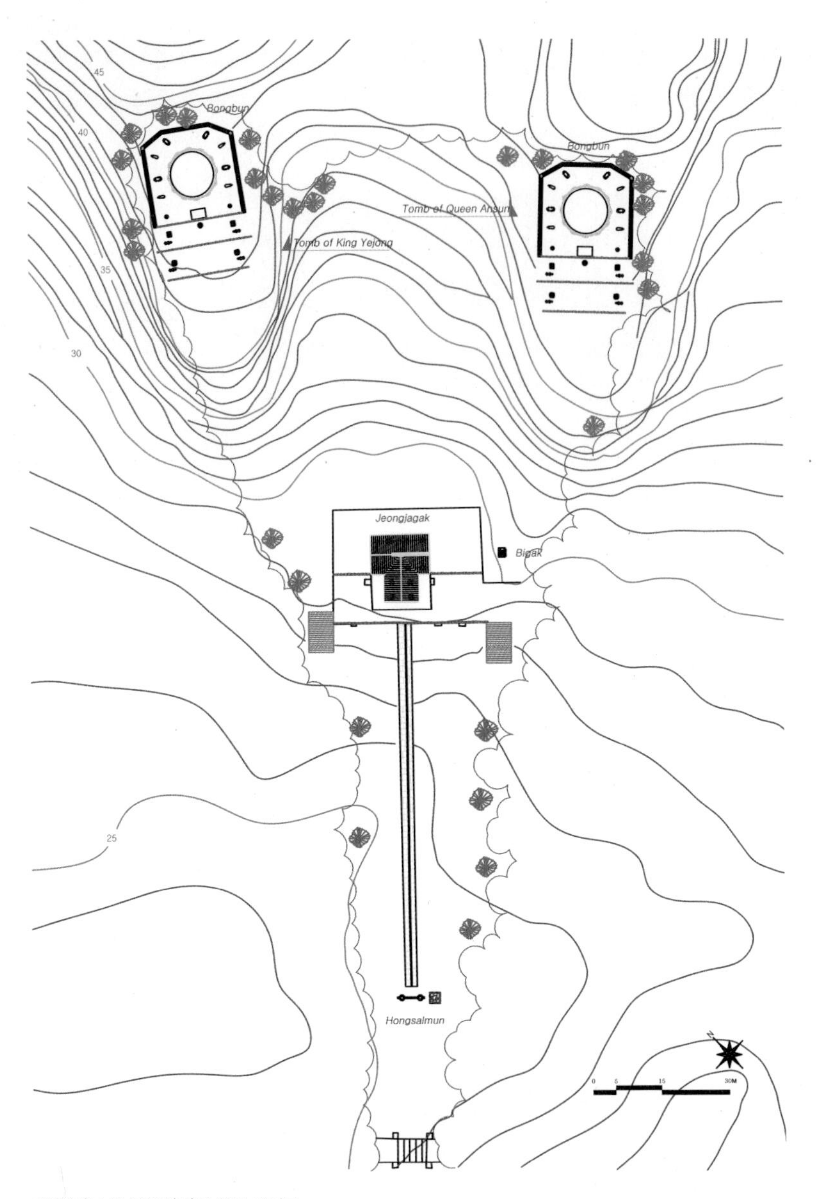

예종(좌)과 안순왕후(우)의 창릉 배치도

내놓으려고 하십니까?” 하자 세조는 “운이 다하면 영웅도 마음대로 못하는데 너희들이 나의 하고자 하는 뜻을 어기니, 이는 나의 죽음을 재촉하는 것이다”라고 한 뒤 내시로 하여금 면복을 가져오게 하여 친히 세자에게 내려준다. 세자는 굳이 사양하나 백관이 모여 의위(儀衛 : 의식의 장엄함을 더하기 위해 참열해 호위하는 것)를 갖추었으며, 날이 저물어 수강궁 중문에서 즉위식을 거행하였다. 이 날이 1468년 9월 7일로 예종의 나이 18세였다. 아직 성년이 되지 않아 그는 섭정과 원상제도라는 두 가지 형태로 왕권을 행사하였다. 즉 그의 모후 정희왕후에 의한 조선 최초의 수렴청정이다. 정희왕후는 성격이 대담하고 결단력이 강한 여자였기에 예종의 유약한 성품을 잘 받쳐주었다. 원상제도는 왕의 미숙한 업무 능력을 보조하기 위해 그가 지명한 원로 중신들이 승정원에 출근하여 모든 국정을 상의해서 결정하면 왕이 형식적인 결재를 하는 제도이다. 이때 원상으로 지목된 이는 한명회, 신숙주, 구지관 등이었다.

예종이 즉위한 해인 1468년, 태종의 외손이자 세종의 외종질이며 세조와는 외사촌간으로 28세에 병조판서에 올라 병권의 실세였던 남이장군이 그를 시기하는 유자광, 한명회 등의 계략에 말려들어 처형당하는 역모사건이 벌어졌다. 이후 예종은 훈구세력의 횡포를 막고자 권문세가들의 기득권을 금지하는 분경금지법과 실세들이 세금을 거둬드리는 경저인제도를 폐지했다. 그리고 최항 등이 세조 때 입안한 ‘경국대전’을 찬진했으나 반포하지는 못했다.

하지만 병약한 예종은 즉위한 이듬해 재위 1년 2개월 만에 요절하였다. 그도 그럴 것이 예종은 어린 나이에 왕권을 이어받자마자 아버지 세조의 국장을 치렀으며, 세조의 뜻이었던 할아버지 세종의 능원을 여주로 옮기는 대역사를 지휘했다. 1년에 국장을 두 번이나 치렀으니 예종은 지칠 대로 지쳤을 것이다. 더군다나 형 의경세자의 요절을 지켜봤고, 세조

위엄스럽게 서있는 창릉 무석인상, 장검의 귀면 모습이 특이하고 정교하다

가 단종에게서 왕위를 빼앗았다고 생각하는 백성들의 정서와 단종의 세력들에 의한 복권 기도로 중압감이 컸을 것이다.

1469년 11월 28일 예종의 병세가 위독하자 원상들과 승정원에 알리니 승지와 원상 등이 모두 사정전으로 모였다. 그리고 진시(辰時 : 오전7~9시)에 예종은 자미당에서 훙(薨)하였다. 신숙주, 노사신이 자미당에 들었다. 이들은 승하를 확인하고 대궐문 안으로 들어와 궁성의 모든 문을 굳게 지키게 하고 곧바로 태비(정희왕후)에게 "국가의 큰일이 이에 이르렀으니, 주상(主喪)은 불가불 일찍 결정해야한다"고 전한 뒤, 주상자(主喪者)를 정하여 나라의 근본을 굳게 하기를 청했다. 태비가 강녕전 동북방에 나와 원상들과 협의 중 다음과 같이 말했다. "원자(제안대군, 당시 4세)는 포대기 속에 있어 어리고, 월산군(덕종의 장남, 성종의 친형으로 원손이었으나 세조 승하 후 너무 어려서 왕위에 오르지 못하고 삼촌인 예종에게 왕위를 넘김)은 어려서부터 병약하니 자을산군(者乙山君 : 성종)이 비록 어리기는 하나 일찍이 세조

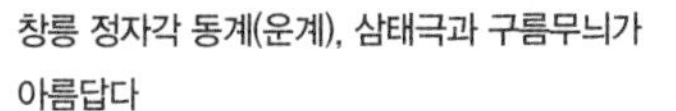

창릉 정자각 동계(운계), 삼태극과 구름무늬가 아름답다

창릉 장명등의 보정이 없어져 원형 보존이 아쉽다

께서 그의 도량을 칭찬하여 태조에 비하였으니 그로 하여금 주상(主喪)을 삼는 것이 어떠냐?" 하니 모두 마땅하다 하였다. 태비를 비롯해 신하 모두 슬픔에 잠겨 있자 신숙주가 "국가의 액운이 이에 이르니 어찌 합니까? 종묘사직을 염려하여 슬픔을 누르시고 사군(嗣君 : 차기왕)으로 하여금 비기(조基 : 제왕의 기업)를 보존하게 하소서" 하며 왕권 계승을 재촉했고, 자을산군(성종)의 왕위 즉위식에 들어간다. 선왕의 죽음보다 왕권계승의 중요성을 엿볼 수 있는 대목이다. 예종이 승하한 지 10시간 뒤인 당일 신시(申時 : 오후 3~5시)경에 자을산군(者乙山君 : 성종)이 면복을 입고 근정문에서 즉위한 뒤 교서를 발표하였다. 이날 대사면이 실시되고 모든 승지와 원상들이 대궐 안에서 숙직을 하였다. 졸지에 대비가 된 예종비 안순왕후는 지아비를 잃은 슬픔과 원자인 아들이 어리다는 이유로 왕권을 빼앗겼으니 이중의 아픔이었을 것이다. 반면 인수대비는 지아비(의경세자)의 요절로 당연히 그의 아들 월산대군(세조의 원손)이 왕위를 계승하였을 것을 뒤

예종의 능침, 장명등의 상부 보정이 없어져 조형미가 떨어진다

늦게나마 작은아들(자을산군, 성종)이 넘겨받았으니 한을 푼 기쁨이 속내에 가득했을 것이다. 이날 정희왕후는 이제부터 장례물품을 중국의 것만 쓰지 말고, 우리나라에서 구하기 쉬운 물품을 쓰도록 한다. 이렇듯 왕실에서는 선왕의 죽음도 슬프지만, 다음 왕의 선정을 1~5일 안에 결정함으로써 선왕이 장례를 주관하면서 조정을 안정시키게 하기 위해서였다. 따라서 선왕의 상주는 반드시 친아들(장자)이 하지 않고 왕권을 물려받은 차기 왕이 맡는다. 따라서 예종의 주상(主喪)은 조카인 성종이며, 창릉의 조영도 성종이 주관했다. 3개월 뒤 대행대왕의 존시는 '흠문성무의인소효대왕(欽文聖武懿仁昭孝大王)'이라하고 묘호는 '예종(睿宗)' 능호는 '창릉(昌陵)'이라 하였다. 이때 국장도감은 신숙주와 서거정, 산릉도감은 예종의 장인이며 우의정인 한백륜과 조문석 등이 맡았다. 그리고 예조에 명하여 대행

인순왕후 능침에서 바라 본 예종의 능침

대왕(예종)의 어린 원자(元子)를 왕자(王子)로 고쳐 부르도록 했다. 곧이어 대왕대비(정희왕후)의 수렴청정을 중앙과 지방에 알린다. 모든 상례는 세조의 예에 따른다. 산릉도감의 인력은 7천명으로 하였다. 영릉(英陵)과 광릉(光陵)은 9천명이었다. 산릉의 능역 한계를 동서남북의 안산 밖으로 하여 모든 사가의 무덤과 민가를 이장 및 철거하고 보상하였다. 산릉 터를 살피고 신숙주 등 여러 사람이 좋다하나 정인지는 청룡이 높고 백호가 낮으니 그다지 적합치 않으나 다만 도성에 가까워 이곳으로 정한다. 장례일(음력 2월 5일) 전라도와 경상도에 흙비(황사)가 내렸다. 그때도 중국에서 황사가 온 것으로 추정된다. 능역의 낮고 이지러진 곳은 보토하고, 최소 910기의 사가 무덤을 이장한 것으로 기록되어 있다. 이후 능선과 숲을 잘 보전하였다.

동원이강형의 창릉, 좌측이 향로(신로) 우측이 어로(御路)이다

안순왕후는 예종의 계비로 첫째부인 장순왕후 한씨가 세자빈 때 일찍 죽자 1462년 가례를 올려 왕비가 되었다. 예종이 이듬해 병사하자 그녀는 대비로 봉해졌다. 예종 승하 29년 후인 1498년(연산군 4년) 12월 22일 대왕대비(예종의 계비 안순왕후)가 안녕하지 못하여 대조전에서 진연(進宴 : 건강을 위한 잔치)을, 선정전에서 나례(儺禮 : 귀신을 쫓는 제례)를 베풀었으나 다음날 왕대비는 승하하였다. 상제를 논하면서 3년상의 제도는 세종 때 소헌왕후의 장례부터 모범이 되었다 하며 기년제(1년상)를 논한다. 연산군이 상기를 줄이려 하는 것이다. 안순왕후는 연산의 숙조모이다. 대행대비의 시호를 안순(安順)으로 하였다. 이때 압존(壓尊 : 보다 높은 어른 앞에서 어른의 공대를 줄임)하여 칭호를 부를 때, 즉 애책(哀冊 ; 애도하는 글, 발인문)에 시호를 쓸 때 정비는 성씨를 붙이나, 계비 등은 성씨를 쓰지 않는다고 무시한다.

안순왕후가 승하한 뒤 능원은 동원이강형으로 조영되고 가정자각을 짓는다. 구정자각은 길례로, 가정자각은 흉례로 하다가 3년 후 길례로 합제한다. 안순왕후는 승하 3개월 후 창릉 동쪽 언덕에 안장되었다.

예종의 첫째아들 인성대군은 어려서 요절하였으며, 예종 이후 왕위 계승 1순위였던 둘째 제안대군(안순왕후 한씨의 소생)의 나이 4세 때 예종이 갑작스럽게 승하하자 왕위계승 첫 번째 후보였으나 할머니인 세조비 정희왕후가 큰아버지 의경세자의 차남인 자을산군(성종)을 왕위 계승케 하였다. 이때 자을산군은 그보다 9살 위의 13살이었다. 5세에 제안대군으로 봉해지고 세종의 일곱번째 아들인 평원대군의 양자로 입양된다. 왕권으로부터 아주 멀어진 것이다. 즉 자신의 아버지 예종의 대를 사촌형인 자을산군(성종)에게 뺏기고 자신은 양자로 들어간다. 이후 왕권은 성종의 맏아들 연산으로 이어진다. 1498년 안순왕후 상 때 중년이 된 제안대군은 조카 연산이 어머니 안순왕후 상 때 후속 군신으로 삼년상을 하지 않고 백관들과 같이 졸곡(승하 후 3개월의 제사) 후 최복(衰服 : 아들이 부모, 증조부모, 고조부모의 상중에 입는 상복)을 벗겠다고 선언했다. 그러나 친자인 제안대군은 '오례의'에 따라 3년 상복을 입으려했다. 이에 연산군은 제안대군이 단지 천속지친(天屬之親 : 친부모 친자의 관계)일 뿐 군신의 예로 하는 것은 아니라며 백성으로서 졸곡 후 상제를 마치도록 명한다. 왕권의 후계자가 아님을 못 박은 것이다. 제안대군은 두세 번의 결혼생활도 실패하고 노래와 사죽관현의 연주에 몰입했으며, 조카 연산군이 여자를 소개했으나 마다했다. 그를 '패관잡기(稗官雜記 : 조선 명종 때 어숙권이 쓴 패관문학서)'는 제안대군을 가리켜 '몸을 보전하기 위해 어리석음을 가장했다'고 표현하고 있다. 왕위계승에서 밀려난 이의 생존전략이었을까? 아니면 어려서는 몰랐던 왕권에 대한 아쉬움이었을까? 아무튼 그는 성종보다 30여년, 연산보다 18년을 더 살다 60세에 사망하였다.

창릉은 서오릉의 영역 내에 왕릉으로 조영된 최초의 능으로, 병풍석을 세우지는 않았으나 봉분 주위에 난간석을 두르고 있다. 석물 배치는 일반 왕릉과 같고, 양쪽 능침 아래 중간에 정자각과 홍전문을 직선축으로 하여 수라청(水剌廳), 수복방 등이 대칭하여 배치되어 있었으나 현재는 없다.

왕비능의 문석인은 왕릉과 달리 왼손에 지물을 쥐고 있으며, 투구가 길고 짧은 상모(象毛)가 달렸다. 요대는 좌에서 우로 대각선을 이루고 있다. 예종의 능침보다 30여년 늦게 연산군의 감독 아래 제작된 석물은 연질의 석재를 사용한 탓인지 왕릉에 비해 풍화작용으로 인해 상태가 양호하지 못하다. 양쪽 능침 장명등 지붕 옥개석 상륜부가 없어진 것이 아쉽다.

창릉 산릉도에 능 참배시 동선 표시가 흥미로우며, 재실이 다른 능역과 달리 우측 백호 안에 입지하는 것이 특이하다.

예종은 세자빈이었던 장순왕후 한씨 사이에 인성대군을 낳았으나 요절하고 안순왕후 한씨 사이에 제안대군과 현숙공주를 두었으나 할머니 정희왕후의 뜻에 따라 덕종의 둘째 아들 자을산군이 세자에 책봉되었기에 왕위를 이어받지 못했다. 그러나 인성대군의 모친 세자빈 한씨 무덤은 세자빈으로 원으로 조영되었다가, 1472년 성종이 장순왕후로 추존하면서 능명을 공릉(恭陵)으로 하였다. 공릉은 경기도 파주시 조리면 봉일천리 산 4-1 파주삼릉에 있다.

11

예종의 원비 장순왕후 공릉

한명회 셋째 딸로 살다
세조의 큰며느리로 죽다

공릉은 조선 제8대 임금 예종(睿宗, 1450~1469)의 비 장순왕후(章順王后, 1445~1461) 한씨(韓氏)를 모신 곳이다. 세자빈의 단릉 형식인 공릉은 경기도 파주시 조리면 봉일천리 산 4-1번지에 술좌진향(戌坐辰向)으로 앉아 있다. 북서방향에 자리 잡고 남동향을 바라보고 있는 형태이다.

장순왕후는 당대 최고의 처세가요, 책략가인 상당부원군 영의정 한명회(韓明澮)와 부인 민씨의 셋째 딸이다. 부군 해양대군(예종)은 1457년(세조 3년) 겨울, 형인 의경세자가 요절하자 9세에 세자가 되었다. 해양대군의 세자 책봉에 적극적인 사람은 한명회였다.

3년 뒤 세자의 배필을 정할 때 허삼, 손선충 등은 딸을 숨겨 놓아 조정에서 문책을 당하기도 했다. 세조의 왕위 찬탈에 대한 거부이자, 왕세자비라는 중책을 회피하기 위한 자구책이었을 것이다. 이듬해 봄 병조판서 한명회의 딸(장순왕후)이 15세에 세자빈에 책봉됐다. 이때 해양대군은 11세였다. 세자빈 책봉 때 세조와 왕후가 친히 광화문에서 맞이하고 근정

한가롭고 단아한 장순황후 공릉

전에 나아가 한씨를 왕세자빈으로 책봉했다. 세조의 책문에 이렇게 기록되어 있다. “그대 한씨는 훌륭한 집안에서 태어나 온유하고 아름답고 정숙하여 종묘의 제사를 도울 만하다. 효령대군 보(補)와 우의정 이인손 등을 보내 그대에게 책보를 주어 왕세자빈으로 삼는다. 그대는 지아비를 공경하고, 서로 도와서 궁중의 법도를 어기지 말고 왕업을 융성하게 하라. 만 가지 교화가 시작되고 만 가지 복의 근원이 그대 한 몸에 매였으니 공경하지 아니 할 수 있는가?”

이때 세자빈 집에는 면포 500필, 쌀 200석, 황두 100석을 내려주었다. 왕세자가 신부 집으로 가서 신부를 맞는 친영의(親迎儀 : 세자가 왕세자빈을 맞이하는 의식) 때 서로 여덟 번 절(八拜禮)하여 이성 간에 결연의 예를 갖추었다. 그리고 왕궁을 향해 세자가 앞서고, 세자빈이 가마에 오르고 내릴 때

세자비의 예를 따라 원의 형식인 예종 원비 장순왕후 공릉의 능침, 난간석 · 무석인 · 망주석 등이 생략되어 단순하다. 특히 조선왕릉 중 유일하게 망주석이 없다

가마의 발을 친히 거두어 세자빈이 교자에서 내리게 했다. 또한 동향에서 서향하여 선 신랑과 서향에서 동향하여 선 신부가 첫날밤 교배(交拜 : 절을 주고받는 예)를 마치고 술과 찬(饌 : 음식)을 나눈 뒤 신방에 드는 의식인 동뢰연(同牢宴)이 열렸다. 이때 술은 금으로 만든 잔에 두 번 마시고, 나중에 근(巹 : 작은 표주박을 둘로 쪼개어 만든 잔)에 합잔을 만들어 세 번에 걸쳐 마신 뒤, 두 번 절하고 합방을 하였다.

이튿날 시집 온 세자빈이 아침 일찍 시부모를 뵙는 조현례(朝見禮)를 행한다. 이때 세자빈은 왕과 왕비에게 조율(棗栗 : 대추와 밤)을 드리고 네 번 절한다. 혼례 3일째에 세자빈은 왕궁으로 시집 와서 처음으로 왕과 왕비에게 어선(御膳 : 상 차리는 예)을 드리는 관궤례(盥饋禮)를 행한다. 또한 왕세자와 세자빈이 세자빈의 집으로 가서 빈의 부모에게 인사하는 회문례(回門禮)를

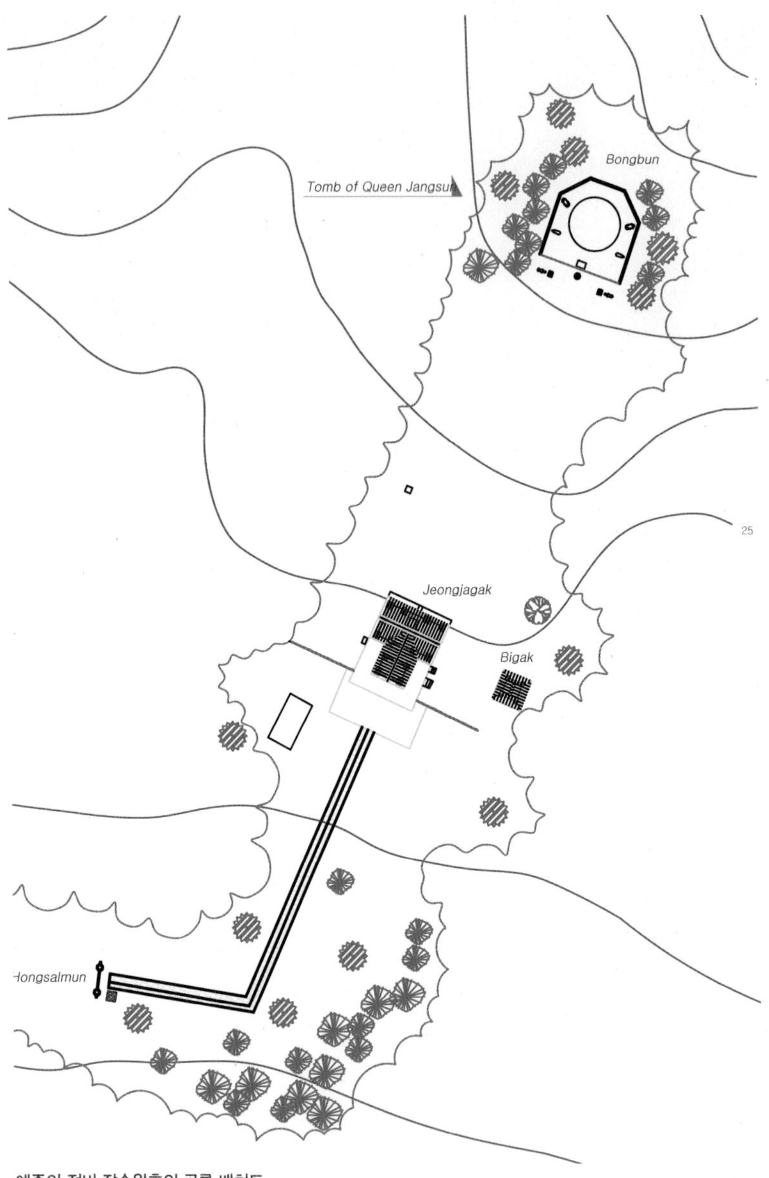

예종의 정비 장순왕후의 공릉 배치도

공릉비각의 처마 어두(魚頭)

공릉재실의 창호

행한다. 이해 8월 한명회는 황해·평안도관찰사로 발령이 나서 왕세자가 모화관에서 전별잔치를 베풀었다.

세자빈으로 책봉된 지 1년 7개월만인 세조 7년(1461) 11월 30일 밤, 세자빈이 관저에서 원손(인성대군)을 낳으니 세조가 기뻐서 한명회를 입궐하게 하여 "천하의 일 가운데 무엇이 오늘의 경사보다 더하다고 하겠는가?" 라며 술을 올리게 하고, 밤을 새워 원자와 산모의 건강을 기원했다. 그러나 닷새 뒤인 1461년 12월 5일 왕세자빈이 관저에서 산후병으로 세상을 떠났다. 열여섯 꽃다운 나이이다. 어렵게 얻은 인성대군도 세 살을 넘기지 못하고 죽었다.

계유정난과 단종의 폐위 사건 등 어렵게 정권을 잡은 세조는 두 살 위의 지략가인 한명회를 국정운영 파트너로 삼았다. 한명회는 조선의 개국공신이었던 한상질의 손자이며, 한기의 아들이었으나, 아버지를 일찍 여의고 과거시험의 운도 없어 세월을 보내다가 문음제도(공신의 자손은 과거시험을 거치지 않고 관리로 채용하는 제도)에 따라 문종 2년(1452) 37세의 늦은 나이로 개성에 있는 경덕궁 관리직에 올랐다.

권람의 추천으로 수양의 책사가 된 한명회는 1453년 계유정난 때 무사 홍달손 등을 이용해 정적 김종서 등을 제거하고, 세조가 등극하면서

절선축형(折線軸形)을 이루는 공릉의 제향공간과 홍살문

정권의 핵심에서 13년간 좌부승지, 도승지, 이조판서, 병조판서, 관찰사, 우의정, 좌의정, 영의정 등을 거치면서 조정을 장악했다. 이 과정에서 한명회는 해양대군(후에 예종)과 첫째(셋째라고도 함) 딸 한씨(장순왕후)를 혼인시켰다. 또한 1467년 영의정으로 있을 때 넷째 딸(공혜왕후)을 덕종(세조의 큰 아들)의 둘째 아들인 자을산군(후에 성종)과 혼인시켜 겹사돈이 되면서 권력을 이어갔다. 즉 한명회는 열한 살 터울의 두 딸을 왕비로 만들어 세조와는 정치적 동반자이면서 예종과 성종 두 대에 걸쳐 왕의 장인으로 네 번이나 일등공신에 추대되며 부귀영화를 누렸다.

시아버지의 사랑과 친정아버지의 후광을 한몸에 받고도 요절한 장순왕후에 대해 세조와 한명회는 얼마나 애석했을까. 이러한 애틋함으로 세조는 온순하고 너그러우며 아름다우며 어질고 자애롭다는 의미의 장순

공릉의 곡장과 석호

(章順)이라는 시호를 내리고 세자빈 묘를 조성했다. 그러나 예종도 왕이 된 지 13개월 만에 서거하고 조카인 성종이 왕위를 잇자, 1470년 시어머니인 대왕대비(세조의 비 정희왕후)는 장순왕후의 능호를 공릉이라 추숭했다. 이때 성종의 어머니이며 의경세자의 부인인 수빈 한씨는 인수왕비로 추숭하고, 의경세자는 의경왕으로 추존하며 능호를 의경릉 또는 경릉(敬陵)으로 한다. 이는 딸에 대한 한명회의 애정과 권력욕에서 나온 지략이 아닌가 생각된다. 즉 유교에서 일부일처(1제 1후)의 원칙을 내세워 세자빈이었던 장순왕후를 정비로 추숭하고, 정작 뒤에 왕비가 된 안순왕후는 계비가 됐다.

예조에서 공릉과 경릉의 존호를 높이고 의물인 석물을 갖추어야 한다고 올리니, 정희왕후는 "신도는 고요함을 숭상하는데 두 능이 오래되어

공릉의 신계(神階=雲階=東階), 배면석의 삼태극과 구름무늬가 정교하다

동요시킬 필요 없으니 잡물을 가설치 못한다"고 명했다.

큰며느리 장순왕후의 장례를 주관한 세조는 자신의 형수이며 문종의 세자빈이었던 단종의 모친 현덕빈의 예에 따라 상례를 치르게 했다. 성빈(成殯 : 빈소를 차림)은 한명회의 뜻에 따라 관저에서 이루어졌다. 5일간 왕과 왕비는 조회와 저자를 정지했다. 겨울이라 구의(柩衣)를 하나 더하려 하니 세조가 "옛날에 공자가 말하기를 사람이 죽으면 속히 썩게 하는 것이 좋다"라며 하지 못하게 했다. 석곽 만드는 것도 경계하고, 사치하는 것은 "진나라 목공(穆公)이 순장(殉葬 : 장례 때 하인 등을 생매장 함)하고 진시황이 은으로 하수(河水 : 진시황 능 안에 수은으로 강물을 만들어 넣었다는 고사)를 만든 후에야 만족할 것이다" 라며 역시 금지했다. 세조는 강회백 모친의 무덤이었던 파주 조리면 박달산 지맥의 보시동(普施洞)에 세자빈의 터를 잡아 안장했다.

한명회의 딸로 인성대군을 낳고 16세에 산후병으로 요절한 장순왕후 능원,
봄날의 따사한 햇살을 받고 있는 세자비 모습이 연상된다

공릉은 그리 높지 않은 용맥이 능역을 감싸고도는 온화한 지형으로 북 · 동 · 서쪽이 능선으로 감싸고 있어 북서풍을 막아주며, 남서쪽이 약간 열려있는 형국이다. 임진강에서 올라오는 참게가 능역의 개울에서 목격된다고 하니, 수도권에 있는 맑고 깨끗한 지역임을 알 수 있다.

공릉은 홍살문에서 정자각까지 이어진 참도가 'ㄱ'자로 꺾인 점이 특징적이다. 이러한 형태는 능역이 협소한 경우 자연지형에 어울리게 조영한 것으로, 태조의 계비 신덕왕후의 정릉과 단종의 장릉, 선조의 목릉에서 볼 수 있으나 흔하지는 않다. 공릉 능침 뒤에서 멀리 조산을 바라보면 봉분과 장명등, 정자각이 일직선으로 축을 이루는 경관적 특성을 볼 수 있다.

공릉의 봉분은 당대 세자묘로 조영된 덕종(경릉)의 봉분처럼 규모가 큰 편이다. 병풍석이 없는 세자빈 묘의 원(園) 형식으로 난간석 · 병풍석 · 망

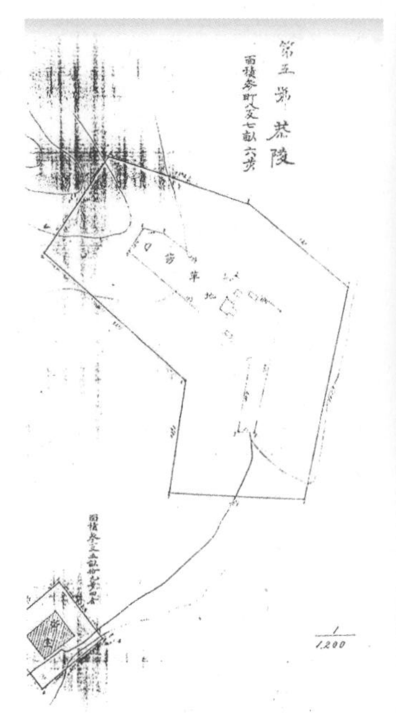

일제의 능역 토지 착취를 위한 능원실측도 (공릉도, 1910년경, 한국학중앙연구원 장서각소장)

공릉의 장명등은 상부가 큰 비례의 특이한 형태를 하고 있다

주석이 모두 생략됐고, 무석인도 없다. 곡장 안 봉분 둘레에 석양(石羊)과 석호(石虎) 한 쌍이 바깥을 수호하고 있다. 왕과 왕비의 능역은 일반적으로 석양·석호가 2쌍 4마리인 점과 다르다. 석양은 봉분 밖을 바라보고 있는데 석호와 같이 악귀를 쫓는 기능을 한다고 한다.

능침 상계 앞 가운데 놓인 혼유석이 550여 년의 세월의 흐름을 말해주는 듯하다. 장명등은 왕릉과 일품(一品) 이상의 사대부 묘에만 사용하는데, 장명등의 화사석(火舍石 : 등불을 밝히도록 된 부분)에는 사각의 창을 뚫고, 옥개석을 올리고 그 위에 보주가 달린 상륜을 얹었다. 이 장명등은 팔각으로 규모가 크며, 옥개인 지붕돌과 화사석에 비해 간석과 하대부 등 기단부가 낮아 다른 능에 비해 안정적이지 않다.

문석인은 장명등(長明燈) · 석마(石馬)와 함께 중계(中階)에 놓여 있다. 이 문석인은 손에 홀(笏)을 쥐고 있으며, 얼굴이 몸통에 비해 유난히 크다. 얼굴과 마음이 아름다웠던 장순왕후에 대한 애절함을 달래기 위해 얼굴을 크고 정밀하게 표현했는지 조각가의 마음을 알고 싶다.

능침 아래 정자각 서북쪽 뒤에 있는 예감(제례가 끝난 뒤 제물을 태워 묻는 곳)이 다른 곳과 달리 투박하고 정감이 있다. 월대 위의 정자각은 앞면 세 칸, 측면 두 칸으로 그리 크지 않아 세자빈묘 형식에 어울린다.

정자각 신문 뒤의 신교와 모서리 배수구를 공들여 조영했다. 공릉의 향어로(홍살문에서 정자각까지 이어지는 길)는 세월이 흐르면서 변형이 된 듯하다. 없어진 금천교와 일부 훼손된 재실의 원형 복원이 아쉽다. 공릉의 비석은 1776년(영조 52년)까지는 없었으나, 이후에 1817년(순조 17년)에 공릉과 영릉에 표석을 세운 것으로 추정된다.

숙종, 영조 때 공릉과 순릉에 사나운 호랑이가 횡행하여 포수를 보내 잡았다는 기록이 실록에 전한다. 공릉을 중심으로 한 파주 삼릉은 조용히 사색하며 자연생태의 모습을 보고 역사를 탐미하는 장소로 일품이다.

12

성종과 정현왕후 선릉

조선 전기 문화의 꽃 피우고 강남 개발을 지켜봤다

선릉(宣陵)은 조선의 제9대 왕 성종(成宗, 1457~1494)과 계비 정현왕후(貞顯王后, 1462~1530) 윤씨의 능이다. 동원이강형으로 서쪽의 능침이 성종이며 동쪽 언덕의 능침에 정현왕후가 잠들어 있다. 선릉은 서울시 강남구 삼성동 산 131에 있다.

성종은 추존왕 덕종(사후 둘째아들 성종이 즉위하면서 의경왕에 추존되었다가 회간왕(懷簡王)으로 추존되고 뒤에 덕종의 묘호가 올려졌다)의 둘째 아들로 이름은 아무이며 1457년 7월 30일 태어났다. 어머니 소혜왕후(인수대비)는 좌의정 한확의 딸이다. 정현왕후는 성종의 세 번째 부인으로 중종의 생모이다. 1479년 성종의 두 번째 부인이자 연산군의 어머니인 윤씨가 폐출되자 왕비로 책봉되었다. 성종의 능은 1495년 연산군이 조영하였고, 정현왕후의 능은 1530년에 중종이 조영하였다.

세조는 첫째 아들인 덕종이 요절하자 둘째 아들인 예종이 왕위를 이은 뒤에도 자산군(성종)을 왕실에서 키웠다. 어느 날 왕궁에 있을 때 갑자기 뇌

연산군 때 병풍석으로 조영된 성종의 능침, 임란 때 일본군에 의해 훼손된 역사를 갖고 있다

우(雷雨)가 쳐 바로 옆에 있던 환관이 벼락을 맞아 죽자 모두 놀라 넋을 잃었는데, 자산군(성종)은 안색 하나 변하지 않고 슬기롭게 대처했다고 한다.

1469년 11월 28일 숙부인 예종마저 20세의 젊은 나이에 급작스럽게 홍(薨)하자 왕실의 큰 어른으로 군림하던 정희왕후(세조의 비)는 '원자는 어리고 의경세자의 큰아들인 월산은 병이 있다는 이유와 자을산군의 도량과 기상을 세조가 높이 샀다'는 이유를 들어 성종을 주상의 자리에 앉혔다. 이날 성종은 경복궁에서 즉위하고 곧이어 교서를 발표했다. 일반적으로 선왕이 승하하면 사군(嗣君 : 차기 왕)이 성복(成服 : 초상이 나서 상복을 처음 입음)을 한 뒤 즉위하나, 성종은 이런 절차를 거치지 않고 급하게 당일 즉위했다. 왕권 도전에 대한 위기감 때문에 서둘러 즉위했음을 알 수 있다.

일설에는 성종의 장인인 한명회와 왕실 실권자인 정희왕후의 정치적 야합이었다고 추측하기도 한다. 성종은 11세에 한 살 위인 한명회의 넷째 딸(공혜왕후)과 결혼했는데, 왕위에 오를 때는 13세였다. 왕이 너무 어려

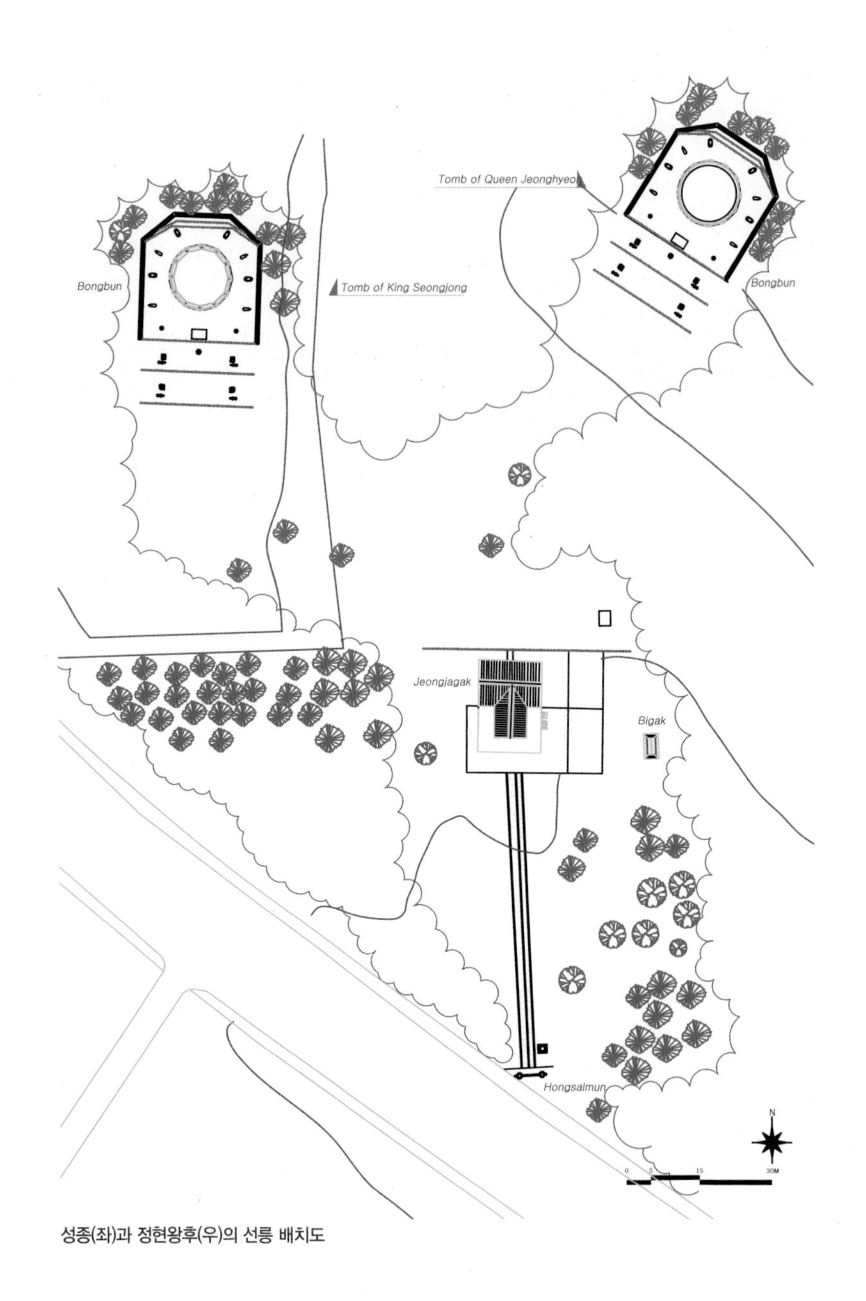

성종(좌)과 정현왕후(우)의 선릉 배치도

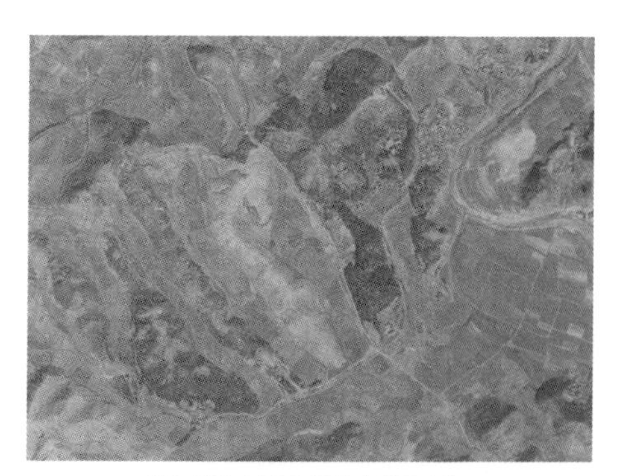

선릉, 정릉, 봉은사 주변의 항공사진
(1969년 촬영, 국립지리원)

1970년대 강남개발시 선 · 정릉 항공사진,
선릉의 연지, 정자각 뒤의 신로 등이 선명하게 보인다
(국립지리원)

서 섭정이 필요하자 정희왕후는 며느리이자 성종의 어머니인 인수대비에게 수렴청정을 넘기려 했으나 한명회 등 신하들의 반대로 이루지 못하였다. 7년 뒤 1476년 1월 13일 성종이 20세가 되자 할머니 정희왕후는 국가의 모든 정무를 왕에게 넘겼다. 이때도 좌의정 한명회는 성종에게 모든 정무를 넘기는 것을 반대하였으나 대사헌과 여러 대신들이 매일 탄핵하는 상소를 올려 결국 3개월 뒤 한명회는 해임되고 상당부원군에 제수한다. 3대에 걸쳐 권세를 휘둘렀던 시대의 모략자 한명회가 실권한 것이다.

성종은 25년 1개월 재위 기간 동안 세조 때 시작한 조선통치의 기본이 되는 경국대전을 편찬하여 조직의 정비를 마무리 하는 등 태조 이후 닦아온 모든 체제와 기반을 완성시키고 조선 전기 문화를 꽃피웠다. 이 무렵 성종은 합리적이고 온건한 유교정치를 회복하기 위하여 사림[15]을

15 사림士林 : 조선 건국에 협력하지 않고 지방에 머무르며 학문과 교육에 힘썼던 길재의 학통을 이어받은 유학자들로 영남 출신의 김종직과 그 제자들을 가리킴.

우람하게 조영된 선릉 성종능침의 무석인

대거 등용하여 주로 언론기관에 배치하고 기존 훈구세력의 정책과 횡포를 비판하도록 하였다.

1494년 12월 24일 임금(성종)이 위독하여 종친과 신하들이 문안하려 하나 "번거롭게 문안하지 말라"고 물렸다. 여자 의원과 종기를 다스리는 의원이 진찰하고는 배꼽아래 종기가 생겨 이를 다스리는 약을 써야 한다고 했으나 곧이어 오시(吾時 : 오전 11시부터 오후 1시 사이)에 성종이 대조전에서 훙하였다. 춘추 38세이다. 역사는 성종에 대해 "임금은 총명 영단하시고 관인 공검하셨으며, 천성이 효우(孝友)하였다. 학문을 좋아하고 무술과 서화에 정묘(精妙)하였다. 대신을 존경하고 대간(臺諫 : 사헌부, 사간원 벼슬)을 예우하고, 명기(名器)를 중히 여기고 아꼈으며 형벌을 명확하고 신중하게 하였다. 백성을 사랑하고, 문무를 고루 등용하고 백성의 생업을 편안하게 하셨다"고 평가한다.

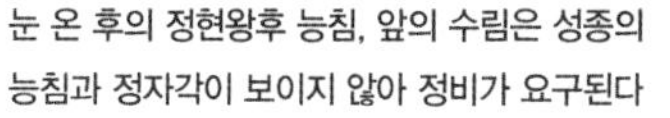

눈 온 후의 정현왕후 능침, 앞의 수림은 성종의 능침과 정자각이 보이지 않아 정비가 요구된다

병풍석의 성종 능침과 달리 난간석만 두른 정현왕후 능침

이윽고 장례 절차가 시작되었다. 이조와 예조에서 빈전도감(왕과 왕비의 상여가 나갈 때까지 관을 모시던 전각의 일을 보는 곳)을, 좌찬성과 호조에서 국장도감(국장에 관한 일을 맡아보던 임시 관아)을, 그리고 공조와 종친에서 산릉도감(왕과 왕비의 능을 만들 때 임시로 두던 기관)을 맡는다. 정부, 육조, 홍문관, 예문관, 춘추관 5품 이상이 시호를 인문헌무흠성공효대왕(仁文憲武欽聖恭孝大王)으로 하고 묘호를 성종(成宗), 능호를 선릉(宣陵)이라 하였다.

3일 후 세자 연산이 왕위에 올라 이듬해 4월 6일 선릉에 장사지냈다. 이때 연산은 성종의 묘호를 중국 황제와 같이 인(仁)자와 성(成)자로 논하다 성자로 결정한다.

이때 영의정 유자광이 모친상을 당함에 모친상과 국장을 어떻게 대할 것인가를 공자의 이론을 가지고 논하다 국장보다는 모친상의 상례를 따를 것을 결정한다. 그리고 연산은 선왕(성종)의 영정을 그리기를 명한다. 조선왕실 기록상 가장 이른 영정 내용인 것 같다. 오늘날 상례에서 쓰는 사진 영정의 시초가 아닌가 싶다.

능원의 자리를 잡는 산릉간심사(山陵看審事)는 윤필상, 노사신 등이 산릉 사방을 살피고 복명하여 여러 후보지 중 광평대군[16]의 묏자리로 정한다. 이때 여러 가지 풍수논의와 기존 무덤의 이장을 걱정한다. 임원준이 "경성근처에 건원릉, 현릉이라 할지라도 광평대군의 묘보다 못하다"하니, 대왕대비(인수대비)가 "광평의 묘는 그 자손이 병들고 요사하였으며, 종친의 무덤이 많아(당시에는 선릉지역은 태종과 세종의 후손의 무덤이 많았다) 예장(禮葬 : 예식을 갖추어 국가에서 장사지내는 것)할 것이 많고 민가도 헐어야 하니 민폐가 많아 다른 곳으로 하라"고 명하였으나 윤필상 등이 "광평의 묘는 건해좌(乾亥坐)인데 수파(水破)가 장생(長生)하므로 흉하고, 선릉은 좌향을 임좌(壬坐)해 수파가 문곡(文曲 : 구불구불한 것)하니 길하기가 이보다 더할 수 없다"고 아뢰었다. 임금의 능은 길흉만 보며 예전에도 옛무덤을 많이 이장함을 들어 설명하니 대왕대비(성종모 인수대비)는 "미천한 사람이라도 길지에 장사하면 반드시 발복을 받고, 존귀한 사람이라도 불길한 곳에 장사하면 화를 받는다. 이제 좌향을 고쳐서 정하니 무슨 의심이 있으랴"라고 명하였다. 결국 산릉의 금한(禁限 : 영역) 안에 있는 모든 무덤을 옮기되 예장과 이사를 할 때 후하게 대접하고 임자 없는 묘는 경기감사가 천장하도록 하며 임원준의 의견을 들으라 한다. 임원준은 태종부터 헌릉, 현릉, 영릉, 경릉, 창릉, 공릉, 순릉의 산릉 능역조영에 참여한 최고의 지관이었다. 이런 논의에서 선릉의 능원 무인공간 앞이 꽤 넓게 풍수적으로 보토한 것을 확인 할 수 있다. 광평대군의 묘는 이곳에서 동남쪽으로 수km 떨어진 오늘날의 수서로 이장됐다.

---

16 광평대군廣平大君 : 세종과 소헌왕후의 다섯째 아들로 소학, 사서삼경, 문학, 산수에 능통하고 서예와 격구 등에 능하였으나 신덕왕후 소생인 방번의 봉사손으로 들어가 국방과 풍속에 매진했으나 20세에 요절했다. 성종에게는 사적으로 숙조부이다.

동원이강릉 형식의 선릉, 정자각이 성종의 능침과 정현왕후 능침 중간에 배치되어 있으며 정자각 뒤로 신로가 각 능침을 잇고 있다

이렇게 하여 조영된 선릉의 능역은 정조(1788)때 편찬된 '춘관통고'에 따르면, 동으로 5里, 남으로 4里, 서로 3里, 북으로 3里로 둘레가 20里에 이른다. 조선말기까지 동으로 고덕, 남으로 수서의 광평대군 묘까지, 서로 사당의 효령대군 묘 사이, 북으로 한강북쪽 까지는 사가의 무덤이 없었을 것으로 추정되며 그 면적이 상당하다. 그러나 이곳은 1970년대 중반부터 강남 개발의 중심지가 되었다. 수백 년 동안 녹지로 사가의 무덤과 마을이 없어 개발이 용이했을 것이다. 역설적으로 오늘날 강남 개발의 초석은 연산이 만들었다고 하겠다.

조선왕릉 세계문화유산 등재 신청을 준비하면서 국내 학자들 간에는

도심 속의 녹지공간을 제공하며 역사경관을 보여 주는 선릉(오른쪽)과 정릉(왼쪽).
높은 개발 압력 속에 보존되어 세계문화유산으로서 가치를 더하고 있다

도심 속의 녹지공간을 제공하며 역사경관을 보여 주는 선릉(오른쪽)과 정릉(왼쪽).
높은 개발 압력 속에 보존되어 세계문화유산으로서 가치를 더하고 있다

이곳 선릉지역 등 일부 훼손된 능역은 제외하자는 의견이 다수였다. 그러나 2차에 걸쳐 국제학자들과 학술대회를 하고 이곳 선릉에 들렀을 때 강남 개발의 내용과 주변의 지가 등을 설명하는 과정에서 국제기념물유적협의회(ICOMOS) 학자들은 "이와 같이 개발 압력이 많고 지가가 높은 지역에 문화재를 보존하고자 하는 국민적 정신이 세계유산감"이라고 평하면서 조선시대의 모든 능을 등재 신청하여 연속유산으로 하는 게 좋겠다고 조언했다. 이러한 격려에 힘을 얻어 국내학자들과 주무부서인 문화재청은 약 1885만m^2(570여만 평) 15개 지구의 조선왕릉 모두를 세계유산으로 등재시키는 쾌거를 이루었다.

성종의 대여(大輿 : 국상에 사용되는 큰 상여)가 한강을 건널 때 저자도(楮子島)[17] 아래 배 4척을 연결하여 건너갔다. 대여가 한강을 건널 때는 물이 줄었으나 건너자마자 강물이 창일(漲溢)[18]하여 사람들이 탄복을 했다고 한다.

산릉도감의 인력은 다른 때에 비해 3천명을 더하여 조성하였다. 이는 병풍석과 석실을 쓰지 말라는 세조의 유시를 무시하고 이곳에는 병풍석을 썼고, 석물조각도 웅장함을 볼 때 동원된 인력이 1만 명에 이르렀을 것으로 추정된다. 연산군이 자기 아버지의 능역을 당대 최고의 능역으로 조성한 것이다. 그러나 능역조영에 정성을 다하던 연산군은 성종의 묘지문(墓誌文)을 작성하는 과정에서 자신의 어머니(폐비 윤씨)와 외할아버지(윤기무)가 조모(인수대비)와 한명회 등에 의해 폐위되어 죽은 것을 알게 돼 수라를 들지 않는다. 모친 폐비윤씨 죽음과 묘 관리의 처참함을 알게 되었고, 이로부터 연산군은 폭군으로 돌변하여 조정에 칼바람이 몰아쳤다.

성종의 정치적 덕목을 기록한 '위정이덕도서(爲政以德圖書)'는 은으로 만든

---

17 강남구 삼성동에 있던 섬마을. 1970년대 강남개발을 하면서 없어짐.

18 창일漲溢 ; 물이 불어남

선릉 정현왕후 능침의 장명등 옥개석과 상륜

정현왕후 능침의 석양

성종을 지키고 있는 근엄한 무석인

것인데 현궁(棺)에 넣지 않고, 남양옥으로 만든 애책(哀册) 및 시책(諡册)과 함께 광중에 들였다. 이때 어머니 인수대비와 숙모 인혜대비는 친행을 못하고 대행하게 하였다.

1530년(중종 25년) 8월 22일 대비(정현왕후)가 비위가 좋지 않아 중종이 온갖 정성을 다하나 경복궁 동궁에서 승하하였다. 정현왕후는 우의정 윤호의 딸로 1473년 성종의 후궁으로 들어가 숙의에 봉해졌으며, 1479년 성종의 둘째 부인이자 연산군의 친모인 윤씨가 폐출되자 왕비로 책봉되었다. 이후 1497년 연산이 폐위되고 아들 중종이 중종반정으로 왕위에 오르자 자순대비가 되었으며 68세에 56년의 왕실생활을 마감했다. 이

과정에서 그녀는 며느리 단경왕후(중종의 첫째 부인)의 폐비사건과 장경왕후(중종의 계비)를 먼저 보내는 아픔을 겪었다. 대비는 인자하고 화목하며, 친가를 끌어들이지 않았으며 며느리 장경왕후가 홍서했을 때는 친히 어루만지며 궂은일을 다했다. 그리고 정숙하고 신중하고 밝고 슬기로우며 부드럽고 아름답고 고요하고 전일(全一)하다고 전해진다. 이때 왕의 장례와 달리 왕자와 모든 부인, 옹주 등이 빈소를 지키게 하고, 왕은 내각전내에서, 세자와 옹손은 전외(건물 밖)에서 차례대로 서계하고 장막을 쳤다. 정희왕후의 예를 따르도록 하였다.

정현왕후는 아버지 윤호가 신창현감으로 있을 때 관아에서 출생하여 그녀의 이름을 신창의 창(昌)자를 딴 창년(昌年)으로 했다한다. 그의 어머니 전(田)씨의 태몽에 '하늘의 채색 구름 속에서 천녀(天女)가 내려와 품으로 들어오는 꿈을 꾸고 임신했다'고 언문에 전해진다. 또 '성종 섬기기를 소심하게 날마다 새롭게 하고, 조금도 질투하지 않고 모든 비빈들의 자녀를 친자식 같이 대하고 시할머니 정희와 시어머니 소혜를 공경함을 더할 나위 없었다' 고도 전해진다. 정희왕후가 '중궁다운 사람이 들어왔으니 낮과 밤이 무슨 걱정이 있겠는가.'라고 칭찬을 했다한다.

시호는 원대한 생각을 잘 성취시킨 것이 정(貞)이고 행실을 중요하게 여긴 것이 현(顯)이라 하여 정현으로 했다. 능침의 자리를 중종이 직접 가보려 하나 전례가 되니 삼가 할 것을 대신들이 아뢰어 이루지 못하였다. 영의정 정광필, 좌의정 심정 등이 묘혈이 좋다고 하여 결정하고 성종의 능침 사대석(병풍석)은 당시의 산릉도감 정문형이 주장하여 폐주(연산군)가 한 것으로 세조의 분부와 맞지 않는다하여 사대석은 하지 않았다. 5개월 국장을 치루면 군사가 동상을 입는 등 매우 추우므로 3개월 장으로 하였다. 그해 10월 선릉 왼쪽의 계좌의 산에 간좌곤향으로 하려다 축좌미향(丑坐未向)으로 모셨다.

1593년 4월 8일 선조 일행이 가산을 출발하여 박천(博川), 안주(安州)에 도착했다. 왜군이 쳐들어와 임란중이다. 경기좌도관찰사가 선릉과 정릉을 파헤쳐 재앙이 재궁에까지 미쳤다고 보고하였다 한다. 세조의 유시를 무시하고 병풍석으로 만든 선릉은 임진왜란 때 왜병(倭兵)에 의해 왕릉이 파헤쳐지고 재궁(梓宮)이 불타는 변고를 겪었다. 1625년에는 정자각에 불이 났고, 다음 해에는 능에 두 번이나 화재가 발생했다고 인조실록에 전할만큼 수난이 심하였다. 세조의 유시를 따랐으면 어떠했을까? 이 능은 조선시대 왕릉 중 옆의 중종릉과 더불어 유일하게 도굴되는 수모를 당한 능이다.

왕의 능침 봉분은 십이지신상이 새겨진 병풍석이고, 왕비 능침은 12간의 난간석 봉분이다. 정현왕후의 능침을 조영할 때 영의정 정광필, 좌의정 심정 등이 병풍석을 치는 것은 세조의 분부와 맞지 않는다고 주장해 하지 않았다. 제반 상설은 '국조오례의' 양식에 준하고 있다. 문무석인의 몸집이 크고 얼굴이 사실적이며 윤곽이 굵고 강직한 것이 특징인데 왕의 권위를 상징하는 것 같다. 특히 왕비 능침의 문무석인의 윤곽과 조각이 아름답다.

성종은 12명의 부인 사이에서 16남 12녀를 두었다. 정비 공혜왕후 한씨는 세도가 한명회의 딸로 자식 없이 일찍 죽어 능호를 순릉(順陵)이라 하고 경기도 파주의 삼릉에 모셨다. 폐비 윤씨와의 사이에서 태어난 연산군이 제10대 왕이며, 폐비 윤씨의 묘는 동대문구 회기동 경희의료원 자리에 있다가 근래에 경기도 고양시 서삼릉 지구로 천장되었다. 큰아들 연산군의 묘는 서울 도봉구 방학동 산 77에 있으며, 정현왕후와의 사이에 태어난 진성대군(중종)은 같은 능역의 동남쪽 언덕에 있다.

13

성종의 정비 공혜왕후 순릉

장순왕후와 자매간 요절에 후손 못 남긴 것도 닮아

순릉(順陵)은 조선 제9대 왕 성종의 비 공혜왕후(恭惠王后, 1456~1474) 한씨(韓氏)의 능이다. 공혜왕후는 영의정 한명회의 넷째 딸로, 같은 파주 삼릉지구 북서쪽에 있는 공릉의 주인인 장순왕후와 자매간이다. 공혜왕후는 왕비로 책봉된 지 5년 만에 슬하에 자식 없이 19세의 나이로 세상을 저버렸다. 순릉은 한북정맥(漢北正脈 : 강원과 함남의 도계를 이루는 평강군 추가령에서 서남쪽으로 뻗어 한강과 임진강 입구에 이르는 산줄기의 옛 이름)에서 이어지는 명봉산을 주산으로 하는 파주 삼릉지구에서도 가운데 긴 장룡의 능선 끝자락에 묘좌유향(卯坐酉向 : 동향에서 서향)하고 있다.

세조 13년(1467) 1월 12일 자을산군(성종)은, 세종과 소헌왕후의 8남(막내)인 영응대군의 집에서 한명회의 넷째 딸을 친영하였다. 재종친(再宗親)과 상정소(조선시대 국가의 법규 · 법전을 제정하거나 정책과 제도를 마련하기 위해 설치한 임시기구)가 위요(圍繞 : 혼인 때 가족 중 신랑이나 신부를 데리고 동행하는 사람)하였다.

1469년 11월 28일 예종이 승하하고 조카 자을산군(성종)이 즉위한 다

공혜왕후 순릉의 능침

음 날, 공혜왕후는 어찌된 일인지 궁궐을 나가 사가에 머물다가 창덕궁에 돌아와 3일 뒤인 1월 19일에야 창덕궁 인정전에서 왕비로 책봉되었다. 아마 왕비가 임신을 했던 것이 아닌가 싶다. 왕비 책봉시 책문에 "그대 한씨는 선을 쌓은 명문 원훈벌족으로 부지런하고 검소한 덕이 일찍부터 나타나고 유순하며, 성품이 타고나고 부도의 예를 갖추었다"고 하였다. 왕비가 인정전에 나아가 백관의 하례를 받고 반사(頒赦 : 나라에 경사가 있을 때 죄인을 용서하는 것)하였다.

사실 공혜왕후는 자신이 왕비가 되리라고는 꿈에도 생각지 못했을 것이다. 예종의 원손이 있었으며, 의경세자와 인수대비 사이에 손위의 월산대군이 있었으니 자을산군은 왕위 계승 순위에서 한참 밀렸다. 만약 자을산군을 후계자로 지목한 할머니 정희왕후가 아니었다면 왕위에 오르는 것은 불가능했을 것이다.

공혜왕후는 임금에게 "정원(庭園)에 옥책을 펼쳐 남다른 은총을 밝게 보이시어, 중궁의 자리에 있게 되어 실로 저의 분수에 넘치는 일이므로 놀

성종의 원비 공혜왕후 순릉의 능침, 공혜왕후는 한명회의 네 번째 딸이다.
오른쪽 언덕에 친언니이며 시숙모인 예종비 장순왕후 공릉이 있다

라고 두려워 몸 둘 바를 모르겠으며, 감격함이 참으로 깊습니다"라고 했다. "번저(藩邸 : 사가)에서 집안의 빗자루를 들고 오로지 음식 만드는 데만 부지런할 줄 알았는데 임금의 지존에 짝이 되어 왕가를 다스리는 덕이 부족함을 돌아 보건데 어찌 적의(翟衣 : 꿩이 그려진 왕비 옷)를 입는 영광에 응하겠습니까? 주상 전하께서 덕이 하늘과 땅에 화합하여 밝음이 해와 달을 아울러 왕화(王化 : 임금의 덕행으로 감화)하고, 예의 모범을 계명(鷄鳴 : 시경의 편명, 제나라의 현비가 애공에게 정사를 부지런하기를 경계한 노래)에서 본받겠으며, 왕가와 나라를 일으키고 교화하여 휘음(徽音 : 아름다운 덕행과 언어에 따른 좋은 평판)을 듣게 하고 인지(麟趾 : 시경의 편명, 훌륭한 자손을 낳기를 기리는 노래)를 잇겠습니다."라고 사은의 전문을 올린다.

이때 백관들은 중궁에게 "보책을 정원에 떨치어 큰 계책의 경사가 크게 넘치고, 중궁이 계시어 이에 적불(翟茀: 꿩의 깃을 수놓은 왕비의 수레)의 영광이

무석인과 순릉 능침

더하시니, 기쁨이 내전에 넘치고 즐거움이 온 세상 가득합니다. 중궁 전하께서는 단정하고 장중하고 정숙하시며, 부드럽고 아름다우시며, 온화하고 공순하시고, 선대왕비(세조비, 덕종비, 예종비)에 효도하고 왕을 도와 본손과 지손이 백세토록 번창하고 화봉(華封)의 삼축(三祝)을 본받아 오래 사시기를" 비는 하례를 올렸다.

왕비 책봉 한 달 후 중궁은 친정집(한명회의 집)에 거둥(임금이나 왕비의 나들이)하여 북쪽 마당에 장전(帳殿)을 치고 중궁은 서쪽의 붉은 칠을 한 어상(御床)에 앉고, 친정어머니 민씨는 동쪽의 검은 칠을 한 평교에 앉았다. 친정아버지 한명회는 임금이 내린 선온(宣醞 : 임금이 신하에게 내리는 술)을 마시고 잔치를 베풀었다. 그리고 같은 해 9월 14일 중궁이 선정전에서 백성들에게 양로연을 베풀었고, 10월 11일에는 중궁의 생일을 맞아 의정부와 육조에서 표리(表裏 : 옷의 겉감과 안감, 즉 선물)를 올리고 임금이 백관을 불러 음식

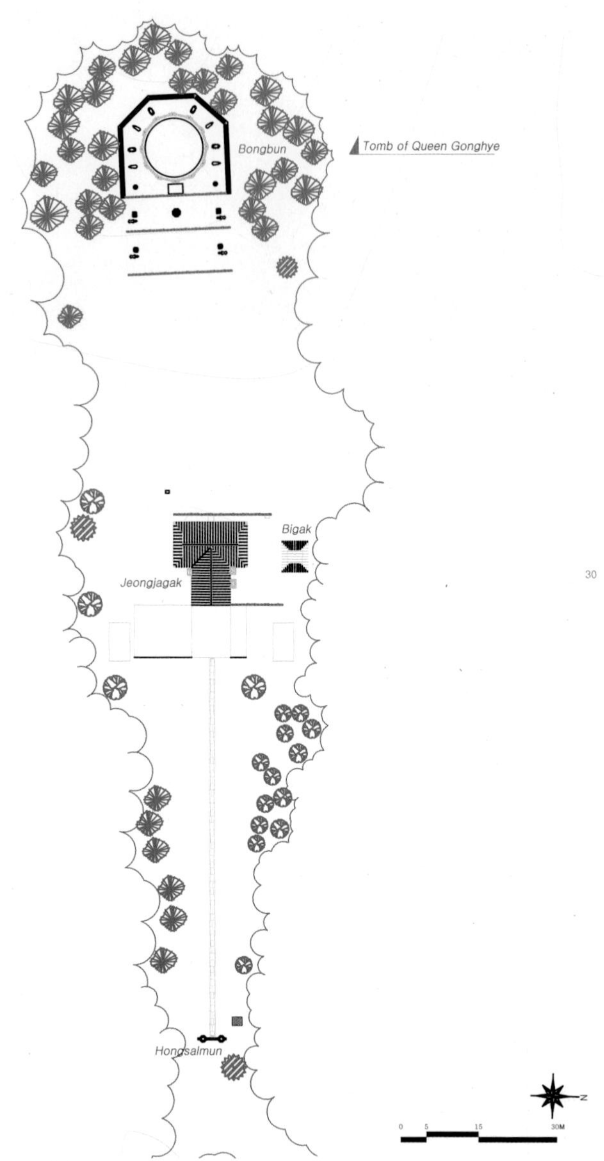

성종의 원비 공혜왕후 순릉 배치도

순릉 고석의 귀면(鬼面)

투박한 모습의 순릉 석호상

을 대접하였다.

그러나 왕비 책봉 3년 6개월 무렵 중궁이 편찮아 종묘와 사직, 명산, 대천에 기도하고 친정으로 거처를 옮겼다. 거의 매일 수차에 걸쳐 임금과 백관이 문안하나, 7월 30일 왕의 생일잔치까지도 물리고 중궁을 간호를 한다. 이후 환궁을 하였으나 왕비의 병치레는 계속되었다. 결국 성종 5년(1474) 4월 15일 오전 10시 무렵, 왕비가 구현전에서 세상을 떠났다. 불과 19세였다. 왕실 생활에 대한 부담이었을까? 아니면 시할아버지 세조의 왕위 찬탈을 주동했던 아버지 한명회의 죗값을 치른 것일까? 안타깝게도 한명회가 정략적으로 왕비를 만든 두 딸은 모두 요절했고 후손도 남기지 못했다.

예조에서 국상의 예를 발표하는데 세종비인 소헌왕후의 예를 따르도록 했다. 이 기간에는 혼례를 금하고 음악을 쓰지 않으며, 도살을 금하고 5일간 시장을 열지 않았다. 신하들이 시호를 올릴 때 공경하고 유순하게 윗사람을 섬김의 '공(恭)'과, 너그럽고 부드러우며 인자함을 '혜(惠)'라 했다. 능호는 순릉(順陵)이라 올렸다. 그리고 그의 시숙모였던 친언니 장순왕후가

순릉의 제향공간, 향로만 있고 어로는 없다. 원형 복원이 요구된다

13년 전에 안장된 공릉 부근을 정인지, 신숙주, 정창손, 서거정 등이 살피고 공릉 도국 안의 을방(乙方)으로 내려온 묘좌유향에 터를 잡았다.

병조판서인 한명회는 늙음을 이유로 사면(辭免 : 맡아보던 자리를 물러남)을 요청하나 수렴청정하던 대왕대비 정희왕후가 좌의정에 제수한다. 한명회는 자신의 딸의 빈전에 진향하고 장례를 치렀다. 순릉의 조영 감독은 아버지 한명회가 했다.

공혜왕후는 어린 나이에 궁에 들어왔으나 예의 바르고 효성이 지극해 삼전(세조비 정희왕후, 덕종비 소혜왕후, 예종의 계비 안순왕후)의 귀여움을 받았다. 착한 공혜왕후는 성종이 연산의 어머니 폐비 윤씨를 왕궁에 들여도 전혀 개의치 않고 투기의 기색도 없이 손수 옷을 지어주고 패옥을 하사하는 등 덕을 보였다한다. 그러나 속으로는 중궁으로서 자식을 낳지 못한 것이 마음의 짐이 된 데다 더욱이 삼전을 모시는 과중한 업무까지 더해진 것이 어린 나이에 감당하기 어려워 요절의 원인이 되었는지도 모르겠다.

순릉에는 병풍석 없이 난간석만 둘러쳐 있다. 전체적인 상설제도는 공릉과 같지만, 순릉은 왕비의 능이므로 공릉에 비해 구성물이 많고 정교하다. 정자각 오른쪽에 있는 비각은 정면 1칸, 측면 1칸의 팔작지붕 건물로 내부에는 공혜왕후의 비가 있다. 비에는 전서(篆書)로 '조선국 공혜왕후 순릉(朝鮮國 恭惠王后 順陵)'이라 쓰여 있다.

순릉의 장명등은 공릉의 것과는 시기적으로 차이가 있어 세부적인 모습은 조금 다르지만 전반적인 모습은 비슷하다. 옥개석을 제외하고는 화사석(火舍石)과 대석(臺石)이 한 돌로 되어 있다. 대석과 화사석은 복련(伏蓮)과 앙련(仰蓮)이 표시되어 있고, 화사석에는 4각창이 뚫려 있다. 옥개석에는 기와골이 표시되어 있고 상륜에는 보주가 있다. 순릉의 장명등은 공릉의 것처럼 8각으로 되어 있어 조선 전반기 장명등의 모습을 잘 보여주고 있다. 난간석주의 원수(員首)나 동자석주의 형태는 세종과 소헌왕후의 영릉을 따르고 있으며, 고석의 나어문두(羅魚文頭)도 영릉과 세조의 능침과 비슷하다. 문무석인은 좌우 1쌍으로 이루어져 있다. 능침에서 문석인은 중계(中階)에, 무석인은 하계(下階)에 세워지는 구성 요소이다. 순릉의 무석인은 머리에 투구를 쓰고 양손으로는 칼을 잡고, 무관의 갑옷을 입고 목을 움츠린 모습이다. 근엄하고 수염이 팔자형이다. 갑옷의 선은 뚜렷하지만 얼굴은 다소 경색된 표정을 하고 있다.

성종 때 능역 주변에서 사냥을 하니 노사신이 선왕, 선후의 체백을 간직한 능원에서 타위(打圍 : 사냥)함은 상례로서 배알하고 돌아서서 짐승을 쫓는 것이니 의리에 부끄러운 일이라며, 당나라 때 전쟁하다 포위되어 위급함에도 건릉(고종과 측천무후릉)을 지날 때 능침이 놀랄까 돌아갔다는 이야기를 들어 능역에서 사냥을 금하도록 제청하여 그대로 하였다. 이런 연유에서 조선시대 왕릉의 능침공간은 선왕의 절대적 성역의 공간으로 현세의 왕도 함부로 능침에 진입하지 못하도록 했다. 그래서 지금도 문화재청에서는 능침공간의 보존을 이유로 접근을 허용하지 않고 있다. 최근 능침의 봉분과 석물 감상을 위해 개방의 요구가 많아지고 있다. 그러나 문화재로서 보존 가치가 높고, 많은 석물 조각이 노후하고 산화되어 훼손됐음을 고려할 때 제한적 입장이나 영상 감상으로의 대체와 같은 대책이 필요하다. 세계문화유산이 됐으니 더욱 보존과 활용의 대책을 세워야 한다.

순릉의 비각은 공릉과 같이 1817(순조 17년)년에 세운 것이다. 순릉의 정자각 앞에는 일반능역에 있는 신로와 어로가 아닌, 한 개의 참배로만 있다. 원형이 아닌듯하다. 이 역시 원형보존이 필요하다. 배위석도 규모가 작다. 흔적이 있는 수복방과 수라청도 복원해야 한다.

순릉의 금천교는 원형을 잘 보전하고 있으며 현재의 진입 모습은 변형된 것이다. '춘관통고(1788)'에 재실과 연지가 능원의 오른쪽 언덕 너머에 있다고 기록되어 있으나 고증과 발굴 복원이 아쉽다. 정조때 '춘관통

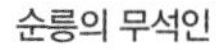

순릉의 무석인

아담하게 조영된 성종의 원비 공혜왕후 순릉의 석물

고'에 따르면 공릉과 순릉의 주변 둘레가 24리에 이르는 것으로 나타나 있다. 그런데 일제강점기 조선총독부가 왕실 재산을 찬탈하는 과정에서 가장 많은 면적을 상실했다. 1910년경 공릉과 순릉 도면을 보면 공릉이 삼정팔반칠묘육보(三町八反七苗六步 : 3만4268평 : 11만3280여m^2)이며, 순릉과 영릉은 칠정육반사보(七町六反四步 : 2만2900평 : 7만5700여m^2)로 축소하고, 이 밖의 지역을 동양척식회사(大賢農林部)에 임대하여 조선시대 내내 잘 가꿔온 송림을 남벌했다. 이 송림이 지금까지 남아 있다면 또 하나의 자랑스러운 숲이 됐을 것이다.

자매였던 장순왕후와 공혜왕후는 궁에 들어가서는 시숙모와 조카며느리 관계로 살다가, 죽어서는 오백년간을 100여m 지척의 거리에서 각기 다른 언덕에서 지내오고 있다. 그러나 두 자매 능인 공릉과 순릉은 일제강점기를 거치며 능선 사이에 관통도로가 생겨 끊어졌다가 최근 복원되었다. 이런 세계문화유산의 복원이 우리문화 보존과 세계문화유산 보존에 매우 중요한 부분이다.

14

중종 정릉

3명 왕후 7명 후궁 거느렸지만 홀로 안장에 도굴 수모

정릉은 조선 제11대 왕인 중종(中宗, 1488~1544)의 능으로 현재 서울 강남구 삼성동 131번지에 있다. 조선 왕릉으로는 드물게 왕의 무덤만 단출하게 있는 단릉 형식인데, 이렇게 된 데는 사연이 있다.

중종은 성종의 둘째아들로 계비 정현왕후 윤씨에게서 태어났다. 중종의 휘는 역(懌)이요, 자는 낙천(樂天)이다. 1494년 진성대군(晋城大君)에 봉해졌다가 1506년에 연산군의 폐위로 조선 제11대 왕으로 추대된다. 중종의 이복형인 연산군은 아버지 성종의 선릉을 조영하다 생모가 폐비된 사실을 알고 폭군으로 돌변했다. 결국 12년 만에 중종반정으로 왕위에서 쫓겨났다.

1506년(연산 12년) 9월 2일 중종이 경복궁에서 즉위하고 연산군을 폐하였다. 자신의 아버지능역을 조영하다 자신의 생모가 폐비되어 사사되었다는 사실을 알고 폭군이 되어 학문을 싫어하며 학자를 배격하고 언론을 차단하며, 학문의 전당이라고 할 수 있는 성균관을 폐지하고 자신의 유

조선왕릉은 제향공간에서 성역의 공간인 능침이 보이지 않는 것이 특징이다

흥장으로 만들었으며, 원각사를 기생들과 노는 장소로 만들었고, 미녀들을 선발하여 흥청이라 하여 궁중연회를 거들게 하는 등 연산군은 폭군정치를 하다가 성희안, 박원종 등의 반정거사로 12년간의 독재정치는 끝이 나고 중종이 즉위한 것이다. 학정이 끝나고 정치의 주도권은 훈구세력에 돌아갔다. 중종은 38년 2개월간 재위하면서 연산군의 잘못된 정치를 바로잡고 문벌세도가들의 권력을 누르고자 현량과(賢良科)를 두어 조광조 등 신진사류(新進士類)를 등용, 새로운 왕도정치를 실현하려 했으나 당파싸움을 종식하지는 못하였다.

1544년 11월 15일 중종은 죽음이 임박하자 마지막으로 폐위된 왕비 신씨(단경왕후)를 보고 싶어 하여 찾았다. 신씨는 왕비에 책봉되자마자 당쟁으로 7일 만에 폐위된 불운한 왕비였다. 신씨를 만난뒤 중종은 유시(酉時 : 오후 7~9시)에 환경전에서 57세로 승하한다. 중종 사후 5일 뒤 맏아들 인종(仁宗, 1515~1545 : 중종의 제1계비 장경왕후의 아들)이 즉위하나 모든 일은 문정왕후가 주도

중종 정릉의 전경

한다. 중종의 비 문정왕후는 사왕(嗣王 : 신임 왕) 인종이 병약하다는 이유로 내전에서 나와 의주(儀註 : 가례의 서적)를 들여오게 하고 찬궁(장례식까지 빈전 안에 임금의 관을 놓아두던 곳)은 내전의 깊숙한 통명전에 설치하게 하는 등 남편의 국장을 주도하였다. 심지어 재궁도 115번 옻칠한 것을 사용하라고 지시했다. 사신들이 자신들이 해야 할 것을 중전이 한다며 예의 문란함을 탓한다. 문정왕후의 주도적이고 독단적 면모를 확인할 수 있는 대목이다.

인종이 어려 문정왕후가 주도적으로 하나 장지의 논의를 깊이 하지 않고 논란을 하다 급히 결정한다. 상례 시 갓 쓰는 것을 의주(儀註)의 예인 백립(白笠)으로 할 것인가, 의궤(儀軌)의 예인 흑립(黑笠)으로 할 것인가에 대하여 논의한다. 우의정 윤인경 등이 선왕의 시호를 국가 중흥의 공이 크므로 중조(中祖)로 하려하나 연산이 성종의 대를 이은 것이 아니고 선왕(중종)이 대를 이은 것으로 하여 중종(中宗)이 옳다고 결정한다. 중종도 어용을 미리 그려

정릉의 정자각

놓지 않아 사후에 추상하여 그린다. 흡사하지 않으나 봉안한다.

인종은 중종이 위독할 때 늘 먼저 약을 맛보고, 잠자리를 살피는 등 효성이 지극했지만 병약하였다. 상주인 인종의 옥체가 좋지 않으나 수차에 걸쳐 산릉행차를 주장한다. 결국 능역 조영 한 달 후 배알하였다. 인종의 지나친 효심을 볼 수 있는 대목이다. 이렇게 하여 중종의 정릉은 인종이 조영한 것이다. 인종은 재임 8개월 만에 31세로 승하했다. 인종은 조선의 왕 가운데 가장 짧은 재위기간을 기록하고, 아버지 중종의 능 옆에 안장됐다.

중종의 능은 오늘날 경기도 고양 서삼릉(西三陵) 능역에 있는 제1계비 장경왕후(인종의 생모) 윤씨의 능인 희릉(禧陵) 오른쪽 언덕에 동원이강으로 모시고, 정자각은 가운데 이설한다. 능호를 정릉(靖陵)이라 고쳤다. 처음에는 시호를 국가 중흥의 공이 크다 하여 중조(中祖)로 하고자 했으나 폐

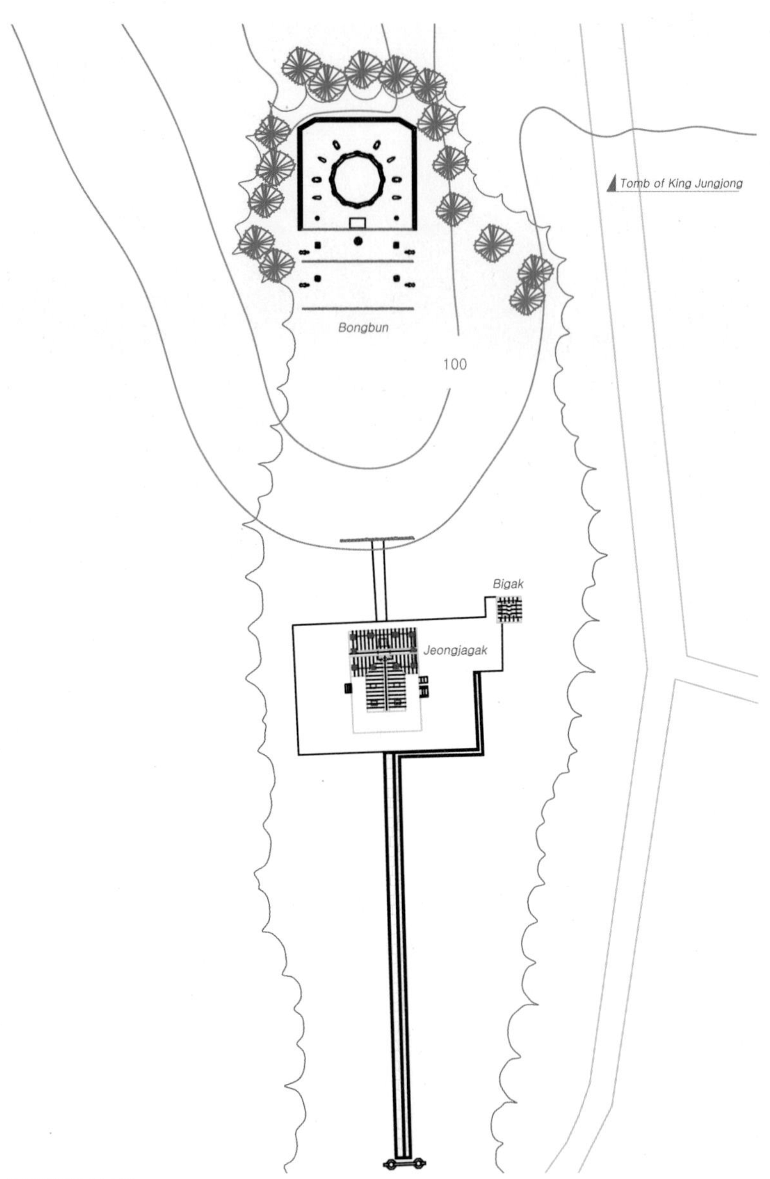

중종의 정릉 배치도

눈을 부릅뜬 석호가 능원을 지키고 있다.
정릉의 석호부터 이전의 석호와 달리 통방울 눈을 하고 있다

폭군 연산군을 몰아 낸 중종반정의 주역을 연상하게 되는 정릉의 문석인

왕 연산이 아니라 성종의 대를 이었다는 것을 강조하기 위해 중종으로 결정하였다.

인종의 뒤를 이어 동생 명종(明宗 : 중종의 제2계비 문정왕후의 아들)이 왕위에 올랐다. 명종은 중종이 묻힌 정릉 자리를 탐탁지 않게 여겼다. 그래서 일찍이 세조가 며느리 장순왕후의 공릉 터를 잡으면서 직접 이곳에 와 보고 좋은 땅이 아니다 했으며, 당대 최고의 풍수가인 임원준도 불길하다고 했음을 이유로 사림과 중신들의 반대에도 불구하고 1562년 8월 22일 정릉을 천장한다. 오늘날 서울 강남구 삼성동이다.

이때 문정왕후와 봉은사 주지 보우가 은밀히 계획하여 봉은사 곁으로

문정왕후에 의해 명종 때 서삼릉에서 천장해 온 중종 정릉의 능침

옮긴 것이다. 구릉 터가 득수득파(得水得破)가 좋지 않아 옮긴다는 명분이 었으나, 사실은 자신들의 정치적 입지와 문정왕후 후손의 번영을 위한 신후지계(身後之計 : 죽은 뒤 자손을 위한 계획)였다.

산릉 일에 승군이 동원된다. 이때는 세종의 외손 임꺽정이 반란을 일으켜 정국이 혼란하여 임꺽정 수배령이 내려졌다. 천릉 후 능호를 정릉이라 하고 장경왕후의 능은 희릉으로 다시 고치고 정자각은 원래의 위치에 이설하였다. 이때 신하들은 정자각을 옮기는 것도 성령을 편안치 않게 하는 것인데 18년이 된 중종의 능침을 천장하는 것을 한탄하며 말없이 순종하는 좌의정 총호사 이준경을 들어 저따위 정승을 장차 어디에 쓸 것인가 한탄한다. 신하들이 문정왕후의 압력에 못 이겨 명종이 억지로 천장하는 것을 감지한 것이다. 까닭 없이 능을 옮기니 백성들도 한탄했다고 한다. 제2계비였던 문정왕후가 사후 남편과 묻히고자, 억지로 제1계비 장경왕후의 희릉과 아들 인종의 효릉으로부터 한강을 건너 멀리 떨어진 이곳까지 옮겼다.

천릉 후, 애달픔이 사림의 울음으로 변했고, 밤이면 경기도 고양에 있는 희릉 숲 속의 울음소리가 한강 건너 정릉까지 이르렀으며, 안개가 세 능을 감싸고 구름 속을 떠다녔다고 한다. 모두 정릉의 천장을 슬퍼하는 이야기들이다. 사림들은 "고금을 막론하고 유명을 달리한 남편의 무덤을 옮겨 전처의 무덤과 멀리 떨어지게 하는 투기는 듣지 못했다"며 한탄한다. 천릉 때 한강을 건너는데 비협조적이었던 수원목사가 하옥되고, 경기감사는 파직됐으며, 선창(船槍)들도 협조하지 않아 벌을 받는 이가 속출했다. 천장 후 문정왕후가 선릉과 정릉에 친제를 행하려 하나 조정에서 후비 혼자서는 제례를 할 수 없다 하여 뜻을 이루지 못했다.

중종의 능을 어렵게 옮겼으나 이곳은 지세가 낮아 장마 때마다 재실과 홍살문이 침수되는 피해를 자주 입었다. 구정릉을 옮긴지 3년이 되었으나 특별히 나아진 것이 없고, 3년 내 변고가 두 번이나 있었다며 명종은 또다시 천릉하려하나 이루지 못했다.

1565년 문정왕후가 세상을 떠난다. 그토록 중종과 함께 안장되기를 바랐으나 정릉이 물이 차고 변고가 끊이지 않는다는 이유로 그 뜻을 이루지 못했다. 결국 문정왕후는 태릉(泰陵)에 단릉(單陵)으로 안장되었다.

정릉의 상설은 아버지 성종의 선릉과 장경왕후의 희릉과 같이 '국조오

많은 개발 압력 속에도 도심을 지켜 온 조선왕릉은 역사경관림으로서 세계유산의 가치를 높이고 있다

례의'를 따르고 있다. 석양과 석호의 전체적인 자세는 선릉과 비슷하면서도 세부적인 표현에 있어서는 조금 더 사실적인 묘사가 돋보인다. 반면 전체적으로 형식화된 경향이 있다. 문·무석인은 높이가 3m가 넘을 정도로 큰 편이며, 문·무석인 얼굴의 퉁방울 눈이 특이하며, 코 부분이 훼손되고 검게 그을려 있어 임진왜란 당시 정릉의 수난을 상기시킨다. 그럼에도 석호의 익살스러운 입 모양은 보는 사람의 호감을 갖게 한다.

주변 지역은 1970년대에 집중 개발되면서 고층 빌딩이 들어서 특히 야경이 아름답다. 세계문화유산 실사자도 빌딩 숲과 야경을 보고 감탄했다. 선·정릉은 특별히 저녁 9시까지 개장해 많은 관람객이 찾고 있다. 조선 왕릉은 오랜 세월을 이어온 한국인의 자연관과 장례문화, 40기의 왕릉을 온전하게 보존한 점을 높이 평가받아 세계문화유산이 됐다. 다른 나라 왕릉 관리인들을 만나면 하나같이 왕릉 관리의 어려움으로 도굴을 꼽는다. 세계 학자들도 우리나라 왕릉에 대해 이 문제를 많이 염려했다. 그러나 조선 왕릉은 능역 조영 간소화와 회격실 구조 덕분에 지금까지도 온전히 보존됐음을 확인하고 우리의 보존관리 능력을 높이 평가했다. 그러나 이곳 선 · 정릉만은 예외다.

1593년 4월 13일 선조 일행이 평안도 가산을 출발하여 박천(博川), 안주(安州)에 도착했다. 왜군이 쳐들어와 임란중이었다. 경기좌도관찰사 성영(成泳)이 선릉과 정릉이 파헤쳐져 재앙이 재궁에까지 미쳤다고 보고하면서 속히 경성을 수복하자고 한다. 1592년 8월 태릉과 강릉도 왜적 50명과 동원병 50여명이 도굴하려 했으나 회격이 단단해 실패로 끝났다. 그러나 선 · 정릉은 왜군의 손길을 피해가지 못했다. 선조의 증조부모(선릉)와 조부모(정릉과 태릉), 친부모의 묘 등 조상의 유택이 파헤쳐진 것이다. 전쟁 통에 일어난 변고라 조정에서는 갈피를 잡지 못했다.

선릉 왕의 능침과 왕비 능침은 광중에 불이 나서 전소됐고, 정릉 현궁은 소실돼 훼손되고, 소실되지 않은 옥체가 있어 중종의 옥체인지 가리고자 송산(松山)에 옮겨져 진의 여부를 가리기 위해 수차에 걸쳐 현직 신하와 중종 때 신하들과 궁인들을 불러 확인하나 유체가 훼손되고 오래되어 확인이 어렵게 된다. 이때 송산의 유택을 확인하기 위해 당대 최고의 정철, 이항복, 이덕형 등이 심혈을 기울여 확인하나 신빙성이 없어 결국 미확인 옥체는 관에 넣어 깨끗한 곳에 묻었다. 그리고 정릉 광중에 있던 옥체인 성종과 정현왕후, 중종의 유골은 소실된 유회와 재흙을 수습해 각각의 현궁에 봉안하였다.

1593년 7월 27일 임란 중 선조에 의해 선릉이 개장되었다. 이후 9월 29일 선조가 한성에 입성하여 선 · 정릉을 봉심하였다. 소실된 지석과 옥책은 전주 사고의 실록을 보고 재작성했다.

이렇게 문정왕후의 투기와 법석으로 천장을 하고 병풍석으로 둘러친

정릉은 임진왜란 때 왜병(倭兵)에 의해 왕릉이 파헤쳐지고 재궁(梓宮)이 불타는 변고를 겪었다. 만약 세조의 유시대로 회격실로 조영하고 난간석을 설치했다면 어땠을까? 때늦은 유감일 뿐이다. 정릉은 조선시대 왕릉 중 바로 옆의 선릉과 더불어 유일하게 도굴되는 수모를 당한 능이다. 특히 중종의 정릉은 천장해 온지 얼마 되지 않았으며, 문정왕후가 정성들여 만든 능원이라 그 견고함이 대단했음에도 변을 당한 것이다. 이 사건으로 광주목사는 하옥되고 경기관찰사는 파직된다. 변고 후 정릉을 옛 터(고양)로 다시 옮기자는 주장도 나왔으나 현장에 재봉안했다.

정릉의 원찰인 봉은사는 보우가 주지로 있던 사찰로, 794년 연회국사가 견성사(見性寺)란 이름으로 창건한 이후 1498년(연산군 4년)에 중창하면서 봉은사로 개칭하였다. 조선의 왕실에서는 국가 통치철학으로 불교를 배척하고 유교를 택했으나, 정작 왕실에서는 왕실의 종교로 불교를 믿어왔고, 능원을 조영할 때 선왕의 안식과 왕권의 영원성을 위해 사찰을 지었다. 이것이 능침사찰이다. 능침사찰은 조선 초기에는 능원마다 한 곳 이상 씩 두었다. 태조 건원릉의 개경사, 신덕왕후 정릉의 흥천사, 세종과 소헌왕후 영릉의 신륵사, 세조와 정희왕후 광릉의 봉선사가 대표적이다. 억불숭유정책의 논리 속에 불교는 성행하지 않았으나 특히 중종 때 문정왕후는 정릉을 삼성동으로 천장하고 두부를 만든다는 이유를 대서 봉은사를 중건하고 번성케 하였다. 이때 봉은사 주지 스님을 병조판서에 앉히고, 조선시대 내내 시행하지 않던 승과시험을 부활하였다. 그리고 승과시험을 봉은사 앞에서 행하기도 했다. 능침사찰은 두부를 만드는 조포사(造泡寺)[19]라고도 한다.

19 조포사造泡寺 : 조선시대에는 산릉을 모시면 반드시 근처에 제사 음식을 공급하기 위한 절을 지었는데 이를 조포사라 함.

기록에 따르면 능원에 제사를 지낼 때 쓰는 두부는 스님 두 분이 만든다. 제례물 중 두부가 쉽게 변질, 부패해 능원 근처의 스님들이 만들었던 것으로 추정된다.

중종은 3명의 왕비와 7명의 후궁에게서 9남 11녀를 두었다. 정비 단경왕후 신씨와의 사이에는 후사가 없으며, 단경왕후는 그의 고모와 아버지가 연산군과 관련되어 폐위됐다가 영조 때 복위되어 능호를 온릉(溫陵)이라 하고 현재 경기도 양주군 장흥면 일영리에 있다. 중종의 제1계비 장경왕후 윤씨는 1506년 중종의 후궁으로 들어와 1507년 단경왕후가 폐위되자 왕비가 되었다. 1515년 세자 인종을 낳았으나 산후병으로 25세에 승하해 능호를 희릉(禧陵)이라 하고, 경기도 고양시 서삼릉지역에 묻혔다.

제2계비 문정왕후는 명종의 어머니이다. 문정왕후의 능호는 태릉(泰陵)이며 서울시 노원구 공릉동에 있다. 첫째 아들인 제12대 인종의 효릉(孝陵)은 그의 어머니 장경왕후의 희릉 옆에 있다. 제13대 명종의 강릉(康陵)은 그의 어머니 문정왕후의 태릉 옆에 있다. 중종은 왕후릉 3기와 두 아들의 능 2기가 있으나 본인은 강남의 아버지와 어머니의 무덤 옆에 홀로 누워 있다.

15

중종의 원비 단경왕후 온릉

反正에 '죄인의 딸'로 둔갑
7일간 왕비, 49년간 폐비 비운

온릉(溫陵)은 조선 제11대 왕 중종(中宗)의 원비 단경왕후(端敬王后, 1487~1557) 신씨(愼氏)의 능이다. 단경왕후의 능침만 있는 단릉(單陵)이다. 온릉은 경기도 양주군 장흥면 일영리 산 19번지에 있다. 39번 국도와 인접하며 교외선 온릉역과 장흥역 사이에 있다.

단경왕후 신씨는 1506년 중종반정으로 진성대군이 왕위에 오르자 왕비로 책봉되었다가 고모와 아버지, 삼촌 등이 연산군 폐위 때 축출되고 사사되는 사건으로 왕비생활 7일 만에 폐비되었다.

단경왕후는 1487년(성종 18년) 1월 15일 익창부원군(益昌府院君) 신수근(愼守勤)의 딸로 태어나 13세인 1499년(연산 5년)에 진성대군과 가례를 올려 부부인으로 봉해졌다. 단경왕후는 10대 임금 연산군의 비 신씨의 외질녀이다. 즉 연산군의 비는 단경왕후의 고모이며, 연산군과 남편 중종은 배다른 형제이니 사가에서 고모와 조카관계이고 왕실에서는 동서지간이다.

1506년 9월 2일 지중추부사 박원종과 성희안, 이조판서 유순정 등이

폐비되어 사가에 조영되었다 영조 때 추봉된 온릉, 평안하고 아늑한 분위기이다

주동이 되어 선왕인 연산군을 폐하는 거사를 일으킨다. 연산군의 폭정에 반기를 든 중종반정이다. 반정 주모자 박원종은 연산의 신임이 두터웠던 사람으로 도부승지, 좌부승지, 경기관찰사 등을 거치면서 국가의 재정을 주로 맡았다. 그러나 그는 왕 서열 1위였던 성종의 형 월산대군의 부인(연산에게 큰어머니)인 자신의 누이를 연산군이 자주 궁으로 불러들여 많은 배려를 하는 과정에서 연산과 불륜을 저질렀다는 소문이 들리는 것을 못마땅하게 여기고 연산과의 사이도 멀어졌다. 이후 박원종은 관직에서 쫓겨난다.

거사 당일 연산군은 경기도 장단의 석벽으로 유람을 계획하고 있었다. 폭정과 방탕한 생활에 젖어 있던 연산은 많은 정적을 만들었다. 이날 정적의 이상한 낌새를 알아챈 연산은 장단의 나들이를 갑작스럽게 취소했

중종의 원비 단경왕후 온릉 전경, 왼편에 멀리 북한산이 보인다

으나 이미 자신이 신임하던 이조판서 유순정, 신윤무, 장정, 박영문 등이 거사에 동조하면서 반정은 쉽게 이루어졌다. 한편 단경왕후는 이날 아버지 신수근과 작은아버지 신수겸이 제거되고, 친정 형제들은 멀리 귀양 보내진 것도 몰랐다. 온화하고 착하기만 한 왕비였다.

박원종은 거사 직전 연산의 매부이며, 진성대군(중종)의 장인인 신수근을 찾아갔다. 신수근은 당시 연산군의 총애를 받는 실권자였다. 박원종은 신수근에게 누이와 딸 중 누가 더 중요한지를 물었다한다. 이 물음의 의미를 알아챈 신수근은 버럭 화를 내며 "비록 임금이 포악하긴 하지만 세자가 총명하니 염려할 것 없다"고 못 박는다. 이 한마디로 신수근은 거사 당일 제거되고, 자신의 딸 단경왕후는 죄인의 딸로서 왕비가 될 수 없다는 박원종 일파의 주장으로 7일간의 왕비생활을 거두고 사가로

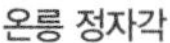
온릉 정자각

추봉되면서 좌청룡수가 흐르도록 제향공간에
은구(隱溝;배수구)를 설치하였다

쫓겨난다. 신하들이 단경왕후의 중전 불가론을 주장할 때 중종은 조강지처 이론을 내세워 반대하나 종사의 대계 논리에 밀려 결국 궁궐에서 내쳐진다. 이날이 9월 9일이다. 다음날 예조에서는 서둘러 새 중전의 간택에 들어간다. 그가 장경왕후 윤씨다. 그러나 윤씨가 1515년 인종을 낳고 산후병으로 엿새 만에 승하하자, 담양부사 박상(朴祥) 등의 상소로 단경왕후 복위 논의가 있었으나 중종반정 세력들의 반대로 성사되지 못했다. 폐비된 단경왕후에 대한 중종의 애정은 남달랐다. 중종은 그녀가 보고 싶으면 자주 궁궐의 높은 누각에 올라 그녀의 본가가 있는 곳을 바라보곤 했다. 그 소식을 전해들은 신씨의 집에서는 그녀의 집 뒷동산에 있는 바위에 신씨가 궁중에서 즐겨 입던 분홍색 치마를 펼쳐 놓았다한다. 중종은 이 바위에 펼쳐진 분홍색 치마를 바라보며 보고픈 마음을 달랬다고 한다. 그래서인지 1544년 11월 15일 중종은 병환이 위급해지자 신씨(단경왕후)를 궁궐로 불러 마지막으로 얼굴을 보고 승하하였다.

궁궐을 떠나 49년간 사가에서 외롭게 한평생을 보낸 폐비 신씨는 명

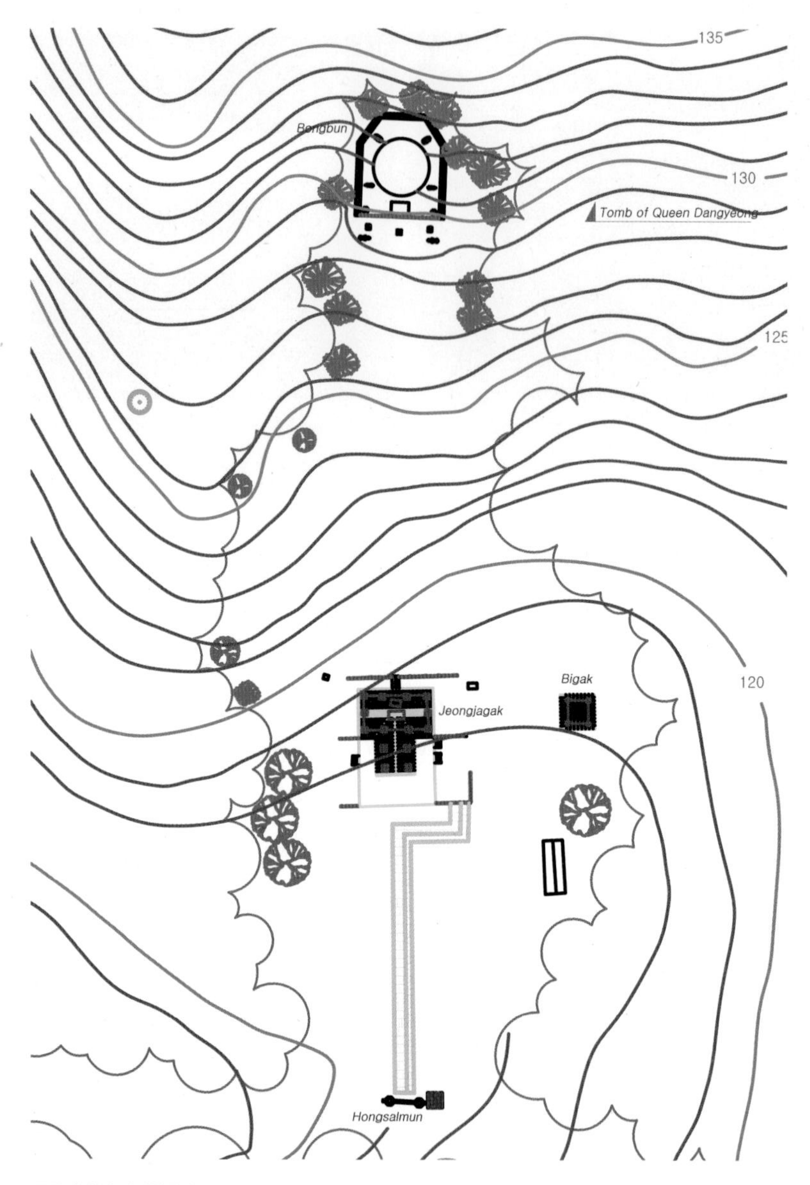

중종의 원비 단경왕후 온릉 배치도

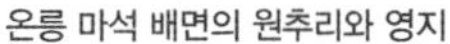
온릉 마석 배면의 원추리와 영지

영조 때 추봉되고 순조 때 세워진
단경왕후의 온릉비

종 12년(1557)12월 7일 소생 없이 71세로 승하하였으며, 친정 신씨 묘역 언덕에 해좌사향(亥坐巳向)으로 모셔졌다. 북북서에서 남남동 방향으로 자리 잡고 있다. 신수근의 후손이 봉사하다가 1698년(숙종 24년) 왕비추복상소(王妃追復上疏)가 있었으나, 묘당의 이론이 맞지 않는다하여 예조에 명하여 연경궁지에 사당을 세우게 했다. 이후 1738년(영조 15년) 3월 28일 영조가 익호를 단경(端敬), 능호를 온릉(溫陵)으로 추봉하고 새로이 상설을 설치하였다. 능침의 상설은 추봉된 왕비릉인 태조 계비 신덕왕후 정릉(貞陵), 단종의 장릉(莊陵)과 단종비 사릉(思陵)의 상설을 따랐다. 병풍석과 난간석은 모두 생략하고 나머지 상설제도는 그대로 따른 형식이다. 1807년 순조 7년 4월에 표석을 설치하였다.

온릉의 정자각은 익공식(翼工式)의 맞배지붕으로, 산릉제례(山陵祭禮)를 올리는 장소이다. 대개 정(丁)자 모양의 맞배지붕 형태로 정면 3칸, 측면 2칸의 구조를 갖는 것이 보통이다. 비각은 정자각 동쪽에 위치하며, 비문

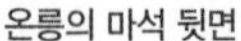
온릉의 마석 뒷면

묘(墓)의 형식으로 조영되었다가 영조때 추봉되면서 단종의 장릉과 정순왕후 사릉(思陵)을 따른 단경왕후 온릉 능침

을 통해 이 능의 주인이 누구인지 알 수 있다. 내부의 비에는 전서(篆書)로 '조선국 단경왕후 온릉(朝鮮國 端敬王后 溫陵)'이라 음각되어 있으며, 1807년(순조 7년) 4월에 대리석으로 제작한 것이다.

상계의 봉분 주위에는 병풍석과 난간석도 없으며 곡장 내에 석양과 석호 한 쌍이 봉분을 수호하고 있다. 무석인도 생략하여 없고 문석인만 한 쌍 있다. 이는 추봉(追封) 비릉(妃陵)의 예에 따라서 능을 조성하였기 때문이다. 일반적으로 능원은 능침 하계의 좌측 하단에 산신석을 놓아 3년간 제사의 예를 갖추고, 사가의 묘역에서는 좌측 묘지상단에 산신석을 배치한다. 왕릉에서는 산신도 왕의 통치하에 있다고 보기 때문에 능침 아래에 산신석을 배치하였다. 이곳 온릉의 능침 좌측 계곡 상단에 있는 산신석은 일반 묘의 형식으로 되었다가 추봉된 능역임을 알 수 있는 시설이다.

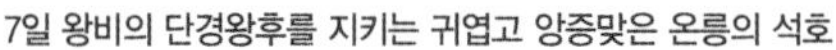

7일 왕비의 단경왕후를 지키는 귀엽고 앙증맞은 온릉의 석호

온릉의 문석인, 온화한 성품의 문인으로 보인다

문석인은 봉분의 한 단 아래 중계에 자리하며 장명등을 중심으로 배치되어 있다. 공복을 입고 과거 급제자가 홍패를 받을 때 착용했던 복두를 쓴 모습으로 홀을 쥐고 문관의 형상을 하고 있다. 전체적으로 상체가 크고 하체가 짧은 4등신의 신체 비례를 가지고 있는데 이는 숙종, 영조대의 조각형태이다. 장명등은 낮은 하대에 탑신을 올린 모습으로 화사석은 4각의 형태로 소박한 인상을 준다.

조선시대 능묘 앞의 수호상인 석양은 왕릉 주위의 사악한 지하세계 귀신과 기운을 물리치고, 석호는 지상세계의 능을 호위하는 수호신의 의미를 지니고 있다. 석양과 석호의 배치는 봉분과 곡장 사이의 공간에 머리를 바깥으로 향하게 서로 교대로 배치하고 있다. 온릉의 제향공간 중간에는 좌청룡수의 배수를 위해 은구(隱溝 : 숨어 있는 물길)가 설치되어 있다. 좌청룡수는 대체적으로 홍살문 앞으로 흘러 금천교를 지나는데 이곳은 홍살문과 정자각 사이에 있다. 이런 형식은 효종의 영릉에서 볼 수 있는데, 홍살문과 정자각 사이의 제향공간에 금천교를 설치한 예로 자연지형에 맞게 조화를 이루며 조영한 독특한 예이다. 아마도 사가에서 능침만 조영 후 왕비의 능으로 추봉, 설치하면서 조성한 것으로 추정된다.

온릉은 사가에서 자리 잡은 곳으로는 드물게 절색의 경관을 자랑한다. 멀리 앞의 조산은 북한산 능선이 웅장하며, 좌측에는 도봉산의 기암절벽이 파노라믹한 장관을 이룬다.

온릉의 재실은 의정부(議政府)와 벽제(碧蹄) 사이 39번 국도변에 자리하던 것을 1970년 도로 확장 때 철거하여, 현재의 홍살문 서남측에 일부 재실 유구만 있다. 원위치에 원형복원이 아쉽다.

온릉은 능역 앞을 휘돌아 흐르는 일영유원지와 장흥유원지 등 주변에 물놀이 시설이 많아 여름에 찾기 좋은 곳이다. 그러나 비공개 능이라 사전에 관리인의 허락을 받아야 한다.

16

중종의 제1계비 장경왕후 희릉

숙의에서 행운의 왕비로…
인종 낳고 산후병으로 승하

1970~1980년대 사랑을 주제로 한 영화 촬영지로 인기를 모았던 고양의 서삼릉 목장 포플러 가로수 길은 희릉(禧陵)의 일부다. 희릉은 조선 제11대 왕 중종의 제1계비이자 인종의 어머니인 장경왕후(章敬王后, 1491~1515) 윤씨의 단릉이다. 장경왕후는 중종의 원비 단경왕후 신씨가 폐위되자 다음해 왕비에 책봉되었다. 희릉은 경기도 고양시 덕양구 원당동 산 38-4의 서삼릉 능역에 있다. 동북에서 남서향하고 있는 간좌곤향(艮坐坤向)이다.

장경왕후는 영돈령부사 윤여필의 딸로, 1491년(성종 22년) 7월 6일 한성 호현방 사저에서 태어나 8세 때 어머니를 여의고 고모인 월산대군 부인 박씨의 손에 컸다. 박씨는 중종반정의 주역이었던 박원종의 누이다. 박원종은 연산군의 총애를 받았지만 누이가 연산과 부정한 관계라는 소문이 돌자 연산군을 배반하고 반정에 앞장섰다.

이런 왕실과의 연유로 장경왕후는 1506년 중종반정 때 중종의 후궁 숙의에 봉해졌다가 다음해, 중종반정 시 단경왕후 신씨의 아버지가 중종

능침 앞이 넓은 장경왕후의 희릉 전경

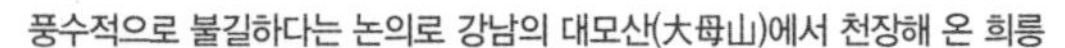

풍수적으로 불길하다는 논의로 강남의 대모산(大母山)에서 천장해 온 희릉

반정을 반대했다는 이유로 역적으로 몰려 사사되면서 역적의 딸인 단경왕후도 왕비가 될 수 없다하여 폐비되자, 왕비로 책봉된 행운의 주인공이다. 장경왕후는 9년간 왕비로 있으면서 한사람도 천거하거나 해하려 하지 않아 중종이 감탄하여 어진 장경왕후를 주나라 문왕의 비와 비교하여 '태사(太姒)의 덕' 이상이라 극찬했다.

장경왕후는 1515년(중종 10년) 음력 3월 2일 삼경오점(三更伍點 : 새벽1시) 무렵 세자(인종)를 낳고, 산후병으로 7일 만에 경복궁 동궁 별전에서 승하했다. 25세의 젊은 나이였다. 중종은 훗날 장경왕후와 함께 묻히기를 원하며 헌릉 우측 능선 너머 현 서초구 세곡동에 희릉을 조영했다. 건좌손향(乾坐巽向)이었다. 한강을 넘는데 수백 척의 배가 동원되었다고 한다. 시호는 '단정하고 밤낮으로 조심스럽다'하여 장경(章敬)이라 하고, 능호는 희릉(禧陵)이라 했다. 중종은 태어나자마자 어머니를 잃은 세자(인종)를 무척 애달파하며 정성들여 능역을 조영한다. 20여년 후 능역조영의 주력세력이었던 정광필 등에 반감을 샀던 김안로가 장경왕후의 능침 아래에 큰 암반이 있어 세자(인종)에게 매우 흉하다고 고해, 귀가 얇은 중종이 천장을 지시 한다. 세자를 위한다는 구실이었지만 사실은 정적을 제거하려고 옥사를 일으킨 것이다. 결국 희릉은 자리가 안 좋다는 이유로 지금의 고양 서삼릉역 내로 옮겨졌고, 당시 국장을 담당했던 실권자(총호사) 정광필 등은 김해로 유배되고, 대신 김안로 세력이 정권을 장악한다.

이후 장경왕후의 아버지 윤여필과 오빠 윤임은 김안로와 손을 잡고, 세자를 보호한다는 구실로 장경왕후 승하 후 왕비가 된 문정왕후 윤씨의 동생 윤원형과 대립하게 된다. 김안로는 중종과 장경왕후 사이에서 태어난 효혜공주의 시아버지로 중종과 사돈지간의 실권자였다. 이런 조정의 세력다툼에서 세자편의 윤임을 '대윤'이라 하고, 계비 문정왕후의 동생 윤원형파를 '소윤'이라 했다.

희릉의 정자각

처음에는 세자편의 대윤이 세력을 잡았으나, 중종이 승하하자 문정왕후를 등에 업은 소윤이 정국을 장악했다.

세곡동의 희릉 초장지 조영에 참여했던 석공들로부터 능침 아래 암반이 있다는 이야기가 흘러나오자, 김안로 세력은 정적인 정광필 세력을 제거하는 절호의 기회로 삼아 당시의 삼물소(三物所 : 석회, 가는 모래, 황토를 담당하는 곳)와 노야소(爐冶所 : 철물 제작 담당) 낭관 등을 불러 확인하고 천릉을 결정한다. 천장 시 고양에서 처음 잡은 좋은 터는 총호사였던 김안로가 지전(紙錢 : 돈 모양으로 종이를 오려 만든 것. 별 볼일 없는 곳)의 땅이라며 기피하다 훗날 자신의 무덤으로 삼았다고 전해진다. 어떻든 희릉은 영의정 김안로 등의 정치적 계략에 의해 서삼릉 능역에 최초로 조영되었다. 훗날 중종이 장경왕후(희릉) 옆에 안장되면서 동원이강(同原異岡)형식이 되고 능호(陵號)는 정릉(靖陵)이

12지간의 난간석을 두른 희릉의 능침

라 바뀌었다. 그러나 실권을 장악한 문정왕후(文定王后)가 1562년 중종의 능침(정릉)을 현 강남구 삼성동 선릉 곁으로 옮겨 장경왕후의 능침은 다시 희릉으로 부르게 되었다.(중종 정릉(靖陵) 편 참조)

2007년 10월 문화재청은 서초구 세곡동에 있는 세종과 소헌왕후의 초장지인 구영릉지(舊英陵址)를 발굴하였다. 발굴 결과 초장지 현궁이 하나의 회격실로 되어 있고, 바닥에 암반이 있는 것이 밝혀졌다. 원래 구영릉은 석실쌍회격실봉분의 합장릉이어야 하는데 발굴 결과와 맞지 않았다. 발굴단은 실록 등의 기록을 추적하여 이곳이 장경왕후의 초장지임을 확인하였다. 이미 1970년대 구영릉지로 추정하여 발견된 석물들도 희릉의 것임이 확인되었다. 그래서 40여년전 청량리 세종기념사업소에 전시되었던 문·무석인과 난간석, 여주의 세종대왕유적사업소의 세종전 앞

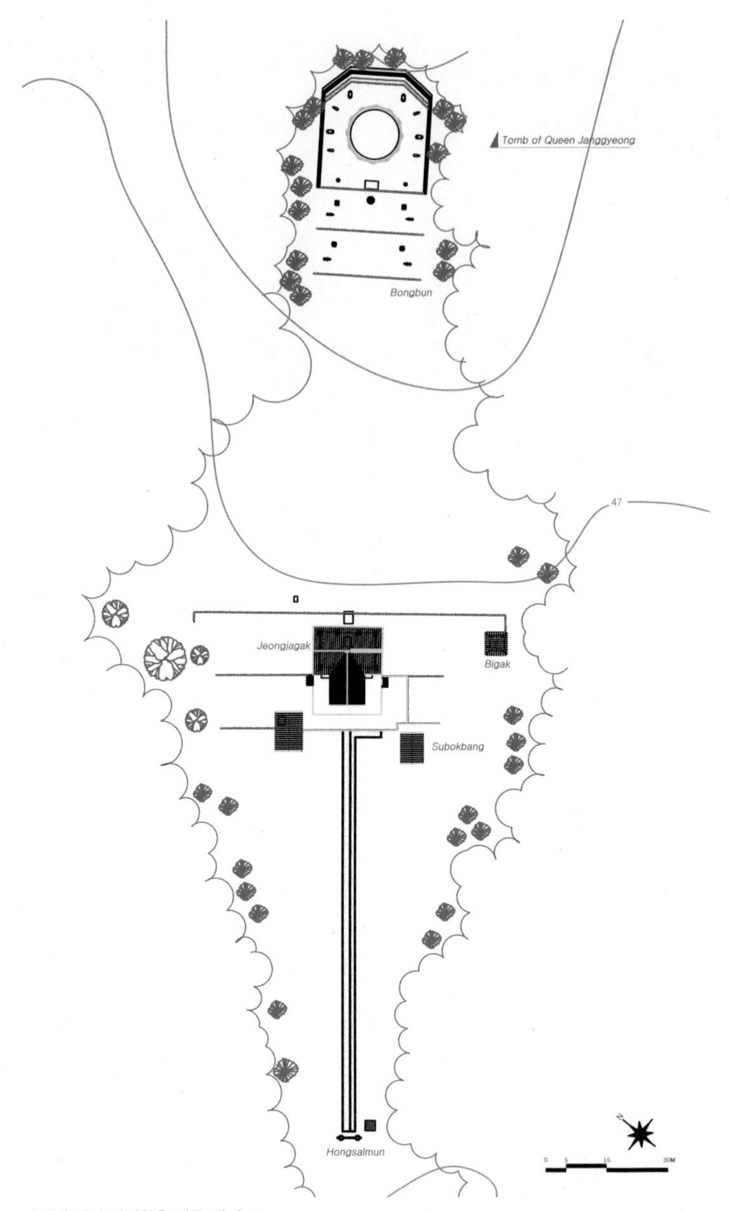

중종의 계비 장경왕후 희릉 배치도

세련되고 웅장한 희릉의 장명등과 문석인

희릉의 석호

에 있던 석호 등은 현재 세곡동 장경왕후의 초장지로 옮겨져 재설치 됐다. 잘못된 발굴이 실록 등의 기록으로 원형을 되찾은 쾌거였다. 기록물의 중요성이 강조되는 대목이다.

조선왕릉에 대한 기록물은 다양하다. 왕과 왕비의 승하 후 재궁을 만들어 시신을 모시는 예를 갖추었던 기록물인 '빈전도감의궤'와 궁궐에서 왕릉까지 운구의 전반적인 일을 기록한 '국장도감의궤' 그리고 왕릉의 자리 잡기와 왕릉의 조영 등을 기록한 '산릉도감의궤' 등이 있다. 이들 기록물은 전국의 5대사고에 보관하고 후대에 왕실의 모범이 되도록 하였다.

대표적인 것이 강화도에 있던 외규장각 도서이나, 안타깝게도 임진왜란 이전의 것은 왜란 때 대부분 불타 없어지고 일부만이 남아 있다. 그나마 외규장각 도서는 병인양요 때 프랑스군이 약탈해가 현재 프랑스 국립도서관에 보관되어 있다. 국제사법재판소의 힘을 빌리더라도 무조건 반환시켜야 한다는 역사 · 학술 · 시민 단체의 외규장각 도서 반환운동이 확산되는 등 여전히 미해결의 과제로 남아 있었다. 하지만 2010년 11월 12일 G20정상회의에서 양국의 대통령 간에 외규장각 도서를 5년마다 계약을 갱신하는 임대형식으

우람한 희릉의 무석인, 조선시대 능침 석물 중 가장 큰 석물이다

로 대여하기로 합의하였고, 2011년 6월 11일 145년 만에 우리나라로 돌아왔다. 임대형식의 대여가 아닌 반드시 반환 되어야하는 우리의 약탈 문화유산이다.

조선왕릉의 세계문화유산 등재 때 진정성 확인은 이러한 기록문화가 많은 도움이 되었다. 다행히 임진왜란 이후의 각종 의궤와 능지가 한국학중앙연구원의 장서각과 서울대 규장각 등에 보관되어 있어 세계기록문화로 등재되었으며, 오늘날 능원 연구에도 큰 도움이 되고 있다.

붕당간의 정쟁과 풍수적 논리에 의해 천장된 조선왕릉은 15개소나 된다. 이들의 초장지 보존과 확인 작업도 필요하다. 희릉의 경우 최초의 초장지 복원으로 그 가치를 높이고 있다.

희릉은 세조의 유시에 따라 병풍석 없이 12지간의 난간만을 두른 단릉(單

陵)으로 조영돼 단아한 느낌이다. 배치나 수법은 조선전기 양식의 전통을 따르고 있으며, 다른 왕비 능침에 비해 중계, 하계의 앞이 넓고 평온하다. 팔각장명등은 영조 때 추봉되어 만든 온릉과 문정왕후의 장명등에 비해 세련되고 웅장해 보인다. 필자가 보기에는 이를 조선 전기의 대표적인 걸작 장명등이라 평가하고 싶다. 남편 중종이 22년 전에 정성들여 조영한 세곡동 능역이 불길하다하여, 자신의 권력이 최고조에 달한 때 자신이 함께하기 위해 천장한 능원이다 보니 온갖 정성을 들여 만들었음을 알 수 있다.

몸통에 비해 머리 부분이 큰 희릉의 문석인이 홀(笏)을 쥐고 있다

희릉의 문·무석인은 몸체에 비해 머리가 큰 조선시대 최대의 거물이다. 무석인은 큼직한 이목구비에 당당하고 위엄 있는 자세로 칼을 쥐고 있으며, 갑옷의 조각 수법을 보면 작고 섬세한 여러 문양들이 촘촘히 조각되어 있다. 문석인 역시 큼직한 체구에 맞게 홀 역시 크게 묘사되어 있으며, 노출된 두 손을 맞잡고 있는 것이 특징이다. 소매 안쪽으로 작은 소매가 한 번 더 돌아가는 이중 소매 형태를 보여 주고 있다. 측면의 소매 주름 또한 자연스럽게 흐르다가 끝부분에 가서 반전(反轉)하는 곡선이 재미있다.

문·무석인은 폭군 연산을 몰아낸 중종반정의 주인공들인 듯하며, 왕실에 충성을 다하겠다는 표정을 연상하게 한다.

'춘관통고' 등 문헌에 따르면, 능역 입구에 제법 큰 규모의 희릉 연지(蓮池)가 있었다. 지금은 흔적만 남아 있는데 방지원도형(方池圓島形)으로 조선

시대의 대표적인 연지다. 방지는 음을 나타내며 땅을 상징하고, 원형의 섬은 양을 나타내며 하늘을 상징한다. 이것은 천원지방설(天圓地方說 : 하늘은 둥글고 땅은 네모지다)의 대표적 시설이다. 현재는 사유지로 훼손될 우려가 있어 원형보존을 위해 빠른 조치가 필요하다. 정자각은 현재의 위치에 있었으나, 중종을 이곳에 동원이강형의 능침으로 모시면서 양 능침 가운데로 옮겨졌다가 중종의 정릉을 삼성동으로 천장하면서 다시 이곳으로 옮겨 지은 역사를 갖고 있다.

희릉 등 서삼릉 지역은 없어진 수복방과 수라청의 복원이 이루어져야 하며, 근래 주변의 승마장과 목장을 만들면서 훼손된 지형과 물길 그리고 금천교 등의 복원이 이루어져야 한다. 이는 세계문화유산을 지속하기 위한 국가적 약속이다. 아니면 '위험유산'이 될 수도 있다.

장경왕후 윤씨와 중종 사이에 태어난 인종과 그의 며느리 인성왕후 박씨의 효릉(孝陵)이 희릉 옆 서측 능선 서삼릉 지역에 있어, 인종을 낳고 7일 만에 산후병으로 죽은 애통한 장경왕후는 영원토록 효자인 인종과 며느리의 효도를 받고 있다.

정자각 신문으로 본 희릉 능침의 강(岡)

17
중종의 제2계비 문정왕후 태릉

조선 왕실의 측천무후
50여 년간 국정 쥐락펴락

웅장하고 거대한 문정왕후의 능은 그녀의 생전의 모습을 연상하게 한다.

태릉(泰陵)은 조선의 제11대 임금인 중종(中宗)의 제2계비 문정왕후(文定王后) 윤씨(1501~1565)의 능호이다. 태릉은 서울시 노원구 공릉동 산 223-19에 있으며, 사적 제201호로 지정되어 있다. 훗날 사가들은 문정왕후를 중국 당나라의 측천무후, 청나라의 서태후와 종종 비교하여 표현한다. 그녀는 중종, 인종, 명종 3대에 걸쳐 50여 년간 왕비와 대비로 있으면서 국정에 깊숙이 개입했다. 권력욕이 강하고 시기심이 많으며 표독하고 독살스러운 인물로 그려졌다. 그래서인지 문정왕후의 능은 일반 왕후의 능보다 화려하고 웅장하고 특이하게 조영됐다.

문정왕후의 능침은 양주 노원면 대방리(현 노원구 공릉동)에 종산을 수락산으로 한 좌청룡, 우백호의 풍수 형국에 자리 잡았다. 앞에 흐르는 공릉천이 명당수이다. 능침의 좌향은 북서에서 남동향하는 임좌병향(壬坐丙向) 언덕에 단릉(單陵)으로 예장되어 있다. 능역의 좌측에는 태릉선수촌과 그의

문정왕후의 태릉은 조선시대 왕비릉으로 유일하고 웅장한 병풍석 단릉이다

아들 명종과 인순왕후의 강릉이 있으며, 옆으로 삼육대학교가 있다. 전면에는 육군사관학교, 우측으로는 사격장과 놀이동산, 서울여자대학교가 있다.

문정왕후는 1565년 4월 6일 아침 삼정승 등 조정의 대신을 모이게 하여 언서유교(諺書遺敎 : 한글 교서)를 내리고 창덕궁 소덕당에서 승하했다. 보기 드문, 그러나 문정왕후다운 대왕대비의 교서였다. 문정왕후는 교서에서 명종이 허약하고 후손이 없음을 염려하며 자신의 상례에는 고기를 먹지 못하는 예를 무시하고 주상의 몸을 보양케 하라고 명했다. 중년의 아들에 대한 어머니의 걱정을 보여주는 대목이다. 이 밖에 교서에는 왕실에 대한 충성과 그녀가 중흥한 불교의 보존, 자신의 친정 일가로 인해 세력을 잃고 장경왕후 딸인 효혜공주의 제사를 모시는 윤백윤(대윤) 일가의 면

태릉의 제향공간 향로(좌)와 어로(우)가 선명하다

죄를 부탁하는 내용이 담겨 있었다.

그러나 신하들은 이 교서를 따르지 않았다. 오히려 승하 당일 문정왕후의 정치적 간섭을 탓하면서 '서경(書經)'의 목서(牧誓) 편을 예로 들며 "암탉이 새벽에 우는 것은 집안의 다함이다"라고 비난했다.

문정왕후는 16세에 중종의 중전이 되어 28년간 왕비를 지내고 아들 명종이 12세의 어린 나이에 왕위에 오르자 8년간 수렴청정을 하면서 마음 약한 명종에게 간섭과 폭정을 했다. 이렇듯 50여 년간 왕실의 어른 노릇을 하며 국정을 쥐락펴락한 여장부였으니 중국의 측천무후나 서태후에 비교하는 것도 무리는 아니다.

문정왕후는 1501년 영돈령부사 윤지임의 딸로 태어났다. 1518년 중종의 계비 장경왕후가 인종을 낳은 지 엿새 만에 산후병으로 요절하자 급히 왕비로 책봉되었다. 왕실에 들어와 중종의 10명의 비와 빈 중 금슬이 좋아, 4명의 공주를 낳은 문정왕후는 어린 세자(장경왕후의 아들, 훗날 인종)를

태릉은 정자각과 능침의 거리가 길며 강(岡 : 언덕)이 높지 않은 것이 특징이다

기르며 자신의 입지를 다졌다. 그러다 왕비가 된 지 거의 20년 만에 중종과의 사이에 경원군을 낳자 생각이 달라졌다. 이제 자신의 아들을 왕으로 만들고 싶었던 것이다.

1498년(연산군 4년)이후 조선은 약 50년간 4차례의 사화가 일어나 많은 이들이 음모와 무고로 유배당하거나 사사되며, 정치 기강은 더욱 문란해졌다. 당시 정국은 윤여필(尹汝弼)의 딸인 중종의 제1계비 장경왕후(章敬王后)의 친정인 대윤(大尹)과 윤지임(尹之任)의 딸인 제2계비 문정왕후의 친정인 소윤(小尹)으로 갈라져 외척간의 권력투쟁으로 양상이 바뀌었다. 인종 즉위 뒤 정계는 대윤이 득세하였으나 소윤측은 대윤측에 의해 큰 정치적 박해는 받지 않았다.

그러나 인종이 재위 8개월 만에 승하한다. 일설에는 인종이 문정왕후가 전한 독이 든 떡을 먹고 죽었다고 한다. 뒤를 이어 그토록 바라던 자신의 아들 경원대군(명종)이 왕위에 오르자, 문정대비는 12세의 어린 왕을 대신해 수렴청정(垂簾聽政)을 하였다. 이에 정국의 형세는 역전되어, 조정의 실권은 대윤으로부터 명종의 외척인 소윤으로 넘어갔다. 문정대비의 세력을 배경으로 한 소윤측 윤원형은 정권유지를 빌미로 정적을 제거하고, 부정축재와 도덕적 문란 등을 일으키며 '외척전횡시대'가 도래하였다. 어린 명종은 그의 어머니와 외척들의 횡포에 시달려 눈물로 세월을 보냈다 한다. 문정왕후는 동생 윤원형의 애첩인 정난정의 소개로 봉은사 승려 보우를 만나 불교에 심취했다. 보우를 병조판서에 임명하

큰 얼굴에 퉁방울 눈, 우람한 코의 태릉 무석인

태릉의 능침에서 본 전경

고 승과제도를 도입하는 등 조선의 '억불숭유' 정책을 무시하고 불교 중흥에 앞장섰다. 봉은사는 문정왕후 시아버지인 성종의 선릉과 남편 중종의 정릉의 능침 사찰이었다.

미약한 왕권을 이용해 조정대신들이 권력을 독점하고 사리사욕을 채우기에 급급하자 사회는 어수선해지고 병들어갔다. 설상가상 흉년마저 들어 굶주린 백성이 도적 떼가 되기도 했다. 양주의 임꺽정이 민란을 일으켰고, 이를 틈타 왜구가 쳐들어왔다. 이것이 을묘왜변이다. 명종은 민란을 평정하고 왜구를 퇴치하느라 곤욕을 치렀고, 백성들은 막대한 피해를 입었다.

그럼에도 문정왕후 세력은 정적 제거에만 몰두해 음모는 끈질기게 계속되었다. 1547년 9월 문정왕후 세력은 양재역 부근에 '위로는 여왕, 아래로는 간신들이 날뛰니 곧 나라가 망할 것이다'라는 벽서를 붙인 뒤 정적인 윤임 세력이 역모를 기도한 증거라고 몰아세웠다. 이른바 양재역

중종의 제2계비 문정왕후 태릉 배치도

벽서 사건이다. 이때 자신들의 편에 서지 않은 희빈 홍씨(중종의 후궁)의 소생인 봉성군이 반역을 꾀했다는 죄목으로 사사됐다. 이후에도 수년간 윤원형 일파의 음모로 화를 입은 반대파 명사들이 100여 명에 달하였다.

1565년 어머니 문정왕후가 승하하자 명종은 사회적 안정을 도모하고 나라를 평온하게 하기 위해 지금의 태릉 터에 자신의 어머니 문정왕후를 모셨다. 당대의 지관이며 예언가였던 남사고(南師古)가 "동쪽에 태산을 봉한 뒤에야 나라가 안정될 것이다"라고 한 말에 따라 문정왕후를 태릉에 모시고 훗날 자신도 바로 옆 강릉(康陵)에 안장되었다.

문정왕후는 생전에 남편 중종(1488~1544)의 능을 옮겼다. 원래 중종은 고양시 서삼릉 내에 있는 희릉(장경왕후의 능)의 오른쪽 언덕에 있던 것을, 1562년(명종 17년) 중종의 곁에 같이 묻히기를 원했던 문정왕후의 뜻에 따라 현재의 강남구 정릉(靖陵) 터로 천장한다. 즉 문정왕후는 그의 손위 계비 장경왕후(章敬王后) 윤씨와 동원(同原)에 있던 중종의 정릉을 봉은사(奉恩寺) 곁으로 천장하고, 자신도 그 옆에 묻히기를 원했다. 그러나 정릉 주위는 지대가 낮아 장마철에 물이 들어오고 세자가 죽는 안 좋은 일이 잇따르자 명종은 "천장 후 나라에 좋은 일이 없고 변고가 생기니 다시 가서 두루 산릉을 찾으라"는 명령과, 남사고 등의 국가안정론을 근거로 결국 공릉동에 안장됐고 문정왕후는 뜻을 이루지 못하였다. 이러한 국가안정론을 이유로 1950년대 현 육군사관학교가 이곳에 자리 잡았다고 한다.

그래서인지 문정왕후의 태릉은 왕비의 능이지만 웅장하고 커서 그녀의 여장부 모습을 짐작게 한다. 능호도 크고 편안하다는 의미로 태릉으로 하였다. 특히 능침과 정자각 사이의 거리가 조선의 능원 가운데 가장 길며, 기를 모아 뭉치게 한다는 능침 앞 강(岡 : 언덕)을 약하게 한 것이 특이하다. 이것은 왕후의 정권욕을 잠재우려 했던 왕과 신하들의 뜻이 아닐까?

태릉의 고석 귀면

태릉 병풍석의 12지신상, 성종의 선릉 형식을 따르고 있다

태릉의 상설제도는 명종의 명으로 '국조오례의'에 나타난 대비의 상례가 아닌 대왕의 상례를 따르고 있다. 봉분 아래에는 운채(雲彩)와 12지신을 의미하는 방위신이 새겨진 병풍석으로 두르고, 주위를 난간석으로 다시 보호하였다. 병풍석 위의 만석(滿石) 앞면 중앙에는 12간지를 문자로 새겼다. 원래 12간지를 문자로 새기는 것은 세조 때 능역 조성을 간소화하면서 병풍석을 없애고 병풍석의 신상(神像)을 대체하기 위한 방편으로 등장한 것인데, 태릉에는 신상과 문자가 병용돼 주목을 끈다. 이 능역의 조성을 위해 상당히 많은 인력이 동원됐을 것으로 보인다. 태릉은 조선의 왕비릉 중 유일하게 병풍석을 두른 단릉으로 마치 권력이 있었던 위엄있는 왕릉 같다.

태릉의 문·무석인은 목이 짧고 얼굴이 상대적으로 매우 큰 형태이다. 무석인은 특히 퉁방울 눈에 코가 유난히 큰 편이다. 문석인은 높이가 260cm로, 관복에 과거 급제자가 홍패를 받을 때 착용하는 복두(幞頭)를 쓴 공복(公服)차림을 하고 있다. 두 손으로는 홀(笏)을 공손히 맞잡고 있는데, 왼쪽의 문석인은 오른손으로 왼손을 감싸고 있는 반면 오른쪽의 문석인은 그 반대의 자세를 취하고 있다. 일반적으로 좌우 문석인의 홀을 잡는 방법은 동일하나 이곳 태릉의 경우는 다르다. 무석인은 문석인과 비슷한 크기이며, 갑옷을 입고 머리에는 투구를 쓴 위용 넘치는 무장(武將)의 모습이다. 문 · 무석인 얼굴과 몸통의 비례가 1 대 4 정도로 머리 부분이 거대하다.

태릉에서는 비교적 원형에 가까운 모습의 금천교를 볼 수 있다. 앞쪽에 부러진 금천교는 외금천교로 전해진다. 1950~60년대 서울여대 앞쪽 화랑로 주변에 있던 것을 옮겨온 것으로 알려져 있다. 태릉 전면의 물길은 오랜 세월 상부의 마사토 등이 아래로 유실되고 퇴적되면서 물의 흐름이 막혀 다리 기능을 상실한 것으로 보인다. 사라진 물길을 찾는 작업이 필요하다. 정자각은 6 · 25전쟁 때 파손돼 석축과 초석만 남은 것을 1994년에 복원한 것이다. 정면 3칸, 측면 2칸의 정전(正殿)과 그 앞의 월랑(月廊)으로 이루어져 있다. 앞으로 1970년대 태릉 능역 안에 만든 놀이동산과 사격장을 철거하고, 소실된 재실과 어정을 복원해야 한다.

문정왕후 자신이 같이 묻히기를 원해 옮겨놓은 남편 중종의 정릉과 그녀의 시아버지인 성종의 선릉은 1592년 일본군에 의해 도굴되고 시신이 훼손되는 수난을 겪었을시 문정황후의 능도 임란시 '효인'이라는 자가 능침 안에 금 · 은보화가 많다고 고자질하여 1593년 1월 일본군이 기마병 50명과 주민 50명을 동원해 도굴하려 하였으나 삼물의 회(灰)가 너무 단단해서 도굴에 실패하였다는 기록이 전한다.

태릉 주변의 송림, 좌우 능선과 계곡에 있는 굴참나무 숲과 진달래는 서울에서 보기 드문 생태 경관이다.

문정왕후와 중종 사이에 태어난 명종은 명릉으로 이곳 태릉 좌측의 언덕에 있으며 삼육대학교와 인접해 있다.

18

인종과 인성왕후 효릉

25년 세자… 8개월 재위

꿈을 펼 기회도 없었다.

효릉(孝陵)은 조선 제12대 왕 인종(仁宗, 1515~1545)과 비 인성왕후(仁聖王后, 1514~1577) 나주 박씨의 능이다. 효릉은 동원쌍릉으로 왕의 능침은 병풍석으로, 왕비 능침은 난간석으로만 되어있는 조선의 능 중 유일한 형태이다. 효릉은 경기도 고양시 덕양구 원당동 산 38-4의 서삼릉 지구 서쪽 축협 종축장 능선에 있다. 우측에는 조선 왕실의 왕자 및 공주, 옹주, 후궁의 묘와 태실묘가 있다. 이들은 일제강점기에 전국 길지에 놓여 있던 것을 강제로 옮겨다 놓은 것이다.

1515년(중종 10년) 음력 2월 25일 밤 초경(初更 : 저녁 7~9시)에 원자(인종)가 태어났다. 어머니는 장경왕후 파평 윤씨이다. 다음날 영의정 정광필 등 백관이 경복궁 근정전 뜰에서 축하 예를 올리며 '거룩한 모습으로 하늘의 복을 받아 국가의 큰 경사이며, 천년의 좋은 운수를 받아 큰 이름 무궁토록 밝히고 종실이 영원토록 많은 복이 있기를 바란다'는 글을 올렸다. 이에 중종은 다음과 같이 큰 기쁨을 말했다.

병풍석(인종)과 난간석(인성왕후)의 형태로 조성된 효릉

"조종의 일에서 제사를 이을 아들을 얻은 일보다 큰일이 없는데 10년이 지나도록 '웅몽(熊夢 : 꿈에 곰을 보면 아들을 낳는다는 길한 조짐. 詩經의 소아(小雅), 사간(射干) 내용)의 상서'를 얻지 못해 근심하고 있었는데 정비가 원자를 낳으니 어찌 나 한 사람만의 경사인가. 만백성과 더불어 즐거움을 함께 하겠다. 만대의 계획을 굳건히 하고 때 묻은 것을 깨끗이 씻고 유신에 함께 참여하자고 호소한다."

중종에게는 10명의 비와 빈이 있었으나, 즉위 후 10년이 지나서야 기다렸던 후계자가 탄생했으니 얼마나 기뻤을까. 그것도 원자가 아닌가. 하지만 기쁨도 잠시, 호사다마(好事多魔)였을까. 7일 후 이른 새벽, 중궁이 산후병으로 세상을 떠났다. 온갖 정성과 공을 들여 탄생한 핏덩어리 인종에게 어미 없는 왕실 생활이 순탄치 않을 것임을 예고하는 순간이었다.

인종은 어려서부터 재지(才智)가 뛰어나 3세에 글을 깨치고 6세에 세자로 책봉되었다. 성품이 조용하며 공손, 인자하고 효성과 형제와의 우애

효심이 많은 인종은 유언에 의해 어머니 장경왕후의 희릉과 함께 서삼릉지구에 있다

가 있으며, 학문에 부지런하고 이치에 어긋남이 없으며 소차(疏箚 : 작은 상소문)라도 친필로 극진히 답하고, 궁녀들도 멀리해 궁위가 엄숙했다. 그래서인지 후사가 없었다.

효자인 인종은 부왕이 편찮을 때는 관대를 벗지 않고 밤낮으로 모시고 친히 약을 달여 반드시 먼저 먹어보고 드렸으며 즉위한 뒤에도 경복궁에서는 중종의 흔적이 있는 곳곳을 일일이 가리키며 슬퍼하였다.

인종이 동궁에 있을 때 한밤중에 불이 난 것을 두고 사가에는 이런 이야기가 전해온다. 누군가가 여러 마리의 쥐꼬리에 솜방망이 불을 붙여 동궁으로 들여보내 순식간에 불이 나자 인종은 계모인 문정왕후의 짓임을 직감하고 자신을 길러준 계모의 뜻을 어기는 것도 불효라 생각해 꿈쩍 않고 앉아 있었다고 한다. 그러다 밖에서 중종이 애타게 부르는 소리를 듣고, 계모에게는 뜻을 따르는 것이 효이지만 아버지에게는 불효가 된다고 생각해 불길을 뛰쳐나왔다는 것이다.

25년 간의 세자교육을 철저히 받은 인종이 30세 되던 해, 부왕 중종이

효릉의 정자각

재위 39년 만에 승하했다. 인종은 땅에 엎드려 슬픔을 감추지 못했고, 대비인 문정왕후가 나서서 상례를 주관하니 대비의 설침에 신하들은 못마땅해 했다. 일반적으로 선왕 승하 후 사왕(嗣王 : 후임왕)이 3일 안에 즉위하는데, 엿새째 되는 날 신하들이 인종에게 즉위를 권유했음에도 사양을 거듭하다 결국 저녁이 되어 사왕이 빈전 앞에서 유고(遺誥)와 어보를 받고 창덕궁에서 촛불을 밝히고 즉위하였다.

왕의 즉위식은 대개 왕궁의 정전 문 앞에서 거행되는 것이 관례로, 이 날 창덕궁의 정전인 인정문 앞에서 이루어졌다. 이때 인종은 승여(乘輿)도 거부하고 어좌에 이르러 차마 앉지 못했다. 저녁때라 시간을 재촉하는 신하들의 권고에 불안한 자세로 어좌에 올랐으나, 슬픔으로 눈물이 비 오듯 하니 모든 신하가 오열하며 눈물을 흘리지 않는 이가 없었다. 즉위식이 끝나자 인종은 바로 면복(冕服 : 면류관과 곤룡포)을 벗고 최복(衰服 : 상복)을 입었다. 인종의 품성을 보여주는 대목이다. 당일 세자빈 박씨는 특별한 의식 없이 왕비에 올라 사직, 영녕전, 종묘, 영경전에 즉위를 고했다.

효자 인종은 5개월간의 장례 기간에 음식을 가리고 육식을 멀리하여 허약해졌음에도 아버지 중종의 주다례를 올리고 문정왕후 대비전에 문안 인사를 빠뜨리지 않았다. 신하들이 임금의 옥체가 강령하지 못하고 날씨가 매우 더워 중병이 생길까 우려했으나 듣지 않았다. 95년 전 세종이 승하했을 때 효자 문종의 모습을 떠올리게 한다.

얼마 후 인종은 인(仁)을 베푼다는 이유를 들어 대사면 교서를 내린 뒤 기절했다. 이후 깨어나서는 여러 재상 앞에서 자신은 일어나지 못할 것 같으니 문정왕후의 아들이며 자신의 이복동생인 경원대군(명종)에게 전위한다는 전교를 내리고, 다음 날인 1545년 7월 1일 경복궁 청연루(淸讌樓) 아래 소침(小寢)에서 훙서(薨逝)하였다. 인종은 선왕의 대업을 이어받았으나 상중에 너무 슬퍼해 재위 8개월 만에 31세로 승하하는 바람에 자신의 뜻을 펼쳐볼 기회도 없었다.

새로 왕위에 오른 경원대군(명종)은 12세로 너무 어려서 문정왕후가 수렴청정을 시작했다. 인종의 국장도 문정왕후의 지휘 아래 이뤄졌다. 상주인 명종은 상례를 친행하지 않았다. 생모인 문정왕후의 지시였을까, 아니면 어리다는 핑계였을까? 93년 전 문종 승하 때 어머니 없는 12세의 단종이 친행한 것과는 대조적이다.

인종이 승하하던 날 문정왕후는 슬퍼하는 기색도 없이 기다렸다는 듯 창덕궁에서 정궁인 경복궁으로 옮겼다. 그녀의 정권욕과 독살설이 나올 만하다. 인종이 승하하던 날 도성 안에 "괴물이 밤에 다녀 검은 기운이 캄캄하고, 뭇 수레 지나가는 소리가 성 안을 진동해 인마가 놀라 휘돌아다니는데 도성의 군졸들이 막을 수 없었다"고 전해온다. 어진 임금의 승하와 문정왕후의 정권욕을 비웃는 민중의 반란으로 해석된다. 임금의 소렴은 승하 3일 후가 원칙이나 문정왕후와 영의정 윤인경 등은 승하 다음 날로 서둘렀다. 중전 박씨가 인종의 용안이 옥색임을 보고 인종이 "내가

인종의 병풍석. 12지신상이 선명하다

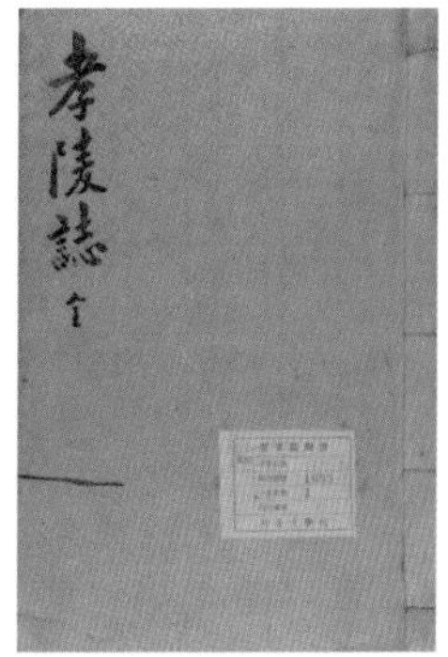

조선시대에는 왕릉의 보존과 관리를 위해 각종릉지를 작성 관리했으나 임진왜란시 많이 소실되고 현재「효릉지」 등이 남아 있다

죽거든 사흘 동안 염하지 말라"는 유교를 남겼다고 하며 소렴을 미루기를 간절히 바랐으나 문정왕후는 강행했다. 후손 없는 인종의 장례는 서둘러 진행되었다.

대비가 영의정 윤인경 등에게 중종과 장경왕후를 모신 고양의 정릉(靖陵) 근처를 살피게 한다. 정릉 백호 능선 너머의 아름다운 곳이 인종의 유교라 하고 "간목산(艮木山) 아래에 간좌곤향(艮坐坤向 : 남서향)이고 득수득파(得水得破)는 묘득신파(卯得申破 : 동에서 나와 서로 흐름)이다. 청룡은 겹겹이 쌓이고 백호는 세 겹으로 감싼 형국이며, 내청룡이 감아돌아 앞을 감싸는 안대(案帶)가 되었으며, 수구가 막혔고 형혈(形穴)로 분명히 아름답고, 흉함이 없는 길지의 형세"라 하며, 이곳으로 정한다. 묘호는 그가 생전에 베풀고 의(義)를 행함을 따서 묘호를 인종(仁宗)이라 하고, 능호는 품성을 따서 효릉(孝陵)이라 하였다.

인종의 비 인성왕후 나주 박씨는 금성부원군 박용의 딸로 11세에 세자

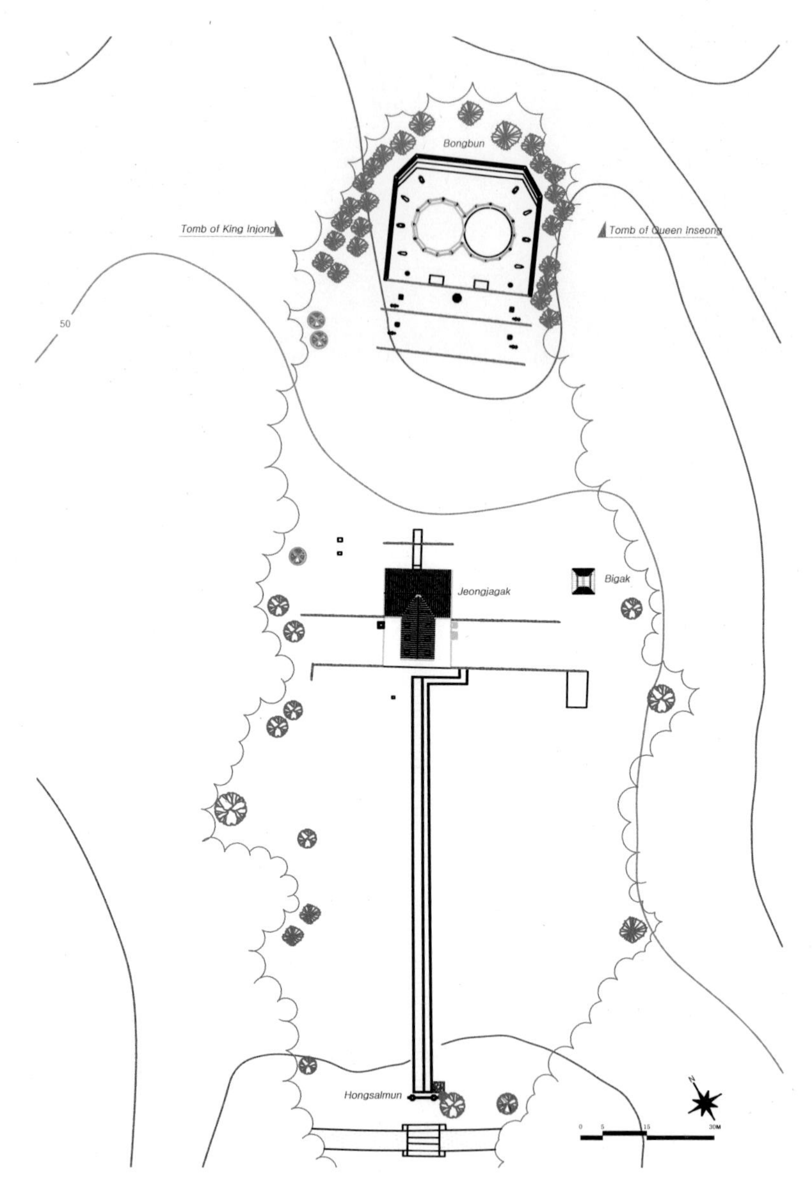

인종(좌)과 인성왕후(우)의 효릉 배치도

효릉 옆의 조선왕릉 태실묘

빈이 되었으며, 인종 즉위 시 왕비에 올랐으나 슬하에 자녀를 두지 못했다. 인종 사망 후 대비로 32년 더 살다가 선조 10년(1577) 11월 28일 64세로 승하하여 인종 왼쪽에 비워놓았던 왕비릉 자리에 안장되었다.

효릉은 '국조오례의'에 의한 상설제도를 따르고 있으며, 난간석으로 왕과 왕비의 능이 연결되어 있다. 왕의 능침에는 병풍석이 둘러쳐 있고 비의 능침은 병풍석 없이 난간석만 세웠다. 인종의 능침은 원래 세조의 유시를 따른 난간석에 회격실로 조영되었었다. 30년 후 인성왕후를 안장하고 다음 해(선조 11년) 임금인 선조가 백부인 인종의 효심, 형제애를 기리며 재수축하는 과정에서 병풍석으로 공들여 조영하였다. 그러나 인성왕후의 능침은 난간석 만으로 조영한 조선시대 유일한 특이한 형태이다.

병풍석에는 운채와 십이지신상이 새겨져 있다. 기타 석물은 일반 상례와 같다. 조선왕릉은 장명등의 창호로 조산(朝山)을 바라보면 조산 또는 안산의 봉우리와 연결되는 자연의 축을 이루는 것이 특징이다. 그러나 아쉽게도 효릉의 장명등 창호에 들어오는 모습은 골프장의 클럽하우스

효릉의 장명등 창호로 바라본 조산(朝山), 클럽하우스가 있어 원경관을 해친다

이다. 조선왕릉의 특징인 축선의 원경관이 훼손되었다. 효릉 중계의 장명등 좌우 창호로 보이는 문석인의 모습이 재미있다. 효릉은 조선의 왕릉 중 원경과 근경의 축의 개념이 확실한 능역으로 평가된다.

정자각 전면의 우측에는 동자석 모양의 석물이 하나 있다. 다른 능에서 볼 수 없는 것이다. 인종 능역 조영 때 불량품인지, 아니면 인성왕후 능역을 조영할 때 만들어진 것인지, 또 다른 능제시설인지, 이야깃거리가 있는 것 같아 궁금하나 아직까지 확인된 바 없다.

숙종 30년(1704) 1월 효릉에 산달(山獺 : 너구리, 담비, 족제비를 칭함)이 나타나 수라청의 구도(溝道 : 아궁이) 속으로 들어가자, 노복인 주명철이 불을 지펴 연기를 뿜어 넣어 잡으려다 그만 화재를 내 능상까지 불이 번지자 도망가 숨어버렸다. 이 사실은 즉각 조정에 보고됐고 결국 삼성추국(三省推鞫 : 최고 기관에서 심문) 끝에 해당자는 사형을 당하고 가족과 관리자, 참봉 등 관리인들은 천민으로 강등돼 귀양을 갔다. 이런 변고로 임금은 정전에 들지 않고 3일간 업무를 중단하고, 백관들은 천담복(淺淡服 : 국상이나 제례 때 입는 엷은 옥색 제복)을 입고 위안제를 올렸다.

이렇게 능역에 불을 내면 큰일이 났다. 조선 518년 동안 철저하고 엄격하게 관리해온 왕릉의 능역은 일제강점기와 6 · 25전쟁 등 국가적 혼란기를 거치면서 많이 훼손됐다. 특히 효릉은 1970년대 축산진흥 정책의 일환으로 좌우 능선과 주변을 국립종축장으로 활용하기 위해 초지를 조성하고 전면부와 주변의 능역을 골프장으로 개발한 까닭에 세계문화유산에서 제외될 뻔했다. 그러나 조선 왕릉이 연속유산(serial Heritage)으로 인정받으려면 모든 능을 등재 신청해야 유리하다는 의견에 따라 이 능도 포함되었다. 세계유산위원회에서는 이렇게 훼손된 능역의 원형 복원을 강력히 요구하고 있다. 효릉 주변의 지형, 연지, 금천교, 수복방, 수라청 등도 시급히 복원해야 한다.

19
명종과 인순왕후 강릉

권신들 횡포와 국정 혼란
허수아비 왕권에 '눈물'

강릉(康陵)은 조선 제13대 왕 명종(明宗, 1534~1567, 재위 1545~1567)과 비 인순왕후(仁順王后, 1532~1575) 심씨의 능이다. 명종의 휘(諱)는 환(峘)이며 자(字)는 대양(對陽)이다. 강릉은 문정왕후가 묻힌 태릉의 동북쪽인 서울 노원구 공릉동 산 223-19에 있다. 오른쪽에 태릉선수촌이 있으며, 왼쪽에 삼육대가 인접하고 있다.

제11대 임금 중종과 계비 문정왕후의 아들인 명종은 그의 이복형인 인종이 재위 8개월 만에 후사 없이 승하하자 12세에 왕위에 올라, 모친 문정왕후가 수렴청정을 했다. 문정왕후는 수렴청정을 하면서 왕의 종아리를 때릴 만큼 독선적이고, 정치적 야심이 컸다고 한다.

명종은 23년 동안 재위했으나 문정왕후의 수렴청정과 을사사화, 임꺽정의 난, 을묘왜변 등 국가적 혼란을 겪으며 성군이 되지는 못했다. 그러나 이언적(1491~1553) 등을 통해 성리학(주리론)을 정립하게 하고 이황(1501~1570) 등의 활동으로 성리학, 유학 사상을 발전시켰다. 1545년 7월 1일 인

선조 때 조영된 명종과 안순왕후의 능침은 병풍석으로 견고하게 조영되어 원형이 잘 보존되어 있다

종 승하 후 왕권을 이은 명종은 언제, 어디서 즉위했는지 기록이 없다. 인종이 승하하는 날 문정왕후가 바로 경복궁에 입궁했다는 기록으로 보아 당일 즉위한 것으로 추측된다.

조선 중기 연산군 때부터 명종까지 신진사류(사림)가 훈구세력으로부터 받은 정치적 탄압으로 약 50년간 네 차례의 사화가 일어났다. 선왕인 인종 때는 25년간의 세자생활과 8개월의 재위 동안 외척인 윤임을 중심으로 한 대윤파가 실권을 장악했으나, 명종의 즉위와 더불어 문정왕후 동생인 소윤파 윤원형 등이 득세해 대윤파를 대대적으로 숙청했다. 이것이 을사사화다.

이후 약 20여 년간 문정왕후와 윤원형의 전횡 탓에 명종은 눈물로 세월을 보내야 했다. 윤원형의 권세가 크다 보니 노비 출신으로 정경부인까지

선조에 의해 정성들여 조영된 강릉은 어머니의 품처럼 평안하고 온화하다

된 그의 애첩 정난정의 위세가 대단해서 뇌물을 받고 남의 재산을 빼앗는 것도 모자라 생사여탈이 그의 손에 달렸다는 말이 오갈 지경이었다.

1565년 문정왕후가 승하하자 명종은 윤원형 세력을 견제하기 위해 인순왕후의 친인척을 가까이 두었으나 그들 역시 사리사욕을 채우는 데 급급해 부정축재를 일삼고 자기 세력을 키워 조정은 권신들의 횡포로 정치적 혼란이 극심했다. 이 무렵 황해도 구월산에 본거지를 둔 의적 임꺽정이 난을 일으켜 3년간 조선의 행정은 마비되고, 을묘왜변 등 왜구의 약탈로 민간의 고통은 커졌다.

혼란기에 왕권을 지키고 나라를 안정시키고자 애쓰던 명종은 1567년(명종 22년) 6월 28일 축시(새벽 1~3시)에 후임 왕을 점지하지 못하고 경복궁 양심당에서 세상을 하직할 기미를 보였다. 왕실과 조정은 선왕 승하

한가롭게 비가 내리는 강릉 정자각 배위청 앞 전경

에 대한 슬픔에 앞서 사왕(嗣王 : 차기 왕) 선임에 신경을 곤두세운다. 이날 밤 상왕의 병이 위독하여 두 정승을 부르나 이미 퇴청했고, 왕이 신음하면서 괴로워하니 뒤늦게 정승들이 들어와 내시들이 부축했으나 말을 잇지 못했다. 사관이 두 사람의 이름을 써서 올렸으나 끝내 고명하지 못했다. 결국 신하들이 중전(인순왕후)에게 후계자 전교를 요구하니 "을축년(2년 전)에 하서(下書)한 일이 있는데, 그때 덕흥군의 셋째아들 균(鈞)을 후사로 삼은 일을 경들도 알고 있다"고 말하니, 신하들은 양사의 장관(예조와 사관)들이 알아야 한다며 중전에게 재 전교를 부탁한다. 그러나 인순왕후는 "밤이 깊어 미안하니 서간으로 전한다" 해서 신하들이 물러나와 경회지(慶會池) 다리에 둘러앉아 좌의정 이명 등에게 중전의 전교를 논의하다 사관들이 들으려 하자 못 듣게 하니 불안의 기색이 많았다고 실록은 전한다.

웅장하고 견고하게 병풍석과 난간석으로 조영된 조선중기의 강릉 능침

의관이 왕의 수족이 식어간다 전하자 승지가 영의정 이준경, 좌의정 이명 등에게 주상을 봉영할 것을 큰 소리로 울부짖으니, 인순왕후가 "망극하여 어찌할 바를 모르겠다. 재작년(을축년) 서한한 사람으로 하라"고 명한다. 죽어가는 명종 앞에서 인순왕후가 덕흥군의 삼남 하성군을 사왕(차기왕)으로 지명한 것이다. 곧바로 명종이 경복궁 양심당에서 승하했다.

하성군은 세자교육을 받지 못해 신하들이 인순왕후에게 수렴청정을 청하자 처음에는 사양하다 행한다. 인순왕후는 명종의 양아들이 된 사자(嗣子 : 대를 이을 아들. 하성군)에게 몇 년 전 세상을 떠난 자신의 친아들 순회세자의 이름을 따라 일(日)자를 좇아 연(昖)자로 개명을 시킨다. 즉, 선조가 명종의 아들로 입적한 것이다. 이날 곧바로 사직동에 있는 덕흥군의 사저에 가서 잡인의 접근을 막고 16세의 하성군을 맞으려 했는데 사군의 친모(정씨)가 사망해 빈소 곁에 있어야 한다는 이유를 들며 사양한다. 그러나 내명(內命)의 중요성을 들어 경복궁 근정전 동뜰을 거쳐 입궁하고 잡인

구조적으로 튼튼한 배흘림 기법을 볼 수 있은 강릉의 금천교

의 출입을 금했다. 하성군이 양자로 입양해 왕위를 이은 것이다.

일주일 뒤 하성군이 근정전에서 즉위하니 이가 곧 선조다. 백관이 사배삼고두(四拜三叩頭)[20]하고 산호(山呼 : 임금 취임을 축하해 만세를 세 번 부름)했다. 이후 이황 등이 명종의 행장을 수찬한 내용은 남아 있으나, 임란 때 각종 의궤와 함께 실록이 불타 국장 내용은 알 수가 없다. 다만 '강릉지'에 일부 내용이 전한다.

인순왕후 심씨는 청송 본관의 청릉부원군 심강(沈鋼)의 딸로 1545년 명종 즉위년에 왕비로 책봉됐으며, 1551년 명종과의 사이에 순회세자를 낳았으나 세자가 13세 때 요절하고, 1567년 명종이 먼저 죽자 대비가 되어 16세의 선조를 수렴청정했다. 인순왕후는 1575년(선조 8년) 1월 2일에 성의

20 사배삼고두(四拜三叩頭) ; 네 번 절하고 세 번 머리를 조아리는 것

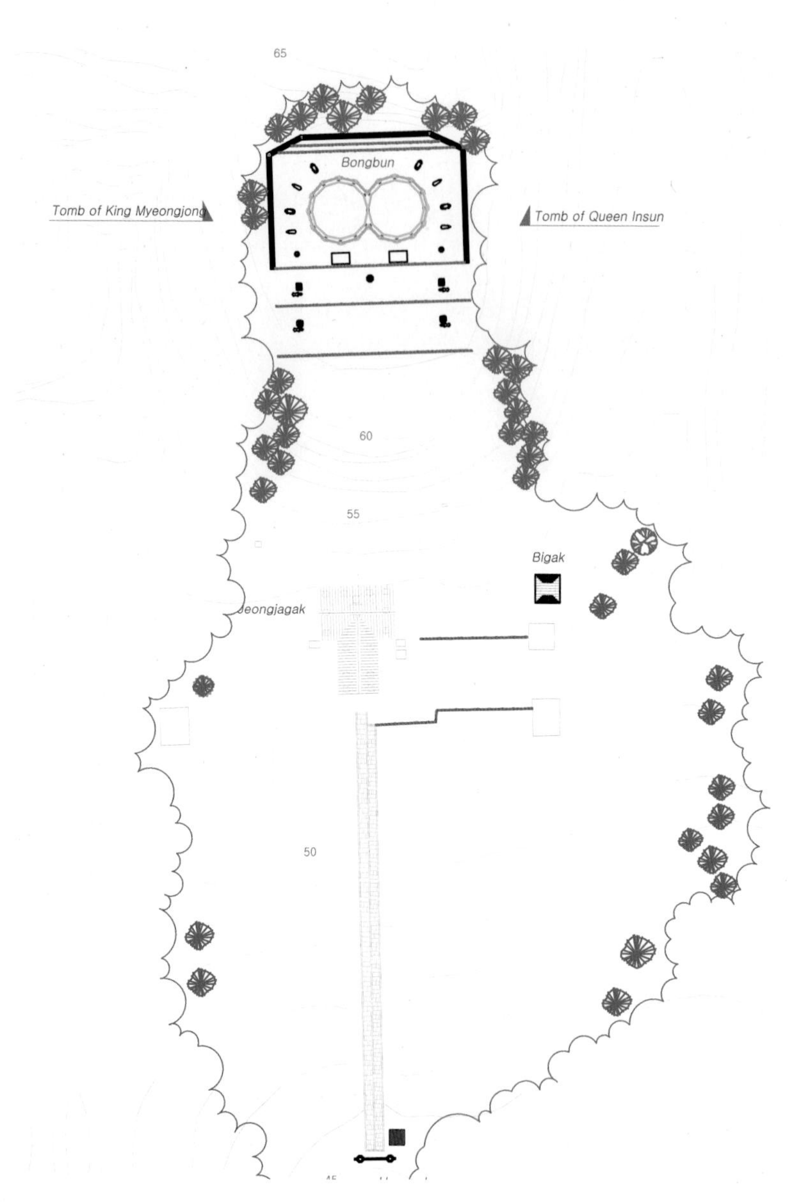

명종(좌)과 인순왕후(우)의 강릉 배치도

전(聖懿殿)에서 세상을 떴으며 명종의 능에 나란히 쌍릉으로 모셔졌다.

상주인 선조에게 양어머니이자 대비인 인순왕후는 각별했다. 전혀 가능성이 없던 자신을 왕위에 오르게 했고, 문정왕후와 달리 1년만 수렴청정하고 왕권을 넘겨주었다. 그래서 선조는 인순왕후의 상례에 많은 공을 들였고, 장례 준비를 소홀히 했다는 이유로 빈전랑청 등 많은 사람이 파직을 당했다. 능원의 자리도 명종의 강릉을 수산(水山)이니, 건산(乾山)이니 논의하다 금산(金山)이라 하고 지리설을 주장하며 지금의 강릉에 정했다.

선조의 감독 아래 정성 들여 조영된 강릉은 이름에서 나타나듯 어머니의 품처럼 편안하고 온화하게 조영됐다. 그래서인가, 많은 조선 왕릉의 석물이 6 · 25전쟁 등을 거치면서 코, 갑옷 등이 총상을 입고 훼손됐으나 강릉만은 온전히 보전되었다.

강릉은 한 언덕에 왕과 왕비의 봉분을 나란히 마련한 동원(同原)쌍릉이다. 태릉과 마찬가지로 병풍석을 두르고, 12칸의 난간석으로 연결돼 있으며, 십이지신상이 새겨진 병풍석과 십이간지를 문자로 새긴 만석이 있다. 혼유석은 왕릉과 왕비릉에 각각 설치했다. 450여 년의 오랜 세월이 흘러 혼유석 상판을 물갈이한 흔적이 자꾸 사라져 신경이 쓰인다.

강릉의 정자각은 최근 보수한 태릉의 정자각보다 고풍스러운 느낌이고, 문무석인상의 인상과 형태는 전체적으로 태릉과 유사하다. 임진왜란 직전의 것들로 임란 이전의 능제시설 연구에 가치가 있는 능원이다.

문인 공간에 세워진 장명등은 조선 초기 건원릉(健元陵)과 헌릉(獻陵)을 본뜬 16세기 복고풍 장명등의 특징을 잘 보여주고 있다. 화대(火臺)가 하대석(下臺石)보다 좁아지고 몸체 부분이 길어지는 이러한 형식의 장명등은 할아버지인 성종의 선릉(宣陵)에서부터 나타나기 시작했다. 이 장명등 앞에는 육각의 작은 디딤돌이 있어 특이하다. 아마도 장명등 안에 불을 밝히기 위해 설치한 디딤돌로 생각된다.

강릉의 문석인은 전체적으로 보아 신체에 비해 머리의 비례가 크고, 목이 짧아 마치 머리가 양어깨 사이로 파고 들어간 것처럼 조각돼 있다. 석물의 재질이 전단강도가 약한 화강암이어서 목 부분이 가늘면 잘 부러지는 것을 고려하여 이렇게 조각한 것으로 보인다. 복장은 복두(幞頭)를 쓰고 관복(官服)을 걸친 문관의 차림을 하고 있다. 두 손에는 홀(笏)을 쥐고 있으며, 태릉과 마찬가지로 이곳 강릉의 문석인도 좌우에 따라 손의 위치가 달라지는 모습을 보여 준다. 태릉을 조각한 작가들이 강릉 조영에도 참여한 것으로 추정할 수 있다. 사실 이러한 확인은 '산릉도감의궤' 등에 참여한 인력이 자세히 기록으로 나와 있어 확인이 가능하다. 그러나 이곳 강릉을 비롯해 임란 이전의 능원의 의궤는 대부분 소실되어 확인이 어렵다. 매우 아쉬운 일이다.

무석인은 왼편의 경우 투구와 안면의 크기가 엇비슷한 반면, 오른편의 무석인은 투구가 작고, 턱과 양쪽 볼이 튀어나와 묘한 인상을 준다. 신체 표현에서도 왼쪽 무석인의 경우 팔꿈치에는 구름 문양을, 등과 무릎 부분에는 비늘 문양을 새기고 있는 반면, 오른편 무석인은 띠가 생략된 가슴의 전면에 걸쳐 파도 문양을 조각하고 있으며, 양 어깨에는 귀면(鬼面)을 새겼다. 화강암 조각의 정교함이 우리 선조의 조각기술에 감탄하게 한다.

강릉의 진입공간에 있는 금천교의 장대석은 아래로 배흘림하여 구조적으로 튼튼함을 강조하고 있으며, 수라청 터 오른쪽 계류에는 원형의 어정이 있다. 조선 왕릉의 어정 중 몇 개 남지 않은 것이라 복원이 아쉽다. 정자각 왼쪽 앞에는 인순왕후 승하 때 사용했으리라 추정되는 가정자각 터가 있다. 조선 왕릉 중 가장 오래된 가정자각 터로 사료된다. 임금이나 왕비 중 어느 한 분이 먼저 승하하여 3년이 지나면 길례(吉禮)로 정자각을 만들어 제례를 모시는데, 흉례(凶禮)로 함께 모실 수 없어 만드

섬세하고 정교하게 조각된 강릉의 무석인 상, 비교적 완벽하게 보존되어 있어 임란직전의 대표적 조각으로 평가된다

임란직전의 강릉 장명등은 조선중기의 완벽한 조형성으로 보존 가치를 더하고 있다

는 것이 가정자각이다. 명종이 승하한 지 3년이 지나 길례로 모시고 있으므로, 부득이 인순왕후는 흉례로 가정자각에 모셨다가 3년 후 길례로 본정자각에서 함께 모시고 가정자각은 철거했다. 이런 가정자각 터는 목릉의 인목대비 능침 앞에서도 볼 수 있다.

태릉에서 강릉을 잇는 계곡과 능선 산책로 변에 자생하는 천연의 굴참나무와 진달래 숲은 수도권에서 보기 드문 생태경관이다.

20

선조와 의인왕후, 계비 인목왕후 목릉

임진왜란에 상처난 王權 능침 조성으로 만회하려 했나

목릉(穆陵)은 조선의 제14대 임금 선조(宣祖, 1552~1608, 재위 : 1567~1608)와 원비 의인왕후(懿仁王后, 1555~1600) 나주 박씨 그리고 계비 인목왕후(仁穆王后, 1584~1632) 연안 김씨가 묻힌 능원이다. 하나의 능역에 각각 3개의 언덕에 각기 능침이 있는 동원삼강릉(同原三岡陵)이다. 일정한 거리를 두고 3개의 언덕에 곡장이 둘러쳐진 능이 조성된 것은, 다른 능에서는 볼 수 없는 목릉만의 형식이다. 목릉은 경기도 구리시 인창동 동구릉(東九陵)에서 가장 깊숙한 곳인 건원릉의 동편 언덕에 자리하고 있다. 왼쪽 정자각 바로 뒤쪽으로 보이는 것이 선조의 능침이고 그 오른쪽이 의인왕후, 비각 오른쪽이 인목왕후의 능침이다. 홍살문에서 정자각에 이르는 향로와 어로는 곡선형을 이루고 있다.

명종이 승하했으나 그를 이을 적손(嫡孫)이 없자, 중종의 일곱째 아들인 덕흥군의 아들 하성군이 명종의 양자로 입적돼 왕에 즉위했는데 그가 선

웅장하고 거대하게 조영된 선조의 능침(앞)

조다. 선조는 1552년(명종 7년) 11월 11일 인달방(仁達坊) 덕흥군 사저에서 태어났다. 선조는 서손(庶孫) 출신으로 방계승통을 한 최초의 임금이다.

선조는 사가에서 하성군으로 책봉되었다가 왕위를 계승하며 휘(諱)를 연(昖)이라 했다. 하성군은 타고난 자질이 뛰어나고 기백과 도량이 영특하여 모두들 비범하게 여겼다. 어느 날 명종이 하성군과 그의 두 형을 함께 불러들여서 자신이 쓰고 있던 익선관(冠)을 써 보라 하였다. 이 때 하성군이 "군왕께서 쓰시던 것을 신자(臣子)가 어떻게 감히 머리에 얹어 쓸 수 있겠습니까." 하며 사양하니, 명종이 경탄하면서 "마땅히 이 관을 너에게 주겠다"고 하였다. 또 명종은 "임금과 아버지 중 누가 더 중하냐"고 물으며 글자로 써서 대답하게 하니, "임금과 아버지는 똑같은 것이 아니지만 충(忠)과 효(孝)는 본래 하나입니다"라고 대답하자 매우 기특해했다.

자연지형을 잘 이용하고 우왕좌비(右王左妃)의 배치를 보여주는 목릉의 전경. 정자각 뒤의 능침이 선조, 왼편의 능침이 정비 의인왕후, 사진 위편의 능침이 계비 인목왕후의 능침이다. 각 능침에서 정자각으로 이어지는 신로(神路)의 모습이 선명하다

덕흥군과 하동군부인 정씨 사이에 3남으로 태어나 졸지에 왕위에 오른 선조는 16세의 어린 나이라 명종 비 인순왕후가 수렴청정을 했다. 그러나 1년 뒤부터 친정을 했으니 조선 왕 중 가장 어린 나이에 친정을 한 군주이다. 세자교육을 받지 않은 선조는 초기에 많은 어려움을 겪었으나, 난세에 나타난 성군이랄까? 성리학적 왕도정치를 구현하고 정국을 안정시키고자 선조는 인격이 훌륭하고 덕망이 높은 이황, 이이, 정철, 이덕형, 이항복 등 많은 인재를 등용하여 사림이 중앙정치 무대에서 주도권을 잡게 된다. 그러나 정국의 평화는 오래가지 못하였다. 사림 내부의 분열로 동인과 서인의 붕당 간의 대립이 심해지고, 임진왜란이 일어나 인적 손실이 막대했을 뿐 아니라 황폐화한 국토, 문화적 손실 등의 상처가 오래도록 아물지 못하고 정국은 혼란스러웠다.

선조의 정비 의인왕후는 반성부원군 나주 박씨 박응순의 딸로 15세에 왕비에 책봉되었다. 1569년 어린 왕 선조가 친정할 때 이루어진 결혼이다. 착하고 어진 왕비로 알려져 있던 의인왕후는 1600년 6월 27일 임시 궁궐인 월산대군의 집에서 승하했다. 선조는 임진왜란 때 피해를 본 선릉과 정릉 그리고 자신의 친아버지 덕흥대원군(大院君 : 왕이 자손 없이 죽어 종친 중에서 왕위를 계승했을 때 그 왕의 생부에게 봉하던 직위, 최초의 대원군임)의 산소까지 참변을 당해 부랴부랴 개수했는데 그 직후 의인왕후가 승하하여 황망해했다. 전란으로 국력은 약해지고 능역을 조영하는 산릉도감의 인력 확보도 어려웠던 터라 조정에서는 선릉 개수에 쓰려던 지석을 그대로 써 민력을 덜기도 했다.

이때 선조는 자신도 의인왕후와 함께 쌍분의 수릉(壽陵)을 만들기를 원했다. 선조는 마침 왜란으로 폐허가 된 도성을 재건하고자 불러들였던 명나라의 풍수가인 섭정국(葉靖國) 등을 동원하여 고양, 파주를 비롯해 여러 터를 물색하게 했다. 중추부사 이덕형, 영의정 이항복 등 많은 논객과

인목왕후 능침 아래에서 이어지는 신로와 앞의 주춧돌은 인목왕후의 가정자각 터이다

청오경, 금낭경, 칠요구성법, 지리신서, 정혈법, 호신순의 책 등 풍수서를 보며 여러 차례 왕릉 터를 논의했으나 결정을 내리지 못하고 수개월 동안 우왕좌왕했다. 선조의 우유부단함을 엿볼 수 있는 대목이다. 임진왜란 전에도 십만양병설의 건의가 있었으나 논의만 하다 임란을 당하지 않았는가. 심지어 포천과 교하 두 곳을 결정하고 5천여 명을 동원, 40일 동안 작업을 하다가 다시 터를 물색하게 한 일도 있었다. 전란이 끝난 뒤라 국고는 바닥이 났고 신하들은 자기 살길에 바빠, 왕권은 땅에 떨어질 대로 떨어진 상황이었다. 왕이 길지를 찾으라고 수차례 지시를 내렸으나 사대부마저 자신들의 선영을 선뜻 내놓지 않았다.

이처럼 4개월 동안 논란만 계속되자 이항복 등은 우리나라의 왕릉 인산(因山) 법도는 중국이나 사대부의 법도와 달라 "형세와 향배가 필수적일 뿐 아니라, 혈도가 광활해 석물을 놓을 수 있어야 하며, 명당이 넓게

선조의 병풍석 능침

있어야 하고, 재궁을 지을 수 있으며, 청룡과 백호가 분명하고, 마주보는 산이 법대로 있어야 한다"고 말했다. 그리고 이미 200여 년 전 조성된 태조 건원릉이 있는 검암산을 지목하며 "이곳은 태조께서 무학과 함께 대대로 왕릉을 쓸 수 있는 곳으로 평가받았다"고 추천했다. 의인왕후 승하 5개월 만에 어렵게 결정된 것이다. 결국 건원릉 동측 세 번째 언덕에 자좌오향(子坐吾向)으로 안장하고 유릉(裕陵)이라 했다. 5개월의 국장 기간을 넘기고 승하 6개월 만에 안장했으나 이곳은 지금까지도 풍수가 사이에 길지냐 흉지냐 논란이 이어지고 있다.

선조는 의인왕후 승하 후인 1602년 방년 19세인 연흥부원군 김제남의 딸을 계비(인목왕후)로 맞이했다. 그리고 55세인 1606년에 늦둥이 영창대군을 얻어 총애했다. 그러자 영창대군을 세자로 교체하자는 의견이 거론되었다. 그러나 당시는 이미 선조의 둘째 아들 광해군(공빈 김씨 소생)이 임진왜란 때의 공을 인정받아 세자로 책봉된 상태였다.

1608년 2월 1일 선조가 정릉동 행궁에서 점심때 찹쌀떡을 먹고 기(氣)가 막혀 급작스럽게 승하하였다. 이때 어의는 허준(許浚)이었으나 손쓸 수가 없었다. 다음 날 33세인 세자 광해군이 곧바로 즉위해 상례를 주도하였다. 광해군은 선조가 의인왕후와 함께 묻히기를 원했던 자리를 무시하고 이항복, 이원익, 이덕형 등과 논의 끝에 건원릉 서측 다섯 번째 능선에 모셨다. 현 경릉(景陵) 터로 추정된다. 선조의 휘호를 '현문의무성경달효(顯文毅武聖敬達孝)'로 올리고 묘호를 선종(宣宗), 능호를 목릉이라 하였다. 후에 인조 때 선종은 선조로 묘호를 바꿨다.

선조 능침의 문석인 상

이후 부실공사에 풍수적 논란까지 일자, 인조반정 후 인조가 직접 행차해 1630년 11월 21일 의인왕후 능침 좌측으로 천장하였다. 건원릉 지역은 세조가 단종에게서 왕위를 찬탈한 이후 꺼리던 자리였다. 선조의 능침을 이곳으로 선정한 것은 최초의 방계혈통으로 왕위에 올라 사림의 왕권 도전을 뿌리친 선조의 혈통이 태조의 음덕을 받아 길이 왕조의 발전을 기원하는 바람이었을 것이다.

광해군이 즉위한 뒤 영창대군을 세자로 추대하려던 세력인 소북파는 광해군을 지지하던 대북파에 의해 쫓겨났다. 영창대군은 강화로 쫓겨나 사사되고 인목대비는 폐서인되어 유폐됐다가, 1623년 인조반정으로 복호되어 대왕대비로서 인조의 후견인 노릇을 했다. 인목대비는 어려서 총명하고 왕비가 돼서는 인자했으며 검소하고 글씨에 능했다고 전해진다.

인조 10년(1632) 6월 28일 인목대비 김씨가 인경궁(仁慶宮) 흠명전(欽明殿)

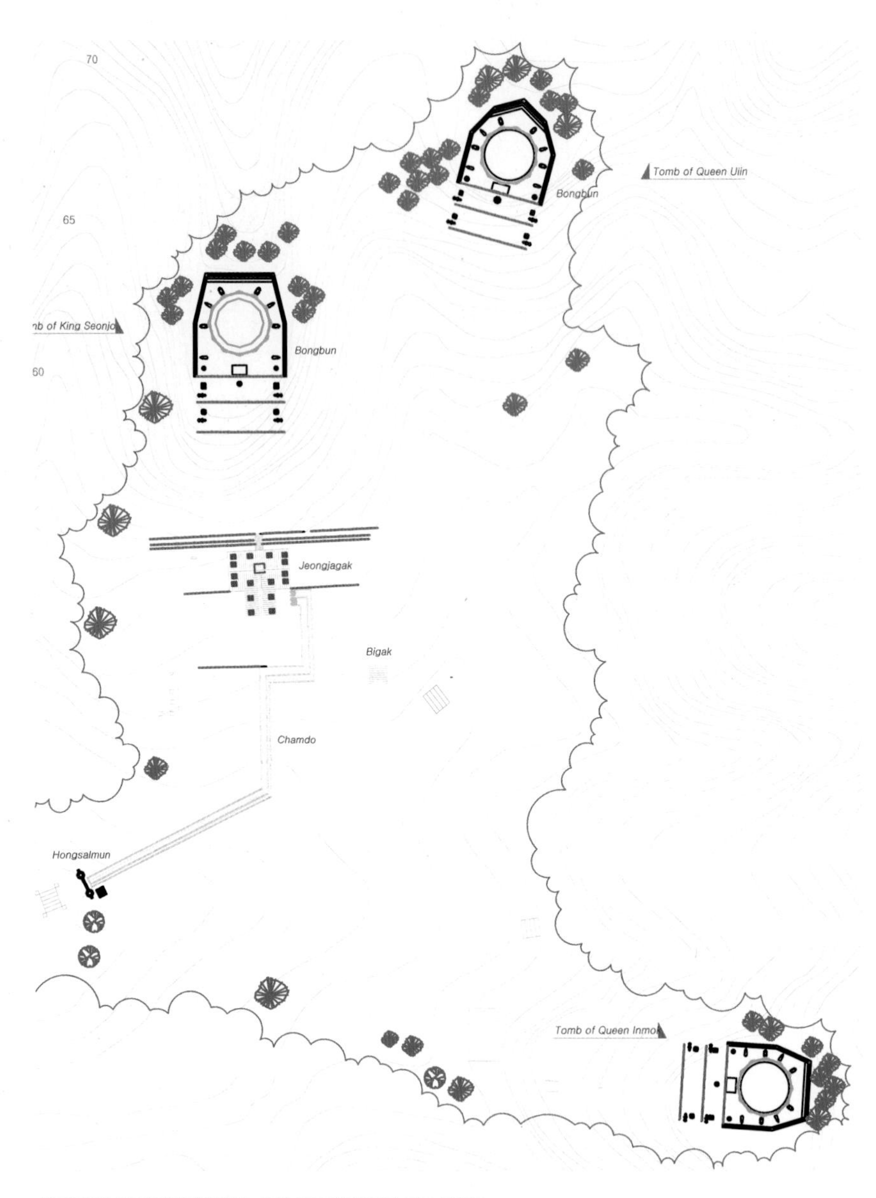

선조(좌) 정비 의인왕후(가운데), 계비 인목왕후(우)의 목릉 배치도

인목대비 능침의 장명등

에서 승하하였다. 자신의 후견인이었던 인목대비가 승하하자 인조는 정성을 다해 모셨다. 묘호는 인목(仁穆)으로 하고 능호를 혜릉(惠陵)이라 하였다. 선조의 목릉은 이미 2년 전 의인왕후 우강에 천장되어 있었다. 선조의 능침 오른쪽이 인목왕후 능침으로 추천되나, 우상좌하의 원칙에 어긋난다고 해 의인왕후 능침의 왼쪽 두 번째 언덕으로 결정했다. 정자각은 그대로 두고 신로로 연결했으며 세 능침의 능호를 목릉으로 통일하였다. 이때 산릉 책임자는 한음 이덕형이었다.

선조의 능침에는 다른 두 왕비 능침에는 보이지 않는 병풍석이 둘러쳐 있다. 병풍석 대석과 장명등 대석에 새겨진 연화와 모란의 꽃문양이 독특하다. 이것은 이후에 조성되는 왕릉 석물의 문양에 많은 영향을 끼친 것으로 보이는데 조선 말기까지 계속 사용됐다. 의인왕후 박씨 능침의 상설제도는 병풍석이 설치돼 있지 않은 것을 제외하면 선조의 것과 같다. 능선이 길지 않은 단유형(短乳形)이며, 선조의 능침보다 폭이 좁다. 석물은 조형미가 떨어지는 듯한 느낌을 주는데 왜란을 겪은 뒤여서 뛰어난 장인을 구하기 어려웠다고 한다.

영창대군의 어머니인 인목왕후 김씨의 능침 역시 의인왕후의 것과 같은 형식을 따르지만 좀 더 숙련된 솜씨로 만든 듯하며, 전체적으로 생동감이 있어 보인다. 인조의 정성이 담긴 것이다. 그러나 문·무석인의 허리 윗부분과 아랫부분의 비율이 2대 1 정도로 상하의 균형이 맞지 않아 다소 불안해 보이기도 한다. 인목왕후의 능침 아래에는 흉례로 모시는 가정자각 터가 그대로 남아 있어 보존 가치가 있다.

목릉에서 의인왕후의 능침은 남편 선조가, 선조의 능침은 광해군이 현 경릉터에 조영한 것을 인조가 이곳으로 천장하고, 인목대비의 능침은 인조가 조영한 것이므로 시대별 조영의 특징을 비교할 수 있다.

2007년 겨울 국제기념물유적협의회(ICOMOS) 국제학술대회 참가한 학자들은 이곳 건원릉과 목릉을 답사하였다. 필자는 목릉을 "조선 왕릉 중 가장 자연친화적이며, 중국이나 베트남과 달리 우상좌하로 능침을 배치했음을 설명했다. 같은 유교 국가였던 중국, 베트남 등은 가운데 왕, 양쪽에 정비와 계비를 배치하는 것이 특징이다. 그러나 조선의 왕릉은 우측에 왕의 능침, 좌측에 정비와 계비의 능침을 순서로 배치되는 것이 특징이다. 이러한 특징은 동구릉 지구의 목릉과 경릉에서 잘 나타난다. 이 우상좌하의 제도는 세종대왕의 지시에 따른 것으로 알려져 있다. 세종대왕이 우리만의 독특하고 우수한 문화 창달에 노력했음을 알 수 있다.

필자는 또 목릉은 인류사의 많은 왕릉 중 잔디정원이 가장 넓은 왕릉이라 설명하였다. 그리고 정자각 뒤 신로의 길이가 가장 길 뿐 아니라 자연스럽게 조영된 것이 특징이라고 강조했다. 의인왕후의 능침과 인목왕후의 능침은 숲으로 가려 서로 보이지 않게 하고, 선조의 능침에서는 두 왕비의 능침을 마주보게 한 것도 특이하고 흥미롭다. 정비와 계비 사이

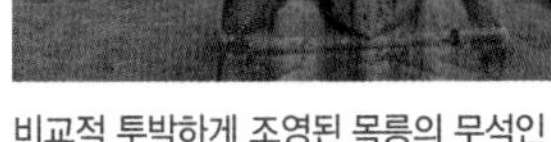

비교적 투박하게 조영된 목릉의 무석인

선조 능침의 문석인

를 고려한 후손들의 심적 배려가 돋보인다.

세계 유산의 보존과 관리는 진정성이 요구된다. 조선 왕릉은 많은 기록물의 진정성 확보에 큰 도움이 되었다. 특히 상례를 자세히 기록한 각종 의궤는 더욱 그렇다. 그러나 임진왜란으로 많은 기록물이 소실돼 현재 남아 있는 도감은 의인왕후의 상례를 기록한 의궤가 최초의 것으로 왕릉 연구와 관리에 많은 도움이 되고 있다.

선조는 정비 의인왕후와 사이에는 후손이 없으며, 계비 인목왕후와의 사이에 영창대군을 두었으나 광해에 의해 일찍 사사 되고 8명의 후궁사이에서 18남 10녀를 두었다. 공빈김씨와의 사이에 조선 15대왕 광해군이며, 인빈김씨 사이가 정원군(추존 원종)이다. 광해군의 묘는 경기도 남양주 진접에 있으며, 추존왕 원종의 능원은 장릉(章陵)으로 경기도 김포시의 풍무동 산 141-1에 있다.

21

추존왕 원종과 인헌왕후 장릉

포근한 매화낙지형 터

大院君 묘제에 맞춰 조성

장릉(章陵)은 조선 제16대 임금 인조(仁祖, 1595~1649, 재위 1623~1649)의 아버지인 추존왕 원종(元宗, 1580~1619)과 비 인헌왕후(仁獻王后, 1578~1626) 구씨(具氏)의 능으로, 난간이 없는 동원쌍릉이다. 원종은 선조의 다섯째 아들 정원군(定遠君)이며 이름은 부(琈)이다. 정원군은 선조와 인빈김씨 사이에서 난 세 번째 아들로, 친모가 낳은 형제가 9명이나 된다. 선조는 여러 부인 중 인빈김씨를 총애하였다. 생모의 힘으로 그의 동복형 신성군이 세자 책봉 물망에 오르기도 했으나 임진왜란 때 병사하였다. 신성군이 아들 없이 죽자 선조는 인빈김씨의 봉사(奉祀 : 제사를 받듦)를 정원군에게 맡겼고, 정원군은 자신의 셋째 아들 능창군에게 신성군의 봉사를 위임하였다.

이처럼 선조의 사랑을 받은 정원군은 이복형인 세자 광해군의 섭정에 불만을 갖고 자주 정치에 개입하였다. 선조가 근심이 많을 때 정원군의 큰아들 종(倧 : 능양군, 인조)은 할아버지 앞에서 재롱을 부리고 그림을 그려 바쳐 각별한 사랑과 신임을 얻었다.

쌍릉으로 조영된 원종과 인헌왕후 장릉

그러나 선조의 급서로 이복형 광해군이 즉위하면서 정원군도 어려움에 처했다. 정원군은 임진왜란 중 선조를 호종한 공로로 호성공신(扈聖功臣)에 봉해졌으나, 셋째 아들 능창군이 광해를 축출하려는 역모사건에 연루돼 곤욕을 치른다. 능창은 신성군의 아들로 입적돼 대북파의 지지를 받고 있어 광해군에게는 정적이었다. '광해군일기'(광해군이 폐위돼 실록이라 하지 않고 일기로 명명)에 "능창군은 역모로 몰려 위리안치(圍籬安置)돼 냉방에서 자고, 모래와 흙이 섞인 밥이라 먹지 못해 나인 관동이 던져주는 밥을 얻어 먹다 목매 자살했다"고 기록하고 있다. 이 사건은 "광해군이 넌지시 유도했다"고 전한다. 광해군은 인왕산 아래 새문리(塞門里)에 있는 정원군의 집터에 왕성한 기운이 돈다는 설이 나돌자, 이를 견제하기 위해 민가 수천 채를 헐고 그 자리에 이궁인 경덕궁(慶德宮)을 지었다고 한다. 이러한 이

경사지를 잘 이용한 장릉의 향어로

야기는 관동이 광해 때는 내놓지 못하고 흙 속에 묻었다가 인조반정 이후 알려졌다고 한다. 이는 광해군을 음해하고 인조반정을 정당화하려는 의도적인 글귀로 해석된다.

정원군은 어려서 기표(奇表 : 우뚝한 외모)가 있고 우애가 깊어 선조의 사랑을 많이 받은 만큼 광해군의 견제가 심해 걱정과 답답한 심정을 술로 달래며 "나는 해가 뜨면 간밤에 무사하게 지낸 것을 알았고, 날이 저물면 오늘이 다행히 지나간 것을 알았다. 오직 바라건대 빨리 죽어 지하의 선왕(선조)을 따라가는 것뿐"이라고 말하기도 하였다. 이러한 연유로 정원군은 1619년(광해 11년) 12월 29일 세상을 떠나니, 불과 마흔 살이었다. 광해군은 길지로 알려진 정원군의 어머니 인빈김씨[21]의 장지를 감시하게 하고, 정원군의 장례도 서둘러 양주군 곡촌리에 군묘 형식으로 치러 조문객까지 감시하였다.

4년 뒤인 1623년 능양군이 광해군을 폐위시키고 왕위에 올라(인조반정) 아버지 정원군을 대원군(大院君)에 봉했다. 그리고 1627년에 묘가 원(園)으로 추숭돼 김포 성산언덕으로 천장하면서 1년 앞서 조영한 인헌왕후의 육경원과 쌍릉으로 합쳐 흥경원(興慶園)이라 하였다. 인조 10년 이귀(李貴) 등의 주청에 따라 정원군은 다시 원종으로 추존돼 능호를 장릉이라 하고 석물을 왕릉제로 개수했다. 존호는 '원종경덕인헌정목장효대왕(元宗敬德仁憲靖穆章孝大王)'이라 하고 비는 '경의정정인헌왕후(敬毅貞靖仁獻王后)'로 추숭하면서

21 경기도 남양주시 순강원

역사와 자연학습장으로서의 가치를 더하는 장릉(정자각)

성종의 아버지 덕종의 추존 예를 따랐다.

인헌왕후는 본이 능성(綾城)인 좌찬성 구사맹의 딸로 13세에 정원군(원종)과 결혼해 능양군(인조), 능원군, 능창군을 두었다. 큰아들 인조가 즉위하자 연주부부인으로 높여졌고, 궁호를 계운궁(啓運宮)이라 하였다. 엄숙하고 화락(和樂)하고 법도가 있으며 침착하고 단정했다고 한다. 1626년 1월 14일 인조의 모친 계운궁 구씨(추존 인헌왕후)가 49세를 일기로 세상을 떠났다. 장지로 김포, 고양, 파주 교하의 객사 뒷산이 추천됐으나 김포가 풍수적으로 사신이 완벽한 지형이라고 해 이곳에 모셔졌다. 묘호는 육경원(毓慶園)이라 하였다. 이때 상주는 사가의 예에 따라 큰아들 능양군(인조)이 군주이니 차남 능원군이 했다. 이때는 정원군으로 추존되기 전이다. 다음 해 그의 부군 정원군이 이곳으로 이장하면서 흥경원으로 불렸다. 1632년 정원군이 원종으로 추숭될 때 함께 인헌왕후도 함께 추존되고

장릉의 재실 행각

능호를 장릉(章陵)이라 했다.

장릉은 남한정맥의 계양산과 가현산의 중간에서 분기, 황하산을 거쳐 장릉(북성)산에 이르는 용맥 아래에 자리 잡았다. 즉 장릉산을 주산으로 하고 계양산을 조산(朝山)으로 하는 사신(四神)이 확실하고, 수계가 맑고 분명히 흘러 장릉 연지에 합수되는 길지로 알려진 곳이다. 풍수가들은 매화낙지형, 회룡고조형(回龍顧祖形) 등으로 평가한다.

경사지의 사초지를 따라 볼록한 지형에 자리한 장릉은 병풍석과 난간석 없이 단순한 둘레석(호석 : 護石)을 두르고 있어 대원군의 묘제를 따르고 있음을 알 수 있다. 호석은 봉토를 둘러막는 돌로 호석면에 별다른 조각이나 문양을 새기지 않아 단순하다. 장릉만이 갖는 둘레석이다. 원제(園制)에서 왕릉제(王陵制)로 석물만 교체했기 때문이다. 원에서 왕릉제로 개축되면서 원래에 있던 비석의 받침대가 능침의 우측 계곡에 묻혔던 것을

원(園)의 형식을 따른 장릉의 무난간석 봉분과 석호, 장릉의 석호는 동측의 것은 젊은 석호로 수염과 주름이 적고, 서측의 석호는 수염과 주름이 많아 나이든 석호 표현을 하고 있다

2008년 발굴해 비각 옆에 설치했다. 흥경원에 사용했던 것으로 추정된다. 표석의 받침대로는 보기 드문 걸작이다.

장릉은 왕과 왕비의 쌍분 능침으로 2개의 혼유석 앞에 중계와 하계를 두고 있다. 팔각 장명등을 중심으로 좌우에 문석인, 무석인 등을 배치하였다. 홍살문에서 정자각까지의 길인 향로(香路)와 어로(御路)가 다른 능과는 달리 약간 경사가 진 계단식이다. 자연의 지형에 어울리게 정자각이 지어졌기 때문이다. 또한 능침 앞 강(岡)은 길지만 그리 높지는 않다.

정자각은 3단 장방형 기단에 자리한 익공식(翼工式)의 맞배지붕 건물이다. 동쪽으로 올라가 서쪽으로 내려오는 동입서출(東入西出)의 제례의례를 반영한 건축으로, 내부에는 신좌(神坐)가 마련돼 있다. 얼마 전 장릉의 창고에서 정자각에 드리던 신렴(神簾)의 유구가 나와 복원이 가능해졌다. 원래 정자각의 월랑(배위청)과 신문 등에는 신렴이 드리워져 정자각의 신비

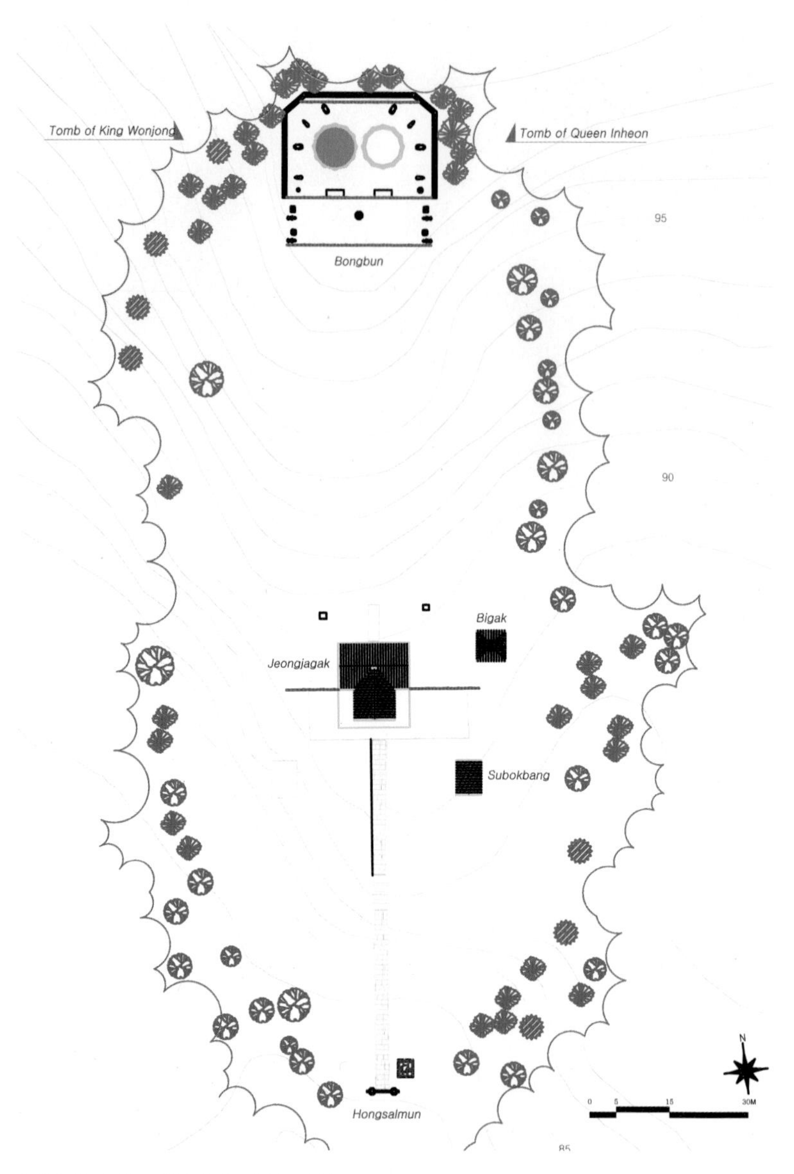

추존왕 원종(우)과 인헌왕후(좌)의 장릉 배치도

원종과 인헌왕후로 추존(1633년)되면서 설치된 장릉의 문 · 무석인

감을 더해주었다. 참 다행스러운 일이다.

비각 아래 자리한 수복방(守僕房)은 능원을 수호, 관리하던 수복이 근무하던 곳으로 2칸이다. 맞은편에 제례용 음식을 준비하던 수라청이 있었으나 현재는 없다. 수라청 근처에는 반드시 제정(어정)이 자리한다. 이곳 장릉의 어정은 물이 좋아 약수터로 사용하고 있으나 콘크리트로 수리하고 덮개를 씌워놓았다. 원형을 찾아야 할 부분이다.

장릉의 장명등은 큰 옥개(屋蓋)와 상륜(相輪), 8각의 지붕 등이 이후 숙종대에 등장하는 사각지붕보다 화려한 맛이 있다. 주변의 산과 조화를 이루며 창호를 통해 멀리 조산과 축이 일정하게 들어온다. 서양 건축의 축 개념과 비교되는 우리만의 조영 예술이다. 장명등은 묘역을 밝히는 상징적 조명기구일 뿐 아니라, 피장자의 신분이나 지위를 상징하는 장식적 능묘 석조물로서 능침의 중심시설이라 할 수 있다. 그러나 장명등 창호로 보이는 조산(계양산)의 전망은 아파트 건설로 훼손되고 있다. 안산과 조산의 경관축 보존 대책이 시급하다.

장릉의 문석인은 머리에 복두(頭)를 착용하고 공복(公服)을 입은 채 석마와 나란히 서 있다. 하체에 비해 상체가 긴 4등신으로 무표정한 얼굴

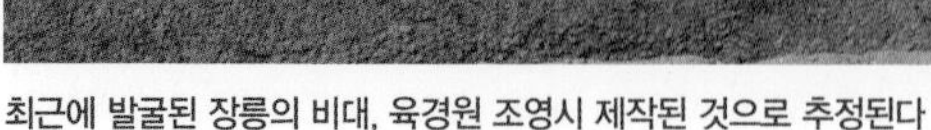

최근에 발굴된 장릉의 비대, 육경원 조영시 제작된 것으로 추정된다

장릉의 뽕나무

에 홀을 공손히 쥐고 있다. 무석인은 장군의 형상으로 투구와 갑옷을 입고 있다. 얼굴은 정면을 응시하며 마주 서 있고, 문석인과 마찬가지로 무표정하게 위엄을 나타낸다. 전체적인 조각 수법과 비례는 문석인과 크게 다르지 않으나 세부적으로는 한껏 멋을 부린 것 같다. 장릉의 재실은 깔끔한 한옥으로 장릉(章陵) 관리사무소로 사용되고 있다. 일부 전사청과 향대청은 소실됐다. 재실 옆 지당은 천원지방설(天圓地方說)에 따른 방지원도형(方池圓島形)으로 조선시대 대표적인 연못의 형태다. 이곳 연꽃이 아름답다. 장릉 재실 앞에 있는 저수지는 1960년대 이전에 조성돼 다양한 수생식물이 자라고 철새가 찾아오는 자연학습장이다. 장릉 숲은 거닐기에 좋은 능원으로, 인헌왕후 구씨를 떠올리게 하는 포근한 곳이다. 장릉의 현재 입구는 청룡 맥을 끊고 능원의 옆구리를 치고 들어가는 훼손된 모습이다. 능역 입구 쪽으로 옮기고 용맥을 살려야 한다.

근처 우백호 능선 너머에는 장릉의 원찰인 금정사(金井寺)가 자리한다. 원래의 금정사는 능원의 우백호 안쪽 능침 북서쪽에 있던 것으로 장릉을 확장, 조영하면서 옮겼다고 한다. 원종의 맏아들인 제16대 왕 인조의 능은 경기도 파주시 탄현면 갈현리 산 25-1에 있다. 능호는 장릉(長陵)이다.

22

인조와 인열왕후 장릉

反正으로 정권 잡았지만
明나라 쫓다 '삼전도 굴욕'

파주시 탄현면 갈현리에 자리한 장릉(長陵)은 병자호란, 남한산성 항전, 삼전도의 굴욕, 소현세자의 아버지로 알려진 조선 제16대 임금 인조(仁祖, 1595~1649, 재위 1623~1649)와 원비 인열왕후(仁烈王后, 1594~1635) 한씨의 합장릉이다.

인조는 먼저 세상을 떠난 인열왕후를 파주 북쪽 운천리에 장사 지내면서 그 오른쪽에 자신의 수릉(壽陵)을 쌍릉으로 마련해두었다가 승하 후 묻혔다. 그러나 능 주위에 뱀과 전갈이 나타나는 바람에 1731년(영조 7년)에 현재의 위치로 옮겼다.

인조는 1595년 11월 7일 임진왜란 중 피란지인 황해도 해주에서 태어났다. 인조의 아버지는 선조와 인빈김씨 사이에서 태어난 정원군(원종으로 추존)이고, 어머니는 인헌왕후(추존) 구씨다. 제15대 왕 광해군의 서조카(庶姪)이고, 인목대비에게는 서손자가 된다. 인조의 휘는 종(倧), 자는 화백(和伯)이다. 어려서 선조의 총애를 받은 인조는 외모가 비범하고 오른쪽 넓적다리에 검은 점이 많았다고 한다. 선조가 이를 기이하게 여겨 "이것은

장릉의 곡장과 능침 전경, 영조 때 천봉되어 조영된 장릉은 조선시대 후기 양식의 대표적 능역으로 평가된다

한고조(漢高祖)의 상이니 누설하지 말라"고 했다는 이야기가 전해진다. 인조는 1607년 능양도정(綾陽都正 : 도정은 조선시대 종실과 외척에 관한 일을 맡아 하던 정3품 벼슬을 가리킴)에 봉해졌다가 능양군으로 진봉(進封 : 봉작을 높여줌)되었다.

선조의 정비인 의인왕후에게는 자식이 없었다. 세자 책봉 문제로 고민하던 선조는 인빈김씨 소생의 신성군을 세자로 삼으려 했으나 대신들의 반대로 무산됐고, 이어 계비인 인목대비의 아들이자 유일한 적자인 영창대군에게 보위를 물려주려던 차에 급서했다. 결국 왕위는 임진왜란 때 공을 세워 세자가 된 공빈김씨 소생의 광해군에게 돌아갔다. 광해군은 왕위에 오르자 반대파를 철저히 제거했다. 인목대비를 서궁에 가두고 대비의 아버지를 반역죄로 몰아 사형에 처하는가 하면, 8세에 불과한 영창대군을 강화로 귀양 보냈다가 증살(蒸殺)케 했다(광해군 6년, 1611). 훗날 이러

인조와 인열왕후의 장릉 전경

한 복수는 또 다른 복수를 불러왔다.

1615년 신성군의 양자로 간 능창군(인조의 막내동생)이 역모사건으로 투옥돼 자살하자, 장남인 능양군은 광해 15년(1623) 광해군에게 불만을 품은 서인 세력과 함께 반정(인조반정)을 일으켰다. 3월 12일 밤 대궐(창덕궁)을 장악한 반란군이 불을 질러 인정전만 남기고 모두 탔다. 광해군은 어의(御醫) 집에 숨어 있다 잡혔다. 잿더미가 된 침전에서 광해군이 숨겨놓은 은괴 4만 냥이 나왔고, 후원에서 어보(御寶 : 옥새)를 수습했다. 능양군은 곧장 군인들과 함께 경운궁(慶運宮 : 경희궁)에 유폐되어 있던 인목대비를 찾아가 어보를 바쳤다. 이에 기뻐한 인목대비가 그 자리에서 옥새를 전하려 하자, 능양군이 환궁하여 정전에서 받겠다며 사양했다. 정통성을 갖추고자 함이었다. 환궁하여 능양군이 서둘러 어보를 전달 받으려하자 대비가 "먼저 이혼(李琿 : 광해군)부자의 머리를 가져와서 내가 직접 살점을 씹은 뒤에야 책명을 내리겠다." 하니 능양군(인조)과 이덕형 등이 "폐치(廢置 : 왕위를

용맥의 흐름이 자연스럽게 곡선을 이루어 장릉 능원에 이르고 있다

폐하고 내버려둠)한 전례는 있으나 주륙(誅戮 : 죄를 물어 죽임)한 선례가 없다"하며 어보를 받았다. 인조가 서삼촌을 몰아내고 왕이 되었다.

반정에 성공한 인조는 그동안 중립외교를 펴온 대북파를 대대적으로 숙청하고, 친명사대주의를 표명해 정국 안정을 도모하고자 했다. 그러나 이괄의 난(1624), 정묘호란(1627), 병자호란(1636)으로 결국 삼전도에서 굴욕적인 강화를 맺고 청나라와 군신관계가 됐다. 두 차례의 호란은 왜란에 비해 전쟁 기간이 짧았지만 피해는 엄청났다. 소현세자와 봉림대군은 볼모로 청나라 심양에 끌려갔다. 조정은 청에 대한 적대 감정과 복수심에 불탔다. 이 시기 명나라가 몰락하고 일본은 서구 문명을 받아들이고 있었다. 인조는 대동법을 확대하는 등 정국을 주도하고자 했으나 정책 대

인조 장릉의 동측 무석인 상

장릉 서측 무석인상

인조 장릉의 문석인

부분이 이미 광해군 때 실시한 것이어서 새로운 발전은 없었다.

인열왕후는 고려의 태위(太尉) 한난(韓蘭)의 후손이며 청주가 본인 서평부원군 한준겸(韓浚謙)의 딸이다. 1594년(선조 27년) 7월 1일 원주의 우소(仁洞)에서 태어나 무실동에서 자랐다. 왕비에 오른 지 13년 동안 친인척을 궁내에 들이지 않고 내정에도 간섭하지 않았다. 부드럽고 온순하고 정결하고 조용했으며, 인자하고 후덕하고 공손하며 검소한 덕을 지녔다한다. 심지어 인조가 왕후를 위해 원유(園囿 : 정원)를 가꾸는 것도 자신을 위해서라면 하지 말라고 말할 정도였다. 인조와 슬하에 소현세자, 봉림대군, 인평대군, 용성대군 등 5남을 두었다.

인열왕후는 1635년(인조 13년) 12월 9일 창덕궁 산실청에서 승하했다. 시호는 인(仁)을 따르고 백성을 편안하게 해서 인열(仁熱)이라 했다. 초장은 경기도 문산읍 운천리에 묘좌유향(卯坐酉向 : 동에서 서향하는 것)으로 모시고, 능호는 장릉(長陵)이라 했다. 이를 위해 이곳에 있던 무덤 756기를 이장했는데 무연고 묘에도 예를 갖춰줬다.

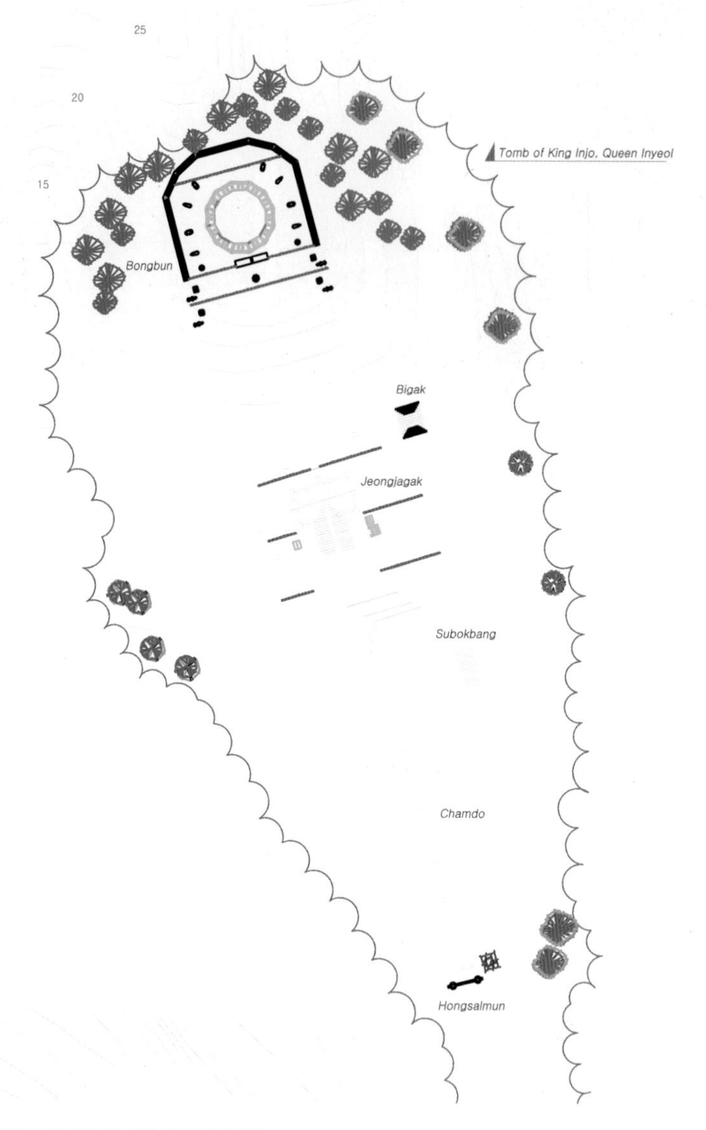

인조와 인열왕후의 장릉 배치도(합장릉)

인조장릉의 후면 석호와 곡장

장릉 능침 앞의 혼유석, 정교한 구조와
합장릉의 표시로 두 개의 혼유석이 있다

1649년(인조 27년) 5월 왕의 병세가 좋지 않아 침을 맞았다. 8일 인조가 위독해 세자(효종)가 손가락을 잘라 쾌유를 기원하지만 보람 없이 창덕궁 대조전 동침에서 승하했다. 소식을 들은 중전(장렬왕후)이 경덕궁에 머물다 급히 달려왔으나 임종을 지키지는 못했다.

대행왕(大行王 : 임금이 죽은 뒤 시호를 올리기 전의 칭호)의 침상을 동쪽으로 향하게 하고, 속광(屬纊 : 임종 때 햇솜을 코밑에 놓아 숨졌는지 확인하는 것)을 행하고, 내시 2명이 지붕에 올라 상위복(上位復 : 임금이 평소에 입던 옷을 가지고 지붕마루에 올라 왼손으로 깃을, 오른손으로 허리를 잡고 북향해 "임금님 돌아오소서"라고 외치는 것)을 세 번 하니 모두가 곡했다. 닷새째 되는 날 효종(봉림대군)이 즉위해 인조의 상례를 준비하였다. 인열왕후의 장릉 왼쪽에 우상좌하의 쌍릉으로 예장하였다.

그러나 영조 7년(1731) 능원에 뱀과 전갈이 나타나자 불길하다고 해 교하고을 객사 뒤로 옮겨 자좌오향(子坐吾向 : 북좌남향)으로 모셨다. 파충류와 전갈은 돌 틈을 좋아하고, 특히 비가 온 후에 젖은 몸을 말리려고 바위나 마른땅을 찾는다. 그래서 능원은 석회와 진흙 등의 삼물을 이용해 빈틈을 없앤다. 천장한 장릉 내부의 재궁(梓宮 : 관)은 자좌(子坐 : 정남) 향인데 능침은 임좌(壬坐 : 북서측으로 15도 기울임) 향으로 조영하며, 표석에 '외측임좌(外則壬

장릉 곡장의 구름무늬, 이곳의 구름무늬는 독특한 조영기법으로 보존 가치가 매우 높다

坐)'라고 적어 묻었다 한다.

천장할 때 쌍릉을 합장릉으로 모셔 봉분의 형태와 규모, 조각이 바뀌었다. 봉분의 지름과 석물의 배설은 세종 영릉(英陵)의 예를 따르고, 병풍석 등의 십이간지 표식은 인석에 새긴 원래대로 했다. 즉 옛 능의 병풍석 · 난간석 · 혼유석 등은 형태와 척수(尺數) 등이 맞지 않아 그 자리에 묻고 새로 만든 것이다. 따라서 파주 장릉은 초장 때 만든 문석인, 무석인, 동물상과 천장할 때 새로 만든 병풍석, 혼유석 등이 어우러져 17, 18세기의 석물을 동시에 볼 수 있다.

장릉은 조선시대 후기의 대표적 능제다. 좌청룡, 우백호, 남주작, 북현무 등 사신(四神)의 형국이 완벽한 풍수적 길지에 반듯하게 조영되었다. 곡장 뒤 혈맥이 흐르는 능선의 표현도 특이하고 재미있다. 곡장의 조영도 공을 들인 흔적이 역력하다. 곡장 중앙 태양석(원형의 지지돌 : 日月星辰)과 구름무늬를 도입한 것도 재미있다.

장릉 곡장의 기와 무늬

장릉의 고석

병풍석의 면석(面石 : 석탑 기단의 대석과 갑석 사이를 막아 댄 넓은 돌)에는 보통 운문과 십이지신상을 새기던 전통을 따르지 않고 모란문, 연화문 등 화문을 새겨 새로운 양식을 남겼다. 이것은 이후 사도세자의 융릉과 홍릉, 유릉으로 이어졌다. 인석(引石 : 왕릉의 호석이나 병풍석에 얹은 돌)에도 만개한 화문이 있는데, 그 중심부에 십이간지를 문자로 새겨놓았다.

장릉에는 혼유석(상석) 2개가 나란히 있어 합장릉임을 알 수 있다. 반질반질하게 물갈이한 혼유석은 수백 년이 지난 지금도 완벽하다. 무게가 십수톤이나 되는 두 개의 돌이 수백 년 동안 균형을 잃지 않게 조영한 기술에 현대 토목학자들도 감탄한다. 망주석에는 상행, 하행하는 세호(細虎 : 가늘게 새긴 호랑이로, 무덤을 지키는 일종의 수호신이다)가 사실적으로 표현되어 있다. 이때부터 분명하게 세호가 나타난다. 장릉의 석호는 통통한 몸체에 짤막한 다리, 삐죽 튀어나온 송곳니를 지닌 독특한 형태다. 인조 때 만든 문무석인은 이전의 웅장하고 투박한 조각에서 벗어나 세련미를 보여준다. 문석인이 들고 있는 홀은 처음에는 왕의 교명(敎命)을 받아 적어 잊지 않기 위한 일종의 실용적인 노트였으나 이후 단순한 의례용으로 사용되었다.

맑은 날 장릉의 능침에서 멀리 조산(朝山)을 바라보면 부천의 계양산이 보인다. 계양산은 인조의 아버지 정원군(추존 원종)이 묻힌 김포 장릉의 조

영조 때 천봉되어 조영된 장릉 병풍석의 목단과 연꽃은 이곳에서 부터 전해지는 대표적 양식이다. 서측 방향을 나타내는 십이지신의 유(酉)자가 선명하다

선명하게 조각된 장릉 정자각 운계(雲階, 향계, 동계라고도 함)의 목단과 구름무늬의 배면석

산이기도 하다. 수십km나 떨어져 있지만 부모와 자식이 같은 조산을 바라보게 한 데서 영조의 깊은 뜻을 읽을 수 있다. 최근 교하지구에 신도시 건설이 한창이다. 아파트가 들어서면 두 능의 일치된 조산축이 훼손될까 우려된다. 두 능을 연결하는 녹지축의 통경선(중요문화재나 산 등을 볼 수 있게 일정한 폭으로 시설물을 설치하지 않는 것)을 두어 상징성을 강조하면 어떨까? 아버지를 향한 인조의 그리움을 배려해 신도시에 녹지축을 만든다면 세계적인 자랑거리가 될 것이다. 런던 등 유럽에는 역사공간을 잇는 통경선과 녹지축을 연결한 사례가 종종 있다.

일제강점기 토지 수탈을 위해 만든 측량 도면에 따르면 장릉의 재실 입구에 연지(蓮池)가 있었던 것으로 보이나 지금은 전답으로 사용되고 있다. 세계문화유산위원회는 연지의 복원을 권고하였다. 아울러 장릉은 교하읍을 이전하고 조영한 곳이라 전면의 사유지에 많은 유적이 있을 가능성이 있다. 신도시 조영 때 특별한 관리가 요구된다.

인조는 정비 인열왕후 한씨와 장렬왕후 조씨, 후궁 조씨 등 5명의 부인에게서 6남 1녀를 두었다. 인열왕후는 1635년 인조보다 먼저 승하하여 파주시 운천면에 장사하였다가 인조와 합장하였으며, 인조보다 스물아홉 살이나 어렸던 계비 장렬왕후 조씨는 자식을 낳지 못하고, 효종이 죽자 대왕대비가 되면서 예송논쟁(상복 입는 기간을 문제로 해 일어난 서인과 남인의 정치다툼)에 휘말렸으며, 1688년에 사망했다. 능호는 휘릉(徽陵)이며 구리시 동구릉역 내 서측 능선에 있다. 인조의 차남 봉림대군인 제17대 왕 효종의 능호는 영릉(寧陵)이며 여주군 능서면 세종대왕의 능인 영릉(英陵)의 동측 능선에 있다.

23

인조의 계비 장렬왕후 휘릉

4대 걸친 왕실 어른 노릇
두 차례 예송 논쟁 촉발

휘릉(徽陵)은 조선 제16대 임금 인조의 계비 장렬왕후(莊烈王后, 1624 ~1688) 조씨의 단릉이다. 경기도 구리시 창인동 산 2-1의 동구릉지구 내 태조 건원릉의 서쪽 능선에 자리한다. 정비 인열왕후가 죽은 지 3년 뒤, 15세인 장렬왕후가 44세인 인조와 가례를 올렸다. 인조, 효종, 현종, 숙종 대까지 4대에 걸쳐 왕실 어른으로 지냈으나 자식 없이 65세로 세상을 떠났다. 이 시기 조정은 극심한 붕당정치로 정권다툼이 첨예화되었다. 특히 현종이 승하했을 때와 효종의 비인 인선왕후가 승하했을 때 조대비(장렬왕후)가 입어야 할 복상(服喪) 문제를 놓고 두 차례 예송논쟁이 벌어졌다.

1638년(인조 16년) 인열왕후가 승하하고 3년 되는 3월 어느 날, 인조는 중궁전이 빈 지 오래되어 중전 간택을 지시했으나 대신들이 적극적이지 않고 사대부들도 간택에 호응하지 않자 노여워했다. 좌의정 최명길은 당황하며 사대부가 협조하지 않아 간택에 어려움이 있다고 한탄했다. 그도 그럴 것이 44세인 인조가 15세 이하의 어린 왕비를 간택한다 하니 스물

휘릉의 능침 전경. 인조의 사랑도 후사도 없이 평생 외롭게 지낸 장렬왕후는 태조의 건원릉 곁에서 영면하고 있다

아홉의 나이 차가 부담이 됐고, 게다가 1년 전 1월 30일 인조가 삼전도에 나가 청 태종에게 무릎을 꿇어 신하의 예를 갖췄고, 세자인 소현세자 내외와 봉림대군 내외, 인평대군 내외가 심양에 볼모로 잡혀가 있으니 어느 누가 왕비의 자리라 한들 선뜻 딸을 내놓을 수 있겠는가. 더욱 자신의 심복이었던 척화론자들마저 심양으로 끌려갔으니 인조는 외로울 대로 외로웠으며 사대부들은 왕비 간택에 호응이 없을 수밖에 없었다.

이런 상황에서 어렵게 간택된 장렬왕후는 한양이 본으로 한원부원군 조창원과 어머니는 완산부부인 최씨의 막내딸이다. 1624년(인조 2년) 11월 정사(丁巳)일에 직산(稷山)현의 관아에서 태어났다.

완산부부인이 태몽 때 달이 품 안으로 들어오고, 탄생 때 상서로운 무지

휘릉의 정자각, 익랑이 반칸씩 더 붙어 있다. 이런 양식은 숙종, 영조대의 숭릉, 익릉, 의릉 등에서 볼 수 있다

개가 방에 가득했다 한다. 옥녀가 내려와 "갓 태어난 귀인이 장차 옥책을 열 것이다"라고 했다는 이야기가 전해진다. 두 살 때부터 행동이 남다르고 말이 적었으며, 높은 곳에 앉기를 좋아하고 욕심이 담박(淡泊)하고 남에게 베풂이 많았다 한다. 인조의 정비 인열왕후 승하 3년 뒤인 1638년 여름 본가에 무지개가 서리고 그해 겨울 15세의 어린 나이에 44세의 인조와 가례를 올렸다. 워낙 어렵게 간택된 왕후인지라 아름답게 묘사된 듯하다.

왕후라고는 하나 소현세자보다 열두 살 아래이며 봉림대군보다는 다섯 살, 막내 인평대군보다도 두 살 아래이니 인조는 아들들보다 어린 새 왕비를 맞은 것이다. 그러나 이미 인조의 총애를 받는 귀인 조씨의 시샘과 안주인 행세에, 15세의 장렬왕후는 어쩔 수 없이 방에 칩거하며 힘을 발휘하지 못했다. 귀인 조씨는 소현세자와 세자빈 강씨가 심양에서 돌아

휘릉의 문무석인

오자 그의 행세에 위기를 느끼고 소현세자 제거에 앞장섰다. 이때 갓 결혼한 장렬왕후는 소현세자가 급서하자 어머니의 예로 삼년복을 입었다. 1649년 인조가 승하할 당시 장렬왕후는 중전임에도 경덕궁에 나가 있다 국모로서 인조의 임종도 지키지 못하고 그 자리를 귀인 조씨가 대신했다.

효종이 즉위하자 귀인 조씨는 힘을 잃었고 조씨의 후원자였던 김자점도 쫓겨났다. 그러나 가만히 있을 조씨가 아니었다. 자신의 무리를 청에 보내 인조의 장릉 지문에 송시열이 청의 연호를 쓰지 않았다고 고자질해서 청의 힐문을 받게 한다. 심지어 자신의 아들 숭선군을 왕위에 앉히려는 역모를 꾸미기도 해 결국 사약을 받았다. 그악했던 귀인 조씨에 질려서인지 효종은 중전 시절 아무런 힘도 발휘하지 못한 장렬왕후를 어머니로 극진히 모셨다.

휘릉의 문석인

장렬왕후의 상복 문제로 다투는 문석인을 심술궂게 보는 듯한 무석인

장렬왕후는 1649년 인조가 승하하자 대비가 됐고, 1659년 효종이 승하하자 대왕대비가 되었다. 효종 국장 때 대왕대비 장렬왕후의 상복 입는 기간을 놓고 정치적 논쟁이 벌어졌다. 1년만 착복하면 된다는 서인 송시열의 기년설로 복상을 치렀다. 하지만 이듬해 남인 허목 등이 대왕대비의 복상은 3년을 입어야 한다는 3년설을 제기하며 서인을 공격했다.

이때 「국조오례의」에 기록이 확실치 않아 중국의 '주례'와 '주자가례' 등 예론에 의거, 다섯 가지 복상을 예로 설전을 벌였다. 첫째 3년 복인 참최(斬衰), 둘째 3년 또는 1년 복인 재최(齊衰), 셋째 9개월 복인 대공(大功), 넷째 5개월 복인 소공(小功), 다섯째 3개월 복인 시마(緦麻) 등이 있다. 참최는 부모상에는 자녀가 3년복을 입고, 반대로 큰아들인 장자상이 먼저나면 그 부모가 3년복을 입는 제도다. 따라서 당시 예학의 최고인 이조판서 송시열은 효종이 둘째이기 때문에 1년 복을 입어야 한다고 주장했고, 예조참의 윤휴는 효종이 장자인 소현세자가 죽고 차자로서 왕위를 계승

당쟁의 휘말림 속에 있는 것 같은 휘릉의 석물들

했으니 장자의 예에 따라 재최 3년복을 입어야 한다고 했다. 그러나 송시열은 4종설(正而不體, 體而不正, 正體不得傳重, 傳重非正體)을 들어 적처가 낳은 둘째 아들부터는 모두가 서자이고 효종 또한 그렇다고 해 기년복을 주장했다. 결국 1차 예송논쟁은 송시열 등의 주장에 따라 기년설이 받아들여져 서인의 승리로 끝났다.

그러나 남인은 서인의 주장이 효종을 체이부정(體而不正 : 서자가 대를 이은 것)으로 몰아가는 것이라며 공격했다. 즉 효종이 서자라는 뜻이라며 윤선도 등이 주장해 혼란에 빠졌다. 논쟁이 정치적 갈등으로 비화하자 현종은 더 이상 논쟁을 금지시키고 기년복으로 결정했다

이후 서인이 정권을 주도했다. 하지만 1674년 효종의 비 인선왕후 장씨가 승하하자 다시 시어머니인 대왕대비(장렬왕후)의 복상 문제가 제기됐다. 남인은 기년설(1년 복상)을, 서인은 대공설(9개월)을 주장하였다. 서인은 중국 고례(古禮 : 사가의 풍습)에 맏며느리 상에는 기년설(1년복)을 입고, 둘째부

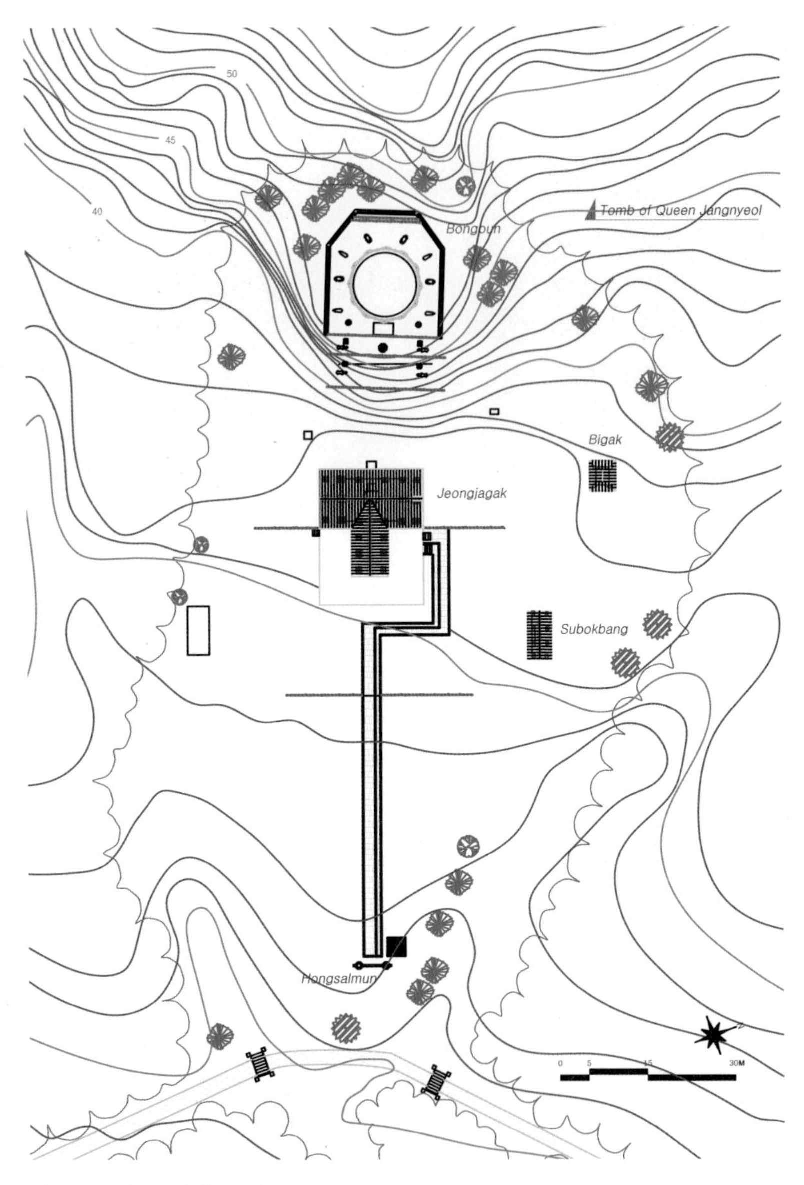

인조의 계비 장렬왕후 휘릉 배치도

터는 대공복(9개월복)을 입는다고 주장했다. 이에 남인은 국상에서는 큰아들과 맏며느리의 복제가 모두 1년이며, 효종 때도 그랬고 「국조오례의」에도 예시되어 있음을 들어 효종 국상 때 참최(3년복)를 재최(1년복)로 하고, 이제 와서 재최복을 대공복으로 하는 것을 지적하며 서인의 주장을 공격했다. 당시 송시열이 낙향해 있을 때이다.

이에 대해 남인은 현종의 아버지와 어머니를 서자의 손으로 하려는 의도라며 서인을 공격했다. 논란이 계속되자 현종은 "기해년(효종국상)에 복제를 국가 예제(國禮)에 의한 것으로 알았는데 고례(古禮)에 의거했다 하니, 이것은 국가에 쓰는 복은 가볍게 여기고 선왕(효종)을 '체이부정'으로 여긴 것이다. 임금에게는 박하고 누구에게 후덕하자는 것이냐. 이번 인선왕후 상에 자의대비(장렬왕후)의 복은 기년으로 마련하고, 국가제도에 장자복 기년을 3년의 참최복으로 고쳐라"고 명했다. 결국 2차 예송논쟁은 남인의 기년설이 채택돼 남인이 정권을 잡는 계기가 되었다.

국가적 혼란 속에 자식들보다 어린 나이에 왕비가 된 장렬왕후는 '국조오례의' 등 선례가 없는 자손의 국상을 당해 2차례나 예송논쟁에 휘말렸다. 사실 예송논쟁은 단순히 '의례'에 관한 논쟁이 아니라 왕위의 정통성 시비와 연관된 정권다툼이었으며, 정치적 입장 표명이었다. 서인은 신권(臣權)을 강화하기 위해 "천하의 예는 모두 같다(天下同禮)"는 것으로 왕실도 사대부 집안의 예와 다르지 않다는 주장했고, 남인은 "왕실의 예는 일반 사대부와 다르다(王者不同士庶)"는 논리를 세워 강력한 왕권 중심의 국가를 운영하고자 하는 정치적 입장을 표명하였음을 알 수 있다.

1688년(숙종 14년) 8월 대왕대비(장렬왕후)의 환후가 날이 갈수록 위독하여 숙종은 서증조모인 장렬왕후의 쾌유를 빌기 위해 대신을 종묘와 사직에 보내고, 종신을 산천에 보내 정성껏 기도하고 죄수들을 석방하고 양전(兩銓 : 이조와 병조)에 면세와 탕척(蕩滌 : 죄를 면해줌)을 했으나 그해 8월 26일 묘

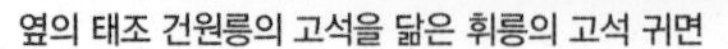
옆의 태조 건원릉의 고석을 닮은 휘릉의 고석 귀면

휘릉을 지키고 있는 석호

시(卯時 : 새벽 5~7시)에 대왕대비가 창경궁 내반원(內班院)에서 승하하였다. 서증손인 숙종이 상주가 돼 국장을 치루었다. 그동안 장렬왕후는 어린나이에 왕실에 들어와 남편인 인조, 서세자 소현세자, 서자 효종 내외, 서손 현종 내외를 앞세우면서 자신이 어떻게 상복을 입어야 하는지 서인, 남인의 정쟁으로 많은 시련을 겪은 장본인이다. 왕실에 들어와 역대 가장 많은 여섯 번의 상복을 입는다. 상복 문제로 혼란에 빠진 상태에서 상주가 된 숙종은 서증조모인 장렬왕후의 장례 때 어떤 상례복을 입어야 하는지 예민해졌다. 숙종은 마땅히 국상 상례복을 입으려 하나, 친손까지는 '오례의'에 따라 친자의 의례 제복을 입고 증손부터는 기록도 없고 선례도 없어 고민하다, 결국 고례(사가)의 예를 따라 종친의 기년예(1년)로 간략하게 입는다.

시호는 천리가 바르면서 뜻이 화평하고 덕을 갖고 선업을 준수했다고 해 장렬(壯烈)이라 하고, 능호는 휘릉(徽陵)이라 했다. 휘릉의 조영 과정을 기록한 산릉도감의궤가 없고 '숙종실록'에도 간략한 기록만 있어 선지(選地)와 조영의 상세 과정은 알 수 없다. 휘릉은 손자인 현종과 손자며느리 명성왕후(明聖王后)가 묻힌 숭릉(崇陵)보다 5년 뒤에 조영해 전반적으로 석물의 형태가 숭릉과 거의 비슷하며, 병풍석 없이 난간석만 둘러쳐 있다. 문 · 무석인은 얼굴이 크고 목이 없어 턱이 가슴에 붙은 형상이다. 혼유석 아래의 고석이 건원릉 형식을 따른 5개인 것을 보아 옆의 건원릉의 예를 일부 따른 것으로 사료된다.

난간석 바깥쪽에 석호 2쌍과 석양 2쌍이 밖을 향해서 봉분을 호위하며 사실적이고 해학적으로 묘사되어있다. 석호(石虎)는 능을 수호하는 수호신의 의미를 지니며, 석양(石羊)은 사악한 것을 피하고 죽은 이의 명복을 기원하는 뜻을 담고 있다. 또한 호랑이는 지상의 동물 중 가장 용맹한 것으로 지상의 모든 미물을 수호해 주기를 위해서이고, 석양은 지하의 미물을 지켜주는 영물로 지하세계의 미물의 수호신으로 해석하기도 한다. 석호는 중국과 베트남의 능에서는 볼 수 없는 우리만이 갖고 있는 수호 조각물이다.

휘릉은 정자각이 직전에 조영한 숭릉(현종과 명성왕후, 1683)과 익릉(숙종의 정비, 1680)처럼 정전의 양옆에 한 칸씩 익랑이 덧붙은 게 특이하다. 아마도 당대의 조영 특성으로 사료된다.

남편의 사랑도 제대로 받지 못하고 후사도 두지 못한 장렬왕후는 힘없이 상복문제로 끌려 다니다 당쟁의 명분만 제공하고 세상을 떠났다. 죽어서도 인조 옆으로 가지 못하고 동구릉에 묻혔다. 다행히 280년 전 유택을 조영한 태조의 건원릉과 이웃하고 있으니, 태조 이성계의 사랑을 영원히 받고 있는 것 같다. 태조도 외롭게 홀로 쉬고 있으니 더욱 그런 생각을 해 본다. 인조의 왕릉은 이곳에서 먼 경기도 파주시 탄현면에 정비 인열왕후와 합장되어 있다.

24

효종과 인선왕후 영릉

8년간 끔찍한 볼모 생활
자나깨나 '북벌의 꿈' 꾸었다

영릉(寧陵)은 조선의 제17대 왕인 효종(孝宗, 1619~1659, 재위 1649~1659)과 비 인선왕후(仁宣王后, 1618~1674) 장씨의 능이다. 같은 능선에 위에는 왕의 능침을, 아래에는 왕비의 능침을 조성하는 동원상하봉 형식의 쌍릉이다. 조선시대 최초의 동원상하봉 능으로, 경기도 여주군 능서면 왕대리 산 83-1 세종대왕과 소헌왕후의 영릉(英陵) 동측 능선 너머에 있다.

효종은 1618년(광해군 11년) 5월 22일 서울 경행방(慶幸坊) 향교동(鄕校洞, 서울시 종로구 종로 3가 부근) 사저에서 16대 왕 인조와 인열왕후의 5남 중 둘째로 태어났다. 효종의 휘(諱, 이름)는 호(淏)이며 자는 정연(靜淵), 호는 죽오(竹梧)이다.

효종이 태어난 날 저녁에 흰 기운이 침실로 들어와 오래 머물다 흩어졌다고 한다. 타고 난 천성이 매우 효성스러워 과일, 채소 같은 흔한 것이라도 반드시 아버지 인조에게 먼저 올린 뒤에야 먹으니 인조가 늘 효자라고 칭찬하며 사랑과 기대가 높았다. 인조의 병세가 위독하자 자신의 손가락을 잘라 피를 드렸을 정도로 효자였다고 한다. 그래서인지 시호를

조선시대 최초의 동원상하릉인 효종과 인선왕후 영릉

효종이라 했다.

1636년(인조 14년) 병자호란이 일어난 이듬해 강화가 성립되자 형 소현세자(昭顯世子)와 척화신(斥和臣) 등과 함께 볼모로 끌려가 청나라 심양에 8년간이나 머물렀다. 청나라에서 많은 고생을 겪다가 8년 만인 1645년 2월에 소현세자가 먼저 돌아왔고, 봉림대군은 그대로 청나라에 있다가 그해 4월 소현세자가 갑자기 죽자 5월에 돌아와서 9월 27일 세자에 책봉되었다. 그리고 인조 승하 5일 후인 1649년 5월 13일 창덕궁 인정전(仁政殿)에서 즉위해 1659년 5월까지 꼭 10년간 재위하였다.

효종은 조귀인(趙貴人 : 인조의 후궁)의 옥사를 계기로 친청파(親淸派)를 파직시키고 송시열(宋時烈) · 송준길(宋浚吉) 등 대청(對淸) 강경파를 중용하여 은밀히 북벌계획을 수립하여 나라의 가장 중요한 정책목표로 삼았다. 또 송시열, 이완 등과 함께 남한산성과 북한산성을 수축하고 군대 양성에 힘을 기울였으나 날로 강해지는 청의 군사력에 눌려 북벌을 실천에 옮기지는

동원상하릉의 대표적 능인 효종과 인선왕후의 영릉, 위측이 효종능침 아래측이 인선왕후 능침이다

못하고, 두 차례에 걸친 나선(러시아)정벌에서 군비를 확충하는 효과를 보았다. 한편 표류해 온 네덜란드인 하멜(Hamel, H.) 일행을 훈련도감에 수용해 조총 · 화포 등의 신무기를 개량하고 이에 필요한 화약을 얻기 위하여 염초(焰硝 : 조선시대, 훈련도감에 속하여 화약 만드는 일) 생산에 주력하였다.

효종은 두 차례의 외침으로 흐트러진 경제 질서를 확립하기 위해 많은 노력을 기울였다. 충청도, 전라도 연해안 각 고을에 대동법(大同法 : 지방의 특산물을 세금으로 내던 것을 쌀, 베 혹은 돈으로 통일하여 바치게 하던 납세제도)을 실시하여 성과를 거두었고, 전세(田稅)를 1결(結)당 4두(斗)로 고정하여 백성들의 부담을 덜어주었다. 그리고 상평통보(常平通寶)를 주조하고 유통시켰으며, 역법(曆法)을 개정하여 태음력의 구법(舊法)에 태양력의 원리를 결합시켜 24절기의 시각과 하루의 시각을 정밀히 계산해 만든 시헌력(時憲力)을 도입하였다.

효종은 '진풍(秦風)'의 황조장(黃鳥章)을 강할 때 "중국에서는 잔인하게 신하로 하여금 광중에 들어가게 하고, 자기는 죽기 싫어하면서 사람(신하)을

영릉 재실과 느티나무(槐) 그리고 뒤편에 향나무와 회양목(천연기념물 제459호)이 있다

죽인다. 또한 광중에 보화(寶貨)를 매장하는 것은 죽은 사람에게 유익함이 없고 오히려 도굴의 참화(慘禍)를 당하는 것이다. 그래서 중국 여후(呂后)의 무덤이 모욕을 당하고 진나라 황제의 무덤이 도굴을 당하는 것이다. 그러나 한문제(漢文帝)는 검약하게 해 참화를 당하지 않았고, 광무제(光武帝)의 수릉도 겨우 빗물만 흐르게 했으니 어찌 후세에서 본받을 만한 것이 아니겠는가?"라고 했다.

이 말에서 조선왕릉의 조영이 검소하고 간결하며 부장품을 화려하게 넣지 않아 도굴을 방지하고, 능역 조영에 드는 국력의 손실을 줄였음을 알 수 있다. 백성을 위한 이러한 문민정치 덕분에 조선 왕조는 518년의 장구한 역사를 이어온 것으로 평가된다. 중국에서는 능침 현궁의 안쪽에서 빗장을 치기 위해 능침에 산 사람을 넣었고 부장품도 많이 넣었다. 실제로 필자가 중국의 어느 능역을 방문했을 때 관리자로부터 "중국의 능은 능원 조영 다음 날부터는 도굴범과의 전쟁이었다"라는 이야기를 듣기

인선왕후 능침의 상설모습

도 했다.

이 말에서 조선왕릉의 조영이 검소하고 간결하며 부장품을 화려하게 넣지 않아 도굴을 방지하고, 능역조영에 드는 국력의 손실을 줄였음을 알 수 있다. 이러한 제도는 다른 나라의 능제와 다르게 조영된 조선의 장점이다. 또한 조선왕릉이 다른 나라에 비하여 도굴피해를 입지 않은 것은 '산릉도감의궤' 등에 부장품의 종류와 내용이 자세히 소개되어 있으며, 실물보다는 간소화한 부장품과 모조품을 매장하였기 때문이다. 엽전도 종이를 이용한 모조지폐를 사용했다. 조상의 지혜를 엿볼 수 있는 대목이다. 효종은 능을 배알(참배)할 때도 간소화 할 것을 명하였다.

1659년 5월 4일 효종의 얼굴에 난 종기가 심하게 부어서 안포(眼胞 : 눈가)에 산침을 놓았으나 혈락(血絡)을 찔러 피가 멈추지 않은 채 효종은 창덕궁 대조전에서 41세를 일기로 승하했다. 의료사고로 추정되는데, 이 일로 의관들은 국문을 당하고 유배되었다.

효종 영릉(寧陵)은 자연지형을 잘 이용한 능원으로 자연의 곡선미를 갖고 있다

그해 지금의 구리시 동구릉 내 건원릉 서쪽 원릉(元陵) 자리에 병풍석으로 효종의 영릉을 조성했다. 그러나 부실공사인지 예송(禮訟) 논쟁에 휘말린 탓인지, 능침에 틈이 생기고 빗물이 스며들어 수차례 수리를 했으나 별 효과가 없었다. 효종의 아들 현종은 1673년 10월 여주의 세종대왕 영릉 곁으로 자리를 옮겼다. 이때 초장지를 조성했던 총호사와 산릉도감 등은 관직이 삭탈돼 유배되었다.

그러나 현궁을 열어보니 완벽했다. 그래서 온전한 재궁은 열지 않고 그대로 여주로 옮겼다. 천봉 시 새 능터에 있던 민가 25채, 묘소 60여 기를 옮기고 조성하였다. 천봉 시 작성한 '효종천봉 도감의궤'에는 반차도(국장 시 장례행렬도)가 채색도로 그려져 있어 현존하는 조선시대 가장 오래된 것으로 추정된다.

효종의 정비인 인선왕후(仁宣王后)는 성이 장씨(張氏)이며 본관은 덕수(德水)다. 아버지는 우의정 신풍부원군 장유(維)이고, 어머니는 우의정 김상용

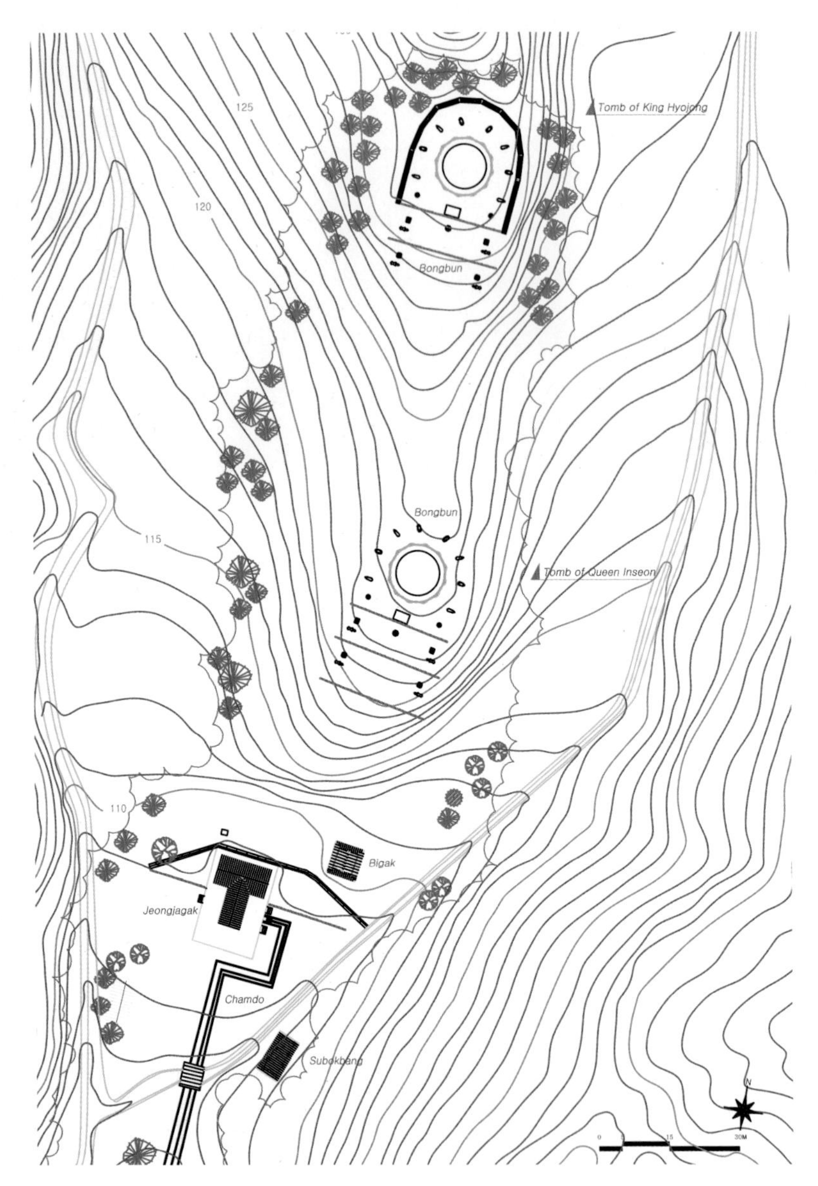

효종(상)과 인선왕후(하)의 영릉 배치도

조선왕릉 대표적 석호로 위용과 해학적 표현을 자랑하는 영릉 인선왕후의 석호

보물로 지정된 영릉의 재실

(金尙容)의 딸이다. 인선왕후는 1618년 12월 25일 안산(安山)에서 태어났다. 13세에 12세인 봉림대군(鳳林大君)의 아내로 간택돼 다음 해 가례를 올리고 풍안부부인(豊安府夫人)으로 봉해졌다. 소현세자와 봉림대군이 청나라의 볼모로 심양에 갔을 때 함께 머물면서 뒷바라지를 했다.

효종이 여주로 천봉된 다음 해 인선왕후는 질병으로 고생하다 1674년(현종 15년) 2월 24일 창덕궁 회상전에서 승하했다. 이때 시어머니인 인조의 비 조대비(趙大妃)가 복(服)을 입는 기간을 둘러싸고 예송논쟁이 일어났다. 기년복(1년복), 대공복(9개월복)을 둘러싸고 서인인 송시열과 남인인 윤휴, 윤선도 등이 대립했다. 결국 남인의 주장이 받아들여져 큰며느리로 대우하는 기년설을 따라 1년간 상복을 입기도 했다. 발인에 3,690여 명을 동원해 150여 척의 배로 강나루에서 한강과 남한강을 이용해 3일 만에 여주에 도착했다. 인선왕후의 능이 동원(同原)에 택정(擇定)돼 왕릉 앞에 비릉(妃陵)을 써서 위아래로 쌍분을 이루는 조선시대 최초의 동원상하릉(東原上下陵)이 만들어졌다.

효종의 능침은 천장하면서 병풍석을 없애고 난간석을 사용했다. 이후 이러한 제도가 한동안 지속됐다. 또 동자석주에 글씨를 새겨 방위를 표시하였다. 동원상하의 능은 하나의 강(岡)에 광(壙)의 넓이가 좁아 아래위

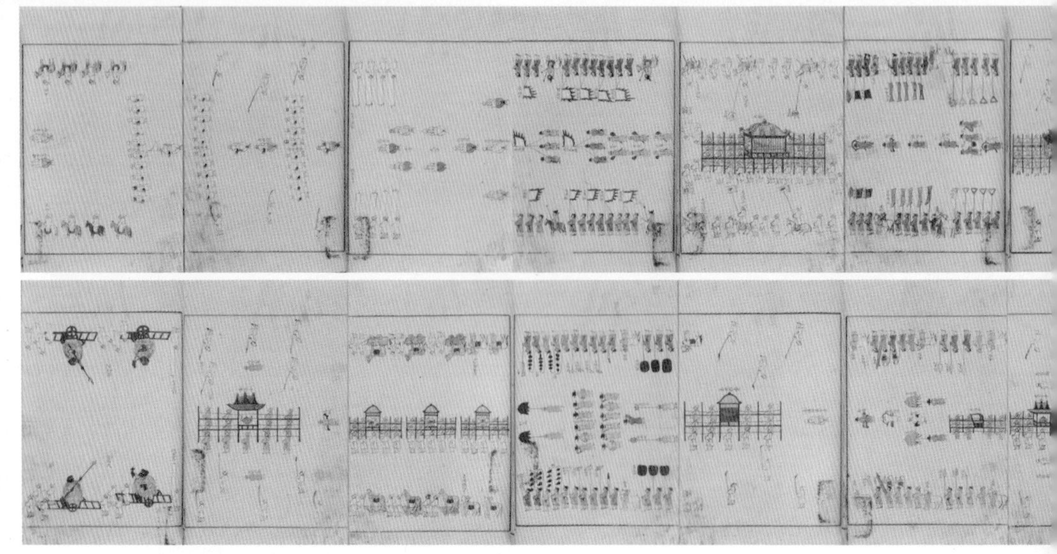

효종 천봉 반차도

에 풍수상 혈의 자리에 능침을 조성한 조선시대의 특이한 형식이다. 또 상 · 하 능이 나란한 일자형이 아니라 약간 사선에 놓여있는 형태이며, 자연의 지형을 잘 이용한 곡선미와 조형미가 아름답다.

조선 왕릉 가운데 동원상하릉은 성북구의 의릉(경종)과 더불어 2개뿐이다. 동원상하릉은 왕의 능침만 곡장을 두르고 왕비의 능은 두르지 않는데, 정자각과 곡장 사이를 하나의 공간으로 해석해 왕과 왕비가 같은 방을 쓰고 있다는 의미다. 영릉의 능침 석물은 사회적 안정기에 조성한 것이어서 조각의 기교가 뛰어나고 아름답다. 특히 무석인의 모자 표현은 중국의 영향을 받은 시대상을 읽을 수 있으며, 석호의 눈망울이 크고 해학적이며 발톱과 꼬리의 표현이 생동감을 준다.

영릉은 재실에서 하천을 따라 곡선을 이루는 배향로를 걸으면 위요감(圍繞感) 속에 능원이 숨어 있음을 볼 수 있는 곳이다. 이것은 성역의 공간과 속세를 구분하기 위해서다. 정자각의 배치가 왕의 능침과 일직선축을 하고 있으며, 홍살문과 정자각 사이에 금천교를 놓은 유일한 능원이다.

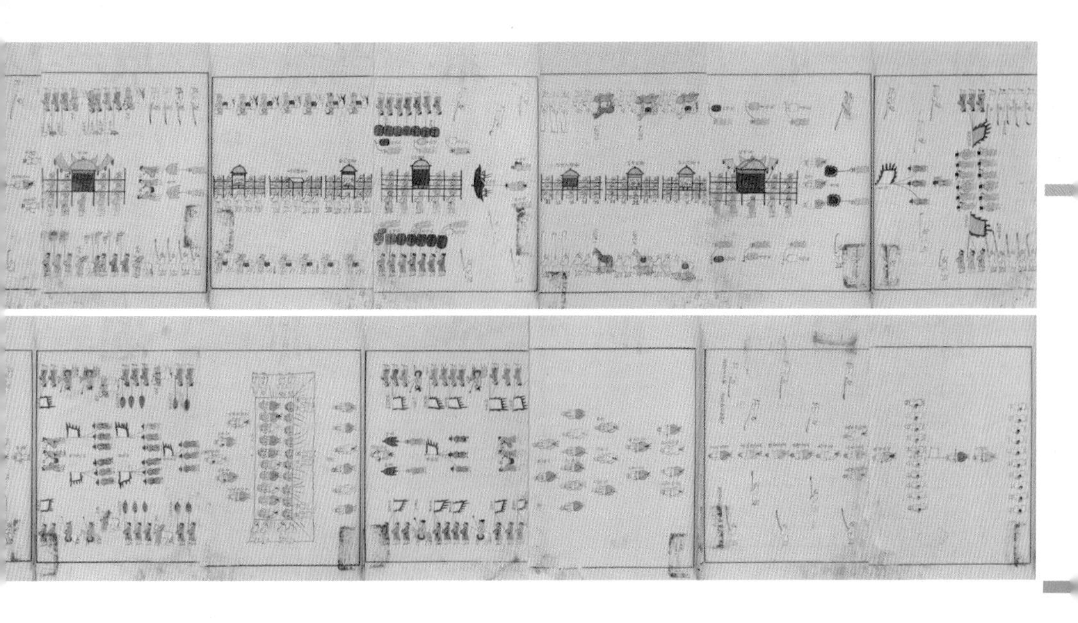

일반적으로 금천교는 홍전문 앞에 있다. 이렇게 자연의 지형에 조화롭게 시설물을 배치한 것이 조선 왕릉의 특징이다.

영릉의 재실은 현재까지 소실된 전사청 외에는 온전히 보전되어 있어 재실 중 유일하게 보물로 지정되어 관리되고 있다. 영릉 재실의 건물들은 전반적으로 민도리 홑처마 집으로 간결하고 소박하면서도 세부 수법을 보면 짜임새있게 건립되었다. 그리고 제기고, 재방, 전사청, 행랑채(대문 포함), 우물 등의 시설이 유기적으로 적정하게 배치돼 있다. 또한 경내의 제향과 관계있는 향나무와 회양목은 천연기념물 제459호로 그 의미를 더한다. 수백 년 된 느티나무가 전통 담과 어우러져 자라고 있어 더욱 고풍스러움을 느끼게 한다. 느티나무는 정승을 나타내는 나무이다.

효종 영릉은 인조의 장릉(長陵)과 더불어 조선 후기의 대표적 능원 양식으로 평가받고 있다. 효종은 인선왕후 장씨와 1명의 후궁 사이에 1남 7녀를 두었다. 첫째가 18대 왕 현종(顯宗)이다. 그의 능호는 숭릉(崇陵)이고 구리시 동구릉 내 서측 능선에 있다.

25
현종과 명성왕후 숭릉

일부일처 고수한 순정파
사생결단 당쟁에 '골머리'

숭릉(崇陵)은 조선 제18대 임금인 현종(顯宗, 1641~1674)과 원비 명성왕후(明聖王后, 1642~1682) 김씨의 능으로 쌍릉 형식이다. 숭릉은 경기도 구리시 인창동 산 2-1의 동구릉 내 서측 능선의 남쪽에 유좌묘향(酉坐卯向, 서측에서 동향하고 있음)하고 있다.

현종은 제17대 왕 효종과 인선왕후 장씨의 장남으로 병자호란 이후 1641년(인조 19년) 2월 4일 부모가 볼모로 잡혀 있을 때 중국 선양의 심관에서 태어났다. 그래서 현종은 조선의 왕 중 유일하게 외국에서 태어난 이력을 갖고 있다.

현종은 어려서부터 기질이 특이하고 용모가 장대했다. 큰아버지 소현세자가 청에 볼모로 잡혀 갔다가 돌아와 원인 모르게 급서하자, 둘째인 아버지(효종)가 왕세자가 되고 곧이어 왕위에 올랐다. 덕분에 현종은 11세에 왕세자에 책봉돼 8년간 세자교육을 받았다. 1659년 19세에 효종의 뒤를 이어 왕위에 올라 15년 3개월간 통치했다.

숭릉의 전경, 조선시대 유일의 팔작지붕 익랑형의 정자각이 독특하다

현종은 아버지 효종이 추진하던 북벌정책을 이으려 했으나 청나라의 국력이 점점 강성해지자 정책을 바꾸어 조선중화주의를 펼쳤다. 선조 이후 임진왜란과 병자호란을 겪으면서 약화된 조선왕조의 지배질서 확립을 위해 노력했으며, 군비강화와 재정구조의 재건을 위해 힘썼다. 현종 통치기에는 외침이 없었으며, 안으로 사회가 안성을 되찾아가는 평화로운 시대였다.

또한 현종은 조선의 통치철학인 유교를 근거로 사찰을 규제하고 성균관을 번성시켰다. 예제를 중요하게 여겨 고려조의 모든 능을 수리하고 봉심하게 했으며, 송시열 등의 건의로 태조의 계비 신덕왕후 강씨를 종묘의 태조실에 합사하고 파릉됐던 정릉(貞陵)을 추복하고 전례를 갖추었다. 이후 단종을 노산군으로 추봉하는 등 조선왕조의 슬픈 역사를 복권했다.

그러나 너그러운 품성의 현종이 송준길, 송시열 등 성리학자를 편애한

조선시대 유일하게 정자각이 팔작지붕인 숭릉의 전경, 쌍릉형식이다

쌍릉을 이루는 숭릉의 능침, 우상좌하(右王左妃)의 배치로 우측이 현종, 좌측이 명성왕후의 능침이다

것이 정국을 당쟁의 격론 속으로 몰아갔다. 결국 서인과 남인의 치열한 예송논쟁이 펼쳐졌다. 예송논쟁은 인조의 계비 자의대비 장렬왕후의 상복 문제를 놓고 충돌한 사건이다.

예송론의 핵심은 장자인 소현세자와 차자인 봉림대군의 대우 문제였다. 인조의 장자였던 소현세자가 죽자 서모인 장렬왕후는 왕의 승하 때와 같이 장자의 예로 3년 간 상복을 입었다. 이후 차남인 효종이 승하하자 적통을 이었으므로 장자의 예로 3년복을 입어야 한다는 남인의 주장과, 차남으로 등용됐으므로 1년복을 입어야 한다는 서인의 주장이 충돌했다. 결국 송시열 등 서인의 주장이 받아들여져 1년복으로 결정됐다.

그러나 15년 후 장렬왕후(자의대비)의 며느리 격인 효종비 인선왕후가 승하하자 맏며느리의 상으로 봐 기년복을 입느냐, 나머지 며느리 때로 봐 대공복(9개월)을 입느냐로 또 충돌했다. 현종은 차남으로 왕위에 오른 아버지 효종과 자신의 왕위 적통성을 고려하여 직접 기년복으로 정했다.

이처럼 오락가락한 현종의 결정이 서인의 반발을 샀고, 이 일을 계기로 남인이 집권한다.

현종 시대의 예송논쟁은 임란과 호란 등 혼란스러운 시대를 거친 뒤 안정된 사회에 국가 통치철학을 반영하려한 지나친 시대적 격론으로 해석된다. 즉 율곡학파인 서인과 퇴계학파인 남인 간의 정권 주도권을 둘러싼 성리학의 이념논쟁인 것이다. 학문적 논쟁이 정치쟁점이 되면서 현종 이후 환국(換局 : 집권세력이 급격히 교체되는 정치적 혼란)을 겪었고, 국왕과 신하가, 또 붕당끼리 서로 비판하는 정국의 혼란이 이어졌다. 현종은 재정적 부족을 메우기 위해 공명첩(空名帖)을 대량으로 발행해 신분제 해체를 가져오기도 했다.

명성왕후 김씨는 1642년(인조 20년) 5월 17일 장통방(長通坊) 사저에서 태어났다. 1651년 10세에 세자빈에 책봉된 후 1659년 왕후가 됐다. 명성왕후의 아버지 김우명(金佑明)은 진사 출신으로 종9품인 능참봉(康陵)에 있다가 딸이 중전으로 간택되어 하루아침에 정1품 청원부원군에 봉해졌다. 할아버지 김육은 서인과 대항한 세력의 영수였으며 사촌오빠 김석주는 남인과 제휴하기도 하고 남인을 제거하기도 하는 모략가였다. 그래서인지 김우명은 서인, 남인 등 당론에 개의치 않는 과격하고 탐욕스러운 인물로 알려져 있다.

아버지를 닮았는지 명성왕후는 머리가 좋았으나 성격은 감정적이고 거칠었으며, 아들인 숙종 때 조정 일에 관여해 비판을 받았다. 1675년(숙종 2년)에 숙종의 이복 당숙인 복창군과 복선군이 궁녀를 건드려 아이를 낳게 한 사건이 벌어졌다. 이는 왕권에 대한 도전이며 종친의 문란이었다. 조정에서는 복선군을 처형할 것을 권고했으나 왕의 어머니인 명성왕후는 종친의 신임을 얻기 위해 숙종을 불러들여 호통을 치며 대성통곡하고 협박해 당쟁에 끌려다니는 왕권을 종친의 힘을 빌려 확립하려 했다. 이 사

정교하게 조각된 숭릉의 석호

아버지 효종영릉의 석물을 재사용한 것으로 추정되는 숭릉의 문석인

건을 '홍수(紅袖 : 붉은 옷소매, 궁녀를 가리킨다)의 변'이라 한다.

1674년 8월 현종이 어머니 인선왕후의 국장을 치른 지 두 달 만에 열이 심하게 올라 약제를 쓰고, 침을 맞고, 인삼차를 들게 하는 등 온갖 정성을 다했으나 열흘 후인 8월 18일 한밤중에 창덕궁 재려(齋廬)에서 승하했다. 현종의 상태가 위독하자 재려전으로 옮겨 임종을 준비했다. 임금은 하얀 겹모자에 하얀 옷을 입고, 하얀 평상에 부들자리를 깔고 하얀 요를 편 데 누워 하얀 이불을 덮은 채 머리를 북쪽으로 두고 있었고, 세자(숙종)는 평상 아래서 무릎을 꿇고 앉았으며 복창군 등 종친들은 옆에 있었다. 여러 신하들이 하교를 물었으나 답변을 듣지 못했다. 이때가 현종 재위 15년으로 향년 34세였다. 당쟁에 휘둘린 탓인가, 어머니의 상중(喪中)에서 과로한 탓인가.

중전인 명성왕후는 효종의 천장과 인선왕후 국상 때 너무 많은 비용이 들었다며 현종이 근심했음을 들어 현종의 능제를 간소화하고 국장준비를 궐내에서 하며 해당관청에 진배(進排)하지 말도록 했다. 상복도 간편하게 했으며 시어머니 인선왕후의 산릉 제례도 중지시켰다. 능지도 일부 반대가 있었으나 동구릉으로 결정했다. 석물은 민폐를 덜기 위해 아버

조선시대 유일의 팔각지붕 익랑형의 숭릉 정자각

지 효종의 초장지에 썼던 것을 쓰도록 했다. 명성왕후의 독선과 정치력을 볼 수 있는 대목이다. 따로 영악전을 짓지 않고 재궁을 잠시 정자각에 봉안케 해 백성의 노고를 덜었다. 정자각에 상량문도 쓰지 않도록 했다. 이때 조사기(趙嗣基)의 아들 조감(趙堿) 등이 영릉의 석물을 쓰는 것에 대해 "아버지가 먹다 남은 음식으로 아들의 제사를 하지 않는다"며 반대 상소를 했으나 송시열과 유생 등의 변론에 따라 어린 숙종은 그대로 행할 것을 명했다. 이때 공주들도 오례의 예에 따라 3년복을 입었다. 숙종은 돈화문에서 사배례를 하고 이별을 고했다.

숙종 9년(1682) 12월 5일 현종의 비 왕대비 청풍 김씨 명성왕후가 42세를 일기로 창경궁 저승전(儲承殿)의 서별당에서 승하했다. 명성왕후는 승하 이전에 자신의 국장에 모든 절차와 부장품을 간소화할 것을 유언으로 남

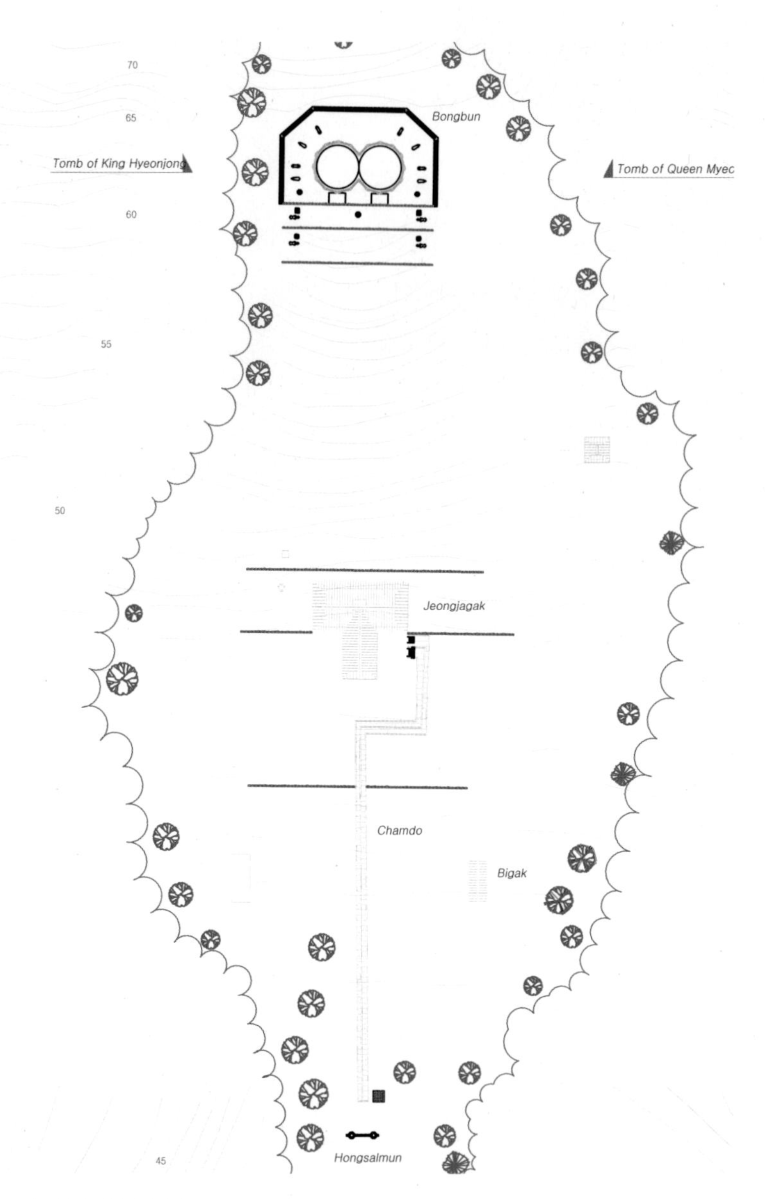

현종(좌)과 명성왕후(우)의 숭릉 배치도

겼으니 이를 통해 그녀의 성격을 가늠해 볼 수 있다. 능호를 숭릉(崇陵)으로 한 것은 명나라 마지막 황제인 '숭정제(崇禎帝)'의 숭(崇)자를 딴 것으로, 친명배청사상을 강조한 당시 조선의 북벌정책을 반영하고 있다. 숭릉의 자리 잡기와 능원 조성 내용을 기록한 '(현종)숭릉산릉도감의궤'와 '(명성왕후)숭릉산릉도감의궤'가 서울대 규장각과 한국학중앙연구원의 장서각에 남아 있어 능제복원 및 관리연구에 도움을 주고 있다. 또한 1677년 능을 수리한 기록물인 '숭릉수개도감의궤'와 '숭릉지' 등이 있다. 이런 기록물 덕에 조선왕릉 세계문화유산 등재 때 진정성 확보에서 높은 평가를 받았다. 조선의 의궤(儀軌)는 총 5~8부 제작되는데 임금(왕실)이 보는 어람용과 보관을 위한 분상용으로 구분한다. 분상용은 의정부, 예조, 춘추관, 적상산(지리산)에 나누어 보관했다. 이 중 어람용을 가장 정성껏 만들었다. 어람용 중 하나는 강화의 외규장각에 보관했으나 병인양요 때 약탈당해 지금은 프랑스 파리국립도서관에 소장되어 있다. 나머지 분상본은 장서각과 규장각, 국립문화재연구소 등에 흩어져 보관되고 있다. 일부가 일본의 국립도서관, 왕립도서관에 보관돼 있는 것으로 추정된다. 하루빨리 이들의 자료정리 및 반환과 번역 같은 연구가 이루어져야 한다. 그래야 능제복원 및 관리보존을 위한 진정성 확보가 가능하다.

숭릉의 봉릉(封陵) 제도는 조부인 인조의 장릉(長陵)을 따르고, 석물은 아버지 효종의 영릉(寧陵)을 따르되 백성들의 폐단을 고려해 1년 전 현종이 자신의 아버지 능을 여주로 천장하면서 묻어 놓았던(현 동구릉 원릉 터) 것을 이용했다. 숭릉의 왕릉과 왕비릉은 모두 병풍석이 없고 난간석으로 연결돼 있으며, 각 능침 앞에 혼유석이 하나씩 놓여 있다. 장명등과 망주석의 대석에는 할아버지 인조 장릉(長陵)의 것과 같은 화문(花紋)이 새겨져 있으며, 망주석의 세호가 뚜렷하고 섬세하게 새겨져 있다. 문·무석인은 옷 주름을 비롯해 얼굴의 이목구비가 입체적이지 않고 선으로 표현돼 있으며, 정

숭릉 망주석 세호

숭릉 석호

자각은 다른 곳에서 볼 수 없는 팔작지붕인데 이는 조선왕릉 중 유일한 형태이다. 정자각 정청(正廳) 양 측면에 반 칸 규모의 익랑(翼廊)이 덧붙어 있어 규모가 더 크다. 정자각 왼편에는 원형의 어정이 있다.

숭릉 능역 입구에는 좌청룡수와 우백호수 계류의 물을 모아 놓은 연지(연못)가 있다. 연지의 형태는 음양오행설에 따라 조영된 방지원도형(方池圓島形)으로, 이곳에는 철따라 철새가 날아와 아름다운 경관을 만든다. 연지를 지나면 숭릉 우백호 끝자락에 고종 황제의 비인 명성황후의 초장지로 결정돼 공사를 하던 흔적이 있어 눈여겨볼만하다. 만약 그곳에 조영되었다면 한글 이름이 같을뿐더러 조선의 왕비 중 정치적 장부의 기질을 가졌다는 점 또한 같은 명성왕후(明聖王后)와 명성황후(明成皇后)의 능역이 인접해 있을 뻔했다.

원래 동구릉에는 외홍전문 앞에 외금천교와 연지가 있었으나 1970년대에 사라져 아쉽다. 다행히 금천교의 아름다운 유물이 동구릉 영내에 보관

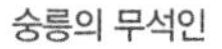
숭릉의 무석인

전서로 쓴 숭릉의 비문. 전면에는 왕과 왕비의 묘호와 능호가, 후면에는 왕과 왕비의 출생, 즉위, 승하일, 능역 위치 등이 적혀 있다

돼있어 복원이 가능할 듯하다. 복원하면 동구릉 능역의 원형을 찾고, 아울러 조선 왕릉 유일의 아름답고 웅장한 석교를 볼 수 있을 것이다. 연지가 도로 건너편에 방치되어 있다. 방지원도형으로 조선의 모든 왕이 태조의 건원릉 봉양 때 쉬었다 간 것으로 기록에 나타난다. 연지도 복원해야 한다.

현종은 명성왕후 김씨와의 사이에 1남 3녀를 두었는데 장남이 제19대 숙종이다. 현종은 조선의 왕 중 일부일처의 원칙을 고수한 유일한 왕이다. 명성왕후와의 금슬이 좋았던 때문일까 아니면 명성왕후의 과격한 성격 탓일까.

숙종의 능호는 명릉(明陵)이며 고양시 덕양구 용두동 산 30-1의 서오릉 지구에 있다.

26

숙종과 제1계비 인현왕후, 제2계비 인원왕후의 명릉

실물크기 '석물'은 숙종 시대를 알고 있다

명릉(明陵)은 조선의 제19대 임금 숙종(肅宗, 1661~1720)과 제1계비인 인현왕후(仁顯王后, 1667~1701) 민씨, 제2계비인 인원왕후(仁元王后, 1687~1757) 김씨를 모신 능이다. 숙종과 인현왕후의 능은 동원쌍분(雙墳)으로 조영하고 인원왕후의 능은 오른편 언덕에 단릉으로 모셔 쌍릉과 단릉, 동원이강의 특이한 형식을 볼 수 있는 곳이다.

명릉은 사적 제198호로 경기도 고양시 덕양구 용두동 산 30-1 서오릉 지구에 있다. 이곳은 두 번째로 조선 왕릉이 많은 곳이다. 원래 세조가 의경세자를 위해 직접 자리를 잡은 곳인데 용두동(용의 머리)이란 마을 이름에서도 알 수 있듯 풍수가들이 극찬을 한 터다. 이 용 형국의 터에 백두산에서 내려온 정기가 한북정맥을 타고 주엽산(세조의 주산)–도봉산–북한산 상정봉–북한산 비봉–백현산–응봉을 거쳐 사신(四神) 산이 확실하게 나타나는 명당이다.

숙종은 1661년(현종 2년) 8월 15일 경덕궁 회상전에서 태어났다. 현종(顯宗)과 명성왕후의 원자이며 외아들로, 휘는 순(淳)이고 자는 명보(明普)다.

실사구시(實事求是)의 이론에 따라 실제 사람의 크기로 조영된 명릉의 석물

할머니인 효종 비 인선왕후가 태몽으로 용꿈을 꿔 어릴 때 이름은 용상(龍祥)이었다.

숙종은 7세에 세자로 책봉돼 당대 최고의 성리학자인 송시열, 송준길 등에게 왕세자 교육을 받았다. 1674년 현종이 승하하자 13세에 즉위해 재위 기간만 46년 10개월로, 아들 영조 다음으로 길다.

숙종시대는 조선 왕조를 통틀어 당파 간 정쟁이 가장 심했다. 그러나 숙종은 용사출척권(用捨黜陟權 : 왕이 정계를 대개편하는 권한)을 통한 환국정치로 세 번에 걸쳐 정권을 교체하면서 현종 대의 예송논쟁으로 약화된 왕권을 강화했다. 즉 숙종은 희빈 장씨를 총애하는 과정에서 인현왕후 민씨의 폐출과 부활, 다시 장씨의 자결 명령 등으로 왕실에 혼란을 불러왔으나 대

쌍릉(숙종과 인현왕후)과 단릉(인원왕후)의 동원이강형의 혼합형인 명릉, 정자각은 하나만 조영하였다

신 서인과 남인의 권력다툼을 이용하면서 왕권을 강화하는 데 성공했다.

대동법의 전국 확대 실시와 상평통보의 주조로 조선 후기 경제발전의 기반을 마련하고, 5군영으로 군제 개편을 하면서 1712년 청나라와 국경 협상을 벌여 간도를 조선의 영토로 확정짓는 백두산정계비를 세웠다. 또 왜인의 울릉도 및 독도 지역 진입을 금지하고 일본에 사신을 보내 조선의 영토임을 확인시키기도 했다. 이후 숙종은 점차 격렬해지는 노론과 소론의 대립을 조정하고자 처음으로 탕평책을 제안했다.

숙종은 급하고 다소 과격한 성격이었던 것으로 알려졌다. 우유부단했던 아버지 현종과는 많이 달라서 어머니 명성왕후 김씨의 성격을 닮은 듯하다. 그도 그럴 것이 당쟁으로 약화된 왕권을 되찾기 위한 어머니의

명릉의 전경, 단릉, 쌍릉, 동원이강령의 독특한 형태이다

보이지 않는 교육도 있었을 것이다. 숙종은 친히 '주수도설(舟水圖說)'이란 글을 지어 "군주는 배와 같고 신하는 물과 같다. 물이 고요한 연후에 배가 안정되고 신하가 현명한 연후에 군주가 편안하다"라며 군신정치의 중요성을 강조했다. 그 덕분인지 숙종은 비교적 당쟁에 휘말리지 않고 오랜 기간 통치했다. 그는 곤의(袞衣 : 어의, 예복) 말고는 비단옷을 입지 않고 침전의 자리가 낡아도 갈지 않을 만큼 검소한 생활을 했다.

1720년 숙종은 가래와 천식이 심하고 복부가 부어올라 혼수상태를 거듭하다 6월 8일 향년 59세에 경덕궁의 회상전에서 승하했다. 병명은 위암으로 추정된다. 내시 두 사람이 회상전 지붕으로 올라가 강사곤룡포(絳紗袞龍袍)를 들고 세 번 주상의 존호를 불렀다. 숙종의 승하를 알리는 예다.

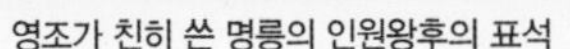

영조가 친히 쓴 명릉의 인원왕후의 표석

인원왕후 능침의 문무석인

그의 능침은 수년 전 인현왕후(제1계비)의 국장 때 우측에 자신이 우허제(생전에 자신의 능침을 부인의 왼편에 마련하는 수릉제도)에 따라 정해놓은 명릉에 쌍분릉으로 조영됐다. 이때 제궁에는 좁쌀 또는 차좁쌀을 태워서 깔고 평천관(平天冠 : 임금의 관)을 임금의 머리 위에, 적석(赤舃 : 붉은 까치 모양 조각)을 발아래에 넣고, 생전에 모아놓은 빠진 치아와 머리카락, 손발톱, 옥규(玉圭 : 구슬)를 넣은 뒤 할아버지 효종대왕의 곤룡포를 위에 덮고 아버지 현종이 입던 곤룡포를 아래에 넣었다. 왕위의 적통 계승자임을 분명히 한 것이다.

인현왕후 민씨는 여양(여흥)부원군 민유중과 은율 송씨의 딸로, 숙종의 정비인 인경왕후(仁敬王后)가 승하하자 숙종 7년(1681)에 왕비로 책봉됐다. 평소 예의 바르고 언행이 청초했으나 소생이 없었다. 서인 집안 출신인 인현왕후와 남인 세력을 등에 업은 희빈 장씨의 충돌은 예상된 것이나 마찬가지였다. 더욱이 장희빈이 숙종의 총애를 받고 원자(경종)를 낳자 당쟁은 내전 갈등으로 이어져 인현왕후가 폐위되고 서인들이 권력에서 밀려나며 남인들이 재집권하는 일이 벌어졌다. 이것이 숙종 15년(1689)에 일어난 기사환국(己巳換局)이다.

1694년 인현왕후가 복위하자 폐비 민씨의 복위를 반대하던 남인 세력이 실권(失權)하고 소론과 노론이 다시 득세했다(갑술환국). 7년 뒤인 1701년

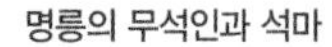
명릉의 무석인과 석마

명릉 정자각의 잡상

8월 14일 인현왕후가 창경궁 경춘전에서 승하하자 왕실은 다시 무고(誣告) 사건에 휘말렸다. 장희빈이 인현왕후를 음해하기 위해 취선당 서쪽에 신당을 설치하고 인현왕후가 죽기를 기도했다는 것이다. 이 사건으로 장씨는 사약을 받았다.

숙종은 먼저 승하한 정비 인경왕후의 묘를 이곳에서 수백 미터 떨어진 곳에 조성하고, 계비 인현왕후 때에는 증조부 인조의 장릉(長陵)의 예에 따라 현재 자리에 능침을 조영하게 했다. 숙종은 친히 서오릉에 자신의 족분릉(族墳陵 : 비와 빈, 자식이 함께 묻힌 가족릉)을 구상했다.

아버지 현종의 능침을 조영할 때 할아버지 효종의 초장지 석물을 쓰게 하는 등 검소한 능역 조영을 주장한 숙종의 명릉은 조선 능제의 분수령을 이루고 있다. 명릉은 숙종의 명(命)에 따라 인력과 경비를 절감한 간소한 후릉(厚陵 : 제2대 정종과 비)제도를 따랐다. 부장품의 수량을 줄이고 석물 치수도 실물 크기에 가깝게 작게 하였다. 평소 숙종은 "사치의 해독은 재앙보다 심하다"라는 말을 자주 하고 스스로 검약했다 한다.

숙종의 능침과 인현왕후 능침 사이 양측에는 문·무석인 한 쌍이 있다. 이제까지 다른 능의 문석인과 달리 키가 169cm로 당시 사람의 실물 크기와 흡사하다. 실제로 조선 왕릉 중 석물 크기가 가장 작으며 사실적

인원왕후 능침

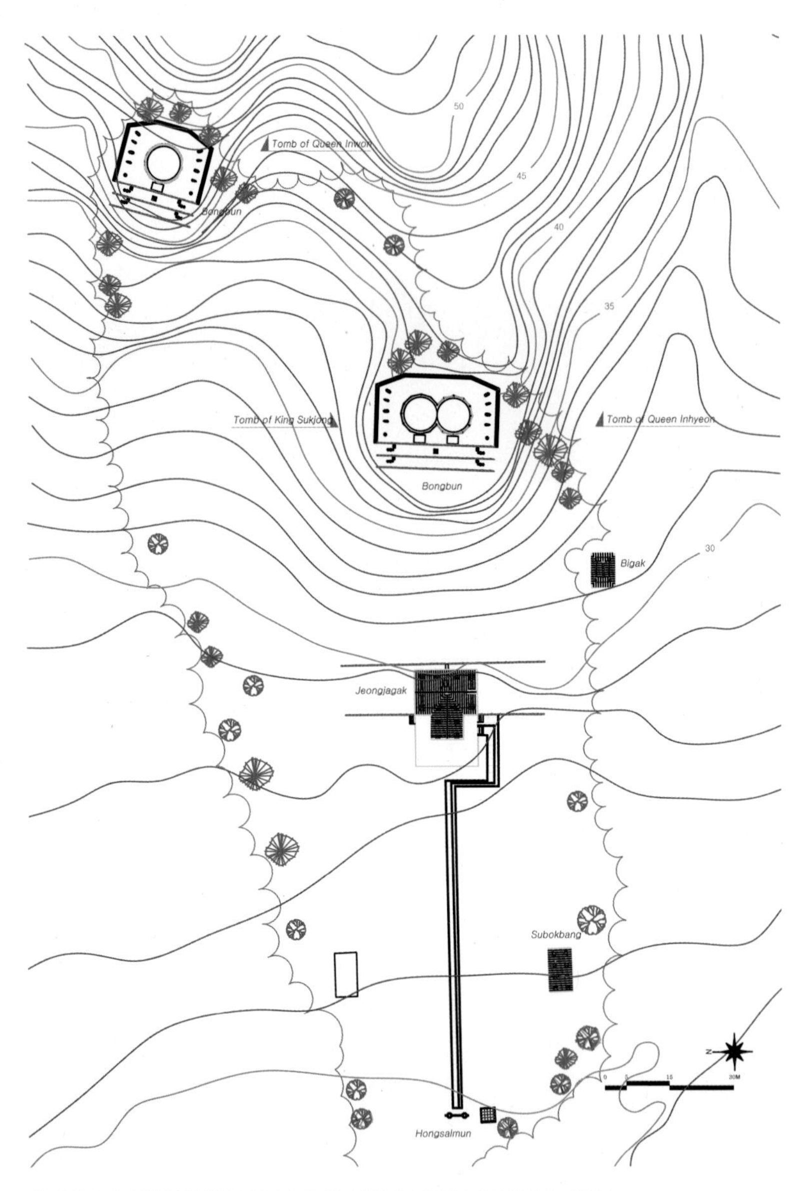

숙종(좌)과 계비 인현왕후(우)의 쌍분과 제2계비 인원왕후의 단릉 형식인 명릉 배치도

으로 묘사한 능이다. 이는 당대 정치철학인 실사구시의 영향으로 사료된다. 머리에는 높이 30cm의 관을 썼는데, 키에 비해 과장돼 있다. 소매에는 깊고 강한 곡선을, 등 뒤에는 가는 실선을, 팔꿈치에는 짧은 두 개의 선을 주름으로 처리했다. 사각형의 관대에는 꽃잎 문양이 넣어져 있다.

실물크기의 무석인은 미소를 머금고 추켜진 입, 어깨까지 내려온 귀, 남바위처럼 등으로 늘어진 투구, 이마에 그어진 투구의 파상선 등이 특징으로 18세기 석인 양식을 볼 수 있다.

숙종은 재위 시 신원이 복위된 단종(端宗)의 장릉(莊陵)과 그의 비 정순왕후(定順王后) 송씨(宋氏)의 사릉(思陵)을 새롭게 조성하는 과정에서 능을 호사스럽지 않고 단출하게 만들도록 명한 바 있다. 이에 따라 함께 조성하는 석물도 등신대 크기나 그와 비슷하게, 이전보다 다소 작게 만들었는데, 조선 중기 이후의 왕릉은 이를 반영해 대체로 조촐하면서도 검박한 면모를 보여준다.

명릉의 정자각은 숙종 능과 인현왕후 능의 언덕 아래에 자리했다. 인원왕후는 숙종이 묻힌 명릉(明陵) 가까이에 묻히고자 그곳에서 고작 400여 걸음 떨어진 곳에 능지를 정했다. 그러나 영조가 현 위치에 인원왕후의 능지를 정하고, 명릉과 하나의 능역으로 삼고자 정자각을 세웠다. 명릉에는 정자각 앞 향로와 어로 양옆으로 신하들이 다니는 변로가 보존되어 있다. 변로는 다른 능에도 판석이나 디딤돌 형태로 있었던 것으로 보이나 현재는 이곳과 같은 곳은 없다. 변로는 각각의 돌이 달리 돼 있어 임금 옆에서 땅을 보고 걷는 신하들에게 어로의 위치를 알리는 구실을 했다. 일종의 도로 바닥에 위치를 알리는 표식을 한 것이다.

명릉의 장명등부터 기존의 팔각 장명등에서 사각으로 제도화했다. 능침에는 모두 병풍석을 세우지 않고 난간석으로 하고 12칸으로 합설했다. 명릉의 비각은 정자각의 동남측에 세워져 있다. 비각 안에는 숙종대왕과

명릉의 수호신인 석호

인원왕후 사각장명등 대석 연꽃과 원추리

인현왕후, 인원왕후를 명릉에 모셨다는 내용이 적혀 있다.

왼쪽의 비면(碑面)에는 '조선국 숙종대왕 명릉 인현왕후 부좌(朝鮮國 肅宗大王 明陵 仁顯王后 祔左)', 오른쪽 비면(碑面)에는 '조선국 인원왕후 부(祔) 우강(右岡)'이라 쓰여 있다. 이들 비(碑)는 세종 이전에 신도비였던 것을 세조의 명으로 없앴다가, 현종 때 능들의 위치를 확인하기 어렵다는 이유로 송시열의 건의에 따라 효종의 영릉(寧陵)을 여주로 천장하면서 간략한 비의 형태로 바꾸었다. 영릉(寧陵)의 예에 따라 다시 명릉에서부터 비를 세우기 시작했다. 그 후 영조 연간에 많은 능의 비와 비각이 설치됐는데 이곳의 인원왕후 비는 1757년에 세워졌으며 비의 글씨는 영조의 친필이다.

숙종의 정비 인경왕후가 숙종 재위 7년에 병사하고, 제1계비 인현왕후 민씨가 폐비되었다 승하하고, 희빈 장씨가 사약을 받아 죽은 뒤 국정의 혼란 속에 숙종은 제2계비 인원왕후(仁元王后, 1687~1757) 김씨를 왕비로 간택했다. 인원왕후는 희빈 장씨가 폐위되어 실제로는 제3계비이다.

숙종은 희빈 장씨의 소생인 경종을 노론으로부터 보호하고자 소론 출신의 경주 김씨 경은부원군 김주신(金柱臣)의 딸을 아내로 맞았다. 그러나 왕실에 들어온 인원왕후는 숙종이 연잉군(영조)을 마음에 두고 있음을 알아차리고, 연잉군을 지지하면서 영조의 후견인이 됐다. 경종의 지지를

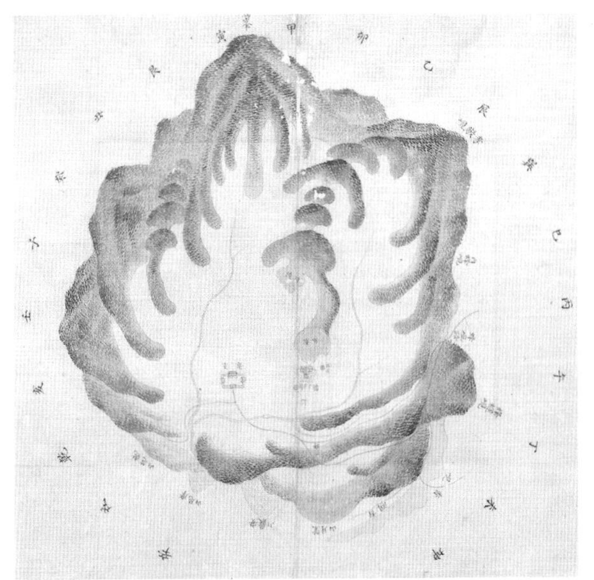
명릉 산릉도(18세기 한국학중앙연구원 장서각 소장)

명릉 난간석 석주

받던 소론의 공격으로 연잉군이 어려움에 처할 때마다 발 벗고 나서 영조를 즉위시키는 데 기여했다. 이후 인원왕후는 영조의 배려 속에 대비로서 천수를 누리다 승하했고, 영조는 친히 능원의 자리를 잡았다. 이때 우상좌하의 원칙도 무시하고 인원왕후를 명릉 우측에 단릉 형식으로 모셨고, 제례를 받는 정자각도 숙종과 인현왕후, 인원왕후 세 분을 함께 모시는 어탑(御榻 : 임금의 평상)을 놓는 특이한 형태의 능원을 조영했다. 비각도 영조가 친필로 정성 들여 썼다.

인원왕후 발인 때에는 자신의 정비 서씨의 상중이었음에도 영조가 직접 와서 망곡례를 할 만큼 정성을 기울였다. 그래서일까, 명릉의 능역을 풍수적으로 그린 산릉도가 재미있다. 마치 남자의 성기처럼 보인다. 숙종과 인현왕후의 능침은 남자의 성기를, 인원왕후의 능침은 고환을 표현한 듯하다. 이러한 산릉도는 숙종 때 작성한 것으로 단종 복위 후 조성한 장릉도(越中圖)에서도 볼 수 있다.

이처럼 능원은 산세의 형국을 고려해 자리를 잡고 만든다. 동서양 모두 지형은 인체를 닮은 형국을 선호했다. 여성의 유방, 남녀의 성기 등 상징성이 내재한 곳에 건물과 능역을 조화롭고 성스럽게 조영했다.

인원왕후와 희빈 장씨의 무덤

서오릉 경내 앵봉 북서쪽에는 숙종의 후궁이자 경종의 어머니인 희빈 장씨(?~1701)의 묘가 있다. 희빈 장씨는 어려서 나인으로 궁에 들어가 숙종의 총애를 받아 왕자(경종)를 낳고 빈으로 책봉됐다. 이후 기사환국으로 인현왕후를 몰아내고 왕비가 됐다. 그러나 서인들에 의해 인현왕후가 복위하자 장씨는 다시 희빈으로 강등됐고, 인현왕후가 죽자 무고사건으로 서인의 탄핵을 받아 사약을 받았다.

희빈 장씨의 사건 이후 숙종은 빈을 비로 승격하는 제도를 없앴다. 그리고 희빈 장씨를 경기도 광주시 오포면 문형리에 묘의 형식으로 장사지냈다. 희빈 장씨의 묘는 1969년 서오릉으로 천장돼 숙종과 인현왕후, 인원왕후의 능과 함께 있다.

서오릉에는 숙종과 숙종의 정비 인경왕후, 제1계비 인현왕후, 제2계비 인원왕후 그리고 대빈 장씨의 묘가 있으며, 며느리인 영조의 정비 정성왕후의 능침이 있어 숙종의 가족릉과 같다.

숙종은 인경왕후와 인현왕후(제1계비), 인원왕후(제2계비)사이에 아들을 얻지 못했고 희빈 장씨와의 사이에 제20대 경종을 두었다. 경종의 능호는 의릉(懿陵)이며 서울시 성북구 석관동 1-5에 있다. 인경왕후 김씨의 익릉은 서오릉 내 가운데에 있다.

숙빈 최씨와의 사이에 난 영조의 능호는 원릉(元陵)이며 구리시 동구릉 내 휘릉과 경릉 사이에 있다. 제1계비 인현왕후는 숙종과 쌍릉형식으로 하고 있으며 인원왕후 김씨는 정자각은 같이 쓰며 언덕을 달리하여 동북

희빈 장씨의 묘

측에 단릉형식으로 있다. 희빈 장씨의 능묘는 경종때 경기도 광주시 오포면 문형리에 묘의 형식으로 장사지냈다가 1969년 이곳 서오릉내 경릉 북서측으로 천장하였다. 그래서 숙종은 정비 인경왕후, 계비 인현왕후와 인원왕후 그리고 희빈 장씨와 함께 영면하고 있다.

27
숙종의 원비 인경왕후 익릉

꽃다운 19살 왕비 '마마'의 습격에 스러지다

익릉(翼陵)은 숙종의 원비(元妃) 인경왕후(仁敬王后, 1661~1680) 김씨의 단릉이다. 익릉은 경기도 고양시 덕양구 용두동 산 30-1 서오릉 안 서북 방향에 있다. 왼쪽 북서측 능선에는 명종의 맏아들 순회세자와 그의 공희빈(恭懷嬪) 윤씨의 순창원이 있으며, 오른쪽 능선에는 사도세자의 어머니 영빈 이씨의 수경원이 있다. 수경원은 원래 신촌의 연세대 세브란스 병원 근처에 있던 것을 1970년대에 지금의 자리로 옮겨 왔다. 영빈 이씨는 영조의 후궁이며 인경왕후의 며느리이다.

이곳에는 숙종의 정비 인경왕후의 익릉, 숙종과 제1계비 인현왕후, 제2계비 인원왕후의 명릉, 희빈 장씨의 대빈묘, 숙종의 며느리인 영조의 정비 정성왕후 홍릉과 영조의 후궁인 영빈 이씨 수경원이 함께 있어 숙종의 가족묘라 할 수 있다. 또한 조선 왕실의 무덤 형태인 능원묘(陵園墓)를 함께 볼 수 있는 대표적인 곳이다. 왕실의 유택은 묻힌 사람의 신분에 따라 능 · 원 · 묘로 구분한다. 능(陵)은 왕과 왕비 그리고 추존 왕과 추존

조선중기 왕릉의 석물이 간소화되기 직전의 마지막 작품으로 평가되는 익릉의 상설물, 천연두로 젊은 나이에 세상을 등진 인경왕후를 연상하듯 석물의 표정이 젊고 생기있다

왕비의 무덤을 가리키며, 원(園)은 왕세자와 왕세자비 또는 왕의 사친(私親 : 친아버지와 어머니)의 무덤이다.[22] 그 밖에 왕족의 무덤은 일반인과 같이 묘(墓)라 칭한다. 왕비로 있다가 강등된 희빈 장씨의 무덤은 묘의 형식이다.

인경왕후의 아버지는 김장생의 4대손인 광성부원군 김만기이고, 어머니는 청주가 본인 한유량의 딸이다. 김만기는 서인을 대표하는 송시열의 문하생이었으며 침착하고 후덕한 성격으로 특히 딸이 왕비가 된 뒤 더욱

22 소령원은 숙종의 빈이자 영조의 사친으로 원(園)의 형식을 따르고 있다. 소령원은 파주시 광탄면 영장리 267에 있다. 대표적인 원(園) 중 하나로, 어머니에 대한 영조의 애틋한 마음을 흠뻑 느낄 수 있다. 조영미가 뛰어나며, 무엇보다 신도비의 조각은 시대의 최고 걸작으로 평가 받고 있다.

제향공간(향로와 어로)을 경사지로 이용하여 조영한 익릉

말을 삼가고 행동을 가다듬었다고 한다. 그의 형은 '구운몽'을 지은 서포 김만중이다. 이들은 대제학을 지내고 현종과 숙종 대의 공신으로 종묘에 올라가 있다. 인경왕후는 당대 최고 명문가의 규수였다.

인경왕후는 1661년(현종 2년) 9월 3일 서울의 회현방(會賢方)에서 태어났다. 날 때부터 울음소리가 약하고 조용했으며, 자라서도 말수가 적고 존귀함이 있었다고 한다. 먹을 것이 있으면 기다렸다 모두 모인 뒤 나누고, 화려함을 자제하고 품성을 갖춰 사가에서는 인경왕후를 "천제(天帝)의 누이동생 같다"며 극찬했다. 왕실에 들어와서는 가언(嘉言 : 좋은 말)과 선행을 즐겨 듣고 삼궁(三宮)과 사성(四聖 : 태조 · 태종 · 세종 · 세조를 지칭)을 모시는 일에 정성을 다했으며, 몸이 아플 때도 혼정신성(昏定晨省 : 저녁에 부모의 이부자리를 보살펴 드리고, 아침에 안부를 묻는 것)을 빠뜨리지 않는 효부였다.

익랑을 덧붙인 익릉의 정자각, 이러한 형태는 동시대 조영된 휘릉, 숭릉, 익릉, 의릉에서 볼 수 있다

인경왕후는 1670년 아홉 살의 어린 나이로 숙종과 가례를 올려 세자빈이 됐고, 1674년 숙종이 즉위하자 왕비가 됐다. 그러나 왕실 생활 10년째인 1680년 두창(痘瘡 : 천연두)에 걸려 세상을 떠났다.

1680년 10월 경덕궁(경희궁)에 있던 중궁(인경왕후)이 천연두에 감염되자, 숙종은 집무실을 창덕궁으로 옮겼다. 그 대신 영의정이 홍화문(경희궁)에 머물면서 양쪽 궁궐의 상황을 보고했다. 그러나 인경왕후는 발병 10여 일 만인 10월 26일 자정 무렵 숨이 차서 헐떡거리다 급작스럽게 승하했다. 생소한 전염병이라 주치의들도 손쓸 길이 없었다.

왕비의 죽음을 숙종에게 보고하려 했으나 숙종도 며칠 전부터 구토를 하고 가슴과 배에 통증을 느껴 포기하고, 대신 자전(대비)에게만 알렸다. 임금인 숙종이 인경왕후의 승하소식을 알면 임금의 병이 더욱 심해질 까

명문가에서 태어나 어린나이에 마마(천연두)로 승하한 숙종의 원비 인경왕후 익릉.
이 곳은 인경왕후의 부친 김만기가 직접 자리 잡았다

봐 왕비의 죽음에 대한 국장례를 임금 모르게 대궐 밖 파자전교(把子前橋 : 창덕궁의 금천교 밖)의 큰길에서 망곡례(望哭禮 : 왕비가 승하하여 문무백관이 슬피 우는 예)를 하려 했으나 숙종이 먼저 알아차리고 약방제조와 여러 의원을 데리고 왕비의 승하 장소인 경덕궁으로 가서 마지막 이별을 고했다. 그러나 정작 삼정승은 여러 핑계를 대고 빠졌다. 급성전염병 마마에 대한 두려움 때문이었을 것이다.

장례가 서둘러 진행되는 과정에서 임금이 하루 늦게 알았다는 이유를 들어 논의가 벌어졌다. 즉 사망을 안 날로부터 성복(成服)을 하느냐, 죽은 날부터 계산해서 성복을 하느냐의 논쟁이었다. '조선왕조실록'에는 "산 사람의 일은 이튿날부터 계산하고(生與來日) 죽은 사람의 일은 죽은 날부터

해학적인 모습 보다는 다소 무섭게 조각된 익릉의 석호, 유행성 전염병으로 요절한
인경왕후의 죽음을 막으려한 석공의 마음이 담긴 듯하다

계산한다(死與往日)"로 돼 있다. 성복은 산 사람의 일이므로 죽은 이튿날부터 계산해 3일 되는 날 행하고, 염(殮)과 빈(殯)은 죽은 사람의 일이므로 죽은 날부터 계산해 행한다고 정의하고 있다. 이것이 염과 빈을 성복보다 하루 먼저 시행하는 이유다.

인경왕후가 젊은 나이에 급작스럽게 승하해, 혹시 소생의 기대를 갖고 임금의 병세도 고려해서 우왕좌왕하다 복례(復禮)를 미뤘다. 결국 새벽 삼경에 복례를 했다. 복례란 사람이 죽으면 즉시 윗옷을 가지고 지붕에 올라 "아무개 복(復 : 돌아오라)하라"고 세 번 사자의 이름을 부르는 장례의 첫 번째 예다. 이 또한 임금에게 늦게 알리면서 벌어진 일이다.

결국 이 논쟁으로 부음을 받은 날이 26일 자와 27일 자로 나눠 성복례

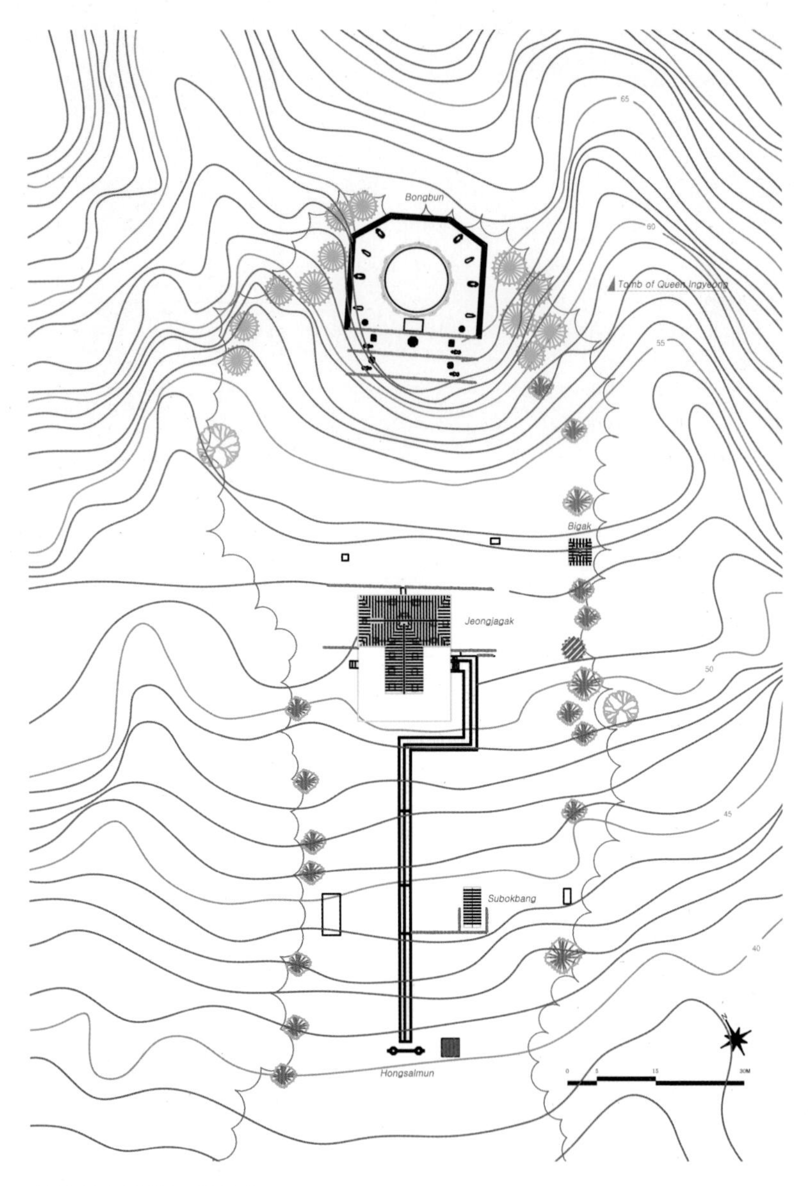

숙종의 정비 인경왕후 익릉 배치도

익릉 재실터의 유구(맷돌추정)

남편 숙종의 감독하에 조영된 익릉은 경고함과 균제미를 볼 수 있다. 특히 장명등은 완벽한 균형감과 조형미를 볼 수 있다

를 행했다. 경덕궁에 있던 사람들은 26일을 기준으로 성복례를 하고, 창덕궁에 있던 신하들은 27일을 기준으로 한 것이다. 숙종은 27일로부터 만 30일 뒤 대행왕비의 옷을 벗었고, 백관은 소식(素食)을 중지했다.

급성 전염병에 대한 두려움과 왕실 및 조정의 국장례 절차와 위기관리 능력을 짐작케 하는 대목이다.

익릉은 숙종 연간에 조영됐으나 숙종이 능제(陵制)를 단순화하라는 교령(敎令)을 내리기 전의 것이다. 기본적으로는 오례의(伍禮儀) 제도를 따르면서도 부분적으로 임진왜란 이후의 양식을 그대로 반영하고 있다. '조선왕조실록'에 따르면, '익릉은 인조 장릉 이후 지세가 비좁은 경우를 고려해 줄였던 능제를 시조부모 능인 영릉(寧陵)의 양식에 따랐다'라고 한다.

능침 봉분은 병풍석은 생략하고 난간석을 둘렀으며, 다른 왕릉과 조금 다르게 석주가 아닌 동자석 상단에 십이간지를 글자로 새겨놓았다. 문석

능침 후면에서 보이는 문 · 무인석

인은 숭릉(崇陵)의 것보다 작은 245cm이다. 조관을 썼으며 두 손으로 홀을 쥐고 있다. 뒷면의 관대에는 꽃문양이 보인다. 얼굴에는 미소를 띠고 있어 표정이 살아 있다. 짧은 목에 얼굴을 앞으로 내밀어 턱을 홀 바로 위에 올려놓은 형상이 재미있다.

무석인은 문석인의 유연함에 비해 장군의 근엄함이 두드러진 모습으로, 투구에 있는 상모를 뒤로 넘겼다. 갑옷의 바탕은 솟을 고리문이며, 투구 끈은 턱 밑에 있다. 반월형의 요대(腰帶) 안에는 상서로운 구름무늬가, 양손의 위 · 아래에는 귀면(鬼面)이 각각 조각되어 있다. 갑옷의 어깨

부분에는 아주 작은 귀면을 넣었고, 소매는 활동하기 편리하게 터놓았다. 흉갑 부분은 구름으로 장식돼 있고, 칼을 잡은 손등이 사실적으로 표현되었다.

장명등과 망주석의 대석(臺石)에는 꽃문양이 새겨져 있다. 망주석 상단에는 상하행(上下行)하는 세호를 조각했다. 임진왜란 이후의 양식을 보여준다. 익릉의 장명등은 완벽한 균형감과 정교한 표현이 뛰어난 걸작으로 평가된다.

익릉의 석물은 숙종 대 이전의 것보다는 작고, 직후의 것보다는 큰 형태를 하고 있다. 즉 익릉의 문·무석인은 대략 245cm이나, 명릉(숙종)의 문·무석인은 180cm로 줄어들었다. 이는 숙종 대 이후 사실적 묘사에 따라 실물 크기로 제작하기 직전의 것으로 임란 이후 '오례의'에 준한 마지막 작품이며, '국조속오례의'를 따른 과도기적 작품이라 할 수 있다.

정자각은 능침 언덕 아래에 있다. 현종의 숭릉 정자각처럼 당시 유행하던 익랑(翼廊)이 딸려 있는데, 정전은 전면이 4칸, 측면이 2칸이며 배전은 전면 1칸, 측면 2칸으로 다른 능보다 규모가 크다.

정자각과 홍전문 사이의 향로와 어로는 직선으로 경사를 고려하여 중간에 계단을 두어 지형에 따라 설치한 것이 특이하다. 능원을 감싸는 송림은 고풍스러움을 더하며, 정자각 왼쪽에 있는 아름드리 느티나무는 능원 제향 공간의 품격을 높여준다.

'춘관통고' 등에 따르면 익릉의 능원 아래에 연못과 재실이 있었다고 하나 현재는 흔적도 없다. 단지 홍전문 서북쪽으로 수십 보 떨어진 곳에 재실에서 썼던 맷돌의 유구가 있어 위치가 추정된다.

28

경종과 계비 선의왕후 의릉

평생 짓누른 당쟁의 파고 나약한 재위 4년 원인이었나

의릉(懿陵)은 조선 제20대 임금 경종(景宗, 1688~1724, 재위 1720~1724)과 계비 선의왕후(宣懿王后, 1705~1730) 어씨(魚氏)의 능으로 서울 성북구 석관동 1-5에 있다. 의릉은 왕과 왕비의 봉분을 한 언덕의 앞뒤로 배치한 동원상하봉(同原上下封) 능이다. 언덕 위에 곡장을 두른 것이 경종의 능침이며 그 아래 곡장이 없는 것이 선의왕후의 능침이다.

의릉은 성북구 석관동 천장산에 신좌인향(申坐寅向 : 서남에서 북동향)으로 자리하고, 홍인문(동대문)에서 10리 거리에 있다고 실록은 전한다. 의릉 터를 잡고 조영한 영조는 왕위를 물려준 경종의 능침을 자주 찾아 정성을 다했다. 이전까지 능역의 경계는 해자[23]를 원칙으로 능침에서 500보(약 590m) 떨어져 조성했으나, 백성의 전답과 주맥 능선의 단절을 고려하여

---

23 해자(垓字) : 하천이나 능선을 경계로 산불 등의 방지를 위해 폭 20여 미터의 넓이로 잡초를 제거하고 못을 만들어 내부로 불이 들어오는 것을 막는 시설

능선의 위에 경종, 아래에 선의왕후 능침이 있는 동원상하릉의 의릉 능침

300보 밖에 장원서(掌苑署 : 조선시대 원예 및 조경담당 부서)의 율원(栗園 : 밤나무 동산)까지로 축소했다.

경종은 숙종 14년(1688) 10월 28일에 태어났으며, 휘(諱)는 윤이고 자는 휘서(輝瑞)다. 경종의 어머니는 역관 장경의 딸로 어린 시절 궁궐에 들어가 22세에 숙종의 승은을 입은 희빈 장씨다. 경종은 숙종이 27세, 재위 14년째에 얻은 귀한 아들이다. 숙종은 인경왕후, 인현왕후, 인원왕후 등 3명의 왕비를 두었지만 모두 아들을 낳지 못했고, 희빈 장씨가 낳은 아들이 원자로 책봉됐다가 세 살에 세자가 됐다.

그러나 경종이 정비의 소생이 아닌 것은 두고두고 당파 싸움의 원인이 됐다. 당대 서인의 최고 수장이었던 송시열은 계비인 인현왕후가 아

정자각 정청의 옆면에 익랑을 덧붙인 형태는 당시대 조영된 휘릉, 숭릉, 익릉, 의릉에서 볼 수 있다

직 젊어 왕자를 낳을 시간이 있다는 이유로 경종을 원자로 책봉하는 것을 반대하다 유배돼 사사되기까지 했다.

이처럼 남인과 서인이 대립하는 가운데 희빈 장씨는 인현왕후를 폐출시키고 왕후가 됐지만 1701년 '무고의 옥' 사건으로 사약을 받았다. 세자 윤이 14세 때였다. 이후 병약한 세자는 이복동생 영조(연잉군)에게 편전에 나아가 정사를 배우는 대리청정의 기회를 주기도 했다. 그러나 이는 세자를 지지하는 소론과 연잉군을 지지하는 노론의 정쟁에 불을 지폈다.

경종은 1720년(숙종 46년) 6월 13일 경복궁 숭정문(崇政門)에서 즉위했다. 세자 생활 29년 만이었다. 그러나 이미 조정을 장악한 노론은 연잉군을 세제로 책봉하고자 했고, 이를 막으려는 소론과 끊임없이 대립했다. 병약한 경종은 재위 4년간 당쟁에 시달리느라 뚜렷한 치적을 남기지 못했다.

1696년 세자 윤은 두 살 위인 청은부원군 심호의 딸(추존 단의왕후, 1688~1718)과 결혼했다. 이때는 장씨가 중전에서 다시 희빈으로 강등된 뒤였고 세자도 병에 시달려 상황이 좋지 않았다. 세자빈은 어릴 때부터 총명하고 덕을 갖춰 숙종의 계비인 인현왕후와 인원왕후, 희빈 장씨와 남편을 잘 섬겼으나 경종이 즉위하기 2년 전 세상을 떠났다. 숙종은 며느리를 세자빈의 예로 장례를 치러주었다. 세자빈 심씨의 능은 혜릉(惠陵)으로 동구릉의 숭릉 옆에 있다.

단의왕후가 승하한 해 영돈녕부사(領敦寧府事) 함원부원군(咸原府院君) 어유구(魚有龜)의 딸이 세자빈으로 책봉됐다. 그이가 선의왕후 어씨다. 선의왕후는 1705년에 태어났다.

세자빈 책봉 때 숙종이 왕세자비에게 내린 교명에는 '그대를 책립(册立)해 왕세자빈(王世子嬪)으로 삼는다. 그대는 상복(象服 : 법도에 맞게 갖춰 입는 옷, 특히 왕후의 옷)에 맞도록 처신해 부직(婦職)을 삼가며 공경으로 위를 섬기고, 은혜로 뭇 사람을 거느리고, 근면으로 뜻을 가지고, 검소로 자신을 경계할

의릉의 석호. 의릉의 석호는 조선시대 석호 중 유일하게 꼬리를 힘없이 등에 걸치고 있어
경종의 정치적 역량을 반영한 듯하다

것이며, 편안히 놀기를 즐기거나 교만하고 사치해 의리를 해롭게 하거나 예의에 어긋남이 없도록 하라'고 적혀 있다. 당시 60세였던 숙종은 눈병이 심해서 며느리인 세자빈이 조현례(朝見禮)를 할 때 얼굴을 보지 못했다고 한다. 백내장이 심했던 것으로 추측된다.

선의왕후는 1720년 경종이 즉위하자 왕비로 진봉됐고, 경종의 뒤를 이어 영조가 즉위한 1724년 왕대비로 모셔졌다. 선의왕후가 왕실에 들어온 때는 극심한 당쟁과 시어머니인 희빈 장씨의 폐비 사건을 겪은 직후라 매사에 조심스럽고 온유하게 처신했다고 전해진다. 하지만 항간에 떠도는 이야기처럼 희빈 장씨가 사약을 받을 때 아들을 붙들고 살려달라고 하는 과정에서 고환을 잡아당겨 성 기능을 상실해서인지 슬하에 자녀를 두지 못했다.

경종은 1724년 8월 25일 36세로 창경궁 별전인 환취정(環翠亭)에서 승하해 같은 해 12월 현재의 의릉에 예장됐다. 이때 장례위원장인 총호사는 이항복의 고손이자 영의정인 이광좌(李光佐)가 맡았다. 영조의 명에 따라 경종의 제궁은 33번 옻칠을 하는 등 정성을 다했다. 그러나 경종의 죽음을 둘러싸고 불미스러운 이야기도 전해진다. 경종의 세제이자 정치적 라이벌이었던 영조가 자신의 후원자인 숙종의 계비 인원왕후와 손잡고, 수라에 곶감과 게장을 올려 경종을 죽게 만들었다는 것이다.

경종이 승하한 지 6년 뒤인 1730년 선의왕후가 25세의 나이로 경덕궁 어조당(魚藻堂)에서 세상을 떠났다. 선의왕후의 능침은 경종과 같은 능원의 능선 아래쪽에 모셔져, 의릉은 효종의 영릉과 더불어 동원상하릉 형식으로 조영됐다. 왕비의 찬궁(攢宮 : 빈전 안에 임금이나 왕비의 관을 둔 곳)과 신위는 5칸의 가정자각을 만들어 안치했다가 3년 뒤 구정자각과 합치했다. 이곳에 자리를 잡을 때 도감당상과 풍수사 11명이 선정한 5곳의 후보지 즉 동구릉 내 옛 영릉 자리, 중랑포, 교하, 왕십리 등이 거론됐다. 그러나 옛 영릉 터는 천장한 장소에 다시 능을 쓰는 예가 없다며 현재의 터인 중랑포로 결정했다. 그러나 이후 인조의 장릉(長陵)은 영조에 의해 교하로 천장됐고, 영조는 정조에 의해 옛 영릉 터에 안장됐다. 풍수논리인지 정치적 논리인지 때에 따라 바뀌니 어려운 것 같다.

의릉은 위쪽에 있는 경종의 능침에만 곡장을 둘렀다. 그러나 왕릉과 왕후릉 모두 혼유석을 비롯한 대부분의 석물은 별도로 배치했다. 효종과 인선왕후 장씨가 묻힌 여주의 영릉(寧陵)이 같은 구조인데, 이러한 배치 양식은 능혈의 폭이 좁아 왕성한 생기가 흐르는 정혈(正穴)에서 벗어나지 않도록 하기 위한 풍수지리적 이유에 의한 것으로, 자연 지형을 훼손하지 않으면서 능원을 만들려는 우리만의 독특한 자연관을 볼 수 있는 형식이다.

능묘 조각들은 '속오례의(續伍禮儀)' 규정에 근거해 만들었는데 명릉(明陵 :

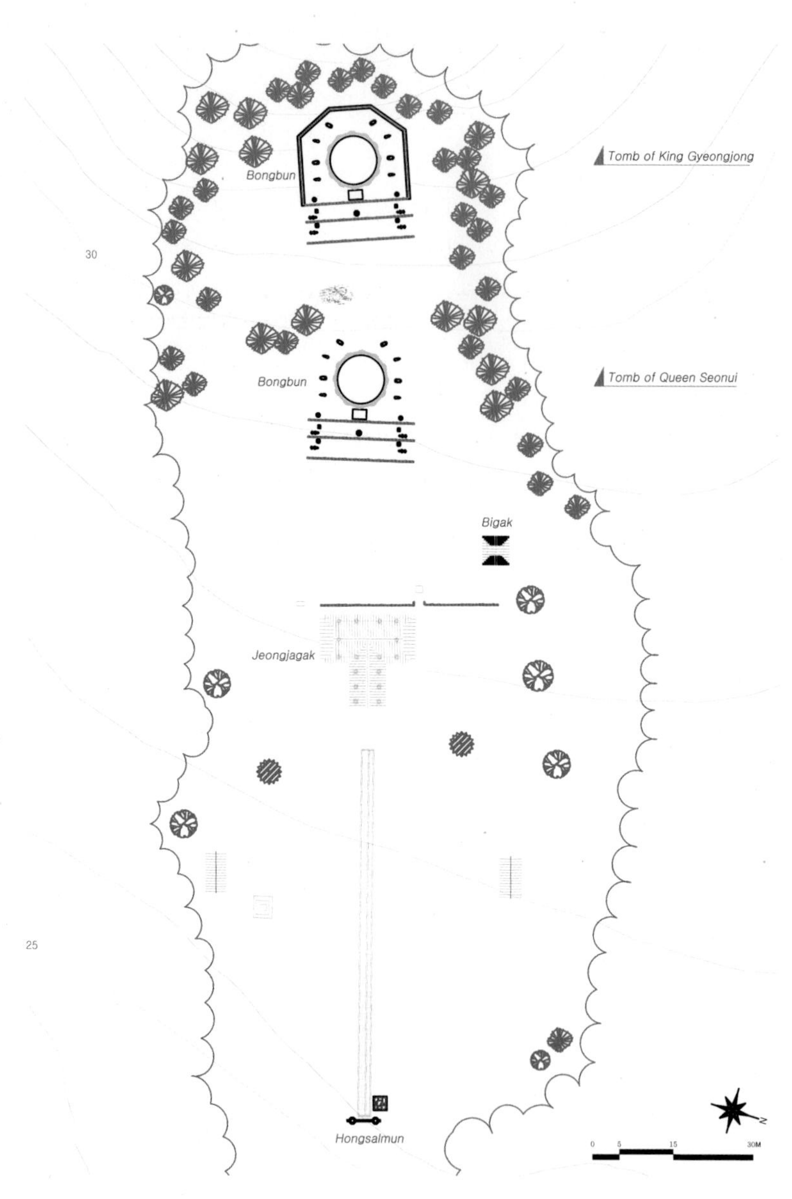

경종(상)과 선의왕후(하)의 의릉 배치도

장검을 잡고 있는 무석인의 갑옷 밖으로 꼬리가 말려 있는 독특한 형태의 의릉

사각 장명등은 숙종 · 영조대에 나타난 것으로 팔각 장명등에 비해 간략하고 소박하다

숙종의 무덤)의 예를 따라 규모가 작은 편이다. '경종실록'에 따르면 장례 때 표석(비석)을 세운 것으로 나오는데 이는 조선 최초의 능역조영 때의 표석으로 추정된다. 조선 초기에는 신도비 형식으로 비각을 세웠으나, 세조가 능역 조영을 간소화하라고 명하면서 없어졌다가, 영조 때 왕릉들을 확인하기 어렵다 해서 다시 비각을 세우기 시작했다. 영조 때 와서 왕릉들을 확인하기 어렵다 하여 여주의 세종과 소헌왕후의 영릉부터 간소화한 비각을 세우기 시작했다. 따라서 의릉의 비각은 여타의 비각보다 시기가 빠르다고 할 수 있다.

의릉의 능침에는 난간석을 설치하고, 난간 석주에 방위를 나타내는 12지를 문자로 간략히 새겨 넣었다. 망주석과 세호는 모두 위를 향해 기어오르게 조각했으며 전체적인 형태에서 부친 숙종 명릉의 망주석 양식을 충실히 따르고 있다. 사각 지붕의 장명등은 숙종대 이후 나타난 새로운 형식으로 건원릉부터 나타난 팔각등에 비해 한결 간략하면서도 소박한 인상을 준다.

문 · 무석인은 전체적으로 4등신의 땅딸막한 비례에 움츠러든 어깨가 경직된 느낌이다. 갑주(甲冑 : 갑옷과 투구)를 걸치고 장검을 두 손으로 힘차게 짚고 있는 무석인의 뒷면에는 짐승(호랑이) 가죽을 나타내기 위해 꼬리가

말없이 먼 곳을 망시하고 있는 의릉의 무석인

말린 것을 재미있게 표현하였다. 의릉의 석호는 꼬리를 아래로 간추리지 않고 등골을 따라 힘없이 올려놓은 모습이 특이하다. 아마도 힘없던 경종의 정치적 역량을 빗대어 용맹스러움을 포기한 석호로 표현한 것이 아닌지 흥미롭다.

왕후릉은 왕릉과 마찬가지로 병풍석 없이 난간석만으로 봉분을 호위하고 있으며, 석물들의 배치 또한 왕릉과 같은 형식이다. 의릉의 정자각 정청은 앞면 3칸, 측면 2칸의 건물에 양쪽에 1칸씩 익랑을 덧붙인 것이 특이하다. 이렇게 정청을 앞면 5칸, 측면 2칸으로 한 것은 비슷한 시기에 조영한 휘릉, 숭릉, 익릉, 의릉에서 볼 수 있다. 배위청은 옆면 1칸, 앞면 2칸의 건물로 일반적이다.

의릉은 1990년까지 옛 국가안전기획부가 입지해 정자각 앞과 홍전문 사이에 곡선형의 근거 없는 연못을 조성하여 원형이 손상되어 일본식 정원으로 되어있던 것을, 2005년부터 문화재청이 원형을 복원해 관리하고 있다. 최근 좌청룡 능선 위를 허물고, 웅장하게 건축이 됐던 건물은 철거하고 원형 복원을 하고 있다. 다행이다. 주변은 한국예술종합학교가 일부 점거하고 재실터는 사유화되어 있다. 기록에 전하는 방지형의 연지터도 흔적이 없으며, 일부 안가의 시설이 아직도 점거하고 있다.

2009년 세계문화유산 유네스코 등재 때 세계유산위원회에서는 이들 능원의 원형 복원과 정비를 권유했다. 1970년대 철거되어 남양주시 홍유릉 능역 내 영원(英園 : 영친왕과 이방자 여사)의 능침 앞에 이설해 놓은 의릉의 재실도 원위치로 복원해야 한다. 당시의 문화재 관리 수준을 볼 수 있는 내용이다. 다행히 국가 안보를 위해 그랬다니 위안을 삼는다.

경종은 단의왕후 심씨와 선의왕후 어씨 사이에 자식이 없다. 그래서 배다른 동생 영조가 대를 이었다. 경종의 세자비 단의왕후 심씨의 능은 능호가 혜릉(惠陵)이며, 경기도 구리시 인창동 산 2-1의 동구릉지구 내 서측 능선의 숭릉과 경릉 사이 언덕에 있다.

29

경종의 원비 단의왕후 혜릉

시어머니 장희빈 몰락…
고추보다 매웠던 구중궁궐

혜릉(惠陵)은 조선 제20대 임금 경종(景宗, 1688~1724, 재위 1720~1724)의 원비 단의왕후(端懿王后, 1686~1718) 심씨(沈氏)의 단릉이다. 경종은 우리가 잘 아는 장희빈의 아들로, 단의왕후는 숙종과 장희빈의 며느리다.

혜릉은 조선 최대 왕족릉인 경기도 구리시 인창동의 검암산을 주산으로 하는 동구릉 안에 있다. 1408년 태조의 건원릉(健元陵)을 조영하면서 시작된 동구릉은, 1855년 문조(순조의 장남)의 수릉을 천장해 오면서 능이 9개가 돼 동구릉으로 불렸다. 이곳은 조선 왕조 500년 역사를 한눈에 볼 수 있으며, 각종 능원 양식이 한자리에 모여 있는 대표적인 능역이다.

혜릉은 태조 건원릉을 중심으로 서쪽 능선을 주맥으로 하며 동쪽을 바라보는 지형의 혈처에 자리 잡고 있다. 오른쪽 능선 위에는 현종의 숭릉(崇陵)이 있고, 왼쪽에는 헌종의 경릉(景陵)이 있다. 혜릉은 유좌묘향(酉坐卯向)으로 서쪽에서 동쪽을 바라보고 있는 지세이며, 혜릉은 숭릉의 청룡 끝 혈맥이 맺힌 혈에 자리 잡고 있다. 조부모인 현종과 명성왕후의 용맥

세자빈 원(園)의 형식으로 규모가 작은 혜릉

에서 보살핌을 받고 있는 형국이다. 혜릉은 용맥의 혈맥이 길지 않은 단유형(短乳形)으로 아담한 형국을 이룬다. 원래 세자빈의 형식으로 조영되었기 때문이다.

숙종의 3남 6녀 중 장남인 경종은 궁녀였던 모친 희빈이 숙종의 총애를 받아 낳은 아들이다. 숙종은 대신들의 반대를 무릅쓰고 태어난 지 두 달 만에 윤(昀)을 원자(1689)로 책봉하고 3세 때 세자로 책봉하였다. 그러나 인현왕후 민씨의 폐비건과 복위사건, '갑술옥사'와 인현왕후의 병에 연루된 어머니 희빈의 '무고의 옥' 사건 등 궁실의 혼란기에 세자가 된 만큼 심적으로 큰 부담을 안고 지내야 했다. 시부모들의 궁실 다툼과 서인

좁고 아담하게 조영된 혜릉의 정자각과 제향공간

과 남인의 치열한 대립과 당쟁의 소용돌이 속에서 시어머니 희빈 장씨가 죽는 것을 목격한 세자빈 심씨(단의왕후) 역시 궁궐 생활이 편치는 않았으리라 짐작할 수 있다.

단의왕후는 1686년(숙종 12년) 5월에 한양의 회현동에서 출생했다. 본관은 청송이고 조선의 개국공신 심덕부의 후손으로 아버지는 심호(沈浩), 어머니는 고령 박씨이다. 1696년 11세에 9세의 세자(경종)와 혼인하였다. 하지만 세자빈 심씨의 왕실생활은 순탄치 않았다. 시어머니 희빈 장씨가 갑술환국으로 왕비에서 빈으로 강등된(1694) 직후였고, '무고의 옥'(1701)으로 시어머니가 사약을 받기에 이르렀다. 이때 세자빈의 나이 16세였다. 이 사건 이후 세자는 병에 시달렸고 후사도 얻지 못했다.

경종의 원비 혜릉의 능침, 세자비로 있을 때 승하하여 처음에는 원(園)의 형식으로 조영되었다

세자빈 심씨는 어려서부터 외모가 예쁘고 슬기롭고 총명하며 덕을 갖췄다고 한다. 다섯 살 무렵 한여름, 관찰사였던 할아버지가 술을 드시고 잠이 들면 부채로 파리를 쫓으며 곁을 지켰다고 한다. 어린 나이에 양궁의 대전인 인현왕후, 인원왕후, 숙빈 최씨, 명빈 박씨를 잘 모시고, 아울러 희빈 장씨도 극진히 모셨다. 병약한 세자를 섬기는 데도 손색이 없었다 한다. 그러나 숙종의 두 번째 계비인 인원왕후보다 한 살 위의 며느리였으니 쉽지 않았을 것이다. 이러한 풍파속에 세자빈 심씨는 세자(경종)가 왕위에 오르기 2년 전인 1718년(숙종 44년) 2월 7일 유시(酉時 : 저녁 9시경)에 갑자기 병을 얻어 세상을 떠났다. 이때 조선에는 여역(癘疫 : 염병, 장티푸스)이 창궐하였고 숙종과 세자가 경덕궁으로 급히 이궁한 기록으로 보아 세자빈

이빨을 드러낸 혜릉의 무석인

의 병은 염병이었던 것으로 추정된다. 이때는 숙종이 왕위에 있긴 했으나 이미 남편인 세자가 청정을 하고 있었다.

어질고 착한 세자빈이 승하하자 시아버지(숙종)와 남편(경종)은 정성을 다해 원(園)의 형식으로 능역을 조성했다. 장례는 소현세자의 상례에 준하여 거행하였다. 숙종과 중궁전(인원왕후)의 상복은 가례(家禮)와 경국대전의 오복조(伍服條)에 의거하여 큰며느리의 상사인 기년복을 입고 최고의 예를 갖추었다. 명정[24]은 붉고 넓은 직포에 금색의 예서로 '왕세자빈영구(王世子嬪靈柩)'라고 쓰려 했으나 숙종이 '왕세자빈재실(王世子嬪梓室)'로 고쳐 쓰게 했다. 시책(諡冊 : 죽은 자의 생전 행적을 고려해 임금이 내리는 칭호)은 대나무에 쓰고,

---

24 명정(銘旌) : 붉은 천에 흰 글씨로 죽은 사람의 품계, 관직, 성씨를 기록한 것. 왕과 왕비는 금색으로 글씨를 쓴다.

경종 때 조영된 혜릉의 석물은 투박하고 질박하다. 무석인의 마치 웃는 듯 이빨 조각이 특이하다

몸체에 비해 머리의 크기가 크며, 홀(笏)도 큰 혜릉의 문석인상과 석마

시인(諡印 : 죽은 자의 행적을 적은 기록)은 남양의 옥으로 하고, 증옥(贈玉)은 단천의 심청옥(深青玉)을, 증백(贈帛 : 비단)은 고급으로 하고, 삽선(翣扇 : 발인 때 영구 뒤에 세우는 제구)과 만장(輓章 : 죽음을 애도하는 글귀)을 만들고, 우주(虞主)는 뽕나무로 만든 신주 대신 밤나무에 검은 글씨로 하도록 세자가 하령하였다. 원의 입지는 명릉과 익릉 사이 등 3곳의 산지 도형을 본 뒤 숙종이 직접 동구릉 숭릉 아래로 결정했다. 능의 조영에는 승군 1천명이 1개월 동안 부역으로 동원됐다.

세자빈의 상례 중 세자는 수년 전 사약을 받은 희빈 장씨의 무덤을 인장리에서 옮길 것을 주장한다. 이는 아내의 상중을 이용해 어머니를 복권하려는 시도였다. 이후 희빈묘는 대빈묘로 승격되어 경기도 광주시 오포면 문형리에 천장했다가 1969년 다시 옮겨져 숙종의 능원이 있는 서오릉 능역에 있다.

상중에 조정은 향후 세자의 재혼을 위한 간택을 고려하여 사대부 처녀들의 혼례를 금했다. 이 와중에 숙종의 애첩이며 연잉군(영조)의 모친인 숙빈 최씨가 세자빈 승하 한 달 만에 세상을 떠났다. 숙종의 슬픔은 더해가고 있었다. 빈궁의 임종 두 달 만에, 발인 시 백관들은 천담복(淺淡服 : 옅은 푸른색 옷)

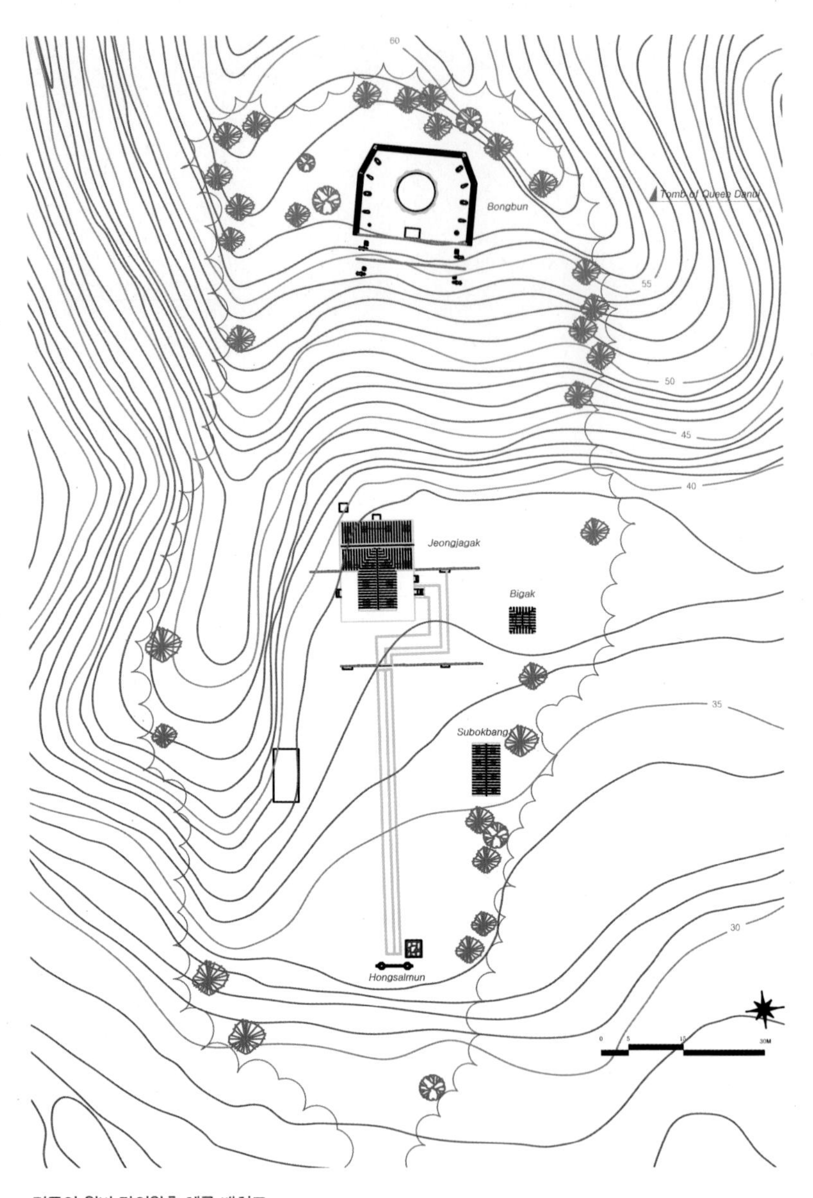

경종의 원비 단의왕후 혜릉 배치도

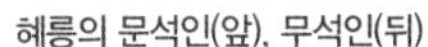

혜릉의 문석인(앞), 무석인(뒤)

혜릉은 조선왕릉 중 유일하게 장명등이 소실되었다. 혜릉 능침 남동측 아래에는 장명등의 유적 같은 석물이 묻혀 있다. 발굴하여 확인이 요구된다

짧고 아담한 혜릉 무석인

을 입고, 나머지 신하와 유생들은 소복 차림으로 도성 밖에 도열해 혼백거와 영어(靈轝)가 지날 때 부복(俯伏)하고 재배했다고 한다.

2년 뒤 경종이 왕위에 오르자 세자빈 심씨를 단의왕후로 추존하고 능호를 혜릉으로 격상시키면서 숙종의 명릉제도와 같이 문·무석인, 망주석 등을 작게 세웠다. 능으로 격상시키면서 원비의 능을 잘 꾸몄을 만도 한데 좁고 아담하게 한 것에서 경종의 정치적 입지가 그리 단단하지 않았음을 짐작할 수 있다. 경종은 임금이 된 후에도 병치레가 잦고 후사가 없어 부득이 배다른 동생 연잉군(영조)에게 세제청정을 맡기는 등 임금 노릇을 제대로 하지 못했다. 단의왕후의 능역에서도 이런 흔적을 읽을 수 있다. 그래서인지 혜릉의 능원은 동구릉 내 17분의 유택 중 유일한 원형식으로 가장 작다. 석물의 크기 또한 다른 왕릉보다 작게 만들어 땅딸막한 체구의 조각을 볼 수 있는 유일한 곳이다. 이는 당시 사실적으로 묘사하는 실사구시의 뜻이 담긴 것이라 하겠다.

혜릉은 비교적 낮은 구릉에 조성되었으며, 능역이 전반적으로 좁다. 곡장 안의 봉분은 병풍석 없이 12칸의 난간석만 둘렀고, 봉분 주위에는 4쌍의 석호와 석양이 교대로 배치되어 있다. 석호와 석양의 조각이 사실적이고 아담하다.

문석인은 173cm의 키에 눈을 치켜뜬 차가운 이미지이고, 무석인은 문석인보다 약 10cm 큰 키에 이목구비가 상당히 이국적인데, 특히 치아를 잔뜩 드러내놓고 웃는 모습이 인상적이다. 아마도 연잉군(영조)을 지지하는 석공이 만들지 않았을까 추측해 본다. 문무석인의 코는 상대적으로 크게 표현되어 있다.

망주석 역시 다른 능보다 훨씬 작은 규모로 만들었는데 조각된 세호의 좌우 방향이 다르다. 그러나 세호의 모습이 앙증맞게 잘 표현되어 있다. 장명등은 현재 터만 남아있고 사라진 상태이다. 조선 왕릉 1천500여개 석물 중 유일하게 혜릉의 장명등이 멸실되었다. 아쉽다. 원형을 찾는 작업이 시급하다. 능침 하계 오른쪽 언덕에 묻혀 있는 석물이 무엇인지 발굴해 보면 어떨까? 장명등 옥개석을 거꾸로 처박아 놓은 것 같다. 무슨 연고가 있는 것은 아닌지? 홍전문과 정자각은 1995년 새로 복원한 것이다. 혜릉의 금천교는 보이지 않는다.

경종과 계비 선의왕후의 의릉(懿陵)은 성북구 석관동에 있다. 왕과 왕비의 봉분을 한 언덕에 앞뒤로 나란히 배치한 동원상하봉(同原上下封) 능이다.

30

영조와 계비 정순왕후 원릉

왕권강화 정치적 신념 아들을 뒤주에 가둬 죽였다

원릉(元陵)은 조선 제21대 임금 영조(英祖, 1694~1776, 재위 1724~1776)와 계비 정순왕후(貞純王后, 1745~1805) 김씨의 쌍릉이다. 영조는 숙종 20년(1694) 9월 13일 창덕궁 보경당(寶慶堂)에서 태어났다. 영조의 어머니는 천비 소생의 무수리 출신 숙빈 최씨다. 영조는 83세까지 향수(享壽)를 하고, 51년 7개월간 치세를 하여 조선 역대 왕 중 최장기 통치하고 가장 장수한 왕으로 알려져 있다. 뭇사람은 어머니가 건강한 무수리 출신이라 그런 것 같다고 한다. 원릉은 경기도 구리시 인창동 산 2-1의 동구릉 내 건원릉 서쪽 두 번째 능선에 북서에서 남동을 바라보는 해좌사향(亥坐巳向)하고 있다.

영조는 휘는 금(昑), 자는 광숙(光叔)으로 숙종의 둘째 아들이다. 왕위에 오르기 전부터 소론(경종 지지)과 노론(영조 지지)의 치열한 당쟁 속에서 붕당정치의 폐해를 경험한 영조는, 즉위하자마자 붕당 대립의 완화와 왕권 강화를 가장 중요한 정치 과제로 여기고 이를 위해 탕평책을 실시하였다. 탕평책은 각 당파에서 고르게 인재를 등용해 붕당 간 대립을 막고 균

「국조상례보편」의 예법에 따라 조영한 원릉

형을 유지하고자 만든 정책이었다. 영조는 먼저 붕당을 만드는 자는 영원히 정치에 참여시키지 않겠다는 강한 의지를 밝힌 뒤, 노론의 장기 집권에서 오는 폐단을 막고자 노론 강경파를 몰아내고 소론과 남인의 온건파를 고루 등용함에 따라 노론의 독주가 어느 정도 견제되어 붕당에 관계없이 능력에 따른 인재 등용이 가능해졌다. 그러나 노론세력에 동조하던 영조의 계비 정순왕후 김씨, 숙의 문씨 등은 영조와 그의 유일한 아들인 사도세자 사이를 벌여놓기 위해 이간질과 무고를 일삼았다. 이로 인해 영조의 미움을 산 사도세자가 1762년(영조 38년) 5월 21일 새벽 뒤주에 갇힌 지 여드레 만에 숨을 거두는 끔직한 사건이 일어난다. 이는 영조의 정치적 신념이었던 탕평책이 결국 노론의 손아귀에서 벗어나지 못한 것

「국조상례보편」에 의해 조영된 원릉(元陵). 이곳은 원래 효종 영릉(寧陵) 초장지였다

이 아닐까? 영조는 후회하며 자신의 결정이 나라의 앞날을 위해 행한 부득이한 조치였음을 알리기도 한다.

이후 영조는 탕평정국의 입지를 더욱 다지기 위해 붕당의 근거지였던 서원의 사사로운 건립을 금한다. 같은 당파에 속한 집안간의 결혼을 금지하고자 '동색금혼패'를 집집마다 대문에 걸게 하는 등 철저한 탕평정책으로 왕권을 강화하고, 강화된 왕권을 바탕으로 민생안정을 위한 개혁을 단행하였다. 백성들의 군역 부담을 줄여주기 위해 국방의 의무를 대신해 나라에 세금으로 내던 베 2필을 1필로 줄여준 균역법을 시행하여 백성들의 부담이 크게 줄어들었으며, 지나친 형벌이나 악형을 금지하고 신문고를 부활하여 백성들이 억울한 일을 당하지 않게 하려고 노력하였다. '속

승하초기 영종이었다(좌) 뒤에 영조로 묘호를 바꾸어 세운비(가운데) 그리고 정순왕후의 비(우)를 따로 세운 원릉 비각

대전', '속오례의', '동국문헌비고' 등을 편찬하여 문물제도를 정비했고, 실사구시의 학문을 바탕으로 사회전반의 안정을 찾았다.

영조는 재위 52년(1776) 3월 5일 경희궁 집상전에서 83세에 승하하였다. 상주는 왕세손 정조이며, 좌의정 신회(申晦)를 총호사로 했다가 3월 10일 사왕(정조) 즉위 후 신회와 풍수사의 소홀을 이유로 들어 총호사를 김상철로 바꿨다. 영조의 능지 선정에는 여러 안이 나왔다. 영조 자신이 터를 잡아 조성한 홍릉(弘陵, 정비 정성왕후릉)이냐, 생모 최씨의 묘역(소령원)이냐 고민하다 정순왕후 지지자들이 조부인 효종의 구영릉(寧陵) 터가 좋다고 주장하여 그곳으로 정했다.

영조는 원래 아버지 숙종과 자신을 왕으로 천거한 제3계모 인원왕후

쌍릉 난간석의 원릉 능침

의 능침이 있는 서오릉에 조강지처인 원비 정성왕후 서씨와 묻히기를 원했다. 그래서 먼저 세상을 떠난 정성왕후의 능역을 조성하면서 능침 오른쪽을 비워놓는 쌍릉 형식의 우허제(右虛制)로 터를 조영했다. 하지만 손자인 정조는 이 터 대신 지금의 건원릉 서쪽 두 번째 산줄기에 모시기로 결정했다.

영조는 재위기간 동안 8차례에 걸쳐 산릉원을 조영하거나 천장하여 능제를 정비하였다. 숙종의 교명을 근거로 '국조상례보편'을 펴내고 이에 따라 자신의 능도 이에 표본이 되도록 하였다. 그래서 정조에 의해 만들어진 원릉은 국제상례보편에 의한 능제의 대표로 보고 있다. 영조의 긴 통치와 정조시대의 문화기술이 만들어낸 걸작으로 평가된다. 정조 시대

동원쌍봉릉의 원릉(元陵), 우측 봉분이 영조의 능침이며 좌측봉분이 계비 정순왕후의 능침이다.
이는 우왕좌비의 원칙을 따른 것이다

는 조선의 문화와 정치의 르네상스 시대로 평가 받지 않는가. 그런데 왜 정조는 굳이 영조 자신이 자리 잡고 조성해 놓은 홍릉의 우허제(右虛制) 터 대신 자리가 안 좋아 백여 년 전에 여주로 옮겨간 영조의 증조부 효종의 초장지에 다시 모셨는지 궁금하다. 아버지 사도세자를 죽인 할아버지에 대한 증오에서일까? 영조가 정비 정성왕후와 영원히 함께하는 것이 싫었던 계비 정순왕후의 질투 때문일까? 아니면 후세의 음덕을 위해 더 좋은 자리를 찾으려는 정조의 통 큰 뱃심이었을까? 어느 쪽이든 지금 가보아도 이 터는 북좌남향의 명당 터 같다. 이곳에 능원을 조영한 총호사 김상철 등은 영조 상례 후 정조에게서 말 한필과 많은 포상을 받았다. 능원을 정성 들여 조성한 보답이었을 것이다.

영조 35년(1759) 정비인 정성왕후가 죽자, 66세의 늙은 왕은 51년 연하

원릉의 사각장명등

세장한 모습으로 변한 원릉의 문 · 무석인석과, 바닥에 중계와 하계를 구분하는 경계석이 없다

의 꽃다운 나이 15세의 정순왕후를 계비로 맞아 들였다. 정순왕후는 경주 오흥부원군 김한구의 딸로 영조 21년에 태어나서 영조 35년에 왕비로 책봉되었다. 젊은 나이였지만 소생이 없었던 정순왕후는 평생을 정계의 중심에서 당파와 어울리며 정치적 야심을 키웠다. 사도세자를 미워하여 그를 서인으로 폐위하고 뒤주 속에 가두어 굶어죽게 하는데 지대한 역할을 하였다. 사도세자의 아들 정조가 죽고 11세의 어린 왕 순조가 즉위하자 수렴청정을 한다. 정순왕후는 사도세자의 죽음에 앞장선 벽파의 실세 김귀주의 누이로 벽파를 대변하며 그들을 대거 등용하는 등 친정식구를 끌어들여 세도정치를 하였다. 순조 1년에 천주교 금지령을 내렸는데, 이는 신흥종교인 천주교를 공부하고 믿는 사람 중에 벽파의 반대파인 시파나 남인들이 많았기 때문이다. 이가환, 정약종 등 천주교 신자들이 옥사당하고 정약용 등 당대의 혁신가들이 유배당했다. 이렇게 정순왕후는 약 5년 동안 벽파 중심의 조정을 세웠으나, 벽파의 기둥이었던 정순왕후가 죽자 벽파의 정치 생명도 끝난다. 정순왕후는 순조 5년(1805) 1월 12일 창덕궁 경복전에서 춘추 61세에 승하하여 원릉에 쌍릉으로 모셨다. 정순왕후의 능호를 경릉(景陵)으로 하고 현재의 자리가 아닌 다른 곳에 단릉으로 모시려 했으나 마땅한 자리를 잡지 못해 현재의 자리에

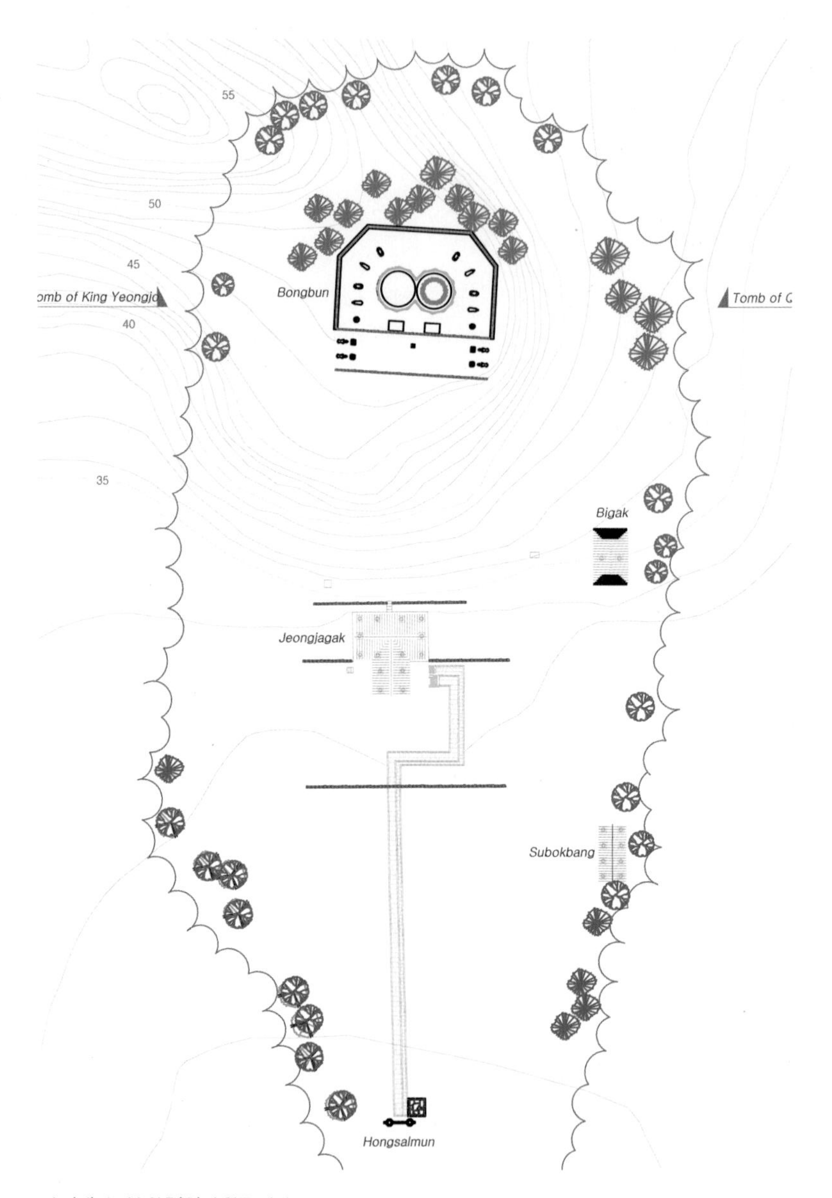

정조(좌)와 정순왕후(우)의 원릉 배치도

정교하게 조각된 원릉 좌측 망주석의 세호(細虎)

원릉의 무석인은 어깨가 좁고 부드러우며 위풍당당하다. 원릉부터 이제까지와 달리 세장한 형태로 조각된다

영조와 함께 모셨다. 정순왕후 발인 때 많은 비가 내렸다고 한다.

원릉은 병풍석 없이 난간석으로만 이어져 있는 쌍릉이며, 각 봉분 앞에 혼유석이 놓여 있다. 문석인 공간인 중계와 무석인 공간인 하계를 통합하고, 높낮이의 등급을 두지 않았으며 장대석으로 경계도 하지 않았다. 즉 고려와 조선시대를 통틀어 문인 공간과 무인 공간의 높낮이를 두지 않은 최초의 능원인 것이다. 이를 통해 고려시대 이후부터 지속돼온 상설제도의 변화와 신분제도의 변화를 살펴볼 수 있다. 이후 조선의 모든 능은 중계와 하계를 같은 공간에 통합했다.

장명등은 사각등 형식이고, 망주석의 세호가 동물 형상으로 섬세하게 새겨져 있다. 오른쪽의 것은 위를, 왼쪽의 것은 아래를 향한다. 이와 관련해 능침에 있던 혼백이 우측의 망주석으로 나가 능원의 넓은 곳인 능역정원에서 놀다 다시 능침을 찾아 올 때 오른쪽 망주석을 보고 찾아온다는 이야기가 전해진다. 이는 중국 명청의 능역 입구에 패방(牌坊)을 만든 것과 비슷한 의미로 추정할 수 있다.

문석인은 대체로 어깨가 좁고 세장한 형태이며, 장중함보다 곱고 섬세한 느낌이다. 하지만 무석인은 위풍당당하다. 영조의 긴 통치와 왕권의 강화로 세도정치를 무력화시킨 때라 문인들의 자중함을 바랐던 희망과 문 · 무세력의 균형, 견제로 왕권을 강화하려 했던 당시의 정치적 분위기를 볼 수 있는 공간이다. 이것이 중계, 하계 공간의 통합과 무관하지 않은 것으로 사료된다.

원릉은 다른 능과 달리 3개 표석(비각)이 있다. 왼쪽의 것이 조영 당시 것으로 정조가 친필로 '조선국 영종대왕원릉(朝鮮國英宗大王元陵)'이라 쓴 것이고, 가운데 것은 고종때(1890) 묘호를 영조로 추숭하며 '조선국 영조대왕원릉(朝鮮國英祖大王元陵)'이라 고쳐 쓴 것이다. 이것은 고종의 친필이다. 우측의 것은 정순왕후의 단독 표석이다. 일반적으로 왕비는 표석을 따로 세우지 않고 부왕의 표석 좌측에 나란히 쓰는데, 이곳은 표석을 따로 조성한 것이 특이하다. 아마도 아버지 정조가 싫어했고, 자신을 수렴청정한 계조모에 대한 순조의 홀대 때문일까? 아니면 정순왕후의 친정이었던 경주김씨들이 펼친 세도정치의 산물일까 궁금하다.

영조는 정비 정성왕후(서씨)와 계비 정순왕후(김씨)와의 사이에 자식을 얻지 못했고, 후궁인 정빈 이씨(수길원, 경기 파주)에게서 아들 효장세자(진종)를 얻었다. 효장세자는 후에 정조의 양부로 추존되어 능호를 영릉(永陵)으로 하고 경기도 파주 삼릉지구에 있다. 정비 정성왕후의 능호는 홍릉(弘陵)으로 고양시 서오릉 내에 있으며, 영빈 이씨(수경원, 서오릉지구)와의 소생인 불운의 사도세자는 둘째로 1899년 장조(莊祖)로 추존돼 능호를 융릉(隆陵)으로 경기도 화성시 태안면 안녕리 1-1 융건릉 지구에 있다.

31
영조의 원비 정성왕후 홍릉

살아선 왕실의 살림꾼
죽어선 시부모 다섯 분 모셔

홍릉(弘陵)은 조선 제21대 왕 영조(英祖)의 원비 정성왕후(貞聖王后, 1692~1757) 서씨의 능이다. 홍릉은 경기도 고양시 덕양구 용두동 서오릉지구 북서쪽 능선에 자리하며, 남동쪽에서 북서쪽을 바라보고 있다. 영조는 왕후가 먼저 승하하자 이곳에 왕후의 장지를 정하면서 장차 자신도 함께 묻히고자 했다. 그래서 왕비 능의 오른쪽 정혈(正穴)에 열십자(十字) 형태를 새긴 한 자 크기의 돌을 묻도록 해 자신의 터를 잡아 비워두는 허우(虛右)의 수릉(壽陵)을 조성하였다.

서오릉은 원래 세조의 큰아들인 추존왕 덕종과 그의 비 인수대비 한씨의 능인 경릉이 조성되면서 조선왕실의 능역이 시작되어, 숙종 대에 익릉, 명릉 등이 들어서면서 조선 왕릉군 가운데 두 번째로 큰 곳이 됐다. 덕종은 세조의 원자이며 왕세자인 의경세자다. 세조는 의경세자가 일찍 세상을 뜨자 많이 애석해하며 친히 이곳에 나와 길지를 선택했다고 한다. 경릉 이후 이곳에는 덕종의 아우 예종과 그의 비의 창릉이 조

홍살문에서 본 홍릉의 전경, 홍릉은 북서향을 하고 있는 것이 특이하다

성됐고, 200여 년 뒤 제19대 왕 숙종의 원비 인경왕후 김씨의 익릉이 먼저 조성되고, 이후 숙종과 제1계비 인현왕후 민씨와 제2계비인 인원왕후 김씨의 명릉이 조성됐다. 그리고 30여 년 뒤인 영조 33년(1757)에 영조의 원비인 정성왕후의 홍릉이 조성되면서 서오릉이라 이름 붙여졌다. 정성왕후는 죽어서도 시아버지인 숙종과 그의 시계모 인경왕후, 작은 시어머니 두 분(인현왕후와 인원왕후)을 모셨고, 숙종의 계비였다가 폐비가 된 대빈 장희빈의 묘소가 1970년대에 천장해온 뒤로는 시부모 다섯 분을 모시는 셈이다. 지금도 시부모들의 사랑을 받고 있는지, 아니면 죽어서도 시집살이에 시달리는지 궁금하다. 우허제(右虛制) 자리를 비워놓고 영원히 떠난 남편 영조를 한탄이나 하지 않는지….

영조는 자신의 수릉을 정성왕후 능침 우측에 정성왕후 상례시 모든 시설

홍릉의 정자각에서 능침까지 이어지는 능역이 매우 짧고 급경사인 것이 특징이다

을 쌍릉 형식으로 하여 비워놓는 우허제(右虛制) 만들어 놓았다. 현재는 동구릉내 원릉에 계비인 정순왕후와 함께 쌍릉으로 조성된 무덤에 안장됐다. 일화에 따르면 정조가 아버지 사도세자를 뒤주에 가두어 돌아가게 한 할아버지를 미워한 까닭에 영조가 수릉으로 만든 홍릉에 함께 모시지 않고 동구릉내 효종의 영릉 초장지터에 모셨다고 한다. 또 다른 일화는 영조의 계비인 정순왕후가 남편이 원비인 정성왕후와 나란히 묻히는 것이 싫어서 홍릉 대신 동구릉을 택했다고 한다. 어떻든 조선시대 42기의 능 중 유일하게 왕의 유택이 지금까지도 비어 있는 특이한 형태를 볼 수 있다. 아마도 정성왕후는 언젠가는 그 빈자리로 영조가 돌아오기를 기다리고 있을 것 같다.

영조의 정비인 정성왕후 서씨는 달성부원군 서종제의 딸로 1704년 13세에 연잉군(후에 영조)과 가례를 올려 왕실에 들어왔다.

영조가 계비 정순왕후와 함께 동구릉의 원릉에 조영되어 우측의 왕(영조)의 자리를 비워놓은 홍릉.
홍릉의 능침은 영원히 오른측이 비어 있는 우허제(右虛制)이다

지긋이 웃는 모습의 홍릉 우측 무석인

투구와 갑옷에 다양한 문양과 장식을 새겨 넣은 홍릉 우측 무석인의 앞면 모습

1724년 영조가 즉위하면서 왕비에 봉해졌고, 1757년 승하할 때까지 34년간 왕비로 있었다. 슬하에 자녀가 없어 애를 태웠으나 왕비로서 책무를 충실히 하고 권위를 누리다가 1757년(영조 33년) 2월 15일 창덕궁 관리각에서 66세로 승하했다.

홍릉은 을좌신향(乙坐申向)이다. 일반적인 능역이 자좌오향(子坐吾向), 즉 남향인 데 반해 이 능은 동남에서 북서를 바라보는 흔치 않은 좌향을 택한 것이다. 다른 능역에 비해 사자와 생자의 만남의 공간인 제향 공간과 절대적 사자의 공간인 능침 공간의 높낮이에 차가 큰 것도 특이할 뿐 더러 정자각 뒤편 언덕이 급경사를 이루게 조영되어 있다. 게다가 능역은 용맥이 길게 흘러내리는 유란형(乳卵形)이 일반적인데 이곳은 짧은 것도 특이하다. 영조가 이곳을 자신의 수릉으로 잡은 것이 의아할 정도다.

정성왕후 발인 때 영조는 사대문 안에서 작별을 하고, 사도세자는 호

홍릉 우측 무석인의 갑옷 뒷모습,
칼집의 장식이 정교하고 특이하다

홍릉 장명등

읍(號泣 : 목 놓아 큰 소리로 욺)하면서 따라오다 모화관(서대문 밖)에서 곡을 하며 하직했다. 영조의 마음이 무엇이었는지 우허제가 더욱 의문이 가게 하는 대목이다.

홍릉 능침의 상설제도는 기본적으로 선대왕인 숙종의 명릉 양식을 따르면서 영조 때(1744) 제정된 '속오례의'의 제도를 따르고 있다. 능침은 쌍릉으로 상계–중계–하계의 형식을 따르고 있으며 능침은 난간석을 둘렀다. 이는 영조와 계비 정순왕후의 능인 원릉부터는 중계와 하계를 구분하지 않아, 홍릉은 중계와 하계를 구분한 조선시대 마지막 능제로 볼 수 있다. 즉 문인 공간과 무인 공간을 석계로 구분하는 마지막 능침이다.

능침이 있는 3면의 곡장 안에 오른쪽 왕의 자리가 비어 있어 평지를 이루고 있다. 그러나 석물의 배치는 쌍릉 형식이다. 망주석 1쌍, 문무석인 각 1쌍, 혼유석은 왕비의 것 1좌만 왕비의 능침 앞에 있고 장명등은 가운데 1좌가 있으며, 석마, 석양, 석호가 각각 2쌍씩 있다.

무석인은 투구와 등에 장식이 많고 뒷면에는 문양을 촘촘하게 조각해 넣었으며, 목 가리개를 위로 올렸다. 갑옷의 등 부분에는 물고기 비늘무

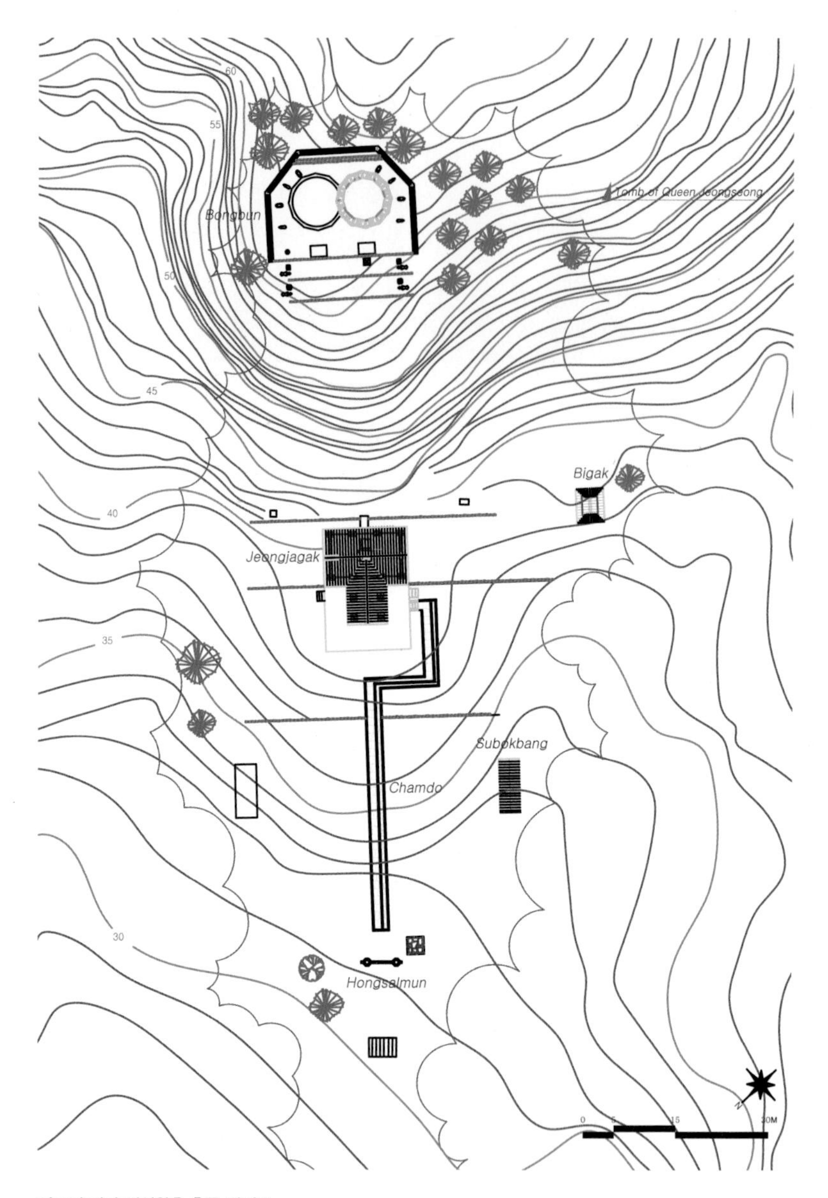

영조의 정비 정성왕후 홍릉 배치도

늬를 넣고, 가슴 부분은 구름 형태의 판상(板狀)으로 처리했다. 장명등은 사각 장명등이다.

수십미터 급경사의 사초지 아래 정자각이 있고, 정자각 왼쪽에 예감, 오른쪽 뒤편에 산신석이 있다. 비각에는 영조가 친히 내린 왕후의 시호 '혜경장신강선공익인휘소헌단목장화정성왕후(惠敬莊愼康宣恭翼仁徽昭獻端穆章和貞聖王后)'를 새겼다. 이렇게 존호가 길어진 것은 정성왕후가 43년의 긴 궁궐 생활을 하면서, 무수리 출신인 시어머니 숙빈 최씨로부터 폐비 희빈 장씨, 숙종의 정비 인경왕후, 계비 인현왕후와 인원왕후 등 왕실 어른을 잘 모시고 풍파에 휩쓸리지 않으며 왕실 살림을 잘해냈다는 행장의 기록이기 때문이다. 실제로 영조는 왕비가 승하하자 곡진한 심정으로 그의 행장을 다음과 같이 기록했다.

"40여 년간 늘 미소 띤 얼굴로 과인을 맞아주었고 왕실의 두 어른을 극진히 받들어 모시고 게으른 빛이 없으며, 과인의 생모인 숙빈 최씨의 신위를 모신 육상궁에 기울인 정성 또한 지극하여 고마움에 답하고자 이 글을 쓰노라." 정성왕후는 국모의 역할을 충실히 한 것 같다.

정자각 앞 참도를 중심으로 왼편에 수복방 터가 초석만 남아 있고 오른편에는 수라청 터의 흔적이 있다. 수라청 뒤편 언덕 너머 재실이 있었다고 '홍릉지' 등 문헌에 전해지나 현재는 없다. 발굴과 복원이 아쉽다. 제례 때 쓰던 어정(우물)의 흔적도 있다.

정성왕후는 자식을 얻지 못했다. 대신 영조는 빈과 귀인에게서 2남 12녀를 두었다. 일찍 세상을 떠난 효장세자(진종 추존, 정조의 양부)가 장자이며, 사도세자(정조의 친부)가 둘째다.

32

추존왕 진종과 효순왕후 영릉

10살 때 요절한 효장세자 사후 양자 정조가 "아바마마"

영릉(永陵)은 영조의 맏아들로 세자에 책봉된 지 3년 만인 10세에 요절한 효장세자(孝章世子, 추존왕, 1719~1728)와 그의 비(妃) 효순소황후(孝純昭皇后, 1715~1751) 조씨(趙氏)의 능이다. 영조는 효장세자를 정조의 양부로 지명했고, 정조가 즉위한 후 진종(眞宗)으로 추존했다.

영릉은 국도 1번을 타고 문산 방향 통일로로 가다 보면 경기도 파주시 조리읍 봉일천리에 있다. 이곳은 제8대 왕 예종의 원비였던 장순왕후(章順王后, 1445~1461)가 세자비로 있다 17세에 요절하자 조성된 능원으로, 이후 조선 왕실의 왕릉군이 됐다. 장순왕후는 성종 때 영의정을 지낸 한명회의 딸로, 당시 임금이었던 세조가 직접 공릉의 터를 잡은 것으로 알려져 있다. 이후 성종의 원비이며 한명회의 셋째였던 공혜왕후(恭惠王后, 1456~1474)가 19세에 죽자 이곳에 모시고(순릉), 수백 년 후 효장세자까지 이 곳에 모시니 공교롭게도 모두 요절한 세자와 세자비가 한자리에 잠들게 됐다. 공릉, 순릉, 영릉을 합쳐 파주 삼릉이라고 한다.

추존왕 진종(효장세자)과 추존비 효순왕후의 영릉(永陵) 전경, 뒤의 능원은 공혜왕후의 순릉이다

조선의 임금 중 최장수(83세) 임금이며 통치기간(51년 7개월)이 가장 긴 영조에게는 2명의 왕비와 4명의 빈이 있었으나 왕권을 이을 왕자는 2명뿐이었다. 큰아들이 정빈 이씨와의 사이에서 태어난 효장세자이고, 작은 아들이 영빈 이씨에게서 태어난 사도세자다. 효장세자는 10세에 병사하고, 사도세자는 정치적 소용돌이 속에 아버지 영조의 손에 의해 뒤주 속에 갇혀 죽었다. 자식복은 없는 영조였다. 그러나 아버지 덕분에 즉 영조가 효장세자를 정조의 양부로 지명했기 때문에 효장세자는 추존왕이 되었고 이후 추존황제로서 그의 무덤인 영릉이 세계문화유산에 등재됐다.

진종은 1719년(숙종 45년) 2월 15일 한성부 북부 순화방의 창의궁에서 영조의 맏아들로 태어났다. 1724년 영조가 즉위하자 경의군에 봉해졌고, 이듬해 세자에 책봉됐다. 그러나 경의군은 1728년(영조 4년) 11월 16일

영릉의 전경, 오른쪽 세자의 원(園)이었을 때의 비각과 추존시 비각이 있어
원과 능의 표석을 함께 볼 수 있는 곳이다

해시(亥時)에 창덕궁 진수당에서 원인모를 병으로 훙서(薨逝)했다.

세자빈과 결혼한 지 1년도 안 돼 안타까움은 더욱 깊었다. 3개월 뒤 효장세자는 영릉에 안장됐다. 아들에 대한 애정과 안타까움으로 영조는 영릉을 소현세자의 예에 따라 정성 들여 조영했다. 그리고 평소에는 별로 찾지 않던 공릉과 순릉을 참배한 뒤 효장세자의 묘를 찾아 크게 애통해했다. 기록을 보면 능원 혈의 깊이는 8척 9촌으로, 현실(玄室) 4곳에 명기(明器), 복완(服玩), 증옥(贈玉), 증백(贈帛)을 넣고 자물쇠로 잠근 뒤 사헌부 장령이 서명했다. 그리고 참찬(參贊 : 조선시대 의정부 소속의 정2품 관직)이 흙 9삽을 덮고 회(灰)를 쌓아 막았다.

효장세자는 예절이 바르고 배움에 정진한 것으로 전해진다. 병세가 위

단촐한 세자묘의 원의 형식을 갖추고 있는 영릉(永陵)

독했을 때도 스승이 병문안을 오면 벌떡 일어나 용모를 단정히 해 맞이했고, 빈객이 들어오는 소리를 듣고도 일어났다. 그러나 병중에 약효가 없음을 알자 "번거롭게 약을 쓰지 말고 천명에 맡기겠다"고 말했다. 점차 의식을 잃어가면서도, 영조가 얼굴을 효장세자에 갖다 대며 "나를 알아보겠느냐"고 묻자, 가녀린 목소리로 효를 다하지 못함을 한탄하며 눈물이 뺨을 적셨다고 한다.

효장세자의 무덤은 처음에 묘의 형식으로 조영했으나, 효장세자 사후에 양자로 입적한 정조가 왕위에 오르자 진종으로 추존해 능호를 영릉이라 하고 추존릉 형식으로 개축하였다.

효순왕후는 이조참의 조문명(趙文命)의 딸로, 영조 3년에 전국에 금혼령

원의 형식으로 병풍석과 난간석이 없는 영릉

원의 형식으로 문인공간은 있으나
무인공간은 없다

을 내려 초간택, 재간택, 삼간택해서 최후의 3인 중 간택된 당대 최고의 규수였다. 13세에 9세인 효장세자와 결혼한 지 1년도 안 돼 지아비와 사별했으니 왕실 생활이 두렵고 막막했을 것이다. 시아버지 영조는 세자빈을 사중(四重)의 덕목을 갖춘 인물로 자주 칭찬해 주었다. 사중이란 법도 있는 말씨, 덕이 있는 행실, 위의(威儀 : 위엄과 예의)가 있는 외모, 남에게 본보기가 되는 호감을 말하는 것으로 중언(重言), 중행(重行), 중모(重貌), 중호(重好)를 가리킨다.

일반적으로 왕세자는 9세나 11세에 결혼했는데, 이는 기수(奇數)와 우수(耦數)의 논리 때문이다. 효장세자도 10세에 혼례를 올리려다 9세에 간택을 서둘렀다. 왕실의 간택은 도성 안이나 경기 일원, 더욱 확대해 삼남이나 팔도에서 하는 경우가 있으나 효장세자빈의 간택은 영조가 전국에서 간택하도록 했다. 왕세자비의 중요성을 고려한 것으로 볼 수 있다. 왕실의 결혼을 위해 전국에서 만 15세 이하 규수에게 금혼령을 내렸다.

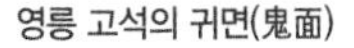
영릉 고석의 귀면(鬼面)

땅딸막하게 조영된 영릉(永陵)의 문석인

이 중 금혼이 제외되는 규수는 왕실과 같은 성씨(전주 이씨), 세자의 이종·고종 8촌까지, 왕비의 동성 7촌 이성 6촌까지, 전주가 본관인 성씨(전주 최씨, 전주 김씨 등), 부모 모두 생존하지 않은 사람, 후취(後聚)한 사람 등으로 세자빈의 자격에서 제외됐다. 그러나 영조는 세자빈의 간택에서 후취한 사람을 구별하지 말라고 지시했는데, 이는 자신이 후취한 출신임을 염두에 둔 것으로 보인다.

세자빈은 시아버지 영조에게 효를 다했다. 실록에 따르면 성품이 담박하고 화려한 것을 좋아하지 않으며 정갈했다고 한다. 지아비를 일찍 보낸 죄책감에 지아비의 몫까지 효도하고자 했다. 매일 영조에게 음식 수발의 정성을 다했으며, 자신이 병을 얻었음에도 문안드리는 예를 하루도 거르지 않았다. 그래서일까. 영조는 세자빈의 죽음을 안타깝게 여겨 효순(孝順)이란 시호를 직접 지어 내렸다. 세자빈은 영조 27년(1751) 11월 14일 창덕궁 건국당에서 37세로 승하했고, 진종의 능침과 나란히 우남좌녀의 쌍릉으로 모셔졌다.

영릉은 파주시 조리면 봉일천리 산줄기에 을좌신향(동남에서 북서향)하고

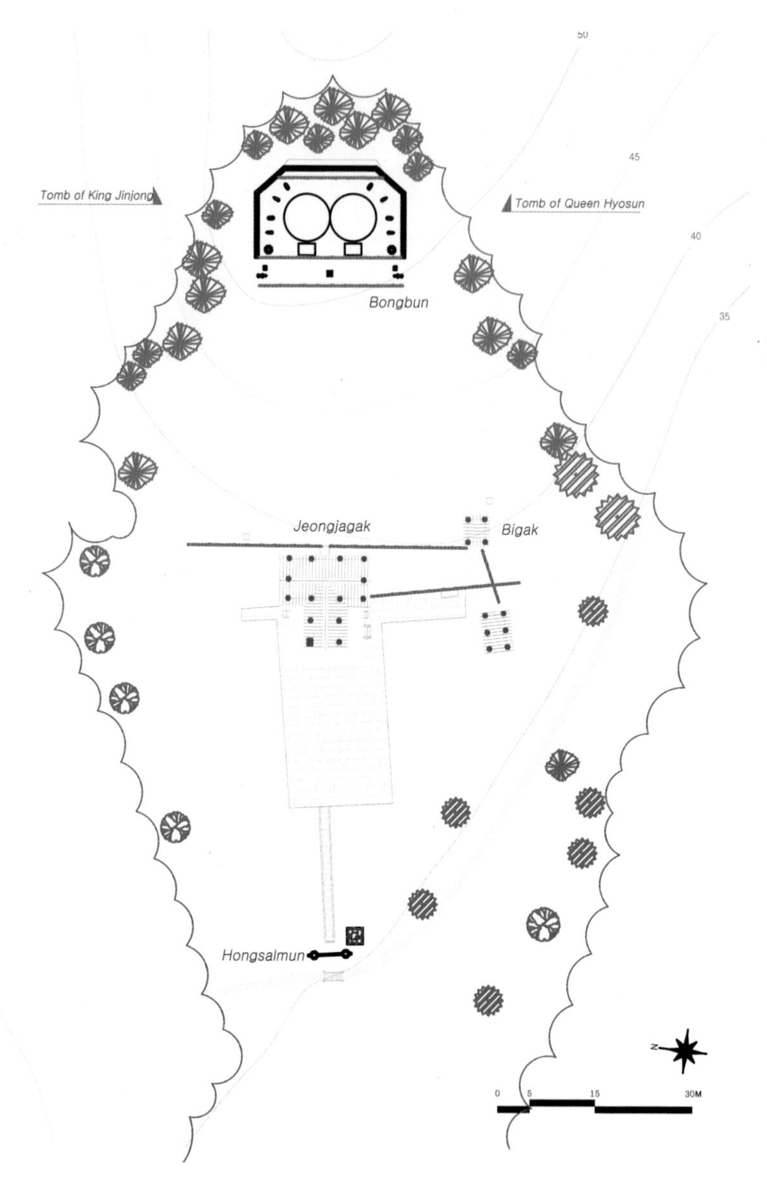

추존왕 진종(좌)과 효순왕후(우) 영릉 배치도

있다. 정자각 남동 측에 2개의 비각이 있다. 위쪽 비각에는 능 조성 당시 세자 신분의 능비인 구비(舊碑)가 있고 비면에 '조선국 효장세자묘 효순 현빈부좌(朝鮮國 孝章世子墓 孝純 賢嬪祔左)'라고 새겨졌다. 또 아래쪽 비각에는 신비 2개가 있다. 하나는 1777년 정조 때 왕으로 추존한 뒤 세운 비이고, 다른 하나는 1908년에 순종황제 때 황제로 추존하면서 세운 것이다. '대한진종소황제영릉, 효순소황후부좌(大韓眞宗昭皇帝永陵 孝純昭皇后祔左)'라고 새겨졌다.

영릉은 쌍릉(雙陵) 형식으로 세자묘의 예를 따라 조성됐다가, 효장세자가 진종으로 추존되면서 왕릉의 형식을 갖췄다. 그래서 병풍석이나 난간석이 없이 무석인, 즉 무인 공간의 하계가 없다. 병풍석과 난간석은 생략됐고 석호와 석양, 문석인 한 쌍으로 이루어져 있다. 문석인은 조선 전기의 능인 공릉에 비해 다소 마르고 작은 편이며 조선 후기 형태를 이루고 있다. 관모를 쓰고 양손으로는 홀(笏)을 쥐고 있으며, 얼굴에 비해 몸은 왜소한 편이지만 동안(童顔)의 모습이다. 마치 효장세자의 모습을 보는 듯하다. 관복의 소매는 길게 늘어져 있고, 팔꿈치 부근에는 주름이 새겨져 있다. 문석인과 함께 중계(中階)에 배치된 석마도 조선 전기의 것과 달리 겸손하게 머리를 구부린 모습을 하고 있다. 영릉의 금천(명당수)은 버들치, 임진강 참게가 사는 등 우리 전통 생태계가 잘 보존돼서 생태경관을 관찰하기에도 좋다.

효장세자의 배다른 동생인 사도세자는 아버지 영조에게 죽임을 당하고 영우원으로 조영됐다가 아들 정조가 즉위하면서 현륭원으로 하여 화성에 천장됐다. 이후 고종 때 장조(莊祖)로 추존되면서 융릉(隆陵)으로 승격됐다. 효장세자의 양아들인 정조의 능원은 그의 친부의 능원이 있는 화성의 융릉 서쪽 언덕에 있다. 능호는 건릉(健陵)이다.

33

추존황제 장조(사도세자)와 헌경의황후(혜경궁 홍씨) 융릉

뒤주에서 8일간 절규한 세자 "하늘이시여, 살려주옵소서!"

융릉(隆陵)은 조선 제21대 왕 영조의 둘째 아들이자 정조의 부친 사도세자(思悼世子, 후에 장헌세자, 추존황제 장조, 莊祖懿皇帝, 1735~1762)와 그의 비 혜경궁 홍씨(獻敬懿皇后, 1735~1815)의 합장릉이다. 융릉은 경기도 화성시 안녕동 산 1-1 번지에 있다.

1762년(영조 38년) 윤5월 21일 창경궁 문정전 앞뜰에서 사도세자가 뒤주 속에서 홍서(薨逝)하였다. 아버지 영조가 폐세자로 명하고 뒤주 속에 가둔 지 8일 만이다. 영조는 정치적 세파(노론)에 몰려 왕세자를 벌하려 뒤주에 가두었으나 뜻하지 않게 사도세자가 홍서하니, 후회하며 곧 위호(位號 : 지위와 名號)를 복귀하고 사도(思悼)라는 시호를 내린다. 조선왕실 초유의 사건이다. 아버지가 아들을 뒤주 속에 가두어 죽였으니, 그것도 세자로 책봉된 지 26년, 28세의 젊은 세자가 아버지 손에 죽은 것이다. 노론세력에 대한 두려움 때문이었을까? 아니면 영조 자신의 정치적 권위를 강화하기 위한 호기 때문이었을까? 이후 영조는 어린 나이에 요절한 맏아들 효

정자각, 수복방을 빗겨 놓아 능침 앞을 가리지 않는 융릉의 배치, 아버지 사도세자의 뒤주 속 죽음을 안타까워 한 정조의 의지로 보인다

장세자(추존왕 진종)의 양자로 왕세손(정조)을 입적시켜 대를 잇게 한다.

영조는 마흔에 영빈 이씨에게서 둘째 아들 사도세자를 얻었다. 세자의 휘(諱)는 선(愃)이고 자는 윤관(允寬)이며 호는 의제(懿齊)이다. 맏아들 효장세자가 10세에 죽은 지 7년 만에 둘째 선이 태어나자 영조는 출생 다음해에 세자에 봉하고 15세부터 부왕을 대신하여 정무를 맡게 했다. 그러나 사도세자의 앞날은 험난했다. 자신보다 열 살이나 아래인 계모(비) 정순왕후와 후궁인 숙의 문씨의 질투에 시달렸으며, 영조가 왕위를 계승하는 데 공헌한 정순왕후의 부친 김한구 등 노론 일당의 무고로 사도세자는 화병과 정신질환에 시달린다. 무고 사건이란 노론의 홍계희, 윤급 등의 사주를 받은 나경언이 '동궁(세자)이 왕손(王孫)의 어미를 때려죽이고 여승(女僧)을

제향공간의 축과 능침공간의 축을 달리한 융릉 전경

궁으로 들였으며, 자신을 따르는 관료들과 무단으로 관서지역을 유람했다'는 내용이 적힌 '허물십조'를 상소한 것을 가리킨다.

이를 본 영조는 "이것이 어찌 세자로서 행할 일인가"라고 한탄하며 5월 13일 아들을 폐세자 하고 서인으로 강등했으며 자결할 것을 명했다. 사도세자가 부모 앞에서 자결하는 것이 효에 어긋난다고 항변하자 영조는 뒤주에 가두어 죽게 했다.

그러나 막상 아들의 죽음을 전해들은 영조는 28세에 비참하게 죽은 세자에 대해 후회하면서 "어찌 30년에 가까운 부자간의 은의(恩義)와 세손(정조)의 마음을 생각하지 않으랴" 하며 애도의 뜻을 담아 시호(諡號)를 사도세자라 하고, 며느리 혜경궁 홍씨에게 혜빈(惠嬪)이란 호를 내려 복권시켰다. 사도란 '세자를 생각하며 추도한다'는 의미다. 영조는 친히 아들의 묘역 조성에 관여해 묘호를 수은묘(垂恩墓)라 하고, 장례의 제주로 영의정

융릉은 목단과 연꽃, 원추리 등으로 단장된 병풍석에 무난간의 조영 방법으로
사도세자의 뒤주 속 죽음을 털어 낸 듯하다

홍봉한(사도세자의 장인) 등 사도세자를 죽이는 데 앞장섰던 신하들을 묘지에 대동해 백관이 통탄의 곡을 하기도 하였다.

즉 사도세자의 죽음은 계비 정순왕후와 숙의 문씨 등 왕실과 정순왕후의 부친 김한구, 장인인 영의정 홍봉한 등 노론의 모함에 말려들어 결국 뒤주 속에서 굶어 죽었다. 혜빈 홍씨의 아버지인 홍봉한은 자신의 정치적 야욕을 위해 사위를 죽인 꼴이 되었다.

혜경궁 홍씨는 영의정 홍봉한의 딸이며 정조의 친어머니이다. 모친은 목은 이색의 후손인 관찰사 이집(李潗)의 딸로, 흑룡이 침실에 서리는 태몽을 꾸고 혜경궁 홍씨를 낳았다고 한다. 혜경궁 홍씨는 남편이 죽은 뒤 혜빈에 추서됐고, 아들 정조가 왕위에 오르자 궁호가 혜경으로 올랐다. 혜경궁 홍씨는 친정아버지 홍봉한이 사도세자의 행동에 반대하고 뒤주 속에 죽게 하는데 의견을 내고 동조한 친정아버지의 뜻에 속수무책이었

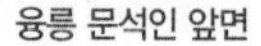

융릉 문석인 앞면

융릉 문석인 배면

기존의 사각방식과 달리 매난국(梅蘭菊)의 화훼로 장식하고 팔각으로 만든 융릉 장명등

다. 혜경궁 홍씨는 남편 사도세자보다 43년을 더 살다 1815년 12월 5일 81세로 승하했는데, 한 많은 자신의 일생을 '한중록'에 남겼다.

사도세자의 능은 원래 지금의 서울시립대학 뒷산인 중랑포 배봉산에 갑좌경향(甲坐庚向 : 동에서 서향)으로 있었다. 그러나 정조는 즉위하자마자 자신이 사도세자의 친자임을 내외에 천명하고, 아버지의 능명을 세자의 예에 따라 영우원(永佑園)이라 하였다. 이후 아버지의 존호를 장헌(莊獻)으로 올리고, 아버지의 능원을 현재의 화성 화산(華山)으로 옮겨 계좌정향(癸坐丁向 : 북동에 남서향)으로 안장한 뒤 원의 호를 현륭원(顯隆園)이라 했다. 천장과 관련하여 정조는 백성들의 원성을 최소화 하는데 노력했으며, 철거되는 민가에는 내탕금을 내려 넉넉하게 보상해주고 새집을 지을 자금까지 주었으니 전무한 일이었다. 정조는 이장 후부터 승하하기 전까지 열두 차례나 참배했다. 정조의 능행은 어가를 따르는 인원이 6천명을 넘고 동원된 말이 1천4백필에 이르는 거국적인 행사였다.

화산은 800여 장의 연꽃잎이 봉우리를 감싸고 용이 여의주를 둘러싼 형국의 최고 명당지로 알려지던 곳이다, 이곳은 정조의 고모이며 사도세

융릉의 인석 연꽃 모양은 조선시대 최고의 걸작으로 평가된다

융릉 무석인 배면

융릉 무석인 앞면

자의 누이동생인 화평옹주의 남편 금성군 박명원이 이곳을 추천했다고 한다. 정조는 화산 앞에 있던 화성읍성을 북쪽의 팔달산 아래로 옮기고 정성을 다해 능원을 꾸몄으며, 수원화성으로 천도를 시도하였다.

현륭원은 조선왕실이 능역의 입지를 잡을 때 서울 도성으로부터 10리 밖 100리 안에 둔다는 원칙을 무시하고 조성한 예이다. 정조는 화산을 최고의 길지로 추천 받아 사도세자의 능역을 조영하려 했으나, 신하들이 100리 밖이며 한강을 건너려면 주교(舟橋)를 놓아야하는 어려움을 들어 반대하였다. 그러나 정조는 키 큰 장정들을 모아 한 걸음(一步)을 크게 잡은 뒤, 화성은 100리 이내라 주장하여 이곳으로 천장을 강행하였다. 정조의 아버지에 대한 끝없는 효심이 느껴진다.

그 후 고종 때 장헌세자를 장조로 추존하면서 능호를 융릉(隆陵)으로 바꾸었고, 시호를 장헌의황제(懿皇帝)로 추존하면서 혜경궁 홍씨도 헌경의황후(懿皇后)로 올렸다.

융릉은 세자의 묘인 원(園)의 형식에다 병풍석을 설치하고 중계 공간과 하계 공간으로 나누어 공간을 왕릉처럼 조영하였다. 융릉은 병풍석이 있

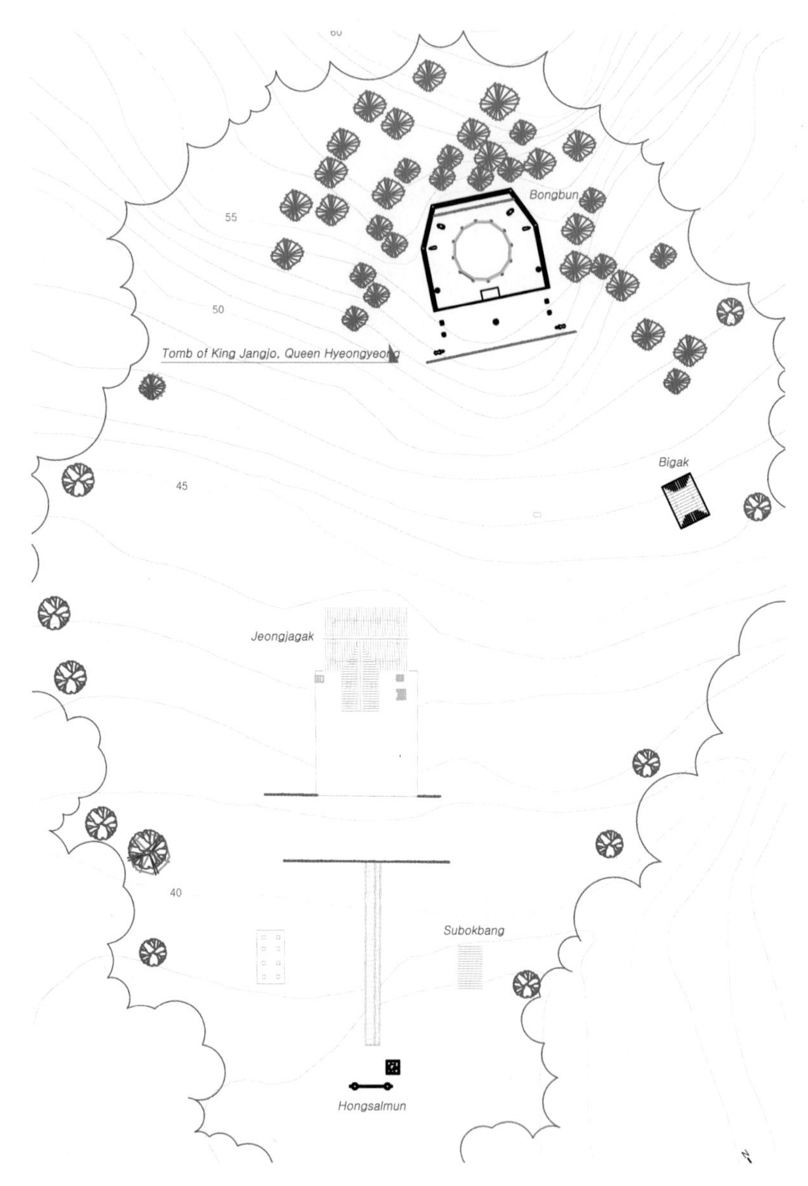

추존황제 장조와 현경황후의 융릉 배치도

으나 난간석이 없는 형식으로 이렇게 조영된 조선 왕릉으로는 유일하다. 능침을 둘러싼 병풍석 덮개의 12방위 연꽃 조각은 융릉만의 독특한 형식이다. 이곳의 인석(引石 : 병풍석 위에 얹은 돌) 끝에 조각된 연꽃은 조선시대 최고의 연꽃 조각으로 평가된다. 또한 융릉은 문 · 무석인을 배치하고 망주석, 팔각 장명등을 놓아 왕릉처럼 조영하였다. 특히 장명등의 상부는 조선 초기 팔각 장명등 형태이고, 하부는 숙종 이후 명릉에서 나타난 사각 장명등을 닮은 구름무늬 다리로 만들었는데 걸작이다. 팔면에 조각한 매난국(梅蘭菊)의 무늬 또한 아름답다

합장릉 형식으로 혼유석은 하나만 놓았다. 이 혼유석 앞에 전서로 12방위 중 계좌(癸坐)를 표시해 놓은 것이 특이하다. 융릉의 비각에는 2개의 비석이 있는데 정조와 고종의 친필을 볼 수 있다. 하나는 정조가 쓴 '조선국사도장헌세자현륭원(朝鮮國思悼莊獻世子顯隆園)'이고, 다른 하나는 고종이 쓴 '대한장조의황제융릉헌경의황후부좌(大韓莊祖懿皇帝隆陵獻敬懿皇后祔左)'이다.

홍살문 오른쪽에 원형의 연못인 곤신지(坤申池)가 있다. 곤신지는 융릉을 천장한 이듬해 1790년 정조가 조영했으며, 곤신방(坤申方 : 남서 방향)은 융릉의 능침에서 처음 보이는 합수지로 이곳에 못을 파서 융릉을 명당으로 조성한 것이다. 즉 생방(生方)에 풍수적 길지 논리에 의해 조영되었다. 또한 1821년 제작된 '건릉지' 권1 「건릉능원침내금양전도(健陵陵園寢內禁養全圖)」를 보면 원형의 여의주 5개가 그려져 있다. 이는 풍수적 비보 차원에서 앞이 허하면 둥그런 가산을 쌓거나 연못을 파서 인위적인 비보(裨補) 경관을 만든 것이다. 이곳에는 원래 북두칠성을 닮은 가산과 연못이 있었다고 하나 현재는 못과 가산 하나씩만 남았고 정자각 뒤편에 가산이 하나 더 있다.

최근에 일곱 개의 여의주 하나로 평가되는 만년제의 방지원도의 연못이 발굴되어 그 원형이 확인되었다. 융릉과 관련된 국가사적지정과 원형

복원이 되어야한다. 이곳은 정조 때의 대표적 저수지로 역사적 가치가 높다. 저수지의 구성과 축조방법 등이 독특하다.

융릉의 능침 사찰은 동쪽으로 수백미터 떨어져 있는 용주사(龍珠寺)다. 정조가 융릉 참배 때 이곳에 들렀다는 기록이 있는 것으로 보아 주산을 화산으로 해 용주사의 불법과 여의주를 끼고 있는 길지에 아버지의 능을 조영한 정조의 뜻을 읽을 수 있다. 용주사는 일반 사찰과 달리 공간 배치가 궁궐과 비슷한 것이 독특하다. 정조가 융릉에 행차할 때마다 임시 궁궐로 사용하기 위해서라고 한다.

정조는 죽어서도 아버지에 대한 효를 다하고자 동측 청룡맥 끝자락에 자신이 누울 터를 잡고 능역을 조성했다. 초장지터가 남아있다. 정조의 효심을 볼 수 있는 유적이다. 이 터는 순조 때 융릉의 서측능선으로 천장되었다. 최근에 국립문화재연구소에서 발굴하여 원형을 확인하였다. 초장지 연구에 많은 도움이 될 것으로 사료된다.

융릉은 특이하게도 정자각과 능침이 일직선상에 있지 않다. 원래 조선왕릉의 능침은 신성한 공간으로 참배자나 관람객에게는 보이지 않게 조영한다. 능침과 정자각, 홍살문을 일직선에 배치하여, 정자각 건물이 능침을 가려 홍살문에서 능침이 보이지 않게 일직선상에 배치한 것이다. 즉 정자각이 능침의 가리개가 된다. 그러나 사도세자의 융릉만은 정자각이 능침의 앞을 막지 않고 옆으로 비켜서 있다. 아마도 뒤주 속에서 죽은 아버지 사도세자의 답답한 심정을 달래려고 일부러 앞이 확 트이게 조영한 것 같다.

이처럼 제향공간인 정자각이 옆으로 비켜서 있다 보니 수복방(능역을 지키는 수복들의 근무처)이 능침 앞을 가로막게 돼, 수라청과 수복방이 정자각 앞 향로와 어로를 중심으로 마주하는 원칙을 무시하고, 수라청과 수복방은 일직선으로 나란히 배치됐다.

이뿐만이 아니다. 융릉은 능침의 병풍석과 장명등 그리고 석물에 어느

융릉의 곤(坤)방향에 합수하여 만든 곤신지(坤伸池) 일곱개의 여의주 중 하나라 한다

융릉 병풍석의 연꽃과 원추리, 정교하고 아름답다

융릉 문석인 금관조복(金冠朝服) 공복 배면

능보다 국화, 연꽃, 목단 등의 꽃을 화려하게 조각해 넣었다. 오래 사는 약재로 알려진 영지버섯도 조각해 놓았다. 그리고 병풍석에 난간석이 없는 유일한 형식이다. 일반적으로 난간은 있으나 병풍석이 없는 것이 세조 이후의 관례인데 여기서는 꽃단장을 한 병풍석은 있으나 능침을 감싸는 병풍석이 없는 유일한 양식이다. 역시 사도세자의 뒤주 속 답답함을 털어낸 듯한 조영으로 추정된다.

추존왕 장조(사도세자)와 헌경의황후(혜경궁 홍씨)의 친자인 정조는 융릉의 서측 능선에 묻혔다. 정조의 능호는 건릉(健陵)이며, 경기도 화성시 태안읍 안녕동 산 1-1번지다.

34
정조와 효의선황후 건릉

과인은 사도세자의 아들…
왕권확립과 개혁은 내 운명

건릉(健陵)은 조선 제22대 임금 정조선황제(正祖宣皇帝, 1752~1800, 재위 1776~1800)와 효의선황후(孝懿宣皇后, 1753~1821) 김씨의 합장릉이다. 경기도 화성시 태안읍 안녕동 산 1-1번지에 있다. 정조는 장조(사도세자)와 헌경의황후(혜경궁 홍씨)의 둘째 아들로, 8세 때 왕세손에 책봉되었다.

정조는 출생과 관련해 상서로운 일이 많았던 임금이다. 아버지 사도세자는 정조가 태어나기 얼마 전 신룡(神龍)이 여의주를 물고 침실로 들어오는 꿈을 꾸고 잠에서 깨어나 그 모습을 그려 궁중 벽에다 걸었으며, 태어나기 하루 전에는 큰 비가 내리고 뇌성이 일면서 구름이 자욱해지더니 몇 십 마리의 용이 하늘로 올라갔는데 이 모습을 도성 사람들이 보고 이상하게 여겼다는 기록도 있다. 실제로 정조는 사도세자의 꿈 내용을 그린 그림을 동궁 벽에 걸어놓은 뒤 태어났다.

정조는 영조 28년(1752) 9월 22일 축시(丑時)에 창경궁 경춘전에서 태어나 8세 때 왕세손에 책봉되고, 영조 51년(1775)에 대리 정사를 보고 영조

정조와 효의선황후의 건릉은 합장릉이며 병풍석이 없는 난간석 능침이다

52년(1776)에 즉위하였다. 정조의 이름은 산(祘)이며 자는 형운(亨運)이다. 정조는 음성이 우렁차고 코가 우뚝하며 두 눈이 깊고 영채가 있으며 입이 크고 골상이 특이하였다 한다. 그가 태어났을 때 영조는 친히 나아가 보고는 자신을 빼닮았다며 당일 원손으로 정하였다. 어느 날 할아버지 영조가 고기반찬을 멀리하는 왕세손에게 그 이유를 물은즉, 삼남지방의 백성들이 굶주린다는 말을 듣고 "굶주리는 백성을 생각하자 마음이 측은해 차마 젓가락이 가지 않는다"는 실록의 기록을 통해 향후 정조의 문민정치, 베풂의 정치를 예견할 수 있는 대목이다.

정조는 영조 52년(1776) 3월 영조 승하 6일째 되는 날 경희궁의 숭정문에서 즉위하였다. 정조는 즉위하자마자 당일 면류관을 벗고 영조의 상복을 다시 입고는 중외에 유시하기를 "아! 과인은 사도세자의 아들이다. 그러나 선대왕(영조)께서 종통의 소중함을 생각하여 나를 효장세자의 후사로 삼았으니, 예의를 엄하게 지키지 않을 수 없고 인정(정리)도 펴지 않을

건릉의 재실 전경, 산수유 열매가 고풍스러움을 더해 주고 있다

수 없다. 불량한 무리들이 이를 빙자하여 사도세자에 대하여 추숭(追崇)을 논의하면 형률로써 논죄하고 선왕의 영령께도 고하겠다"고 자신의 의지를 밝힌다. 또한 정조는 아버지의 원혼을 위로하고 달래기 위해 할 수 있는 일이라면 무엇이든 하였다. 그의 이런 지극한 효심은 백성의 추앙을 받았다.

정조는 즉위한 후 곧 규장각을 설치하여 수만 권의 책을 갖추는 한편, 젊은 학자를 모아 학문을 연구하도록 했는데 연구 중에는 누가 와도 일어나지 않게 함으로써 연구에 정진토록 했다. 이후 규장각과 학자들은 정조의 권력과 정책을 뒷받침했으며 재위 24년간의 탕평책 실시와 개혁정치의 중심이 됐다. 친위부대인 장용영(壯勇營)을 설치, 운영한 것도 정국 운영을 군주가 주도하기 위해서였다. 그는 새로운 국가 건설과 당쟁을 종식하기 위해 화성(華城 : 현 수원)을 쌓고 천도를 꿈꿨으며 자유로운 상

건릉 정자각 배위청의 상부에 신렴(神簾)을 설치했던 고리가 보인다

건릉의 운계(雲髻), 동계라고도 한다

업 활동을 보장하는 한편으로 서얼과 노비에 대한 차별을 줄이는 등 사회 전반에 걸쳐 제도를 개혁하여 정치 · 사회가 안정되고 민생이 다소 넉넉해졌다.

정조의 죽음과 관련해서 일부 호사가들 사이에 정순왕후의 독살설 얘기가 나오는 게 사실, 독살설이 나온 데는 그만한 이유가 있었다. 회복될 것 같은 정조가 급서하였기 때문이다. 목덜미 종기와 열로 고생했지만 점차 회복되던 정조가, 대비 정순왕후가 신하들을 물린 뒤 혼자 약제를 들고 들어간 뒤 갑자기 죽음을 맞았기 때문이다. 정순왕후는 당시 정조의 죽음을 예견한 듯 군대로 하여금 궁성을 호위하게 했고, 약방제조를 물린 뒤 직접 약제를 들고 왕의 침실에 들어갔다. 그리고 바로 곡소리가 들렸고, 왕의 승하가 선포됐으며 왕세자(순조)에게 대보가 넘겨졌다. 순조 즉위 후 정순왕후는 열한 살의 순조를 대신해 수렴청정을 하고 친정 식구인 경주김씨들을 조정에 끌어들여 조선 후기를 세도정치의 구렁텅이로 빠지게 했다.

정조 재위 24년(1800) 6월 28일 저녁 유시의 일이었다. 향년 49세에 개혁의 열매를 맺지 못하고 갑작스럽게 창경궁 영춘헌에서 승하한 것이다.

정조대왕시대의 사회적 안정기를 연상하게 하는 건릉의 무석인의 모습, 사뭇 편안하고 풍부해 보인다

사뭇 풍요로워 보이는 건릉의 문 · 무석인

융릉의 예를 따른 건릉의 장명등

정조가 승하하자 햇빛이 어른거리고 삼각산이 울었다고 전한다. 그 며칠 전에는 경기 양주의 장단 고을에서 한창 잘 자라던 벼포기가 갑자기 하얗게 말라 죽어 노인들이 거상도(居喪稻 : 큰 상이 일어남)의 징조라고 통탄했다. 정조의 장례 때 재궁에 넣은 의대는 선왕이자 할아버지가 입었던 영조의 금룡흉배와 생부 장헌세자가 입었던 곤포 등 총 56종에 달했다.

그의 묘호는 정종(正宗), 능호를 건릉(健陵)이라 하고 능침은 아버지 사도세자의 능침이 있는 현륭원 동쪽 청룡맥의 능선 아래 화성읍 강무당(講武堂) 터에 해좌사향(亥坐巳向 : 북서에서 남동향)하여 안장되었다. 이후 순조 21년(1821) 9월 효의왕후를 현륭원 서쪽 구릉에 자좌원(子坐原 : 남향)으로 안장했는데, 이때 순조의 장인이며 실권자였던 김조순 등이 "정조의 능침(강무당 터) 자리가, 길지로 염려되는 자리라 좋지 않다"며 정조의 능원을 왕후와 합장할 것을 주장해 천장됐다. 정조의 강무당 터 초장지는 현재도 흔적이 남아 있어 당시대 능역 조영의 연구적 가치가 있다. 다행히 최근 국립문화재연구소에서 일부 발굴하여 원형을 연구하였다.

정조의 부인인 효의왕후 김씨는 신라 왕족의 후예로 본관이 청풍이며 현종의 비 명성왕후와 친정이 같다. 어머니는 남양 홍씨인 홍상언의 딸

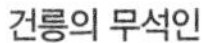
건릉의 무석인

매(梅), 난(蘭) 국(菊)의 팔각장명등

이다. 1753년 12월 13일 해시에 가회방(嘉會坊)에서 태어났다. 효의왕후 탄생 시 집안의 복숭아나무, 오얏나무 등 꽃나무들이 제철이 아닌 가을인데도 갑자기 꽃을 피웠다고 전한다. 1762년 세손빈이 되었으며, 1776년 정조가 왕위에 오르며 왕비가 되었다. 그녀는 평소 성품이 고결하고 시어머니 혜빈 홍씨를 지성으로 모셨으며 우애가 극진하여 왕가의 자녀들을 돌보는데 극진하였다.

기록에는 효의왕후에 대해 '좌우기거(左右起居)를 지성으로 살펴 그가 승하하자 육궁(六宮 : 后, 妃, 夫人, 嬪, 世婦, 女御 등 임금이 거느리는 여섯 계급의 궁녀)이 모두 감읍(感泣 : 감격해서 흐느낌)했다'고 적혀 있다. 가미군자탕과 치습군자탕, 인삼차, 닷돈쭝(伍錢重), 한냥쭝(一兩重), 인삼속미음(人蔘粟米飮) 등의 처방을 받던 효의왕후는 순조 21년(1821) 3월 9일 오시(吾時)에 창경궁 자경전에서 승하했다. 그때 나이 69세. 소생 없이 승하한 그녀의 능은 현륭원의 서측 능선에 자리잡고 능호를 정릉(靜陵)이라 하려 했지만 화산아래 현륭원에 정조와 합장하면서 건릉이라고 했다.

정조 승하 후 종묘에 정종(正宗)으로 묘호를 정했으나, 고종(1897년 8월)때 연호를 광무로, 국호를 대한제국으로 바꾸어 국가의 면모를 새롭게 하면서 묘호를 정조로 바꾸었다. 광무3년 고종은 개국왕 태조와 5대조까지를

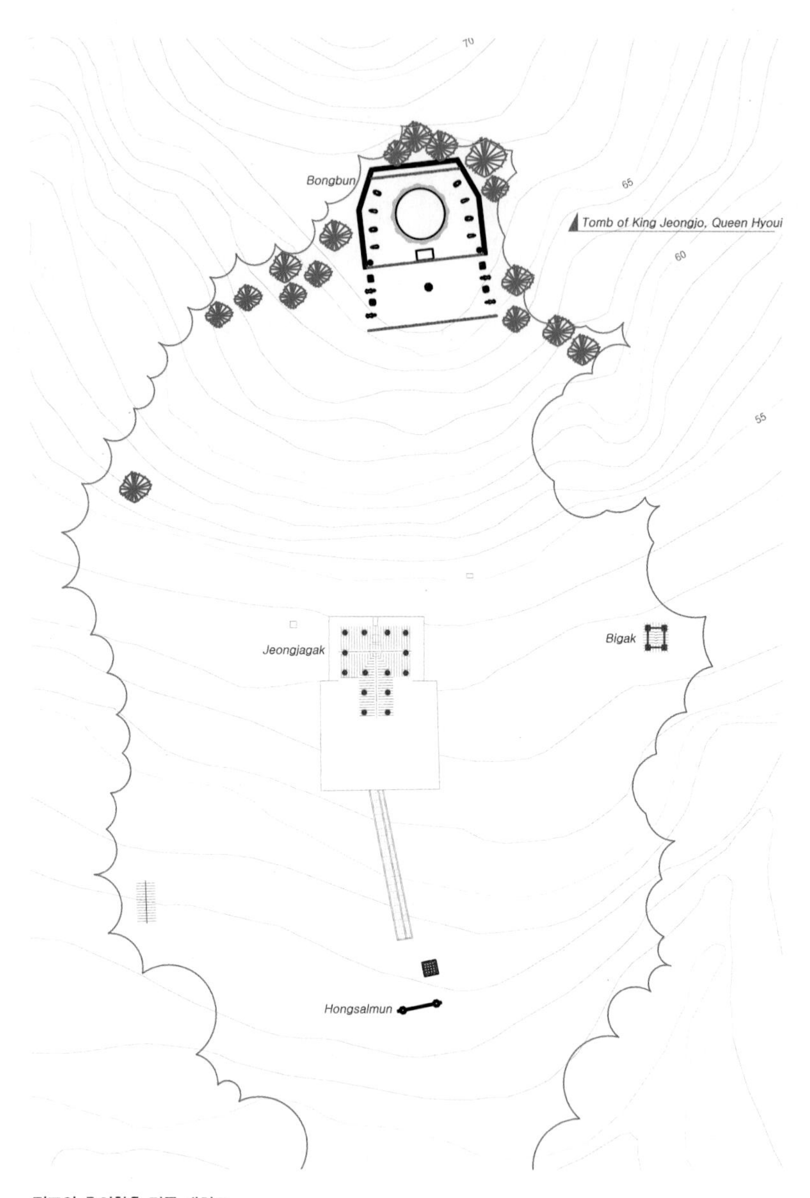

정조와 효의황후 건릉 배치도

황제로 추존하면서 정조의 묘호를 정조선황제로 추존하고, 효의왕후도 효의선황후로 추존되었다. 이때 황제로 추존된 왕들은 태조 이성계, 장조, 정조, 순조, 문조 등이다.

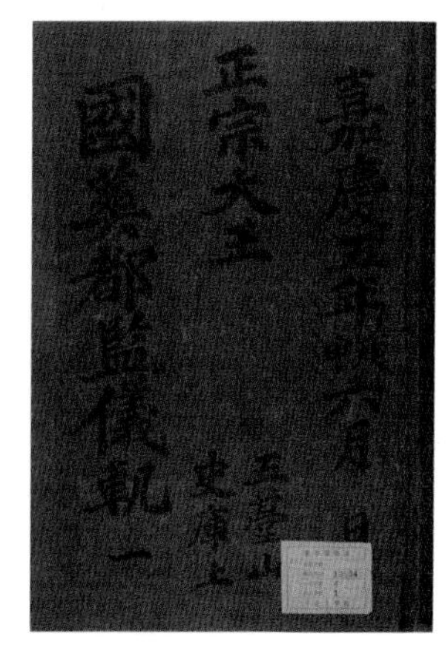

정조의 국장내용을 상세히 기록한 「국장도감의궤」

건릉의 비각에는 융릉의 예와 달리 능을 옮기기 전의 표석은 남아 있지 않고 광무 3년 황제로 추존한 이후의 표석만 보존되어 있다. 천릉(遷陵) 전의 표석과 합장 후 초기의 것은 초장지 등에 묻혀 있거나 재사용했을 가능성이 있어 초장지의 발굴 보존 등이 절실한 실정이다. 현재 비의 전면에는 '대한제국 정조선황제건릉 효의선황후부좌'라고 적혀 있는데, 순조 때 만든 정종과 효의왕후에 대한 비문 내용은 없다. 그러나 정종(정조)에 대한 기록은 국장 시 기록물인 '정종대왕건릉산릉도감의궤', '정종대왕건릉천봉도감의궤', '건릉개수도감의궤' 등이 잘 보존돼 있어 문헌적 추정과 비교할 수 있어 다행이다.

건릉은 병풍석이 없고 난간석만 있다. 세조 이후 능역 간소화를 위해 이어오던, 회격실에 병풍석이 없는 난간석의 형식을 따르고 있다. 부모의 능침인 융릉이 화려한 병풍석만 있고 난간석이 없는 것과 대조적이다. 석물의 배치와 조형은 현륭원(융릉)의 형식과 비슷하게 조영하였다. 즉 합장릉이면서 혼유석이 하나인 것이 이전에 조영된 조선시대 다른 합장릉에 혼유석이 2개인 것과 구분되는데, 이는 능제 간소화 정책 때문이었던 것으로 추정된다. 이후 조선 왕실의 능원은 합장릉이 대부분이며 혼유석도 2개를 놓지 않고 1개로 통일하였다.

건릉의 석마

건릉 혼유석 고석의 귀면(鬼面).
능침에 들어오는 잡귀를 막는 기능을 한다

장명등은 현륭원처럼 팔각 장명등이고 기단부는 향로와 같은 형태다. 중대의 창호 부분 팔면에 원을 그려 매난국의 무늬를 교호(서로 어긋나게 새겨 넣은 것)하여 새겨 놓은 것이 융릉과 같다. 그리고 문·무석인의 사실적인 조각이 특징이다. 융릉과 건릉 정자각 앞 제향공간에는 다른 능과 달리 향로와 어로 사이에 판석이 넓게 포장되어 있다. 이는 두 릉이 고종 때 황제로 추존되면서 능제의 변화를 가져온 것으로 추정케 하는 시설이다. 능제 변화에 대한 계속적인 연구가 요구되는 대목이기도 하다.

이와함께 건릉의 외금천교가 현재의 건릉 재실 앞 구도로 아스팔트에 묻혀 있으므로 발굴 복원이 이루어져야 한다. 건릉의 연지도 바로 옆 능역 안에 있다. 이름은 '천년지(千年池)'라 한다. 천년 동안 왕실이 이어져 영원하기를 기원하며 붙인 이름으로 추정된다. 중국 북경의 명십삼릉의 주산이 천수산(千壽山)임을 고려해 볼 때 천년은 왕조의 영원성으로 해석된다.

정조와 효의황후와의 사이에는 후손이 없었으며 의빈 성씨와의 사이에 문효세자가 있었으나 일찍 죽고, 후궁 수빈 박씨 사이에서 태어난 인물이 바로 제23대 임금 순조이다. 능호는 인릉(仁陵)으로 서울 서초구 내곡동 산 13-1에 자리한다.

35

순조와 순원숙황후 인릉

수렴청정과 세도정치
왕은 허수아비 신세였다

인릉(仁陵)은 조선 제23대 왕 순조(純祖肅皇帝, 1790~1834, 재위 1800~1834)와 정비 순원숙황후(純元肅皇后, 1789~1857) 김씨의 합장릉이다. 서울 서초구 내곡동 산 13-1 헌 · 인릉 지구에 있다. 이곳은 1970년대까지만 해도 경기도 광주군에 속했다가 강남 개발과 함께 서울로 편입된 지역이다. 양재역에서 성남 방향의 도로에 인접해 있어 접근이 편리하다. 조선의 제3대 왕 태종과 원경왕후의 헌릉(獻陵)이 능역 안에 함께 있어 조선 초기와 후기의 능원 양식을 모두 볼 수 있는 곳이기도 하다.

순조는 1790년 6월 18일 창경궁 집복헌에서 정조의 둘째 아들로 태어났다. 휘는 공(玜), 자는 공보(公寶)이며, 어머니는 수빈 박씨이다. 배다른 형 문효세자(1782~1786)가 일찍 죽고 난 후 정조 나이 39세에 귀하게 얻은 아들이다. 정조가 아버지 사도세자의 능을 화성에 옮긴 직후이다. 10년 후인 1800년 2월 순조는 11세로 왕세자에 책봉되고 그해 6월 정조가 승하했다. 정조 승하 6일째 되는 날 창덕궁 인정문 앞에서 즉위하였다. 정조의 갑작스

순조와 순원숙황후의 인릉능침(합장릉)

러운 죽음을 예상이라도 한 듯, 승하 4개월 전에 세자 책봉이 이루어졌다.

어린 나이에 순조가 왕위에 오르자 당일 대왕대비 정순왕후(영조의 계비)가 수렴청정을 하였다. 당일 대왕대비이자 서증조모인 정순왕후가 수렴청정의 예를 희정당(熙政堂)에서 행하였다. 적의(翟衣)를 갖추고 희정당의 동쪽에서 남쪽을 향해 앉아 전영(前楹 : 기둥 앞)에 발을 늘어뜨리고(垂簾 : 수렴), 어린 순조는 발 건너편의 서쪽에서 남쪽을 향해 앉아 수렴청정의 예를 갖추었다. 이는 세조의 정비 정희왕후가 성종 때 수렴청정을 한 예를 따른 것이었다.

중국(宋朝)에서는 수렴청정 결재 시 구중궁궐의 안채에서 대비가 내시를 시켜 결재하나, 조선왕실에서는 대비가 발 뒤에서 직접 결재를 해 번거로움과 전달상의 오류를 막았다. 수렴청정은 한 달에 여섯 번 청대(請對 : 뵙기

순조와 순원숙황후의 합장릉인 인릉. 이곳은 수백년전 세종과 소헌왕후의 영릉(英陵)의 초장지로 추정된다

를 청함)하였다. 병관(兵官)과 같은 중요한 결재는 왕에게 직접 고하고 대비가 재결하였다. 순조가 수렴청정을 받을 때는 서증조모 정순왕후, 조모 사도세자 비 혜경궁 홍씨, 서모 효의왕후, 친모 수빈 박씨 등 4대의 왕실 웃어른이 있었으나 정치 세도가들의 위력에는 속수무책이었다.

수렴청정은 오래가지 못했다. 경주김씨로 영조의 사랑을 받으며 아들뻘인 사도세자, 손주뻘인 정조와 정치적 경쟁관계를 이뤘던 서증조모 정순왕후가 승하했기 때문이다. 순조 나이 16세 때였다. 일반적으로 수렴청정은 20세까지이나 대비인 정조비 효의왕후는 세도가들의 압력으로 순조가 친정에 들어가 수렴청정을 하지 못했다. 하지만 순조의 장인 김조순 등 순조비 순원왕후 세력이 정권을 잡으면서 안동김씨의 세도정치가 극에 달했다. 원래 세도(世道)란 말 그대로 세상을 올바르게 다스리는

눈 내린 후의 인릉의 모습

도리나 방도를 의미하나, 정조 때 홍국영 등이 조정의 대권을 위임받아 독재를 한데다, 노론중심의 몇몇 가문에 권력이 집중되어 삼정의 문란이 생기면서는 한자어가 세도(勢道)로 변질되었다.

안동김씨의 세도정치 때문일까. 순조의 개혁정치 노력에도 정치와 사회 기강은 과거제도가 문란해지고 매관매직이 성행하면서 무너져내렸다. 홍경래의 난을 비롯한 각종 민란이 꼬리를 물고 일어났다. 또한 이 시기에 오가작통법을 실시하여 천주교 탄압이 본격적으로 시작됐다. 34년 4개월을 재위한 순조는 수렴청정과 세도정치로 많은 정치적 혼란을 겪었고, 그 때문인지 한창 일할 나이인 45세에 생을 마감하였다.

순조의 부인 순원왕후 김씨는 안동김씨 세도정권의 실세였던 영안부원군 김조순의 딸이다. 정조 24년 세자빈 삼간택 중에 갑자기 시아버지 정조가 승하하자, 정순왕후의 오빠인 경주김씨 김관주 등의 방해로 간택에 어려움을 겪다가 순조 2년에 이르러서야 왕비로 채택되었다.

송림에서 본 인릉 능침

한때 자신의 며느리(아들 효명세자의 부인)인 풍양조씨(후에 추존 익종비 신정왕후)가 헌종의 대리청정을 빌미로 세력을 확장해 주도권을 빼앗겼지만, 효명세자가 죽자 헌종의 수렴청정을 하면서 권력을 되찾았다. 하지만 그것도 잠깐 세도정치는 순원왕후의 친정인 안동김씨와 신정왕후의 친정인 풍양조씨 사이의 세력싸움으로 난국을 맞았다.

헌종이 자식 없이 젊은 나이에 승하하자 다시 수렴청정을 하게 된 순원왕후는 자신의 친정세력 안동김씨를 원상(院相 : 어린 임금을 보좌하며 정사를 다스리던 것) 정치세력으로 만들었다. 사도세자의 증손자이며 강화에서 농사를 짓던 강화도령 원범(철종)을 지목해 왕위를 잇게 하고 철종의 비를 자신의 친가인 김문근의 딸로 간택하여 세도정치의 절정기를 누리게 된 것이다.

순조는 그의 보위 34년(1834) 11월 13일 해시(亥時 : 밤 11시경)에 경희궁 회상전에서 승하하였다. 정조, 순조대의 대학자이자 의리(醫理)에도 정통했던 정약용(丁若鏞, 1762~1836)이 명의들과 진언해 강귤차(薑橘茶 : 생강과 감귤차) 등을 올렸지만 소용없었다. 순조가 경희궁에서 승하한 것은 당시 정궁이던 창덕궁에 불이 나 경희궁으로 이어(移御)해 있었기 때문이다. 순조의 장례는 왕세손이었던 헌종이 대보를 이어받아 국장을 치러야 했지만, 헌종이 나이가 어려서 순조비인 순원왕후가 수렴청정하며 치렀다. 순조의 능역이 안동김씨 세력에 의해 터 잡고 조영된 것도 그 때문이다.

순조는 인조와 인열왕후의 능인 파주 교하의 장릉(長陵) 왼쪽 구읍지 뒷산 산줄기에 을좌신향(乙坐申向 : 동남을 등지고 북서향)으로 모셔졌으나 22년 뒤 순원왕후 안동김씨의 세력이 약해지고, 반대로 세력이 커진 신정왕후의 친정 풍양조씨가 순조의 인릉이 풍수지리상 불길하다며 철종 7년(1856) 현재의 서초구 내곡동 헌릉 서측 언덕에 자좌오향(子坐吾向 : 북을 등지고 정남향)으로 천장하였다. 이때 젊은 나이로 죽은 효명세자의 수릉(綏陵)과 휘경원(순조 생모 수빈 박씨의 園)도 천봉론이 거론되어 같이 진행되었다. 세도정치의 무리가 순조대 능묘에 대한 풍수논리를 부정적으로 몰아 정치적 공격을 한 결과였다.

이런 세력싸움은 순조의 초장지 선정 때부터 시작됐다. 처음에는 파주 장릉의 우강에 자리 잡아 공사 하던 것을, 산릉의 흙빛이 흡족하지 못하고 뇌석(腦石)이 깨져 상할 염려가 있다고 하여 다시 장릉의 국내(局內)로 옮겼다. 당시 풍양조씨 줄에 섰던 상지관 이시복은 흙빛을 은폐했다는 명목으로 참형(斬刑)에 처해졌다. 이때 산릉도감(능역 조영 총책임자)을 맡았던 이면승은 이중 공사의 고통 때문에 현장에서 과로사하기도 했다. 이 능역은 세도가들의 번복으로 더욱 어렵게 산릉이 조영되었다.

서초동 헌릉 우강으로 천장된 후 순원왕후의 국장을 치르면서 태조, 세조, 선조, 인조에 이어서 순종(純宗)이었던 묘호를 순조(純祖)로 바꾸었다. 시호를 내리는 의전은 지극히 엄중하였는데, 조(祖)는 일반적으로 왕업을 창시하거나 큰 업적이 있을 때 붙여졌다. 태조는 왕업을 창시했다 해

난간석 합장릉인 인릉, 혼유석이 하나이다

인릉의 망주석과 문 · 무석인

서, 세조와 인조는 정권을 바꿨다는 이유로 조를 붙였다. 선조는 좀 복잡한데, 태조가 고려의 권신인 이인임의 아들로 되어 있어 그동안 조정에서는 중국(명과 청)에 누차 정정요구를 했으나 받아들여지지 않다가, 선조 때 다시 주청하여 태조가 조선의 왕업창시자로 수정된 공적과, 임진왜란 등을 평정한 공적 등으로 조(祖)라는 묘호를 붙였다고 한다. 일반적으로 유교 문화권에서는 덕화(德化)가 있으면 종(宗)이라하고, 공로가 있으면 조(祖)라 했다. 순종은 당시 최장수 조정정략가인 영중추부사 정원용(鄭元容 : 1783~1873) 등이 홍경래의 난 등을 평정한 공적으로 조(祖)로 할 것을 주청하여 이루어졌다. 이도 세도정치에 의한 괜한 아부성 묘호 수정으로 추정된다. 정원용은 조선후기 최고의 벼슬로 72년을 봉직했고 91세까지 충성과 정직으로 국무를 행한 것으로 전해진다. 이후 고종이 1899년 황제국으로 하면서 시호를 '숙황제'라 올리고 묘호를 '순조'라 했다.

순조를 천장한 이듬해인 1857년(철종 8년) 8월 4일 술시에 창덕궁 양심합에서 순원왕후가 승하했다. 향년 68세였다. 친정인 안동김씨 일가이

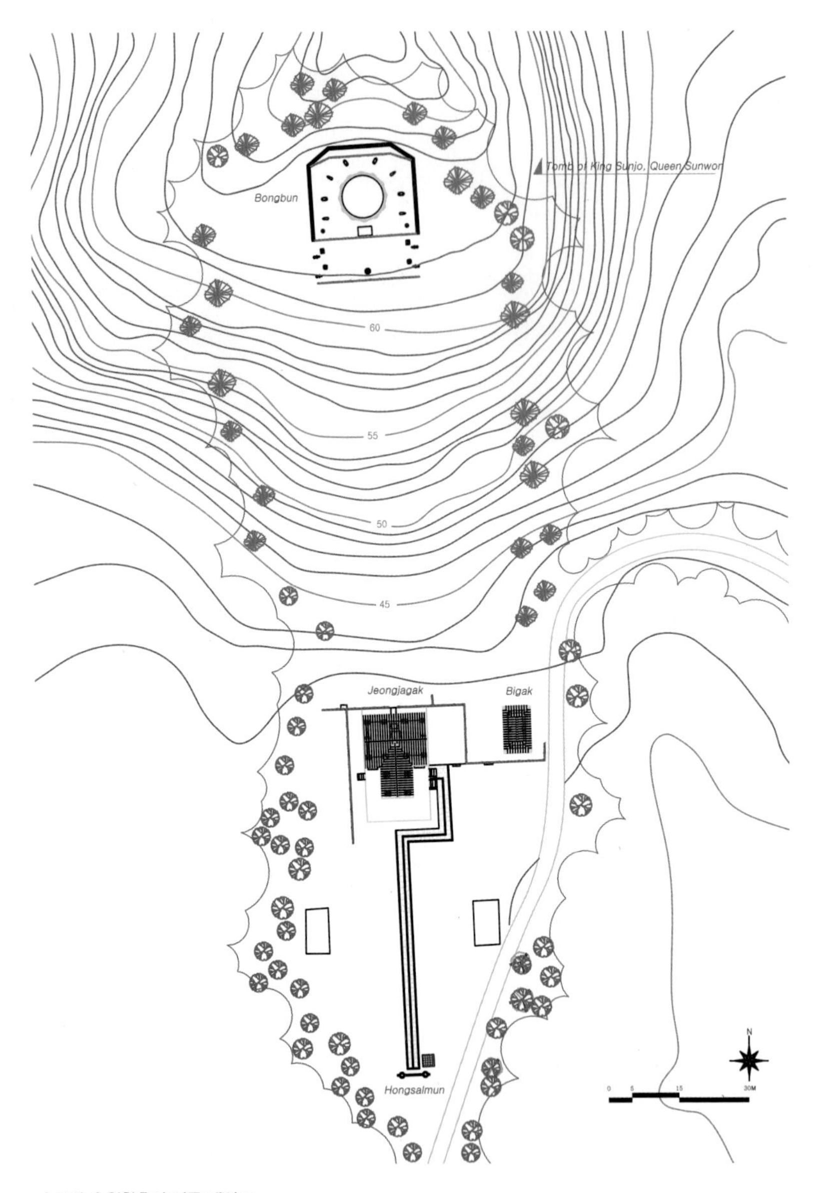

순조와 순원황후의 인릉 배치도

며 정국의 실세인 김병기, 김병국(고종 때 김옥균의 양부) 등이 인릉의 국내(局內)로 자리할 것을 주장해 순조와 함께 자좌오향(子坐吾向)으로 합장되었다. 합장 시 지관들은 이곳을 '혈이 뭉친 곳이 풍만하고 십분대길(十分大吉)'이라 호평하였다. 이 자리는 400여 년 전 세종과 소헌왕후의 능침이 있던 자리였는데 좋지 않다고 해 세조가 천장을 주장하고 예종 때 실행에 옮긴 그 터다. 하지만 지금 가보아도 길지임을 눈치 챌 수 있을 정도로 터가 좋다. 합장 때 일부 석물은 구릉(英陵과 禧陵)의 석물 중에 쓸 만 한 것을 재사용 한 것으로 기록되어 있다.

인릉은 겉으로 보아서는 혼유석을 하나만 설치해 단릉과 같은 형식이다. 합장릉은 혼유석을 왕과 왕비의 것 2개를 놓는 것이 일반적이다. 조선시대 후기에 나타나는 대표적 합장릉 형식이다. 인릉은 병풍석은 없고 난간석만을 둘렀으며, 합장릉이나 직전 선대의 장조의 융릉, 정조의 건릉의 양식과 같이 혼유석은 하나이다. 이는 '국조상례보편'의 제도를 따른 것이다. 장명등도 직전 선대의 팔각등 양식을 따르고 있다. 문·무석인의 생기 있는 표정과 이목구비의 표현 등이 매우 사실적이고 정교하여 조선후기 석물조각의 대표적 문·무석인 특색을 잘 보여주고 있다. 특히 무석인의 모습은 순조 때 홍경래의 난 등 각종 민란을 물리친 무인상의 모습처럼 우람하고 근엄하게 조각되어 있다.

인릉의 비각에는 2개의 비석이 있다. 하나는 천장 후 조영 당시에 철종이 자신을 일개 농군 강화도령에서 왕으로 발탁해준 순원왕후에 대한 고마움에서 직접 표석의 글을 써서 세운 것이고, 또 하나는 고종 때 순조를 순조숙황제로 추존하면서 세운 것이다.

인릉의 석물 일부는 선대 세종과 소헌왕후의 영릉과 바로 옆에 조영됐던 희릉 초장지의 석물을 사용하여 조영한 것으로 '산릉도감의궤'와 '조선왕조실록'에 전한다. 이러한 기록물은 조선왕릉이 세계유산에 등재될

순조시대의 무인을 대표하는 듯한
인릉 동편의 무석인

순조(純祖)와 순원숙황후로 추존하면서
고종황제가 친히 쓴 인릉의 비

때 진정성을 인정받는데 많은 도움이 되었다.

헌 · 인릉 지구는 세계유산 등재 시 세계유산위원회에서 능역 앞의 비닐하우스촌의 경관계획 및 사신사(四神沙 : 좌청룡, 우백호, 남주작, 북현무의 주산) 등의 보존대책 마련과 일부 국가기관이 쓰는 주차시설 등의 원형복원을 권고받았다. 이에 대한 보존대책과 복원계획을 철저히 수행하지 않는다면 어렵게 얻은 세계유산이 위험유산이 될 수도 있다. 세계유산등재 후 국제기구 각종 위원회는 이들의 이행 여부를 계속적으로 모니터링하기 때문이다. 이와 함께 인릉 매표소 앞에 묻혀 있는 금천교와 재실과 능원을 잇는 제례 동선의 복원도 이루어져야 한다.

순조는 순원왕후와 숙의 박씨 사이에서 1남 4녀를 두었으나, 유일한 아들인 효명세자가 22세의 젊은 나이로 죽자 손자인 헌종이 왕통을 이었다. 헌종의 능호는 경릉(景陵)이며, 구리시 동구릉의 서측 언덕에 있다. 헌종의 즉위와 더불어 추존된 익종(문조익황제)의 능호는 수릉(綏陵)으로 구리시 동구릉 동측 언덕에 있다.

36

추존황제 문조와 신정익황후 수릉

18살에 급서한 효명세자 '문조'로 거한 대우를 받다

수릉(綏陵)은 조선 제24대 임금인 헌종의 부모 추존 황제 문조(文祖翼皇帝, 1809~1830)와 신정익황후(神貞翼皇后, 1808~1890) 조씨의 합장릉이다. 문조는 제23대 순조의 큰아들로 효명세자로 잘 알려져 있으며, 세자로 젊은 나이에 승하하자 그의 아들 헌종이 대를 이은 뒤 추존되었다. 수릉은 아들 헌종의 능원이 있는 경기도 구리시 인창동 동구릉의 동쪽언덕 현릉(문종과 현덕왕후의 능) 아래 능선에 있다. 아들 헌종의 경릉과 동구천 계곡을 끼고 수릉은 동측 언덕에 경릉은 서측 언덕에 있다.

문조는 1809년에 태어났으며 순조 12년 3세에 왕세자에 책봉되고 효명세자로 불렸는데, 그의 나이 18세 되던 해 왕위계승을 위한 대리청정을 하던 중 갑작스럽게 승하하여 왕위에는 오르지 못했다. 대리청정 3년 3개월 만이다. 그는 당시 안동김씨 세도정치 세력을 억제하고 왕권을 강화하기 위해 아버지 순조를 도와 정치적 역량을 발휘하는 중이었다. 외가인 안동김씨 세력을 배척하고 인재를 널리 등용했으며 백성을 위한 정

효명세자(문조)와 조대비(신정익황후) 수릉의 합장릉

책구현을 위해 노력하였다. 그는 대리청정이 시작된지 3일 만에 자신의 하례식 절차가 잘못되었다는 이유를 들어 외가인 안동김씨 세력을 감봉 처리하고 질책하기도 하였다.

자신의 외할아버지이며 안동김씨의 실세였던 김조순에게 맞섰던 박종경의 아들을 등용하는 등 세도가들을 견제하고 여러 분야의 인재를 널리 등용하였다. 당시 김조순은 지금의 종로구 삼청동 경복궁 북동편에 옥호정(玉壺亭)이라는 개인 별장을 지어 놓고 호세를 부릴 때였다. 그러나 효명세자는 대리청정 3년 만에 안동김씨 세력을 견제하고 자신의 통치기반을 다져갈 무렵 세상을 등졌다.

효명세자는 역대 세자 중 예술문화 방면에 관심이 많았던 인물로 알려

문조와 신정익황후 수릉의 전경

져 있다. 특별히 춤사위를 즐겼다 한다. 궁과 종묘에 쓰일 연향 등을 창작하고 발굴하였으며 대규모 연회공연을 열기도하여 조선 궁중 향연의 절정기를 이루게 하였다. 일종의 왕권강화를 위한 국가적 시위로 해석된다. 왕위계승자이며 잘나가던 아들 효명세자가 급서하자 순조는 힘을 잃고 정치에 환멸을 느끼다 4년 후 세상을 뜬다. 이 틈을 타 안동김씨 세도정치는 극에 달한다. 이에 왕실에서는 효명세자의 유일한 적자인 환(奐 : 후에 헌종)을 왕세손으로 지명하고 곧바로 어린나이에 왕위를 이어 받게 했다. 이와 동시에 대비였던 순조의 비 순원왕후가 수렴청정에 들어간다.

효명세자는 큰아들 헌종이 왕위에 오르면서 추존돼 익종(翼宗)이 됐으며, 능호는 연경묘에서 수릉(綏陵)으로 바뀌었다. 이후 익종은 고종 때 문

동구릉에 제일 늦게 천장하여 조영된 수릉

조익황제로 추존됐다. 효명세자의 왕실에서의 이름(諱)은 영(旲 : 한자 원음은 대인데 왕실에서 영으로 불렀다)이며, 세자책봉 후 효명(孝明)으로 불리다 추존왕 익종, 추존황제 문조로 호칭이 여러 번 바뀌어 뭇 사람을 헷갈리게 한다. 아무튼 자신의 친증조부 사도세자(장조)와 양증조부 효장세자(진종)처럼 세자에서 황제에까지 이르는 사후 대우를 받은 행운아이기도 하다.

문조 부인 신정황후 조씨는 풍은부원군 조만영의 딸로 12세에 효명세자의 비로 책봉되어 세자빈이 되었으며 효부라 칭찬을 받았다. 효명세자 승하 3년 전에 얻은 유일한 피붙이인 헌종을 낳았다. 신정왕후는 왕실생활 11년 되던 해 남편 효명세자가 젊은 나이에 세상을 뜨자 23세에 혼자되어 82세까지 60여년을 수절한 여인이다. 그러나 왕실의 큰 어른으로 장수했지만 그것이 나라의 발전에 도움이 되지는 않았다. 신정황후는 시어머니 순원황후의 안동김씨 세력과 자신의 친정 세력인 풍양조씨 사이에서 세력 다툼의 주역이 되어, 조선왕실을 손아귀에 넣고 군림하여 조선왕실을 패망하게 하는 원인을 제공하기도 하였다.

아들 헌종이 왕위에 오르면서 왕대비가 된 신정황후는 이후 철종 때 대왕대비가 되었으며, 철종의 5명 아들이 모두 일찍 죽자 흥선대원군의 차남(고종)을 문조와 자신의 양아들로 삼아 수렴청정을 했다. 흥선대원군의 부친인 남연군은 원래 왕실계보('선원록')에서 왕위 계승과 거리가 멀었다. 당시로부터 계산해도 200여 년 전, 즉 9대조 위에서 대가 갈린 인조의 3남 인평대군의 후손이었던 것. 신정황후는 대원군의 차남을 왕으로 만들기 위해 남연군을 사도세자와 숙빈 임씨 사이의 후손인 은신군에게 양자로 입적했다. 이에 대한 보답일까. 고종은 신정황후 내외를 황제로 추존하고 비각의 글씨도 친히 썼으며, 온갖 정성을 다해 모셨다. 신정황후는 왕후를 못했지만 그 대신 대비, 대왕대비를 거치며 왕실에서 70년 이상 최고 대접을 받고 살았다. 조선의 비(妃) 중 왕실생활을 가장 길게 한 이다.

수릉(綏陵)은 원래 세자의 무덤도 아닌 묘(墓) 형식으로 양주의 천장산(현 성북구 석관동 의릉) 남쪽 언덕에 장사지냈으나, 헌종 즉위 후 추존왕 익종(翼宗)으로 추대되면서 수릉(綏陵)이라는 능호가 붙었다. 이후 세도정치의 풍파 속에 천장산 터가 풍수상 불길하다는 논의가 있어 헌종 13년(1846) 양주 용마산 아래로 천장하였다가, 철종 7년(1855) 순조비 순원왕후 세력이 순조의 인릉을 파주 장릉 국내(局內)에서 서초구 내곡동으로 옮기면서 수릉의 천봉론을 다시 내세워 그의 아들 헌종의 경릉이 있는 구리시 현 위치에 재천봉되었다. 35년 뒤 신정왕후가 82세로 사망 한 후 함께 합장하였다.

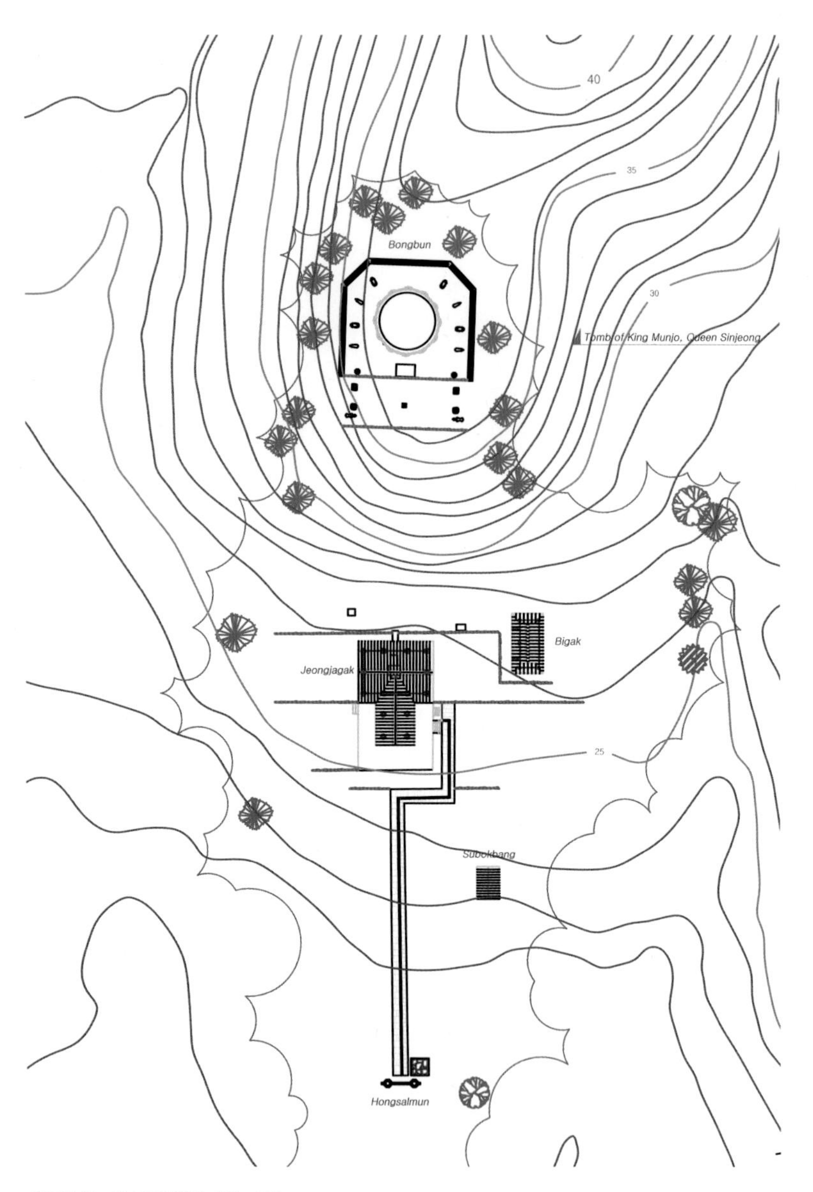

추존왕 문조와 신정익황후 수릉 배치도

이 능이 천봉되면서 동구릉 지역에는 9개의 왕릉이 들어서면서 동구릉이라 부르게 되었다. 이전까지는 동오릉, 동칠릉이라 불리어 왔다. 왕실에서는 능역의 이름을 부를 때 설사 짝수의 능이 있다 해도 양수의 홀수로 서삼릉, 서오릉, 동오릉, 동칠릉, 동구릉으로 불렀다. 익종과 신정왕후는 1899년 고종이 조선을 대한제국의 황제국으로 바꾸면서 윗대 4대조를 황제로 추존해 문조익황제와 신정익황후로 추대되었다.

수릉은 왕과 왕비의 합장릉이지만 봉분 앞 혼유석을 하나만 마련하여 단릉처럼 보인다. 문인공간과 무인공간을 구분하는 중계와 하계가 합쳐져 문 · 무인석이 같은 공간에 배치되어 있다. 장명등도 문인공간과 무인공간의 중간에 배치되어 있다.

문인과 무인의 신분제도의 변화를 볼 수 있다. 이러한 상설은 영조 때부터 제정된 '국조상례보편'에 따른 것이다. 이때부터 문 · 무석인의 얼굴이 길쭉하게 변하기 시작했고 눈과 입술을 선으로 가늘게 표현한 것이 특징이다. 얼굴은 원형에서 타원형으로 변형됐다. 또한 어깨를 움츠리고 목을 앞으로 빼고 있는 형태에서 조선시대 후기 인물조각의 전형을 볼 수 있다.

수릉은 금천교가 사라졌으며 제례동선도 변형된 것으로 추정된다. 현재의 현릉 가는 길에는 수라청이 있었을 것으로 추정된다. 헌관이 제향의 시작과 끝을 고할 때 절을 올리는 배위(판위)도 홍살문 앞에 있어 원형 확인이 요구된다. 현재 동구릉 재실은 중수 복원 중에 있다. 원래 조선왕릉 42기에는 재실이 모두 있었던 것으로 기록과 흔적이 남아 있다.

그러나 일제강점기와 6 · 25전쟁 등 국가 혼란기를 거치면서 많은 재실과 능제시설이 훼손, 멸실 되었다. 재실은 능역을 관리하고 제례의 음식을 장만하는 '살아 있는 자'들의 공간이었다. 동구릉에는 수릉의 재실로 추정되는 재실 하나만 남아 있다. 향후 9개의 능원의 제례와 세계유

난간석 동자석주에 남측 방향을 가리키는 오(午)자가 보인다

산 원형 보전을 위해서는 여타 능원의 재실도 복원되어야 한다.

능원의 제례는 세계유산 등재시 살아 있는 문화유산으로 높이 평가받았다. 능원의 제향은 여러 종류가 있으나 대표적인 제향 몇 가지 들면, 우선 선왕과 왕비가 승하한 날을 기리기 위해 드리는 기신제(忌辰祭)를 꼽을 수 있다. 기신제는 지금도 각 능의 봉양회에서 제례를 올리고 있다. 태조 이성계의 기신제는 매년 6월 27일 낮 12시 전후에 올린다. 태조가 승하한지 600주년 되던 바로 그날, 같은 시각에 멀리 스페인 세비야에서 조선왕릉 40기가 세계유산이 되었다. 이날 정오에 건원릉에서는 황사손 주도하에 태조 승하 601주년 기신제를 올렸다. 다시 생각해보아도 드라마틱하다.

기신제 다음으로는 설날, 한식, 단오, 추석, 동지에 올리는 시제(時祭)가 있다. 그리고 능역을 개수한 전후에 올리는 고유제(告由祭)가 있는데 흔히 민가에서 '고사를 지낸다'라는 말도 여기에서 유래한 것이다. 이외에 정자각의 수리를 위해 신위를 옮기거나 다시 모실 때 올리는 이안제(移安祭)와 환안제(還安祭), 그리고 능원에 화재가 났거나 지형 및 수림이 피해를 입었을 때 올리는 위안제(慰安祭) 등이 있었다. 그리고 매월 초하루와 보름 때 올리는 삭망제(朔望祭)도 있었다.

조선후기 인물조각의 전형을 보여주는 수릉의 무석인상은 얼굴이 길쭉하고 눈과 입술을 선으로 정교하게 표현한 것이 특징이다

시제와 관련해서는 재미있는 이야기가 전해온다. 중종 20년(1525) 단오절 시제 전날 밤 헌릉(서울 서초구 세곡동)의 재실에서 잠을 자던 직원이 호랑이에게 물려 죽는 사건이 벌어졌다. 준비한 제례를 거행할 것인가, 말 것인가, 흉한 꼴을 본 제관을 바꿀 것인가, 말 것인가, 죽임을 당한 곳이 재실 안인가, 밖인가 등에 대한 논의를 조정의 삼공이 논한 기록이 실록에 전한다. 인조 때는 창릉 능침에 불이나 잔디가 탔기 때문에, 임진왜란 때는 왜구에 의해 선·정릉(강남구)의 능침을 파헤쳐지고 성종과 중종의 시신에 손상을 입혀 위안제를 올렸다는 이야기가 실록과 능지 등에 전한다.

조선시대에는 평시 소를 잡는 것을 금기시했다. 왜냐하면 소는 농사를 돕는 큰 일꾼이었기 때문이다. 단지 왕이 친행하여 제사 올리는 특별한 날은 가능했다. 왕실에서의 제사는 일반제사와 달리 생고기를 올리는 것이 통례이다. 육고기는 우성(牛腥 : 소 생고기)과 양성(羊腥 : 양 생고기), 그리고 시

성(豕腥 : 돼지 생고기)의 각 부위를 몇 점씩 올렸다. 물론 고기를 삶는 솥(鼎 : 정)도 챙겼다. 이때 제향에는 일부만 올리고 나머지는 능역관리자나 주변 수호군, 관아 등에 보내 백성과 나누게 했다. 이 과정에서 나온 대표적 요리가 왕릉갈비이다. 당시 주민들에게 나누어 줄때 용기가 부족하여 갈비를 내서 새끼줄에 동여 매여 나누어 가지고 가 요리를 한 것이다. 지금도 왕릉 주변에는 홍릉갈비, 태릉갈비, 수원(융릉)갈비 등이 능역 주변에 자리해 왕릉의 먹거리로 인기를 끌고 있다.

세계유산위원회(WHC)에서는 조선왕릉을 세계유산에 등재하면서 능역의 지속적인 보존과 세계인이 함께 향유할 관광자원화를 위한 계획을 권고한 바 있다. 이참에 왕릉을 대표하는 먹을거리의 보존과 개발도 병행되어야 한다. 제향에 올리는 오색과일, 전, 탕, 다과, 두부 등의 세계화도 이루어져야 지속적인 세계유산으로서의 가치를 입증받을 수 있다. 한편 빠질 수 없는 술(제주, 왕주)과 술병, 작(爵 : 술잔) 등의 복원과 이것들의 상용화를 위한 관광상품 개발도 이루어져야 한다. 이것들이 바로 우리 오천년 문화민족의 고급 먹을거리가 아닌가.

180여 년 전 효명세자가 왕권강화와 국권강화를 위해 우리의 공연문화 창달에 열정을 다했듯이 우리문화에는 영혼과 흥이 있지 않은가. 그가 요절하지 않고 국위를 이었다면 우리 문화는 더욱 발전해 있지 않을까 상상해본다. 문화를 창달한 왕으로서 말이다.

37

헌종과 원비 효현성황후, 계비 효정성황후 경릉

근대 물결 거센 파도 치는데 치마폭에 싸인 힘없는 왕

경릉(景陵)은 조선의 제24대 임금인 헌종(憲宗成皇帝, 1827~1849)과 원비 효현성황후(孝顯成皇后, 1828~1843) 김씨와 계비 효정성황후(孝定成皇后, 1831~1904) 홍씨의 능원이다. 이 능원은 3개의 봉분이 나란히 있는 조선시대 유일의 삼연릉(三緣陵)이다. 제일 우측이 헌종의 능침이고, 가운데가 효현황후 능침이며, 좌측이 계비 효정황후 능침이다. 이는 우왕좌비(右王左妃)의 원칙에 따른 것으로, 중국 등과는 다르게 배치돼 있어 조선 왕릉의 특징을 볼 수 있는 대표적 사례다. 경릉은 경기도 구리시 동구릉 내 서측 능선 가운데 있는데 좌측에 영조의 원릉, 우측에 경종의 원비 단의왕후 혜릉이 있다.

헌종은 순조의 손자이자 후에 익종과 문조로 추존된 효명세자와 신정왕후 조씨(조 대비로 많이 알려진 인물)의 장남이다. 헌종의 왕실 이름은 환(奐)이고 자는 문응(文應)이다. 헌종은 1827년 7월 18일 창경궁의 경춘전에서 태어났다. 헌종은 왕 즉위 후 줄곧 할머니 순조비 순원왕후(안동 김씨)의 수

경릉의 정자각과 비각

십전대길(十全大吉)의 터로 알려진 삼연릉의 경릉

렴청정을 받았다. 아버지 효명세자가 일찍 죽어 4세에 왕세손이 됐다가 할아버지 순조가 승하하자 8세의 어린 나이에 왕이 됐기 때문이다. 헌종은 조선의 왕 중 가장 어린나이에 왕이 된 인물이기도 하다. 그가 왕위에 오르자 왕실은 정통성을 드러내기 위해 아버지인 효명세자를 익종으로 추존하고 능호도 묘에서 수릉이라 추숭(追崇)했다. 그러나 어린 왕 헌종은 능을 참배하지 못하다가 즉위 5년 후에야 비로소 배알할 수 있었다.

헌종은 재위 14년 7개월 대부분을 할머니의 수렴청정과 세도가의 원상정치에 휘둘려 자신의 뜻은 별로 펼치지 못했다. 내부의 권력싸움으로 국제정치에는 눈 돌릴 겨를도 없었던 그는 신흥 지식층이 가져오는 서양 문물을 배척하고 천주교를 탄압했다.

이 판국에 전라도, 경상도 등에 이양선이 들어와 통상협상을 하자 하

우왕좌비(右王左妃)의 헌종(우측)과 정비 효현성황후(가운데) 효정성황후(자측)의 삼연릉인 경릉

니 준비가 되지않은 세도정국은 혼란스러워지고 말았다.

이때 서방의 스페인, 포르투갈, 프랑스, 오스트리아 등은 혁명을 통해 근대국가로 가고 있었으며, 자본주의 노동자들의 결성과 마르크스, 엥겔스에 의해 공산주의 이론이 만들어지고 있었다. 한편 미국에서는 유선통신이 만들어지고 있었으며 청나라에서는 영국과의 아편전쟁으로 혼란을 겪으며 서구열강과 통상조약을 맺고 있었다. 그리고 일본은 서양세력의 출몰에 대비해 수비를 강화하면서도 열강들과의 교류를 준비하는 등 국제정치에 눈을 돌리고 있었다. 그러나 어린 나이의 헌종은 원상들에 둘러싸인 할머니만 쳐다보는 신세였다. 헌종은 학문을 좋아해 '열성지장', '동국사략', '삼조보감' 등을 편찬하는 치적을 쌓기도 했다.

효현왕후 김씨는 영흥부원군 김조근의 딸로 꽃다운 나이 16세에 급서

하니 충분한 자리 물색도 없이 3일 만에 지금의 자리에 능침 터를 잡았다. 이곳은 240년 전 선조의 목릉이 건원릉 동측 언덕으로 옮겨간 자리였다. 헌종은 다음해 영돈녕부사 홍재룡의 딸(효정왕후) 홍씨를 왕비로 삼았다. 효현왕후가 승하한 뒤 17세의 헌종은 현직 왕으로서 서둘러 왕비 간택에 들어갔던 것이다.

왕비의 간택은 일반적으로 전국에서 16세 이하의 전주에 본성이 없는 성씨 중에서 추천을 받아 행해진다. 이때는 전국의 규수들에게 결혼금지령이 내려진다. 전국에서 추천 받은 규수를 대상으로 3번의 심의를 거쳐 3명을 최종 선발하는데 이 중 한 사람만 왕비(중전)가 되는 것이다. 실록에 따르면 헌종비의 간택은 순조의 비이자 대왕대비였던 순원왕후가 서둘러 진행했다. 헌종은 내심으로는 최종 3인의 규수 중에 경빈 김씨를 낙점하고 있었다 한다. 그러나 안동김씨의 세도세력인 대왕대비는 세력이 약했던 남양홍씨인 효정왕후를 계비로 삼게 했다. 자신의 왕비 간택도 마음대로 못하는 왕권이었다. 마음에 없던 효정이 왕후가 된 뒤 헌종은 중전 방에 들지 않고 경빈 김씨의 거처를 창경궁 옆에 만들고 그곳을 자주 들렀다 한다. 그곳이 바로 낙선재이다. 단청은 없으나 후원이 아름답고 화계(꽃화단), 석복헌, 수강재 등이 빼어나 조선시대 대표적 후원 중의 하나로 꼽힌다.

'한사경(韓史綮, 김택영, 1918)'에 따르면 헌종의 외가인 풍양조씨 일가는 중전의 친가인 남양홍씨가 세도를 부릴까 우려해 중전 홍씨의 월경 날짜를 알아낸 다음 임신을 피하는 그날만 헌종을 중전의 방에 들어가게 했다고 한다. 헌종과 효정왕후와의 사이를 멀게 하려는 일종의 계책이었던 셈이다. 어떻든 헌종은 2명의 왕비와 2명의 후궁이 있었으나 후손 없이 23세에 승하하고 말았다. 이 때 안동김씨 집안인 대왕대비였던 순원왕후는 왕위 서열에도 어긋나는 당숙뻘의 강화도령(철종)을 순조의 자식 즉 순원

경릉의 무석인상은 갑옷이 장식적이다

왕후 자신의 아들로 입양하여 왕으로 추대하였다.

헌종의 사랑을 받지 못한 효정왕후는 철종 때 왕대비가 되었으나 시어머니 신정왕후 조씨에 밀려 조용히 살다 고종 때인 1903년에 승하해 이곳 효현왕후 옆에 모셔졌다. 살아서도 남편 헌종을 가까이 못한 효정은 죽어서도 헌종을 사이에 두고 효현왕후 옆에 묻히니 그녀의 생전 모습과 다르지 않다. 효현왕후는 생전에 헌종이 경빈 김씨와 가까이 하는 것을 시기하지 않고 기쁘게 맞았으며, 화초와 새를 가까이하고 대왕대비가 되어서는 고종비인 명성황후와 동서지간처럼 살갑게 지냈고 항상 온화한 기색을 잃지 않았다 한다.

1849년 봄부터 병으로 고생하던 헌종이 6월 6일 오시(吾時)에 창덕궁 중희당에서 승하하니 춘추 23세, 재위 15년째였다. 헌종은 젊은 나이임에도 사치는 '자신을 망치고 나라를 망치는 것'이라고 금기시하며 백성을

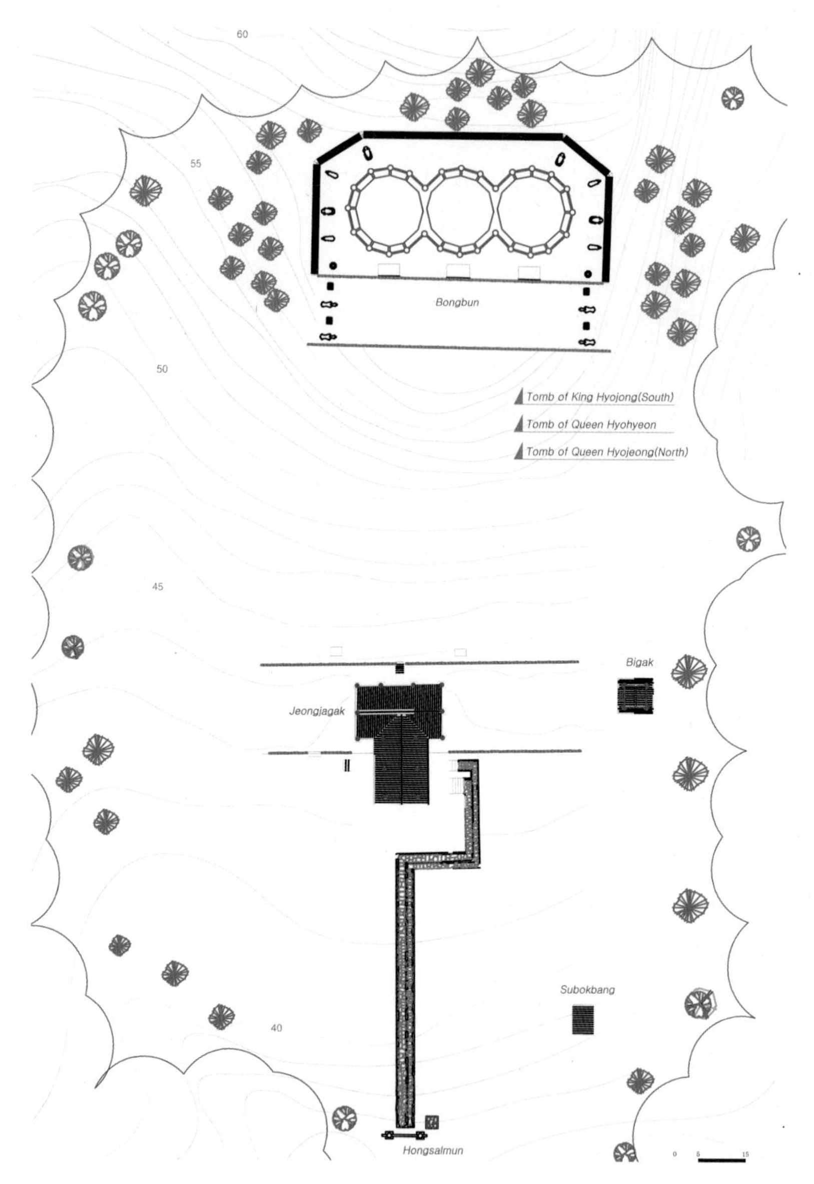

헌종(좌)과 효현성황후(중간), 효정성황후(우)의 경릉 배치도

위해 근검절약을 솔선수범했다. 좋은 옷과 음식을 경계하고 겨울에는 무명을, 여름에는 모시를 입었다. 하지만 그는 치마폭에 싸인 힘없는 왕이었다. 정치에서 밀려난 그는 한문 서예체 중 하나인 예서를 특히 좋아하고 잘 썼다고 전한다. 그래서인지 그가 사랑했던 경빈 김씨의 낙선재에는 예서 글씨가 많으며, 현판 글씨는 당대 최고의 명필인 추사 김정희가 직접 썼고, 정문의 장락문(長樂門) 현판은 흥선대원군이 남긴 글씨이다.

경릉은 왕과 정비, 계비의 봉분이 각기 다른 난간석으로 둘러싸인 독특한 형식을 취하고 있다. 이런 형태는 조선시대에 유일하게 나타나는 것으로, 우리나라 선대 왕조에서나 주변국인 중국과 일본, 베트남에서도 볼 수 없는 양식이다. 조선왕릉 40기가 세계문화유산에 등재 될 때 이와 같이 다양한 형식의 봉분 제도를 갖고 있는 점이 높은 평가를 받았다. 봉분들이 다른 나라에서 볼 수 없는 우리만의 독특한 자연관을 잘 나타내 주고 있었기 때문이다.

조선시대 대표적 능원형식은 몇 가지로 나눌 수 있다. 첫째는 왕과 왕비의 능원을 별도로 조성하고 능의 이름도 달리한 단릉(單陵)으로 대표적인 능은 태조의 건원릉이다. 둘째는 한 언덕의 평평한 곳에 왕과 왕비의 봉분을 달리해 우상좌하(우왕좌비 : 남자는 우측에 여자는 좌측)로 배치한 쌍릉(雙陵)인데, 그 대표적 능으로 태종과 원경왕후릉인 헌릉을 들 수 있다. 셋째는 하나의 정자각 뒤에 한 줄기의 용맥에서 나누어진 다른 능선의 언덕에 별도의 봉분과 상설을 설치한 동원이강릉(同原異岡陵)이다. 대표적인 능으로는 세조와 정희왕후의 광릉이 있다. 넷째는 왕과 왕비의 능침을 같은 용맥의 능선 위와 아래로 배치한 왕상비하의 형태인 동원상하릉(同原上下陵)이다. 대표적인 능으로 여주에 있는 효종과 인선왕후의 영릉을 들 수 있다. 이외에도 하나의 곡장에 왕과 왕비 각각의 방을 달리 만들되, 봉분은 하나로 만들고 혼유석을 두 개 놓은 합장릉이 있다. 이러한 형태는 세

경릉 정자각의 잡상 용마루 취두(鷲頭) 아래 손오공, 저팔계, 사오정의 모습이다

종과 소헌왕후의 영릉이 최초이며 대표적이다. 세종은 살아생전에 부인인 소헌왕후의 능침을 만들면서 능역의 간소화를 위해 자신도 합장할 것을 명했다. 조선 최고 성군의 면모가 여기에서도 드러난다. 또한 이곳 헌종의 경릉에서와 같이 세 분을 한 언덕에 봉분을 달리해 모신 삼연릉이 있으며, 왕과 정비, 계비를 한 봉분에 모신 동봉삼실릉도 있다.

이처럼 조선왕릉은 자연의 지형 모습에 따라 다양한 능침을 만든 것이 특징이다. 그리고 조선왕릉은 한국인 고유의 자연관과 전통사상 등이 각 능침 형식과 조각, 건조물, 공간 구성 등에 잘 반영되어 있다. 세계유산위원회가 이들을 연속유산(Serial nomination)으로 평가, 등재하고 인류가 보존할 가치가 있다고 선언한 것도 이 때문이다. 이는 달리 말하면 조선왕릉 40기를 모두 둘러보고 느껴야 518년 동안 이어진 조선 왕릉의 장구한 역사와 가치를 알 수 있다는 뜻이 된다.

경릉은 병풍석은 없고 난간석으로 세 능침이 이어져 있으며, 각 능침 앞에 혼유석은 따로 놓고 문석인과 무석인, 기타의 석물은 단릉과 쌍릉처럼 동일하게 조영했다. 문·무인석의 얼굴은 가는 선으로 조각해 전체적으로는 다소 평면적으로 보일 수 있지만 눈꺼풀과 눈동자 등은 섬세하게 표현함으로써 입체감을 더했다.

경릉의 문·무석인은 살아있는 듯 한 눈매와 입가에 수염표현이 특이하다

특히 문·무석인의 입술을 모두 얇게 조각한 부분과 마치 골난 듯 묘사한 표정이 재미를 더한다. 무인석의 갑옷 묘사가 상당히 장식적이고 투구 앞의 이마가리개의 모표가 태극모양을 한 것이 눈길을 끈다. 정조 때 조영된 융릉의 무석인 투구 앞면 이마가리개에는 원형 속에 만(卍)자가 새겨져 있고, 순조의 인릉 무석인에는 3개의 원형 볼이 일자로 배치되어 새겨져 있고, 수릉 것에는 십자형 세곡 수 모양이 새겨져 있다. 이는 정조 때 장용영(壯勇營), 순조 때 총리영(總理營), 헌종 때 총위영(摠衛營), 이후 철종 때 총융청(摠戎廳) 등의 왕의 근위대 마크의 변화가 아닌가 추정해 본다.

경릉 능원의 좌향은 정서에서 정동향을 바라보는 유좌묘향(酉坐卯向)을 취하고 있다. 그러나 기록에 의하면 헌종의 능침 좌향과 왕후들의 능침 좌향이 다르게 기록되어 있다. 이에 대해 일부 학자들은 풍수적 논의를 하다 빗어진 착오로 짐작하고 있으나 필자의 생각으로는 능원의 전체적 좌향은 유좌묘향이지만 각 회격실의 방향은 다른 것으로 추정해 볼 수 있다. 이는 조선 왕릉의 내부공간이 공개되지 않는 상황에서 생긴 미스

터리로, 앞으로 풀어야 할 부분으로 남아있다.

사실 세계유산 등재를 추진할 때 외국의 몇몇 학자들은 능원이 매장 문화재임에도 불구, 능침의 내부 모습을 볼 수 없는 점을 들어 조선왕릉의 세계유산 등재의 진정성을 지적한바 있다. 세계유산 등재를 추진하던 국내 학자들도 이를 염려했었다. 다행히 조선왕릉의 내부 모습과 매장 문화재의 내용을 자세히 기록한 각종 의궤 등이 있어 진정성 논쟁을 가라앉힐 수 있었다.

600여 년을 이어오고 있는 제례문화의 문화유산적 가치 그리고 우리 문화의 근간이 된 조상숭배 사상과 이로부터 비롯된 후손들의 묘지 손상에 대한 거부감 등을 설명하자 위원들도 내부 모습을 보여주지 못하는 우리의 상황을 이해했다. 하지만 국내외적으로 조선왕릉 매장 문화재에 대한 궁금증이 날로 증가하는 것도 사실임에는 틀림없다.

차제에 궁금한 능침 내부의 부장품 그리고 능원 조영기술 등을 알 수 있도록 모형을 만드는 것도, 학문적 궁금증을 해소하고 관광자원도 개발할 수 있는 대안이 될 것이다.

38

철종과 철인장황후 예릉

그저 놀 수 밖에 없었던 '강화도령'
백성만 삼정 문란에 신음

예릉(睿陵)은 강화도령으로 잘 알려진 조선 제25대 왕 철종(哲宗章皇帝, 1831~1863)과 정비 철인장황후(哲仁章皇后, 1837~1878) 김씨의 능이다. 예릉은 경기도 고양시 덕양구 원당동 산 38-4의 서삼릉 지구 희릉(중종의 계비 장경왕후 릉)의 오른쪽 언덕에 있다.

철종은 사도세자의 증손자이며 정조의 이복동생 은언군의 손자이다. 철종은 은언군의 3남 전계대원군과 용성부대부인 염(廉)씨 사이에서 태어난 셋째 아들이다. 철종의 할아버지 은언군은 정조 때 홍국영과 모반사건을 일으켰다는 이유로 강화로 유배됐다가 그의 부인과 며느리가 천주교 신자라는 죄로 순조 때 함께 처형을 당했다. 헌종 10년에 철종의 큰형 원경 마저 '민진용의 옥' 모반사건으로 사형을 당하자 아버지 전계대원군은 자식들을 데리고 한양을 떠나 강화도에 피신하고 있었으나 그 역시 천주교 신자라는 이유로 죽임을 당했다. 즉 강화도령 원범(철종)은 주위에 아무도 없는 힘없는 왕실 끄나풀이었다.

예릉의 장명등은 능침의 하계공간에 전면배치한 것이 특이하다

헌종이 젊은 나이에 후사 없이 승하하자 순조비인 순원왕후는 농사꾼 강화도령을 왕위에 오르게 하고 수렴청정을 하였다. 이때 순원왕후는 철종으로 하여금 손주인 헌종의 대를 잇게 하지 않고, 철종을 자신의 양자로 입적시켜 순조의 대를 잇도록 했다. 이는 이제까지 찾아볼 수 없었던 왕위 항렬의 역행으로 순원왕후의 친정인 세도가 안동김씨의 농간이었다. 순원왕후는 철종 친가인 은언군 집안에서의 호적도 세초(洗草 : 실록 등 문서를 없애 버림)하게 하였다. 사가에서 원범이었던 철종의 이름도 순원왕후가 자신의 장남 익종(효명세자)의 돌림자(昊)를 딴 날일(日)의 항렬자로 바꾸게 해 변(昪)자로 바꾸었다. 철종은 헌종이 승하한 날 순원왕후의 양자로 입적되고 3일후 창덕궁 인정문에서 즉위식을 가졌다. 말 그대로 속전속결이었다. 왕자 교육을 받지 않은 철종은 왕위 즉위 후 '소학(小學)' 등을 읽

중종의 정릉 석물을 재 사용한 철종과 철인장황후의 예릉의 석물

으며 왕위교육을 받았고, 국정은 순원왕후가 독단적으로 수렴청정을 하였다. 그 결과 세도정치는 극에 달하게 된다.

철종은 나름대로 '애민(愛民)' 정치를 하려 노력했다. 심지어 자신이 고기를 좋아하면 백성들이 이를 본받아 가축이 줄어들지 않을지 걱정을 하기도 하였다. 그러나 실권과 세력이 없는 철종은 양어머니 순원왕후 안동김씨와 형수벌인 익종비 풍양조씨의 세력 다툼 틈바구니에서 어찌할 바를 몰랐다. 전정, 군정, 환곡의 삼정(三政) 문란이 극에 달해 백성들의 생활은 도탄에 빠지게 되었다. 정국의 혼란 속에 세도정치에 대항할 방법이 없던 철종은 국사를 등한시 하고 술과 궁녀들을 가까이 했는데, 철인왕후와 7명의 후궁 사이에서 5명의 아들을 낳았지만 모두 요절했다. 유일한 혈육인 영혜옹주마저도 개화사상가 박영효와 혼인한지 3개월 만

중종의 정릉석물을 재사용하여 조선중기의 웅장한 조각을 볼수 있다

에 죽었다. 그로써 그의 혈육은 대가 끊겼다.

순원왕후 승하 후 안동김씨 세력과 풍양조씨 간 세력다툼은 더욱 치열해졌다. 정국의 혼란 속에 힘없는 철종은 재위 14년 6개월 만인 1863년 12월 8일 묘시에 33세의 나이로 창덕궁 대조전에서 승하하였다. 철종과 철인왕후는 고종이 조선을 대한제국으로 황제국 변경을 할 때 수직 추존되지 못하고 순종 때 추존황제에 올랐다.

당시 왕실의 최고어른이 된 조대비(익종비)는 220년 전에 대가 갈린 인조의 3남 인평대군의 후손인 남연군을 사도세자의 3남 은신군에게 양자로 입적시키고, 그의 손자를 왕위에 앉히니 그가 고종이다. 즉 남연군의 아들이 흥선대원군 이하응이고, 흥선대원군의 아들이 고종이다. 철종 승하일에 맞춰 고종을 즉위시킨 조대비 역시 수렴청정을 했다. 이때 310여

300여년전 중종의 정릉(靖陵) 터에 자리 잡은 철종(우측)과 철인장황후(좌측)의 예릉

년 전 중종(11대)의 정릉(靖陵) 초장지에 매몰됐다가 땅 밖으로 나와 있는 석물을 재사용했다. 힘없고 손 없는 철종에 대한 홀대였다. 하지만 그 덕분일까. 철종의 예릉 석물에서는 거창하고 웅장한 조선 중기 석물 조각의 특징을 한눈에 볼 수 있다. 이는 인근의 희릉(중종계비 장경왕후의 능)의 석물과 같은 시기에 조영된 것으로, 특히 문·무석인의 모습과 형태가 비슷하다. 조상의 고석물을 재사용한 대표적 사례이다. 이렇게 선대의 석물을 재사용하는 것은 조선시대에만 볼 수 있는 특이한 사례이다. 이런 예는 현종의 숭릉과 순조의 인릉 등에서도 볼 수 있다. 그러나 오래된 선대의 석물을 그대로 사용한 예는 이곳 예릉이 대표적이다. 예릉 광중(壙中) 작업 중에 중종의 애책문(哀册文 : 애도하는 글을 적은 옥판의 책)과 증옥백(贈玉帛 : 유택에 넣었던 옥과 비단)이 발견되었다고 실록과 의궤에 전한다. 이로써 철종이 묻

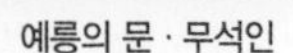

예릉의 문 · 무석인 예릉의 문석인

힌 이곳이 중종 정릉의 초장지 터였음을 알 수 있다.

철인왕후 김씨는 안동김씨 김문근의 딸로 세도가인 아버지와 달리 평소에 말수가 적고 즐거움과 성냄의 내색도 없이 부덕이 높았다고 한다. 하지만 세도가의 딸로 친정세력에 동조할 수밖에 없었음은 분명하다. 1878년 5월 12일 인시(寅時)에 창경궁 양화당에서 승하하여 이곳 예릉에 쌍분으로 모셔졌다.

철종의 묘호와 능호를 정할 때 묘호는 철종(哲宗), 선종(宣宗), 장종(章宗)으로 올리고 능호는 예릉(睿陵), 헌릉(憲陵), 희릉(熙陵)이라 올렸는데 최종적으로 철종과 예릉으로 낙점되었다. 이처럼 조선왕실에서는 묘호와 능호를 정할 때 선왕의 품성과 업적 등을 고려하여 3개의 묘호와 능호를 올리면 신임 왕이 최종적으로 하나를 선정하는 게 전통이었다.

철종의 예릉은 1897년 고종이 대한제국으로 국호를 개명하고 황제국을 선포함에 따라 조선시대 왕릉제 상설제도(象設制度)를 따른 마지막 능이 되었다. 고종 이후부터는 황제국의 지위에 맞게 능제도 황제의 능제를

18세기 정조대의 조각모습을 닮은 예릉 장명등, 예릉의 장명등은 융릉의 예를 따랐으며 무석인 공간 밖에 설치한 것이 특이하다

16세기 중반 조각 형태인 예릉 무석인

따랐다.

예릉은 좌향은 정북에서 정남향하는 자좌오향(子坐吾向)의 능으로 좌측에 희릉, 우측에 효릉이 있다. 이곳은 그리 높지도 않고 낮지도 않은 능선의 평화로운 동산을 이루는 지형에 조영되어 있다. 그래서인지 능역의 좌우 능선과 전면부 능선이 1970년대부터 한국 축산 진흥의 산실로 쓰여 농협의 목장이 자리 잡고 있다.

예릉의 봉분은 병풍석을 세우지 않았으며 난간석으로 능을 둘러 쌍릉으로 연결했다. 난간석의 석주에는 음각 세로선과 원문을 새기고 원문 안에 방위를 나타내는 문자인 십이간지를 새겨 넣었다.

일반적으로 능침은 봉분을 상계, 문인공간을 중계, 무인공간을 하계로 하여 3개의 계단으로 만드는데, 영조의 원릉부터는 중계와 하계 공간의 구분을 두지 않고 문·무인석을 배치하였다. 특히 예릉은 하계 앞의 폭이 넓으며 장명등이 중계가 아닌 하계의 끝에 배치한 것이 특이하다. 일반적으로 장명등은 중계에 있다. 조선시대 유일한 배치 형태이다. 장명

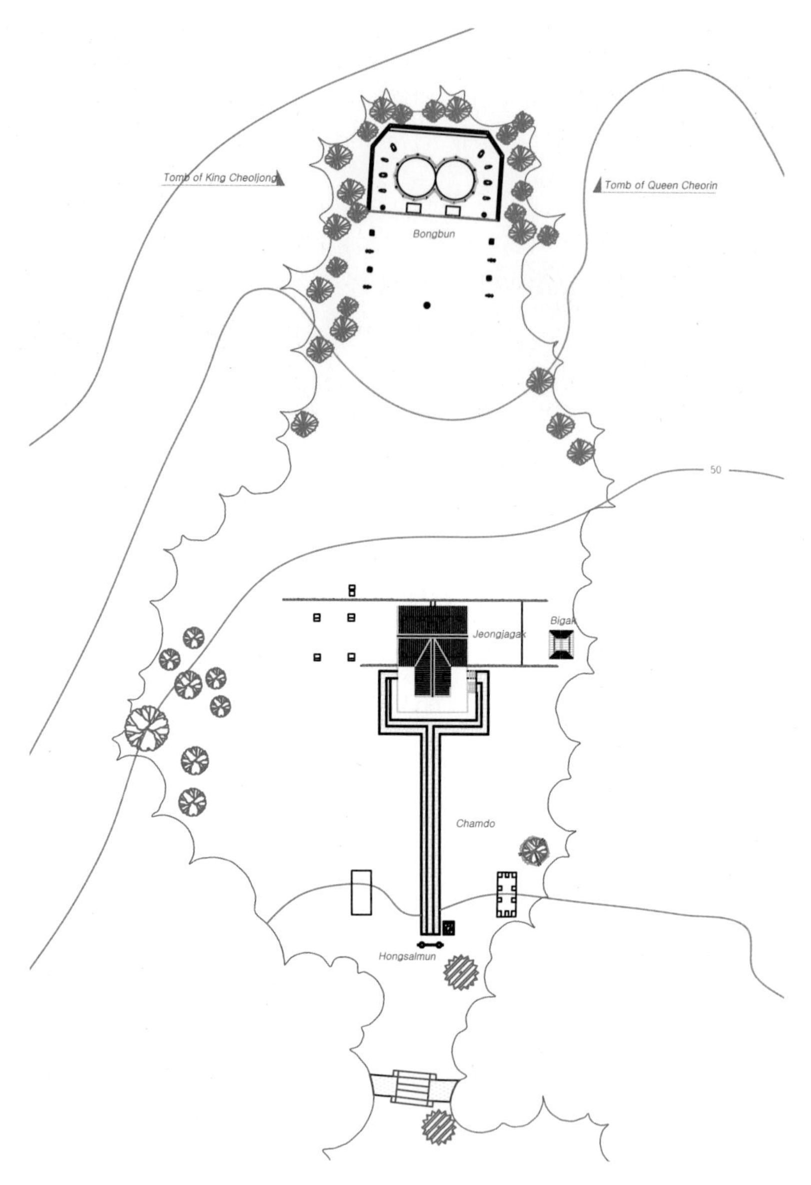

철종(좌)과 철인장황후(우)의 예릉 배치도

등의 형태는 사각장명등이 아닌 융릉과 건릉의 양식을 따른 팔각장명등이다. 장명등의 형태는 다리가 길어졌으며 지붕 위에 상륜도 없이 둥근 파문이 몇 겹 겹쳐있어 특이하다. 가운데 원형 틀 안에 꽃문양을 새긴 것은 융릉의 예를 따른 것이다.

맞배지붕의 정자각은 다른 능에 비해 웅장하고 크며 처마마루의 잡상도 기존의 3개에서 5개로 늘었다. 참도 역시 기존의 향로와 어로가 2단에서 3단으로 변화됐음을 볼 수 있다. 이것이 이후 고종의 홍릉과 순종의 유릉에서 3단으로 이어지는데, 이것은 이후 순종 때 황제로 추존되면서 능제가 변화하는 과정에서 생긴 형태로 추정된다.

예릉의 비각은 대한제국 융희 2년(1908)에 순조가 황제로 추존하면서 세운 것으로 앞면에 '대한제국 철종장황제 예릉, 철인장황후 부좌'라고 쓰여 있다.

예릉과 그 주변은 서삼릉으로 많이 알려져 있는데 축협의 종축장과 한국마사회의 목장이 있어 더욱 유명하다. 서삼릉에는 소현세자의 능원인 소경원과 사도세자의 아들로 정조의 이복형이자 은언군의 맏형인 의소세손의 의령원 그리고 정조의 아들 문효세자의 능원으로 숙명여대 옆 효창공원에서 이장한 효창원 등 3개의 원(園)이 있다. 그리고 성종의 폐비 윤씨의 묘인 회묘를 비롯해 조선 말기에 천장한 후궁, 왕자, 공주, 옹주 등의 묘와 왕실의 태실을 모은 태묘가 자리한다.

이와 같이 서삼릉지구는 조선왕실 무덤문화의 최대 공간이나, 일제강점기와 국가 근대화 과정에서 국가발전과 축산진흥정책이라는 명목으로 가장 많이 훼손된 지역이다. 골프장과 목장 등으로 훼손된 지형을 원래대로 살리고 없어진 재실, 연지, 금천교 등을 복원해야 한다. 그래야 세계유산으로 가치를 더욱 빛내고 문화민족으로서 긍지를 가질 수 있다.

5세기동안 이어온 지상 최대의 조각 공원

조선왕릉은 수도권 약 1,752만m^2(530여만 평)의 넓은 녹지에 문무석인과 석호를 비롯해 각종 동물상 등 1,500여개 석물조각이 푸른 잔디 위에 배치돼 있다. 왕릉은 14세기 말부터 20세기 초까지 5세기 동안 이어온 왕조의 조각기술을 한눈에 볼 수 있는 유일한 곳으로 지상 최대의 조각공원이라 해도 과언이 아니다.

이곳의 조각품은 당대의 통치철학인 유교적 요소와 다양한 동양사상이 혼합된 내세관 등을 볼 수 있어 더욱 가치가 있다. 또한 조각상에서 당시 사람들의 의복과 표정 등을 볼 수 있어 재미를 더한다. 이들 조각은 조상숭배사상이 어느 민족보다 강한 조선왕실이 온갖 정성을 들여 꾸몄기 때문에 당대의 최고 걸작이라 할 수 있다. 특히 효창원의 아기 석호는 앙증맞고 귀엽고 생동감을 느끼게 하는 최고의 걸작으로 평가받는다. 이렇듯 석물의 조각에는 능의 주인 모습뿐 아니라 당시 문화 · 경제적인 사회상도 담겨 있다. 물론 예릉에서도 300여 년 전의 조각을 볼 수 있다.

조선왕릉의 석물조각은 중국 등 주변 국가와 비교해 그 수가 월등히 많으며 기술도 뛰어나다. 일제강점기에 일제가 많은 양의 석물을 수탈한 사실은 우리의 기술적 우월성을 역설적으로 보여주는 예다. 석물의 재료도 무른 석회암이나 대리석이 아닌 단단한 화강암을 사용하여 보존 가치를 높였다. 이런 이유로 세계인의 인정을 받은 것이다.

39

고종황제와 명성황후 홍릉

조선시대 양식으로 조영된 최후의 조각

홍릉(洪陵)은 조선 제26대 왕이며 대한제국의 초대황제인 고종(高宗太皇帝, 1852~1919, 재위 1863~1907)과 명성태황후(明成太皇后, 1851~1895) 민씨의 동봉이실 합장릉이다. 경기도 남양주시 금곡동 141-1 홍유릉지구 내 왼편에 있다.

고종은 1852년 남연군의 아들 흥선대원군 이하응과 여흥부대부인 민씨의 둘째아들로 태어났다. 철종이 승하하자 당시의 왕실 최고 어른인 조대비(순원왕후, 추존왕 익종비)는 220년 전에 대가 갈린 인조의 3남 인평대군의 후손인 남연군을 사도세자의 3남 은신군에게 양자로 입적하고, 그의 손자를 왕위에 앉혔는데 바로 그가 고종이다. 철종이 승하한 날 고종을 즉위시킨 순원왕후는 수렴청정을 시작했다. 순원왕후는 고종을 남편인 효명세자(익종, 문조)의 양아들로 입적하여 왕위를 잇게 했다. 즉 순원왕후의 친자인 헌종과는 형제간이 되었다.

고종은 43년 7개월간 재위하는 동안 세도정치를 분쇄하여 쇠락한 왕권을 되찾고 조선을 압박해 오는 외세에 대적하기 위한 과감한 개혁정책을 추진하였다. 국호를 대한으로 바꾸어 황제국으로 했으며, 신식 군대

황제릉 형태로 조영된 홍릉(洪陵 ; 좌측)과 유릉(裕陵 ; 우측)

를 만들어 자신이 친히 통솔하는 정책을 펴기도 했다. 그러나 일본의 침략 야욕은 친러 정책을 지향하는 명성황후를 시해하고 고종을 강제로 하야시키는 만행을 저지르기에 이른다.

고종은 황제국 선언 직후 전주의 시공묘를 봉산(정비)하고 사당인 조경단(肇慶壇)을 설치하고 삼척에 있는 이태조 5대조의 묘소를 찾아 보수하고 준경묘, 영경묘라 명명했다. 태조를 태조고황제로하고 장조, 정조, 순조, 문조 등 4대조를 황제로 추존 배향하였다. 이때까지 장조는 장종, 정조는 정종, 문조는 익종으로 불렸다. 장조(사도세자)의 현륭원도 융릉(融陵)으로 능호를 추봉 변경하였다. 황제국으로 가는 국가 시스템의 정비였던 것이다.

1910년 한일강제병합으로 일본에 국권을 강탈당한 모습을 지켜보면서 통한하던 고종은 1919년 1월 21일 덕수궁 함녕전에서 승하했다. 일제 강점기하의 대한제국 황제였던 고종의 장례는 황제의 국장도 아닌 왕족의 장으로 치렀는데 그마저도 7개월도 아닌 3개월 장으로 했다. 처음에는 조선의 국장제인 '상례보편제'를 따랐는데 갑작스럽게 일제가 개입하여 장례위원회를 도쿄 국내성에 두고 조선총독부가 '대훈위 이태왕 훙거(薨去)' 칙령에 따라 일본식으로 치르도록 한다. 장례위원장인 총호사도 일본인인 정무총감이 맡아 진행했다. 국장이 아닌 이왕직제로 이루어져 조선의 상왕제에 일본식이 가미된 특이한 장례였다. 장례는 일본군과 일본군함까지 동원된 삼엄한 분위기 속에서 치렀다. 일제의 만행과 억압에 분노한 국민은 고종의 발인 날인 1919년 3월 1일 대한독립만세 운동을 일으켰다. 그러자 3월 4일 현궁에 관을 내리는 하관식도 민심이 두려워 밤 10시에 이루어졌다.

고종은 명성황후의 청량리 홍릉을 조영한 후, 조선을 황제국으로 바꾸고 황제릉을 만들어 자신의 능과 합장하고자 했다. 금곡에 천릉의 자리

고종과 명성황후 홍릉의 홍살문과 침전

를 잡고 튼튼이 많은 석물을 만들어놓았다. 그리고 천봉을 위해 청량리에서 금곡까지 60여리 신작로를 만들고 버드나무(미루나무) 가로수를 심었다. 황제국에 대한 고종의 의지와 집념을 볼 수 있는 대목이다.

명성황후는 여성부원군 민치록의 딸로 1851년 9월 25일에 태어났다. 세도정치에 치를 떨며 외척의 발호를 경계하던 시아버지 흥선대원군과 시어머니 민씨의 천거로 중전에 간택됐다. 흥선대원군이 집권한 지 10년 만에 물러나면서 조선의 정권은 왕비를 중심으로 한 민씨 세력이 장악하게 되면서 시아버지 흥선대원군과 대립관계를 유지했다. 쇄국정책을 지향하는 흥선대원군과 다르게 민비가 정권의 핵심이 되어 일본과 강화도 조약을 체결하고, 이어서 서양 각국과도 수호통상조약을 맺으며 서양 문

홍릉의 능침

침전 뒤에서 바라 본 고종과 명성황후의 능침, 제향공간(생자의 공간)에서 보아 능침의 봉분이 안보이게 조영된 것이 조선왕릉의 특징이다

물과의 접촉이 활발해지고 개화정책이 추진되었다. 그러나 근대적 개혁을 주장하는 개화파와 전통 질서를 지키자는 척사파의 대립으로 혼란을 겪었다. 이러한 가운데 임오군란과 갑신정변이 일어났다. 격변하는 정세 속에 민씨 세력은 일본을 견제하기 위해 친러 분위기를 조성하자, 청일전쟁에서 승리한 일본군은 1895년 10월 8일(음력 8월 20일) 묘시(새벽4시경)에 민비를 경복궁 건청궁 곤녕합에서 시해(崩逝)하고, 시신은 경복궁 뒤산 녹원(鹿苑)에서 불태웠다. 한 나라의 국모가 일본에 의해 실로 끔찍한 일을 당한 것이다. 바로 을미사변이다. 이때 시해 사실을 고종에게 알리지 않으니 고종은 이 사실을 알지도 못하였다. 일본군의 내정간섭이 어느 정도였는지를 짐작하게 하는 대목이다. 민비는 시해 3개월 만에 시신도 없이 소렴과 대렴을 마친 후 재궁에 안치됐다. 능호는 숙릉(肅陵)으로 정하고 장지를 동구릉 숭릉의 오른쪽에 정하여 역사를 시작하다가 중지하고 다시 교하, 창릉 주변 등 27곳의 후보지를 놓고 길지를 택하나 1년 3개월이 되어도 명성황후의 능원자리를 정하지 못하였다. 후보지 중 연희궁 터는 길이 번창할 땅이고 청량리는 더없이 편안한 곳으로 평가하여 청량리를 최종지로 선정하였으나 무슨 일인지 고종은 국장을 치루지 않고 재궁(관)에 가칠(加漆 ; 덧붙여 옻칠하다)만 날마다 할 것을 명한다. 불태워진 부인

홍릉의 제례로는 삼도로 조영되어 있다

에 대한 통한이었을까? 복수를 위한 준비였을까? 그리고 1년간 묘, 전, 궁, 능, 원의 향사(제사 올리는 행사)를 정지했다. 심지어 사가의 장례조차 한동안 금지했다 풀어줬다. 이때 일제는 삼통의 삭일인 11월 17일을 양력 1월 1일로 쓰도록 하였다. 이때부터 우리나라는 양력을 쓰기 시작했다. 그런데 양력 1월 1일 바로 전날, 즉 음력 11월 16일에 고종은 500년마다 변하는 시운(時運)에 대응하기 위해 상투와 망건을 벗고 삭발을 했다. 그리고 시대가 변하여 구습과 쇄국을 버리고 시제의 변화를 백성들도 따르도록 명한다. 연호도 건양(建陽)으로 한다. 각 능 · 원 · 묘의 한식제사도 청명일에 행하도록 하였다. 이것은 지금도 우리국민이 매년 청명일에 조상의 산소를 찾는 문화로 이어져온다. 종묘와 각 능 · 원의 제사는 신역서보다 구역서를 따르는 것이 혼란을 덜 가져온다고 하여 구역서를 따르

침전을 향해 말, 낙타, 해태, 사자, 코끼리, 기린, 무석인, 문석인의 순으로 배열된 홍릉의 석물들

1930년경 어재실에서 참배를 가는 영친왕 일행 (자료 조선고적도보)

도록 하였다. 이것이 제례는 음력을, 일상생활은 양력을 따르는 이중과세의 발단이 되었다. 1897년 5월 고종은 황제로 즉위하고 그해 10월 민비를 황후로 추봉한다. 상중에 황후로 추봉된 다음 달 청량리에 황후의 예에 따라 모셔지니, 홍릉은 한반도 최초의 황후릉이 되었다. 그것도 일본군에 시해 된지 2년 2개월 만이니 민비는 조선의 왕과 왕비 중 장례기간이 가장 긴 기록을 갖게 되었다. 여기서 고종이 민비의 시해와 죽음을 애통해하며 국왕으로서 권위를 강화하고 자주독립국가로 위상을 높이고자 했음을 알 수 있다. 고종은 민비의 국장을 빌미로 조선을 대한제국의 황제국으로 승격해 국권을 강화하려 했던 것으로 추정된다.

2년여에 걸쳐 조영된 홍릉의 석물은 고종의 마음에 들지 않아 당시 총호사(장례위원장), 부석소 낭청(석물제조 책임관), 감조관(감독관), 석수 등이 징계를 당한다. 그도 그럴 것이 홍릉 석물은 이제까지의 조선왕릉 석물과는 규모와 형태 등에서 사뭇 달랐다. 이는 고종이 명성황후의 홍릉을 풍수적 허함을 들어 자신과 함께 황제릉으로 수릉(壽陵 : 생전에 만들어 놓은 능)을 만들기 위한 시간 끌기였다. 고종은 재임 중에도, 퇴임 후에도 계속하여 현 금곡에 명성황후와 함께 황제릉 형식의 수릉을 조영하고자 석물도 직접 감독하여 만든 것으로 알려져 있다. 고종은 명성황후의 홍릉을 청량리에

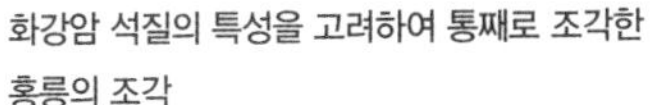

화강암 석질의 특성을 고려하여 통째로 조각한 홍릉의 조각

홍릉의 문석인

조영하면서 강화에서 채취해 온 석물 운반을 위해 마포나루에서 청량리까지 신작로를 만들고(현 중앙선, 이후 일제는 이것을 중앙선 열차 놓는데 사용했다) 종각에서 청량리까지 전철을 놓기도 했다. 이것이 우리나라 최초의 전철이다.

금곡의 홍릉 정자각은 「오례의」의 예대로 침전(寢殿)이라하고 배위청을 전각 안에 두도록 하였다. 정자각 변화를 볼 수 있는 내용이다. 홍릉은 혼란기였던 조선말기에 조성된 황릉제의 능역으로 능침의 삼계를 없애고, 석물을 배전(침전)의 앞으로 배치했으며, 정자각 대신 일(一)자형 건물의 배전을 세웠다. 능침 주위에 배치되었던 석수들은 배전 앞, 참도의 좌우에 그 종류를 더하여 나란히 세워져 있다. 황제릉과 일반왕릉과의 차이는 능침의 석수들이 배전 앞에 놓이고 정자형의 정자각이 일(一)자형 침전으로 바뀌며 석수들이 많아진 것이다. 특히 능침의 석양과 석호가 없어지고 명 · 청의 황제릉과 같이 여러 종류의 석수들이 놓이는 것이 특징이다.

능침은 병풍석으로 하고 난간석을 둘렀으며, 능침을 수호하는 석양과 석호는 세우지 않고 혼유석 1좌, 그 양 옆으로 망주석 1쌍과 사각장명등을 놓았다. 이곳 능침의 석물들은 청량리 홍릉의 명성황후 능침에 사용했던 것으로 추정된다.

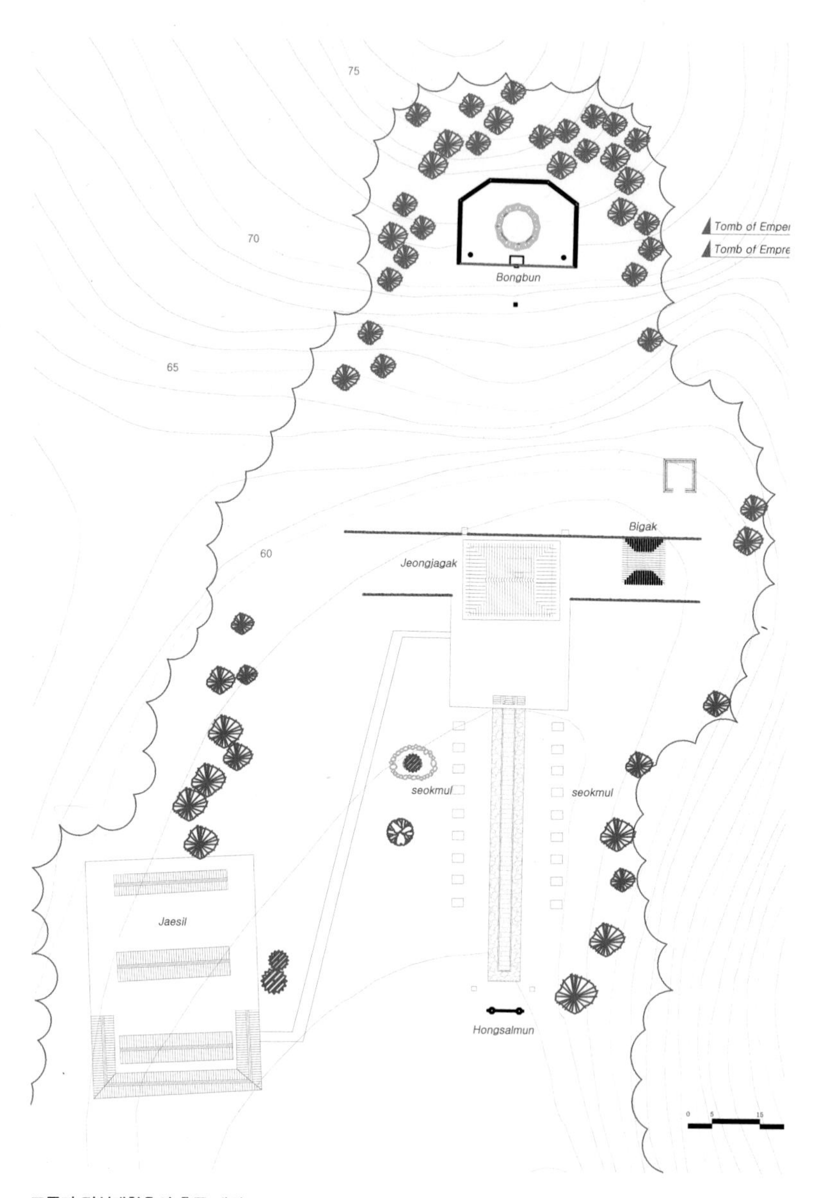

고종과 명성태황후의 홍릉 배치도

홍릉의 석마

침전 앞 석물의 배치는 홍전문과 배전 사이에 말 두 쌍, 낙타, 해태, 사자, 코끼리, 기린이 각 한 쌍씩이며 무석인, 문석인 순으로 배치되어 있다. 중국 황제릉의 석물 배치에서와 같은 동물상이나 그 조각의 형태와 모습은 사뭇 다르다.

제례로는 향로와 어로의 두 단으로 구분돼 있던 기존의 것에 비해 가운데가 높고 양옆이 한 단 낮은 삼단으로 되어있다. 이 밖에 수복방, 수라청, 비각, 소전대, 산신석, 어정, 제정 등이 배치되어 있다.

홍유릉지구의 삼문을 지나 오른쪽 홍릉을 향하다 보면 원지원도(圓池圓島)형태의 홍릉연지가 있다. 조선의 왕릉 중 가장 큰 연지(蓮池)이다. 그 형태도 둥근 원형의 연못에 둥근 섬이 있어, 네모난 연못에 원형의 섬이 있는 천원지방설(天圓地方說)에 의한 일반적인 조선시대 연못이 아니라서 그 조영 철학이 무엇인지 궁금하다. 아마도 일제강점기에 조영된 홍릉이라 왜곡된 의미가 있는 것 같다. 왕릉의 연지는 능역의 방화 및 급수 역할을

고종이 생전에 황제국으로 전환하면서 구상 제작 해 놓은 것으로 추정되는 황제릉의 석물(사자상), 정교하고 해학적 표현이 예술미를 더해 준다. 이곳에서 조선왕릉 처음으로 사자상이 나타난다

할 뿐 아니라 풍수적 합수의 의미가 있어 중요시하는 시설이다. 연못에는 부들과 연꽃 등 수생식물이 있으며 원형의 섬에는 향나무, 소나무, 진달래 등이 식재되어 있어 아름답다.

금천교 안쪽 좌측에는 일반 재실보다 규모가 큰 재궁이 매우 양호한 상태로 보존되어 있다. 이는 황제릉에만 있는 특이한 형태이다. 일반적인 외재실은 능역 담장 밖 입구에 일부 훼손한 상태로 있다.

고종은 명성황후 민씨를 비롯하여 7명의 아내에게서 6남 1녀를 두었는데 명성황후 사이에 순종을 두었으며, 귀인 이씨 사이에서 태어난 완친왕이 장남이며, 순종이 둘째, 의친왕이 넷째, 영친왕이 다섯째이다. 순종의 능호는 유릉(裕陵)으로 바로 옆 능선 안에 있다. 의친왕과 영친왕의 원이 능선 너머에 있다.

40

순종황제와 순명효황후, 순정효황후 유릉

폐위된 황제 장례식 날

6 · 10 만세운동 들불 타올라

유릉(裕陵)은 조선 제27대 국왕이자 마지막 임금이며 대한제국의 2대 황제인 순종황제(純宗孝皇帝, 1874~1926, 재위 1907~1910)와 순명효황후(純明孝皇后, 1872~1904) 민씨와 순정효황후(純貞孝皇后, 1894~1966) 윤씨의 능이다. 한 능침에 세분을 함께 모신 유일한 동봉삼실형 합장릉이다. 유릉은 순종의 부모 고종과 명성황후의 홍릉(洪陵)이 있는 경기도 남양주시 금곡동 141-1번지 홍유릉지구 능역 안에 있다. 유릉은 종래 조선왕릉 제도와는 다른 새로운 황제능묘 제도에 따라 조성되었다. 이곳에는 홍릉(洪陵)과 유릉(裕陵) 이외에 영친왕과 그의 비 의민황태자비(이방자여사로 많이 알려짐)의 영원(英園), 의친왕 묘 그리고 고종의 사랑을 독차지했던 덕혜옹주의 묘, 고종의 후궁 묘, 황세손 이구의 회인원(懷仁園)등이 있어 대한제국의 황실 무덤군이라 할 수 있다. 순종은 조선의 제26대 왕이며 대한제국 초대황제인 고종과 명성황후 사이에서 태어났다. 황제의 이름은 척(坧)이다.

유릉(좌)과 홍릉(우) 항공사진

왕실과 황실에서의 이름은 외자이다. 순종은 1874년 2월 8일에 창덕궁 관물헌에서 태어났다. 1897년(광무 원년) 대한제국이 수립되면서 황태자가 되고, 1907년 일제의 강요와 모략으로 고종이 물러나자 그 뒤를 이어 황제가 되었다. 그러나 순종과 대한제국 정부는 일본 통감의 지도와 일본 관리의 명을 받는 협약이 체결되어 허수아비란 지적을 받았다. 이때 조인 서명은 총리대신 이완용과 일본 통감 이토히로부미가 했다. 실로 우리역사에 통탄할 치욕의 역사다.

협약조인 당일 일본통감은 법률1호로 '신문지법(新聞紙法)'을, 법률2호로 '보안법'을 발표했다. 일제가 제일 먼저 한 행동은 언론의 장악이었다. 조인 다음날 이완용은 궁내부 대신에 임명되었다. 순종은 즉위식날 조령을 내려 "세상을 유신(維新)하고자 머리를 깎고 군복을 입겠다"고 하며 "짐을 따를 것"을 명한다. 그러고선 황태자이던 영친왕을 육군보병 참위(參尉)에 임명한다. 국권을 위해서였을까 아니면 일제의 강요 때문이었을까? 역사가들은 일제의 강요에 의한 것으로 해석한다. 내각에서는 순종을 달래기 위해 그의 비(妃) 무덤인 유강원(裕康園)을 유릉(裕陵)으로 승급할 것을 권한다. 능의 이름도 일제의 간섭이다. 이후 일제는 각 능원의 토지증명서상 경계를 해자(垓字 : 산불 방어를 위해 능 주변에 잡목 등을 제거한 방호 선) 안과 향탄산(香炭山 : 산릉 제사용 향나무와 숯 굽는 참나무를 기르는 산)의 일부로 제한함으로써 능역의 경계를 축소 수정하였다. 왕실재산 수탈작업의 일환이다.

순종은 3년 1개월간 재위하다 1910년 무력으로 대한제국이 일제에 강제 병합 당하는 수모를 겪었다. 일제강점기 순종은 처소를 경운궁(현 덕수궁)에서 창덕궁으로 옮기고, 황제가 아닌 이왕으로 강등되어 허수아비 왕으로 대우를 받다가 여생을 마친다. 창덕궁에 갇혀 지내던 순종은 임종 직전에, 한일병합이 역신들의 만행임을 알리고 광복을 부르짖었다 한다. 1910년 7월 24일 국권피탈 조약이 체결되고 두 달 뒤 발효돼 조선과 대

순종과 순명효황후와 순정효황후의 유릉 홍살문과 침전

한제국은 518년의 역사를 마감하고 멸망하였다. 조약 체결 다음날 순종은 경운궁(현 덕수궁 황제궁)에서 폐위되어 창덕궁에서 16년 동안 머물다가 1926년 4월 25일 창덕궁 대조전에서 53세로 한 많은 생을 마쳤다. 장례는 도쿄의 국내성에서 주관하여 일본국장으로 했는데 황제장이 아닌 이왕가가 진행하는 형식으로 하였다. 장례기간도 한 달반으로 짧게 하고 능호도 순명효황후의 유릉 이름을 그대로 따랐다.

이런 순종의 국장내용이 사진집으로 남아있어 세계문화유산등재 때 일부 사진을 자료로 제공했다. 특히 재궁에 함께 매장한 유물의 사진은 원래 조선의 형식은 아니지만 실물 사진을 제공할 수 있어 매장유물에 대한 관심을 갖는 국제기념물유적협의회(ICOMOS)위원들을 이해시키는데 좋은 자료가 되었다. 매장유물은 옥새, 옥구슬, 책, 반지, 백금시계, 금테안경, 금주발 등이다. 순종의 하관일인 1926년 6월 10일에는 광복을

능침과 침전의 축을 달리하는 유릉

위한 만세운동이 일어났다. 고종의 장례일에 3 · 1운동이 일어났듯 국부를 잃은 국민의 슬픈 감정이 독립만세운동으로 결집돼 폭발한 것이다.

정비 순명효황후 민씨는 1897년 황태자비가 되었으나 순종 즉위 전에 승하하여 지금의 능동(현 어린이대공원, 유강원 터)에 세자빈묘의 형식으로 모셔졌다가 순종 승하 때 천장하여 이곳에 함께 모셔졌다. 순정효황후 윤씨는 해풍부원군 윤택영의 딸로 순명효황후가 사망하자 1906년 황태자비가 되었으며 이듬해 순종이 황제에 오르자 황후가 되었다.

나라를 잃은 후 일제의 침탈행위와 광복, 6 · 25전쟁을 겪었으며 만년에는 불교에 귀의하여 슬픔을 달래다 1966년 춘추 72세로 창덕궁 낙선재에서 승하하여 유릉에 동혈삼광지제(同穴三壙之制)로 합장하였다. 순정효

황제릉 형식의 유릉석물배치

황후는 국권이 찬탈당하던 날 강제병합 조약 소식을 듣고 치마 속에 옥새를 감추고 내놓지 않자 친일파였던 숙부 윤덕영이 들어와 강제로 빼앗아 갔다고 전해진다.

유릉은 능침–침전–홍살문 등이 직선형으로 배치된 홍릉과 달리 능침공간과 제향공간의 축이 각기 다르게 배치되어 있다. 유릉은 풍수가들 사이에서 길지(吉地)니, 흉지(凶地)니 서로의 의견이 분분한 곳이기도 하다. 어떻든 홍릉과 유릉은 쓰러져가는 조선의 국권을 강화하고 황제의 권한을 강화하기 위해, 능침공간은 조선의 전통 왕릉형식을 유지하고 제향공간은 황제릉의 형식을 도입한, 독특한 대한제국의 황릉을 볼 수 있는 곳이다.

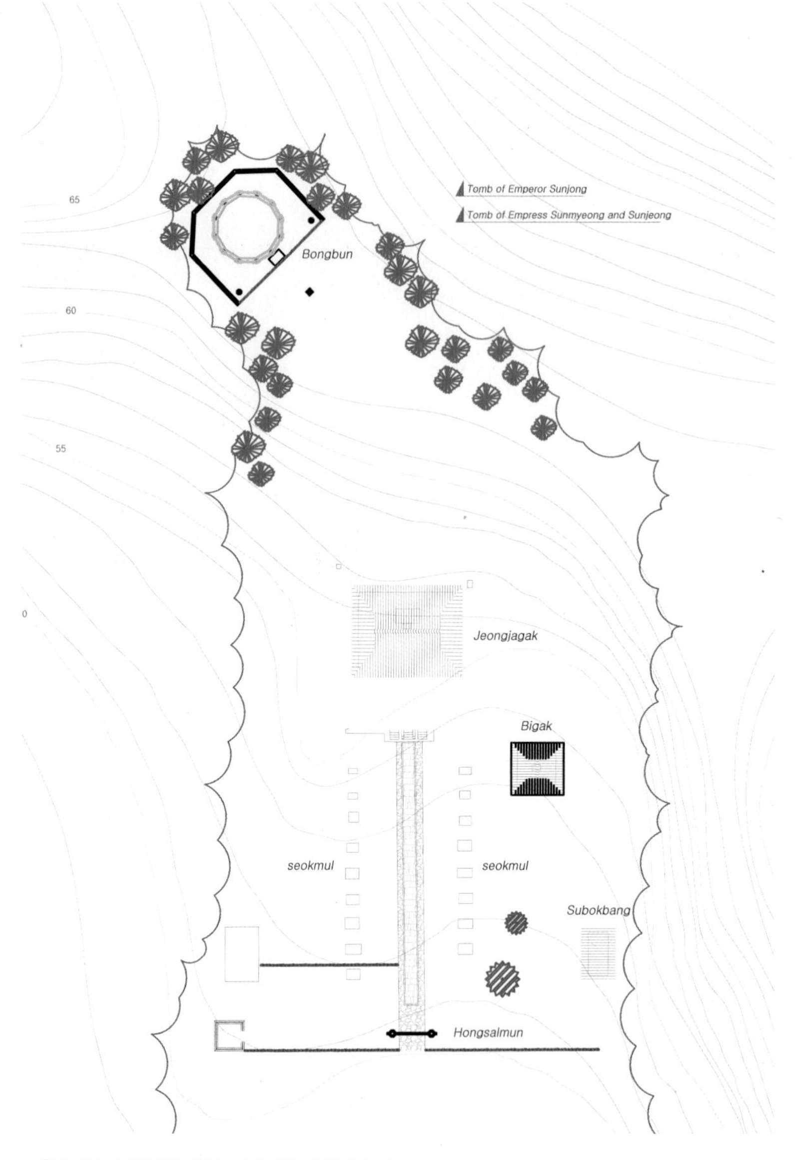

순종과 원비 순명효황후 계비 순정효황후 유릉 배치도

유릉 석수들은 서구식으로 정교하고 사실적으로 묘사되었으나 우리의 석재 재질적 특성과 전통적 조각기술이 배제되어 다리가 부러지고 손상되었으며 상징적 · 해학적 정감이 없다

유릉의 비각 안 비석에는 '대한순종효황제 유릉 순명효황후부좌 순정효황후부우'라고 전서체로 음각되어 있다. 유릉은 황제와 황후 2명의 현궁이 있는 합장릉으로 이제까지 지켜졌던 우상좌하의 원칙에 따라 제일 왼편에 황제의 재궁이 있어야 하나, 이곳은 다르다. 가운데 순종이, 우측에 순정효황후가, 좌측에 순명효황후의 재궁이 있어 우왕좌비(右王左妃)의 원칙을 따르지 않고 있다. 이는 중국의 황제릉의 제도를 따른 것으로 추정된다.

유릉 제향공간은 홍릉과 같이 황제릉 양식으로 일자형의 침전이 있다. 침전 안 어좌 뒤편에는 일월오악도의 병풍그림이 있었으나 훼손되어 일부만 남아 아쉬움이 크다. 침전 앞에 다양한 형태의 석물들이 있다. 유릉의 석물은 고종 때 세자비로 있다 승하한 순명효황후의 유강원(裕康園) 것

일제강점기 일본의 기술이 도입된 정교한 조각으로 정감이나 생동감이 떨어진다

을 일부 가져와 쓴 것으로 「순종효황제산릉주감의궤」에 기록으로 남아 있다. 이 의궤는 제목도 도감(都監)이 아니라 주감(主監)으로 격하하고 기록도 간략하게 작성했다. 그래서 혼유석과 장명등 등은 고종 때의 것들이며 문 · 무인석을 비롯하여 침전 앞 신도의 석물들은 일제의 영향 아래 조각된 것이다. 유릉 제례로의 석물들은 홍릉의 것보다 사실적이면서 예리하게 조각된 수법을 볼 수 있다.

사실 순종의 능역을 조성하는 산릉주감은 조선인이었으나, 실제적 실무자는 메이지신궁(明治神宮) 등을 지은 도쿄대 교수이며 일본인 건축가 이토추타(伊東忠太)였다. 이 상황에서 일본인들은 유릉의 석조물들을 일본식으로 조각하길 고집한다. 1927년 6월 24일자 '동아일보'에 유릉의 침전 앞 석물을 조성하는 과정을 다룬 기록을 보면 '그 모형을 신라시대부

서구식 조각 기법을 따른 유릉(사자상)

터 이어 온 조선식에 근대 일본식을 가미한 절충식으로 한다고 하였으나 그 후 이와 반대되는 순일본식으로 하자는 의견이 높아져 드디어 순일본식으로 하여 짐승의 다리를 앙상하게 내어 놓고 선(線)을 일본식으로 하고'……'고종제의 황릉 앞 석물은 중국식을 가미한 것으로 졸렬하고 조선말기의 작품으로 장래에 좋은 사실을 남기기 위해 홍릉을 지척에 두고 전연 딴 취미의 석상을 만드는 것이란다.'라는 기사이다. 내용을 보건대 일제는 조선의 전통기술을 무시하고 한 나라의 문화를 짓밟으려는 의도가 있음으로 파악된다. 그래서인지 유릉의 어재궁의 건축과 일부 침전 앞 조각은 예리하고 사실적인 면이 강함을 볼 수 있다. 그러나 이것은 유럽의 조각기술을 도입하여 제작한 것으로 석고로 본을 떠서 만드는 새로운 기술의 시험이었다. 서구의 검증되지 않은 기술을 시험적으로 도입하면서 일본문화의 우수성을 강조하려던 의도적 행위였던 것이다. 즉 서구의 기술을 통해 조선이나 중국의 문화는 쇠퇴하고 일본의 문화가 앞서고 있음을 보여주고 조선의 식민지화와 중국대륙의 침탈의 정당성을 우리 국민에게 강요하려는 속셈이었던 것이다.

이후 일본은 조선을 무력 점거하고 동북아 지역을 전쟁의 소용돌이로 몰고 간다. 그래서인지 유릉의 문 · 무석인은 정교하고 세밀하기는 하나 근거도 없는 마치 유럽인의 모습을 하고 있으며 표정도 없다. 문석인은 눈망울도 없다. 마치 앞 못 보는 사람을 표현한 것 같은 인상이다. 다른 것은 사실적으로 정교하게 조각하면서 그렇게 조각한 의도가 무엇인지 궁금하다. 이제까지 조선왕릉의 문 · 무석인은 조선의 투박하면서 한국인의 표정과 모습이 있어 정감이 간다. 그러나 유릉은 정감도 없으며 정체성 없는 세밀함만 있다. 결국 유릉의 석물 일부는 조선의 기술이, 일부는 일제와 서구의 기술이 도입된 흔적을 볼 수 있다.

유릉의 석수 조각이 서구식 선진기술에 의해 다리 부분 등을 정교하게 하고 사실적으로 묘사했다고 높이 평가하는 사람도 있긴 하다. 그러나 유릉의 정교한 조각은 자세히 보면 다리가 부러지고 손상을 입은 것이 많다. 사실 500여년전 조선 초기(건원릉과 헌릉)에도 짐승의 다리를 사실적으로 묘사하여 네 다리가 드러나게 조각한 적이 있다. 그러나 우리의 석질은 인성이 약한 화강암이라 자주 갈라지고 부러지는 까닭에 점차 다리를 통째로 만들어 상징적 묘사를 하였다. 석질도 경질이며 잘 튀는 강화돌이라 투박한 상징적, 해학적 표현을 채택하고 있다. 우리의 전통재료의 특성을 잘 파악한 선조의 지혜가 숨어 있음을 알 수 있다.

유릉의 홍살문과 침전의 바깥 공간에는 어정(御井)과 제정(祭井) 두 우물이 아직까지 제 모습을 갖춘 채 남아 있다. 능에서 우물의 중요성과 역할을 볼 수 있는 유일한 공간이다. 그리고 한국 전통건축의 진수인 어재궁이 잘 보존돼 있으나 어재실 역시 일본의 건축술이 묻어 있는것 같아 우리의 전통건축적 정감이 덜간다. 담장 밖으로는 외재실의 일부가 남아 있으며, 외금천교는 근래에 북동쪽으로 옮겨지는 바람에 원형 경관을 잃어 아쉽다. 능원을 감싸는 화소담도 일부 조성 당시 일본식 콘크리트 담장으로 쌓아 놓아 몰락하는 왕조의 역사를 되새겨 볼 수 있는 장소이기도 하다.

지금 시급히 해야 할 일은 외금천교, 외재실, 수라청 등 훼손된 시설을 원래의 자리에 복원하는 작업이다. 그래야 우리의 역사를 바로 세우고 세계인에게 왕릉과 황릉이 우리의 자랑스러운 세계유산이라 주장할 수 있다. 아울러 능 주변의 정비 및 보존을 위해 지속적으로 모니터링 작업을 해나가는 한편 세계인이 함께 보고 느끼고 체험하도록 관광종합개발 계획부터 만들어야 한다.

순종과 원비 순명효황후 계비 순정효황후의 합장릉

세계문화유산
신의정원
조선왕릉

제 3 장

조선왕릉의 세계문화유산적 가치와 향후 과제

조선왕릉은 유네스코(UNESCO : 국제연합교육과학문화기구)가 1972년에 채택한 '세계 문화 및 자연 유산의 보호에 관한 협약'에 따라 전 인류가 공동으로 보존하고 후세에 전수해야 할 탁월하고 보편적 가치가 있다고 인정한 세계문화유산이 되었다. 북한의 두기를 제외한 남한에 있는 왕과 왕비의 능 40기가 세계유산이 되었다.

유네스코는 조선왕릉은 유교적, 풍수적 전통을 근간으로 한 독특한 건축과 조경 양식을 보여주고 제례의식을 통해 지금도 역사적인 전통이 이어져 오고 있는 점과 조선왕릉 전체가 통합적으로 보존관리 되고 있는 점에서 세계유산으로 등재되기에 손색이 없다고 평가했다. 또한 한 문화재 한 지킴이, 전주이씨대동종약원 등과 같은 사회 · 지역 공동체의 참여에 의한 보존도 긍정적으로 평가했다.

1
개요

지난 2009년 6월 30일 스페인의 역사도시 세비야에서 열리는 제33차 세계유산위원회에서 조선왕릉 40기가 연속유산(Serial Heritage)으로서 유네스코 세계문화유산에 등재되었다. 조선왕릉이 '인류의 탁월하고 보편적 가치(OUV; Universal Outstanding Value)'를 세계인에게 인정받아 세계인이 함께 보존하고 후세에 전수 할 수 있는 우리민족의 중요한 문화유산이 되었다. 우리민족 문화의 우수성을 세계인에게 높이 평가 받은 것이다.

세계유산(World Heritage)이란 1972년 유네스코 정기총회에서 채택한 "세계자연 및 문화유산 보호협약(세계유산보호협약)"의 의거해 세계유산위원회(WHC)에서 승인하여 등재한 유산을 말한다. 유네스코가 정의한 유산이란 '과거로부터 물려받은 것으로서, 현재 우리가 더불어 살아가고 미래 세대에게 물려주어야 할 것(Heritage is our legacy form the past, what we live with tody, and what we pass on to future generations.)이라 정의 하고 있다. 이들 중 세계유산이란 한 민족, 한 국가에서만 보존하고 전승되어야 할 유산이 아니라 전 세계인이 공동으로 지키고 전승해야 할 유산이라는 의미이며, 과거에서 현재와 미래로 이어지기 때문에 지속가능성(Sustainability)을 지니고 있어야 한다.

2009년 제33차 세계유산위원회에서는 등재평가 기관인 국제기념물유적협의회(ICOMOS)에서 '조선왕릉은 고유한 전통적 자연관과 엄격한 유교의 예법에 따라 국가차원에서 성스럽게 각각의 능이 완전성을 갖추었으며 그 원형이 현재에도 잘 보전되어 있고 제례의식이 지금도 유구히 이어지고 있다는 점이 동서고금을 통틀어 매우 독특한 것이라 평가하였다. 그리고 이것은 조선왕릉만의 문화적 독창성을 나타내는 것으로 세계유산으로 등재되기에 손색이 없다고 평가 하였다.' 추천한 조선왕릉에 대해 만장일치로 등재 권고하였다. 즉 조선왕릉은 조선시대 왕과 왕비의 능(40기)으로 우리의 전통문화를 담은 독특한 건축양식과 아름다운 자연이 어우러진 신성한 공간이며 지금까지도 제례가 이어져 오는 살아 있는 문화유산이다. 라고 평가되어 세계문화유산이 되었다.

동서고금을 막론하고 인류는 온화한 기후와 쾌적한 공간에서 살기 위해 산수가 좋은 자리에 터를 잡아 살아가며, 사후에도 영면(永眠)하기 위해 길지(吉地)를 찾아 많은 노력을 기울인다. 한나라의 통치자였던 왕과 왕비 무덤의 경우 더욱 그제도와 정치 · 사상적 내용을 고려하여 조영되었다. 국가 창설의 운영 논리인 유교와 성리학을 근간으로 조상숭배사상을 중시여겼던 조선시대의 경우 더욱 왕릉으로서의 권위와 지속적 지배논리에 따라 규칙적, 정형적 틀을 갖추면서 한국인의 자연관에 따라 조영됨을 인정받아 세계문화유산에 되었다.

조선왕릉의 조영적 특성

조선시대(1392~1910) 왕실과 관련되는 무덤은 '능(陵)'과 '원(園)' 그리고 '묘(墓)'로 구분된다. 왕릉으로 불리는 능(陵)은 '왕과 왕비, 추존된 왕과 왕비의 무덤'을 말하며, 원(園)은 '왕세자와 왕세자비, 왕의 사친(私親)의 무덤'을 말한다. 기타 묘(墓)라 한다.

조선시대의 왕릉과 원은 조선 초기에 개성에 조성된 제릉(齊陵)과 후릉(厚陵)을

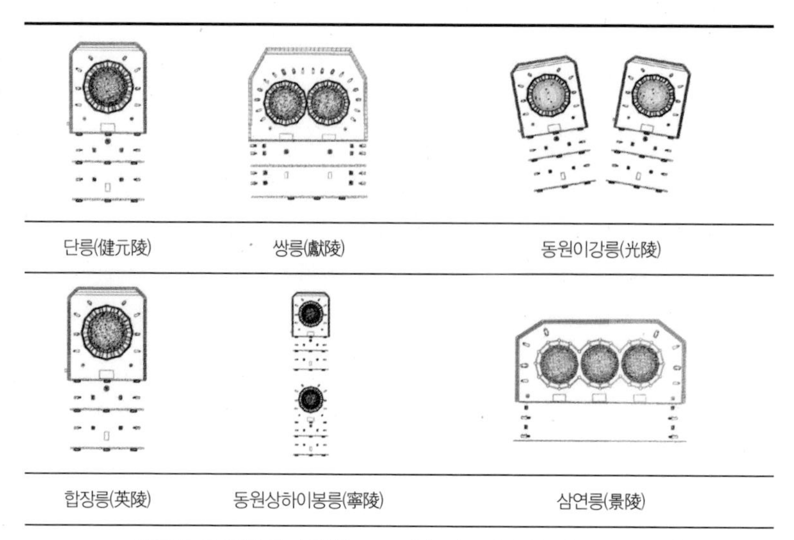

조선왕릉 능침공간의 형≠(이창환, 2007, 세계유산 등재를 위한 학술 연구 보고서)

제외하고는 일반적으로 당시의 도읍지인 서울(한양)에서 10리(약 4km) 밖 100리(약 40km) 이내에 입지하고 있으며, 남한에는 왕릉이 40기(북한 2기 미포함), 원이 13기, 총 53기가 있다.

능역 자연지형은 그 혈장이 꽉 짜이게 입구가 좁아야 하는데 조선의 능들은 대부분 입구가 아득히 오므라진 산세를 하고 있는 곳이 일반적인 형국이다. 입구가 오므라들지 않은 곳은 비보차원의 압승림과 연지(蓮池)를 조성하기도 한다.

능원 입지 선정과 조영물의 축조 방법은 전방 산의 형태와 주위 지형의 합치된 위치와 규모를 갖고 있는데, 이것은 능원(역)이 자연환경의 일부로 여겨지는 풍수사상에 따라 이루어진 것에 기인한다.

이로 인하여 조선의 왕릉은 그 형식이 단릉(單陵), 쌍릉(雙陵), 합장릉(合葬陵), 동원이강릉(同原異岡陵), 동원상하릉(同原上下陵), 삼연릉(三緣陵), 동봉삼실릉 등 많은 형

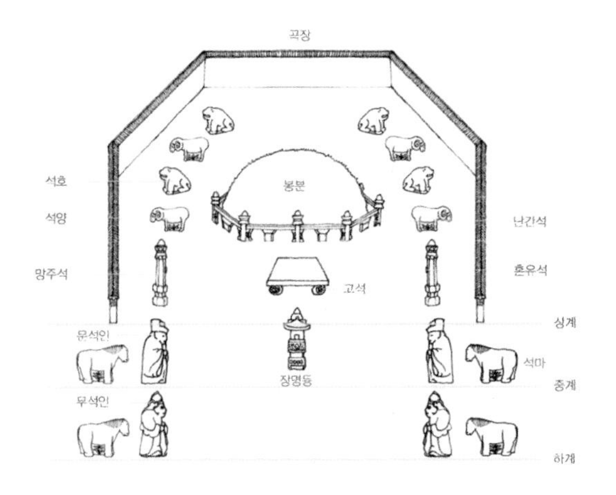

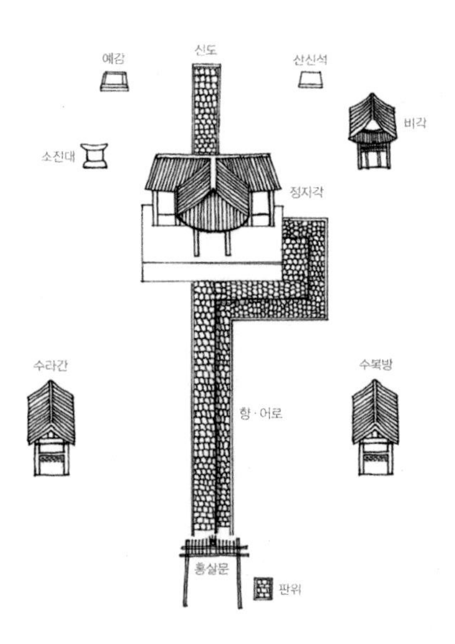

조선왕릉 상설도(2008, 문화재청)

식으로 나타나 다른 나라의 왕조와는 다른 독특한 한국만의 왕릉조영 방식이다.

조선왕릉의 공간구성은 유교의 예법에 따라 진입공간-제향공간-전이공간-능침공간으로 분류할 수 있다. 능원의 공간구성요소는 진입공간에 외홍살문, 재실, 연지, 화소, 금천교 등이 있으며, 제향공간에는 홍살문, 향·어로, 수복방, 수라청, 비각, 정자각 등이 있다. 전이공간에는 예감(瘞坎 또는 소전대), 산신석, 신로(神路) 등이 배치되어 있으며, 그리고 능주가 묻혀 있는 최상단은 신성시하는 곳으로 능침공간이다. 이곳에는 능주의 침실인 봉분을 중심으로 석양(石羊)과 석호(石虎), 상석(魂遊石 : 혼유석이라고도 함), 망주석, 장명등, 문·무석인상, 석마(石馬), 곡장 등이 있다. 이밖에 화소, 원찰 등이 능역 외곽에 배치되어 있다.

조선시대 능역의 공간구성은 제향시 사자(死者)와 생자(生子)의 만남의 공간인 정자각을 중심으로 구체적으로 3단계의 공간으로 구분되는 바, 참배객을 위한 속세의 공간인 진입공간(재실, 연지, 금천교 등), 제향공간(홍살문, 정자각, 수복방 등) 다음은 사자의 공간인 성역공간(상계-중계-하계)으로 대별된다.

2
조선왕릉의 세계유산적 가치

세계유산이란 유네스코(UNESCO)가 세계유산보호협약에 근거해 세계적 가치가 있는 문화유산과 자연유산을 각국의 신청을 받아 국제기념물유적협의회(ICOMOS; *International Council on Monuments and Sites*) 와 국제자연보존연맹(IUCN; *International Union for Conservation of Nature and Natural Resources*)의 실사 및 평가를 거쳐 세계유산위원회(WHC)에서 최종 선정 등록된다. 지금까지 유네스코가 지정한 세계유산은 981여 건이 지정되어 있다(2013년 7월 기준). 이중 이탈리아가 49건 등재로 가장 많이 등재되어 있으며, 중국 45건, 스페인 44건 순이다. 우리나라는 창덕궁, 종묘, 불국사 석굴암, 해인사장경판전, 수원화성, 경주역사유적, 고창-화순-강화의 고인돌, 하회 양동마을 등 9건의 문화유산과 제주 석회용암동굴이 자연유산에 등재되어 있다. 총 10건이다. 더욱이 2013년에는 북한의 개성역사유적지구가 세계유산으로 등재되어 북한은 고구려 유산에 이어 두 건의 세계유산을 보유하게 되었다. 우리 민족 문화의 우수성이 더욱 돋보이는 해이다. 참고로 일본은 17건이다.

21세기 들어 세계 여러 나라에서는 자국의 문화의 우수성을 알리기 위해 세계유산등재 신청이 폭주하고 있는 추세이다. 2009년에도 총 39건을 신청하여 모두 11건이 등재되었다. 이중 하나가 조선왕릉이다.

5천여 년의 유구한 역사를 자랑하는 우리 민족은 많은 문화유산을 간직하고 있다. 이제 경제 무역대국으로의 발돋움 못지않게 중요한 것이 문화의 우수성이다. 세계유산 선정기준을 중심으로 조선왕릉의 세계유산적가치를 살펴보면 다음과 같다.

세계문화유산등재를 위해서는 등재기준 6가지 선정기준(Selection Criteria; i 항-vi항)의 검토를 거쳐 탁월하고 보편적 가치(Outstanding Universal Value, OUV), 진정성(Authenticity), 완전성(Integrity), 유사유산과의 비교 및 차별성(Comparative studies), 보호 및 관리 능력(Conservation and Management) 등의 내용을 심의한다.

조선왕릉은 1392년 태조 이성계가 건국한 이래 518년을 이어 온 왕조 문화로서 다음과 같은 내용의 문화 유산적 가치를 가지고 있다고 평가 받았다.

1) 우리나라 무덤 문화는 통일신라 이후 세계의 무덤 문화 중 가장 지형의 곡선(원형)처리를 아름답게 표현한 장묘 문화이다. 조선시대 능묘방식은 자연과 조화를 이룬 독특한 자연 곡선과 가장 조화롭고 자연 친화적인 능묘 형태를 이루어 아름다운 능묘 방식이다.
2) 조선시대의 능역은 규모와 양식에서 한국만의 독특성을 갖추고 있다. 능역의 성역공간과 참배공간은 조선 518년 역사의 흐름에 따라 국가운영 논리에 따라 공간의 규칙성을 갖고 있으며, 매장의 깊이와 봉분의 높이 등도 한국만의 독특함을 갖추고 있다.
3) 조선의 왕릉은 도성의 중심인 경복궁을 중심으로 참배의 거리, 방위, 주변 산세와 관계 등을 고려하여, 10리(4km)밖 100리(40km) 안에 조영을 하여 인

위적 그린벨트(Green Belt)를 이루어, 녹지보전(시계영역)[1]의 왕릉 숲으로 보전하고 수시로 왕 등이 친히 능에 나아가 나무와 잔디를 심고 가꾸는 공간으로 서울 그린벨트의 근간이 되었으며, 이러한 왕릉 숲 관리는 아주 엄격하고 철저한 관리로 현재의 광릉수목원[2], 홍릉수목원 등의 도시숲을 형성하는 역사적 배경이 되기도 하였다.

4) 조선의 왕릉은 조선시대의 국가통치철학(유교 등)과 정치적 영향에 의하여 시대에 따라 다양한 공간의 크기, 구분(문 · 무인공간), 석물의 배치, 기타 시설물의 배치 등이 특색을 띠고 있다[3]. 특히 능침공간의 봉분 각 공간의 규모와 조각 양식 등은 그 시대의 가장 뛰어난 예술성을 볼 수 있으며, 시대적 사상과 정치사를 반영하고 있어서 역사의 흐름을 읽을 수 있는 역사적 공간이다.

5) 건축(정자각, 비각, 신도비, 재실 등)의 배치가 중국, 베트남, 일본 등의 능의 배치와 규모, 시각적 특이성, 공간구성의 원리(철학과 사상)를 달리하여 예술성을 높이고 있다.

6) 조선시대 능원의 특징은 단일민족에 의한 오랜 기간(518년)의 동일 통치국가의 연속된 특징을 갖고 있으며, 시대적 정치상황과 사상, 통치철학에 의한 시대적 흐름과 사상 등이 일정한 능원공간에 반영되고 있다. 즉 조영 및 관리사상의 변화, 규칙적 관리, 공간의 영역범위 변화, 조영공간의 형식, 조형물의 변화 등을 반영하고 보전되어 온 독특한 문화유산이다.

---

1 숙종이후 능침공간에서 보이는 모든 영역의 민가와 묘를 이주 하는 등 녹지를 특별히 관리했다.

2 세조는 능묘변화의 혁신을 이루는데 석곽에서 회격제도와 능 주변에 여러 나무를 옮겨 심게 하여 인위적인 식재관리의 필요성과 관리로 현재의 수백 년 된 인공적 수림대와 자연적 수림대의 세계적 희귀성과 역사성(1천 여 년)을 볼 수 있으며, 이러한 결과 광릉수목원 및 크낙새 등 천연적 자연생태계의 보고가 되어 인류생태문화자원으로 충분한 독특성이 있다.

3 중국의 능묘제도는 황제의 능묘제도로서 우리와 같이 능묘제도를 하고 있으나 그 형식과 규모, 그리고 예술성에 있어서 달리하고 있다(명초기-남경, 명-북경 명십삼릉, 청-동릉과 서릉 등).

7) 조선시대의 능원은 우리 문화의 사상, 역사, 철학, 정치사의 흐름에 따라 그 능역의 범위를 달리하고 있어 수도권 녹지관리에 중요한 역할을 담당해 왔으나 최근 난개발로 인해 능역의 범위와 능원 경관을 훼손하고 있다. 조선의 능역은 우리의 경관관리 방법의 하나인 풍수관에 의해 시계영역까지 관리하였으나 최근 들어 능역 앞의 고층아파트 건립 등 경관적 파괴가 이루어져 철저한 관리가 요구된다.

8) 동양의 사상인 유교를 바탕으로 하는 국가로서 그 조영의 내용을 자세히 기록으로 잘 남기고 있어 보존 관리에 진정성을 확보했으며 기록문화의 우수성을 볼 수 있다. (각종 의궤(儀軌) 및 능지(陵誌) 등)

9) 능역은 우리 문화의 대표적 참배 공간으로서 효과적인 관리를 위해 능역에 맞는 조경 등 식재의 규칙을 수백 년 이상 유지하고 있는 공간으로서 그 보전의 가치가 매우 높다.

10)조선시대 왕실에서는 물론 현재에도 전주이씨 대동종약원에서 봉양회를 통하여 지속적으로 제례를 600여년 이어온 살아 있는 문화유산이다.

위와 같은 내용 등을 검토하여 세계유산위원회에서는 조선왕릉을 6가지 문화유산등재 평가항목 중 3가지, 즉 iii)항, ⅳ)항, ⅵ)항에 해당한다고 평가하여 세계유산에 등재시켰다.

구체적으로 살펴보면 다음과 같다.

iii)항 : 문화적 전통, 또는 살아 있거나 소멸된 문명에 관하여 독보적이거나 적어도 특출한 증거를 갖추고 있는가?

- 다른 유교문화 국가와 다르게 조선왕조의 자연관과 세계관에 대한 통일된 접근방법으로 인해 왕릉과 관련된 독특하고 중요한 장묘 전통이 탄생하였으며, 풍수사상을 활용하여 자연환경을 유지하면서

제례를 위한 신성한 공간인 왕릉이 조영되었기 때문에 iii)의 기준을 충족함.

iv)항 : 인류 역사의 중요한 단계를 잘 보여주는 건조물의 유형, 건축적 또는 기술적 총체, 또는 경관의 탁월한 사례인가?

- 조선시대 시기별로 공간구성, 건축설계, 석물의 크기, 경관 등에서 다른 특징이 나타나기 때문에 기준(iv)를 충족함. 더구나 조선왕릉은 주변의 환경을 존중하는 독특한 무덤 조영 양식을 잘 보여주며 부속건물 및 관련 요소를 통해서 제례의 전통을 잘 드러내고 있음.

vi)항 : 탁월한 보편적 중요성을 보유한 사건과 또는 살아 있는 전통, 사상, 신념, 예술적/문화적 작품과 직접 또는 가시적인 연계가 있는가?

- 조선왕조 518년 동안 국가 제례가 정기적으로 행해졌고, 지금까지 제례일에 전주이씨 대동종약원과 능별 봉양회가 제례를 지내는 전통을 잘 이어오고 있기 때문에 기준 vi)을 충족함. 더구나 조선왕조는 왕의 신주를 모시고 제례를 지내기 위한 공간으로 종묘도 설립하였으며, 유교의 영향 아래에서 조선왕릉은 제례라는 살아있는 유산과 직접적으로 관련이 있었음.

이상 3개 기준에 적합하다고 평가를 받아 등재되었다.

유네스코는 조선왕릉은 유교적, 풍수적 전통을 근간으로 한 독특한 건축과 조경양식을 보여주고 제례의식을 통해 지금도 역사적인 전통이 이어져 오고 있는 점과 조선왕릉 전체가 통합적으로 보존관리 되고 있는 점에서 세계유산으로 등재되기에 손색이 없다고 평가했다. 또한 한문화재 한 지킴이, 전주이씨대동종약원 등과 같은 사회 · 지역 공동체의 참여에 의한 보존도 긍정적으로 평가했다.

조선왕릉은 능침의 온전한 보전에도 불구하고 문화유산에 영향을 미치는 요인으로 주변의 개발 압력, 기후 및 환경변화에 따른 환경의 압력, 관광 압력, 산불과 같은 자연재해를 지적받았으며, 현재 이루어지는 보호조치는 대체적으로 적절하다고 평가했다. 그러나 일부 능역의 완충지역에 대한 적절한 개발지침을 세울 것을 추가 권고하였다. 그 외 각 능역의 관리 방안의 수립, 종합관광계획의 즉각적인 수립과 대중적인 안내해설 등의 대책마련을 촉구하였다.

3
세계유산등재에 따른 기대효과

1) 문화민족과 문화국가로서 국민의 자부심 고취

2) 문화선진국가로서 국가적 위상증진

3) 세계유산으로서의 세계인의 관심 증진

- 세계 각국 지리, 문화관계 교과서와 세계유산 책자에 게재

4) 국내외 관광객 증가에 따른 경제적 이득

- 유사 문화유산의 경우 등재 후 40%이상 관광객 증가

5) 관광자원으로서의 홍보효과

- 각종 여행 책자에 게재
- 제주 자연유산의 경우 등재 후 BBC방송, 일본, 중국 등 세계 주요 방송 12개국 방영
- 유네스코 홈피 및 각 나라 유네스코 홈피 등 게재 홍보

6) 세계유산기금(World Heritage Fund)으로 부터 기술적, 재정적 지원

7) 세계유산으로서의 체계적 관리와 보전

- 협약국이 유산지역의 보존 상태를 모니터링하고 그에 따른 조치

8) 유네스코 및 정부의 추가적 관심과 지원으로 지역의 계획 및 관리 향상

9) 해당 지역민의 자부심 고취와 보존을 위한 책임감 향상

4

조선왕릉 세계문화유산 등재 후 우리의 할 일

유네스코는 세계문화유산 등재와 함께 조선왕릉의 발전적 보존을 위해 일부 훼손된 능제의 복원과 개발압력을 받고 있는 완충구역의 적절한 보존지침 마련 및 시행방안을 제출하도록 하고 있다. 아울러 세계인이 함께 보존하고 향유할 수 있는 종합적인 관광계획을 마련하고 해설체계를 갖추기를 권고하고 있다. 세계유산으로 지속적 가치를 인정받고 유지하기 위해서는 이 기준과 권고사항을 잘 지켜야 한다.

우선적으로 훼손된 능원의 능제 복원을 위한 계획을 작성하고 국가가 세계에 약속한 기간 내에 복원정비 해야 한다. 유네스코에서는 매년 철저한 모니터링과 사후관리를 체크하고 있다. 대표적인 훼손지를 들면 태릉 사격장, 서삼릉의 목장, 의릉과 서오릉의 국가시설 등이 있다. 지형과 제향시설 그리고 중심지역 내에 있는 금천교, 연지, 재실, 수라청, 수복방 등 기본적인 능제시설과 풍수적 지형 및 경관림 등은 반드시 복원되어야 한다.

조선왕릉은 수도권에 넓은 숲을 이루어 역사경관림을 이루고 있다. 일제강점기와 국가적 혼란기가 없었으면 수백 년 된 광활한 숲을 볼 수 있었다. 다행히 광릉의 수목원과 청량리 수목원에서 그 근원을 찾을 수 있다. 앞으로 이번에 세계유산에 등재된 능역을 잘 보존하여 후손에 물려 줄 기틀을 마련하였다. 그동안 무분별하게 식재된 사방림과 외국 수종의 수종 갱신작업이 이루어지고 다층구조의 종다양성을 이룬 우리의 전통적인 역사경관림의 보존 대책도 시급하다. 무엇보다 조선왕릉의 대표적 특징 중의 하나인 능원의 송림과 잔디공간의 확보가 중요하다. 또한 종합적인 관광프로그램의 개발도 이루어져야하며 왕릉제례에서 파생된 제례음식, 갈비와 두부 등 먹거리 문화도 발굴해야 한다.

조선왕릉은 조상에 대한 효를 중시하는 유교문화권에서 유교와 그 예법에 따른 당대 최고의 예술과 기술을 집약하여 조영된 왕릉형식의 발전을 볼 수 있는 문화유산이다. 또한 조선시대 능역 공간 조성의 틀은 자연순응사상 등의 깊이 있는 이해와 자연친화적인 조선시대의 전통조영관에 기초하고 있다. 조선시대의 능원은 역사적 녹지공간(오픈스페이스) 중 가장 잘 보전된 공간이며 또한 전통공간을 이해하기에 가장 좋은 곳으로 평가 받아 세계문화유산이 되었다.

조선왕릉은 한국인의 자연관과 세계관에 의해 조영된 문화유산으로 비슷한 시기의 타 유교문화권 왕릉들과 다른 독보적이고 특출한 장묘문화가 되었다.

조선왕릉의 세계문화유산적 보편적 가치(OUV)는 긴 역사를 가진 동일왕조의 문화유산으로서의 가치, 역사경관적 가치, 장기간에 걸친 조성과 지금까지 지속적으로 이어진 보존 정신 및 기술, 조영방식의 독창성, 제례문화의 장구한 전통, 당대 기록물의 보존 등을 찾아서 지속적인 보편적 가치와 진정성을 확보해야 한다. 그래야 진정한 세계문화유산의 가치가 지속될 수 있을 것이다.

참고문헌

국조상례보편, 영조 년대

_ _ _, 형법전서, 국립도서관 소장본

康陵誌, 寫年未詳 韓敬履(朝鮮)補編, 寫本

健陵誌, 朝鮮1840-1916, 南廷哲編, 韓國精神文化研究院 藏書閣所藏

健元陵誌, 韓後裕(朝鮮)等編, 寫年未詳,韓國精神文化研究院 藏書閣所藏

건축법, 2007, 대한민국정부

경국대전(禮典3券), 한국정신문화원, 한국정신문화원 번역본

敬陵誌, 編者未詳 寫本(1885年以後),韓國精神文化研究院 藏書閣所藏

恭陵典錄, 趙漢弼編, 1925年以後寫, 韓國精神文化研究院 藏書閣所藏

광릉지, 한국학 중앙연구원 장서각 소장본

國朝伍禮序例, 韓國精神文化研究院 藏書閣所藏

국조오례의, 1982,법제처간

김원룡, 1987, 조선조왕릉의 석인조각, 한국미술사 연구, 일지사

김택영, 1918, 한사경(韓史綮), 서울

陵園墓誌抄, 李王職編, 寫年未詳, 韓國精神文化研究院 藏書閣所藏

陵園墓解說, 李王職編, 1937(昭和12), 韓國精神文化研究院 藏書閣所藏

穆陵誌, 1900年頃寫, 韓德師(朝鮮)編

문화재보호법, 2007, 대한민국정부

문화재청, 2006, 아시아 각국의 왕릉비교 연구, ICOMOS국제학술대회, ICOMOS-KOREA

문화재청, 2005, 세계유산등재 신청서 작성 메뉴얼

문화재청, 2005, 세계유산등재 신청작성 메뉴얼, 문화재청

문화재청, 2006, 세계유산등재를 위한 메뉴얼 작성, 이코모스 한국위원회

문화재청, 2006, 한권의 수첩 핸드북으로 만나는 조선왕릉, 문화재청

문화재청, 2007, 조선왕릉 세계유산 등재 추진 종합 학술 연구, ICOMOS한국위원회

문화재청, 2007, 조선왕릉세계문화유산 등재 신청서, 대한민국

문화재청, 2009, 세계유산 조선왕릉 보존관리 및 활용대책마련 위한 포롬. 초록집

문화재청, 2009, 조선왕릉 수첩, 조선왕릉관리소

박영규, 2008, 한권으로 읽는 조선왕조실록, 웅진지식하우스

법제처, 1982, 국조오례의, 법제처간

서울대학교 규장각, 1999, 大典會通 (上)(下), 서울대학교

서울시스템, 1997, 조선왕조실록, 증보판CD,제3집, (주)한국데이터베이스 연구소

서유구, 1983, 임원경제지, 보경문화사

順陵續攷 ,編者未詳, 1897-1906寫, 韓國精神文化硏究院 藏書閣所藏

順陵續誌,李王職編, 1910年頃. 韓國精神文化硏究院 藏書閣所藏

永陵誌, 李王職 抄錄, (911-1940頃寫), 韓國精神文化硏究院 藏書閣所藏

元陵誌, 正祖(朝鮮王, 1752-1800, 1910頃寫), 韓國精神文化硏究院 藏書閣所藏

越中圖, 畵者未詳, 숙종24(1698)以後寫, 韓國精神文化硏究院 藏書閣所藏

유네스코(UNESCO) 세계유산 홈페이지

유양의, 1778(정조 년), 춘관통고, 서울대학교 규장각 소장본

윤국병, 1988, 조경사, 일조각

은광준, 1992, 조선왕릉 석물지 하편, 민속원

이영, 1992, 조선시대 왕릉능역의 건축과 배치형식 연구, 서울대학교 박사논문

이창환, 1998, 조선시대 능역의 입지와 공간구성에 관한 연구, 성균관대 박사학위논문.

이창환, 1999, 조선시대 능역의 공간구성에 관한 연구, 한국조경학회지, 제27권 5호

이창환, 2001, 조선시대 능역의 재실입지와 공간구성에 관한 연구, 한국전통조경학회지, 제25권 4호

이창환, 2007, 조선 왕릉의 현황과 세계 문화 유산적 가치, 문화재청

이창환, 2007, 조선왕릉의 현황과 문화적 특성, 아시아각국의 왕릉비교 연구, 국제학술대회, 문화재청, ICOMOS-KOREA

임학섭, 1997, 조선왕릉풍수, 대흥기획

정영선, 1986, 서양조경사, 명보문화사

조선왕조實錄, 1997, 증보판CD,제3집, 서울시스템, (주)한국데이터베이스 연구소

佐藤昌, 1987, 中國의 墓地史 (上)(下), (社)日本公園綠地協會

昌陵誌, 李王職錄, (1911-1940傾瀉), 한국학중앙연구원, 장서각 소장본

哲仁王后睿陵山陵都監儀軌, 作者未詳, 서울대 규장각 소장본

한국문원 편집실, 1995, 왕릉, 한국문원

한국정부, 2008, 조선왕릉세계유산등재신청서, 문화재청

弘陵誌, 編者未詳 寫本(1885年以後),韓國精神文化硏究院 藏書閣所藏

기타 한국 문화재청 관련자료

기타 각종릉지와 산릉도감의궤, 한국학대학원 장서각소장본과 서울대 규장각 소장본

각종 산릉도감 의궤 및 능지(규장각, 장서각, 국립문화재연구소 등)

Lee, Chang-Hwan, ICOMOS, 2007, Heritage and Metropolis in Asia and the Pacific, 2007 ICOMOS, Asia and the Pacific Regional Meeting

Lee, Chang-Hwan, ICOMOS-KOREA, 2006, 아시아 각국의 왕릉비교연구, 국제학술대회

Lee, Chang-Hwan, 2007, Preservation and Maintenance for Cultural Landscape of Royal Tombs Area Pivoting on Seoul in the Joseon Dynasty, Heritage and Metropolis in Asia and the Pacific, ICOMOS-KOREA

Lee, Chang-Hwan, Korea- Korea Art & Culture, The Royal Tombs of the Joseon Dynasty -Enduring Splendor of Joseon Royal Tombs-, Vol 23, No. Spring 2009, 대한민국외교부

ICOMOS-Korea, 2009, 제33차 유네스코 세계유산회의 자료집, -2009 World Heritage Committee 33rd Ordinary Session (22∽33 June 2009) Seville, Spain. p117~128

UNESCO홈페이지

세계문화유산
신의정원 조선왕릉

초판 1쇄 펴낸 날 2014년 5월 18일
초판 2쇄 펴낸 날 2016년 5월 30일

지은이 이창환
사진 서헌강

펴낸이 박명권
편집 백정희
디자인 정연규

펴낸곳 도서출판 한숲
신고일 2013년 11월 5일
신고번호 제2014-000232호
주소 서울시 서초구 서초대로 62 (방배동 944-4) 2층
전화 02-521-4626
팩스 02-521-4627
전자우편 klam@chol.com

ISBN 979-11-951592-0-8 93610

*지은이와 협의하여 인지는 생략합니다.
*파본은 교환하여 드립니다.
*값은 뒷표지에 있습니다.